Schimonach Ilarion
Bonifaz Tittel
Auf den Bergen des Kaukasus

Schimonach Ilarion (Domratschev), geboren um 1845 im Gouvernement Vjatka (heute Gebiet von Kirow), gestorben 1. (14) Juni 1916 in Tjomnye Buki (Gebiet von Kuban) stammte aus einer Priesterfamilie, besuchte das Geistliche Seminar und arbeitete als Lehrer. Er trat in das russische Pantaleimonkloster auf dem Berg Athos ein und lebte dort mehr als 20 Jahre. Nach Mitteilung von Starez Varsonufij von Optina Pustin war er dort Schüler des Starez Disiderij. Er übersiedelte in das neu gegründete Neu-Athoskloster, lebte aber vorwiegend als Einsiedler. Im Buch gibt er die Gebetserfahrung seines Lehrers und Starez Disiderij und seine persönlichen Erfahrungen wieder.

P. Bonifaz Tittel OSB, geboren 1947 in Wien, ist Mönch des Wiener Schottenstiftes. Er studierte Theologie und Russisch in Wien, Salzburg und an der Leningrader Geistlichen Akademie unter dem Metropoliten Nikodim (Rotov) sowie dem jetzigen Patriarchen von Moskau und ganz Russland Kirill (Gundjaev). Von 1975 bis 2011 war er am Stiftsgymnasium Professor für Katholische Religion und Russisch. Heute ist P. Bonifaz Pfarrer in Breitenlee, Wien.

www.ilarion.de

Schimonach Ilarion

Bonifaz Tittel

Auf den Bergen des Kaukasus

Gespräch zweier Einsiedler über das Jesusgebet

Verlag der Ideen

Bibliografische Information der Deutschen Nationalbibliothek
Die Deutsche Nationalbibliothek verzeichnet diese Publikation in der Deutschen Nationalbibliografie; detaillierte bibliografische Daten sind im Internet über http://dnb.d-nb.de abrufbar.

Neuausgabe

1. Auflage 2013

ISBN 978-3-942006-10-1

Covergestaltung und Layout:
Jonas Dinkhoff, www.starkwind-design.de

Coverbild: iStockphoto.com/Rafal Belzowski
Autorenbild Schimonach Ilarion:
commons.wikimedia.org

Printed in Germany

Gewidmet der Jungfrau aus Nazareth
die zuerst glaubte,
bevor sie empfing,
die zuerst Christi Jüngerin war,
bevor sie Seine Mutter wurde,
die zuerst das Wort Gottes in ihrem Herzen erwog,
bevor sie Es in ihrem Schoß trug,

Gewidmet der Mutter Gottes,
der Lehrmeisterin des Jesusgebetes

Inhalt

Vorwort zur Neuausgabe

Abt Emmanuel Heufelder von Niederaltaich brachte uns jungen Mönchen im Kolleg St. Benedikt in Salzburg die Ostkirchen nahe. Einen persönlichen Zugang bekam ich durch die Mitfeier der Liturgie im »Byzantinischen Chor« und das beeindruckende Buch von Igor Smolitsch, Leben und Lehre der Starzen. Der Weg zum vollkommenen Leben. Von nun an begleiteten mich diese großen Lehrmeister auf die eine oder andere Weise mein weiteres Leben.

Die Starzen und die Sowjetunion

Freilich, als ich 1977/78 als katholischer Priester an der orthodoxen Leningrader Geistlichen Akademie studieren durfte, war das Starzentum in der Öffentlichkeit der Sowjetunion kein Thema.

Die Kirche war im öffentlichen Leben auf ein Minimum reduziert, für 9 Millionen Moskauer gab es gerade 40 offene Kirchen, für 5 Millionen Leningrader 20 offene Kirchen, davon waren viele nur kleine Kapellen. Zahlreiche religiöse Symbole waren seit den 20er Jahren des 20. Jahrhunderts zerstört worden. So bewegte zum Beispiel Gläubige immer wieder die Frage nach dem Verbleib der Reliqien des Hl. Seraphim von Sarov, einem der beliebtesten Hesychasten und Starzen Russlands. Johannes von Kronstadt (1829–1909) war ein ungemein populärer Gemeindepriester, Gymnasiallehrer,

Hesychast, Wundertäter, Gründer von Kinderheimen, Nachtasylen, Krankenhäusern und zwei Nonnenklöstern. In einem von ihnen, dem Kloster zum Hl. Johannes von Rila in Petersburg, wurde er bestattet. Dieses Kloster an der Karpovka wurde zwar nicht wie tausend andere zerstört, es wurde 1923 aufgehoben, die Begräbnisstätte zubetoniert und alle Nonnen wurden Anfang der Dreißiger Jahre nach Kasachstan deportiert. Bis 1989 war in dem Kloster eine Höhere landwirtschaftliche Lehranstalt untergebracht. Aber vor dem Kellerfenster, das zu dem zubetonierten Mausoleum führte, brannten Kerzen und in einiger Entfernung beteten still einige alte Babuschkas (Großmütter) …

Religiöse Literatur gab es überhaupt nicht und die Einfuhr war verboten. »Der Genozid gegen das eigene Volk«, so Patriarch Alexij II. im persönlichen Gespräch, richtete sich gegen alles Religiöse, gegen Ikonen, Reliquien, Kirchenbauten, Bücher, Menschen … Was erhielt den Glauben dann am Leben? Die liturgischen Gebete, die auswendig gelernt wurden, von Hand abgeschriebene Gebetbücher (ich selbst bekam als Zeichen der Freundschaft von einem Seminaristen ein solches Geschenk «на утешение» zum Trost), die alten Babuschkas, denen der Staat nichts mehr anhaben konnte und – das persönliche Gebet, das in Russland so verbreitet gewesene Jesusgebet. Aber weil es so persönlich ist, existieren nur wenig bekannte persönliche Zeugnisse.

Es gibt aber ein überraschendes persönliches Gebetszeugnis über das Jesusgebet von Metropolit Ilarion (Alfeev), dem gegenwärtigen Leiter des Außenamtes der Russischen Orthodoxen Kirche. In seinem Artikel über das Gebet zitiert er »Bücher über das Jesusgebet«. Er führt eine Stelle aus dem Buch »Auf den Bergen des Kaukasus« über das immerwährende Gebet an und kommentiert dann: »Ich habe diesen Abschnitt aus dem Buch »Auf den Bergen des Kaukasus« auch deshalb angeführt, weil vor vielen Jahren, als ich noch ein Knabe war, ich die Gelegenheit hatte nach Georgien zu reisen, in die Berge des Kaukasus, unweit von Suchumi. Dort traf ich mit Einsiedlern zusammen. Sie lebten dort sogar während der Sowjetzeit, fern von aller weltlichen Nichtigkeit, in Höhlen, Tälern und Schluchten, und von ihrer Existenz wusste niemand etwas. Sie lebten für das Gebet und übergaben von Generation zu Generation den Schatz der Gebetserfahrung. Das waren Menschen wie aus einer anderen Welt, die eine große geistliche Höhe erreicht hatten, eine tiefe innere Ruhe. Und das alles Dank des Jesusgebetes. Gewähre uns Gott, dass wir durch erfahrene Lehrmeister und durch die Bücher der heiligen Väter diesen Schatz erlernen können – das unaufhörliche Jesusgebet.«[1]

Metropolit Ilarion wurde 1966 geboren, als Halbwüchsiger müsste er die Einsiedler des Kaukasus um 1980 getroffen haben. Zu dieser Zeit war Jurij W. Andropow Vorsitzender des KGB, der eine sehr restriktive Politik andersdenkenden Intellektuellen gegenüber verfolgte. Aber »Russland ist groß und der Zar ist weit« ... Erst nach der Wende 1991 wurde bekannt, dass im Tal Псху Pschu (sprich Ps-chu), 80 km von Suchumi entfernt, eine Hauptsiedlung der Namensverehrer war. 1928–1931 wurden in den Bergen des Kaukasus und im Tal Pschu über 300 Namensverehrer aufgespürt, verbannt und erschossen. Weitere Nachrichten sind vorläufig nicht bekannt.[2]

1 Ilarion (Alfeev), Metropolit: O molitve (Über das Gebet) in: Pravoslavnaja enciklopedija »Azbuka very« (Orthodoxe Enzyklopädie »Alphabet des Glaubens«) www.azbyka.ru, Stand: 6.5.2013

2 Ilarion (Alfeev), Metropolit: Imjaslavie (Namensverehrung) in: Pravoslavnaja enciklopedija (Orthodoxe Enzyklopädie), Alexij II., Patriarch von Moskau und der ganzen Rus' (Red.) – Moskau 2000 – , Bd. 22, S. 457–495.

Für die Russische Orthodoxe Kirche begann die Wende mit der 1000-Jahrfeier der Rus 1988, zunächst zögerlich unter Michail S. Gorbatschow. Im Januar 1991 wurden, für alle völlig unerwartet, die Reliquien von Seraphim von Sarov im Keller des Museums der Geschichte der Religionen und des Atheismus im Lagerraum für Gobelins, in einen Sack eingenäht, gefunden. Nach ihrer Identifizierung, die mir Patriarch Alexij II. bei einer Audienz am 5. Februar genau schilderte, wurden die Reliquien nach 70 Jahren, am 6. Februar, in der Epiphanie-Kathedrale des Patriarchen zur öffentlichen Verehrung vorgestellt. Unvergesslich bleibt, wie im Anschluss daran tausende Gläubige ruhig, geordnet und betend Richtung Kreml zogen. Nun war wirklich eine neue Zeit angebrochen. Als wir 1999 das Johanneskloster an der Karpovka besuchten, waren die Kirche und das zubetonierte Mausoleum wieder rekonstruiert und im Kloster lebte eine aufblühende Schwesterngemeinschaft.

2002 veröffentlichte Metropolit Ilarion (Alfeev) das grundlegende Werk »Das heilige Geheimnis der Kirche. Einführung in die Geschichte und Problematik des Namensverehrer-Streites« über den Athosstreit, der durch das Buch »Auf den Bergen des Kaukasus« ungewollt ausgelöst wurde.
Schimonach Ilarion (Domratschev) nahm an den Streitigkeiten selbst nicht teil[3]. Metropolit Ilarion (Alfeev) stellt in seinem Werk alle Dokumente rund um den Athostreit zusammen und vermittelt dadurch ein sehr differenziertes Bild. Interessant ist ein Argument, das er in seinen Schlussfolgerungen ausführt: Er weist darauf hin, dass viele Sympathisanten der Namensverehrer von der Russischen Orthodoxen Kirche später kanonisiert wurden: so der Moskauer Metropolit Makarij (Nevskij), Zar Nikolaj II. und seine Gemahlin,

3 Ilarion (Alfeev), Metropolit: Ilarion (Domracev) in: Pravoslavnaja enciklopedija, Bd. 22, S. 166–172

Zarin Aleksandra Fjodorowna, Großfürstin Jelisaveta Fjodorowna, die Gründerin der Schwesterngemeinschaft Martha und Maria, sie finanzierte auch die 2. Auflage des Buches »Auf den Bergen des Kaukasus«. Ebenso wurden zur Schar der Heiligen auf der Synode im Jahr 2000 der Mönch Kukscha Novyj, Starez Varsonufij von Optina Pustyn, der oben erwähnte Johannes von Kronstadt, Priester Pavel Florenskij und andere gezählt. Nicht wenige von ihnen beendeten ihr Leben als Märtyrer.

Das Jesusgebet und die Tradition der römisch-katholischen Kirche

Über die Beziehung von Jesusgebet und westlichen Gebetsformen wird näher in der Einleitung berichtet. Nur soviel allgemein: Wer sich mit der Theologie der Ostkirchen und ihren Gebetsformen befasst, nähert sich als katholischer Christ auch den eigenen Wurzeln. Die Kirchenspaltung erfolgte 1054, die Dobrotoljubie, Philokalia aber schöpft aus den Väterschriften, die bis in die Frühzeit des Mönchtums zurückgehen.

Athanasius, Antonius der Große, Symeon der Neue Theologe, Johannes von Damaskus, Johannes Klimakos, Ephräm der Syrer, Makarios der Ägypter und viele andere gehören dem ersten, ungeteilten Jahrtausend der Christenheit an. Viele der russischen Starzen schöpfen aus genau diesen Quellen: Seraphim von Sarov, Johannes von Kronstadt, Ignatij Brjantschaninov … (wobei ihnen der ökumenische Geist aus ihrer Zeit heraus aber doch ferne ist).

Das Jesusgebet wird oft »Gedenken Gottes«, »Leben in der Gegenwart Gottes«, »Übung der geistlichen Nüchternheit« genannt. In der katholischen Kirche war in monastischen Kreisen diese Übung auch bekannt. Es gibt ein Buch über die Vergegenwärtigung Gottes, das genau die Praxis der Stoßgebete und die Schwierigkeiten der Vergegenwärtigung beschreibt und auch für Weltleute gedacht ist.[4] Ebenso wird heute Bruder Lorenz von der Auferstehung (1614–1691), ein Mönch der Unbeschuhten Karmeliten in der Rue de Vaugirard in Paris neu entdeckt. Seine Gespräche und geistlichen Schriften handeln nur vom Leben in der Gegenwart Gottes.[5]

Aber in der allgemeinen Praxis konnte sich diese Übung nicht so durchsetzen wie das Jesusgebet in der Ostkirche. Das Jesusgebet scheint in Russland viel mehr im Volk verwurzelt gewesen zu sein. Dazu haben sicher die Dobrotoljubie, die »Aufrichtigen Erzählungen des Pilgers« und auch das vorliegende Buch beigetragen.

»Auf den Bergen des Kaukasus« wurde ein richtiges Volksbuch, nicht zuletzt auch wegen der Naturschilderungen. Die Schönheit der Berge und der Natur ist für Ilarion das offene Buch der Schöpfung Gottes, in dem man von dem Abbild auf das Urbild, den Schöpfer schließen kann.

Dieses Buch möchte wieder die Freude am Gebet wecken. Es möchte zu einer Pilgerreise einladen. An manchen Stellen wird man verweilen, an manchen vorübergehen, manches erschließt sich erst später, aber am Ende möchte die persönliche Begegnung mit Gott stehen.

---

4 Hock, Konrad, Die Übung von der Vergegenwärtigung Gottes, Würzburg 1917. 9 Auflagen bis 1920

5 de Meester, P. Conrad, Bruder Lorenz von der Auferstehung, Paris 1991; Deichgräber Reinhard, Bruder Lorenz, All meine Gedanken sind bei dir, Neufeld Verlag 2009

Die Übersetzung der russischen Namen erfolgt im Text in der in der deutschen Sprache gebräuchlichen, verständlichen Schreibweise, nur in der Bibliographie wird die Transliteration der leichteren Nachverfolgbarkeit wegen beibehalten.
In ganz besonderer Weise möchte ich mich bei Herrn Uwe Dinkhoff bedanken, der durch seine Kompetenz und Energie diese Neuauflage ermöglicht hat. Ohne ihn und den Verlag der Ideen wäre dieses Buch wohl nicht mehr erschienen.

Ostern 2013

P. Bonifaz Tittel

Einleitung

1. Zur Problematik des Buches

Jeder Mensch hat in sich die Sehnsucht nach Geborgenheit und Harmonie, nach Frieden mit sich und den anderen. Es ist die Sehnsucht nach einem Frieden, »den die Welt nicht geben kann« (Joh 14,27), da dieser Friede nicht im Schweigen der Waffen, sondern im Schweigen der Leidenschaften, der zerstörerischen, unkontrollierten Triebkräfte und der Sünde im Herzen liegt. Seit den »Aufrichtigen Erzählungen eines russischen Pilgers« ist auch dem Westen das Jesusgebet vertraut, das durch ein andauerndes Leben in der Gegenwart Gottes zur Herzensreinheit und damit zum Ruhen in Gott, zur Hesychia, führen soll.

Die »Aufrichtigen Erzählungen eines russischen Pilgers« sind freilich nur *ein* Zeugnis des hesychastischen Gebetes, das seit den Tagen der Mönchsväter und Einsiedler in den ägyptischen Wüsten der Sketis und der Thebais immer wieder gepflegt wurde. Manchmal floss dieser Strom des Gebetes stark und gleichmäßig, manchmal schien er ganz zu versiegen. Er wurde jedoch immer wieder durch Einzelne belebt, die sich auf die alten Quellen besannen, die Schriften der Väter lasen und sie vor allem in ihrem Leben auch verwirklichten.

Eine letzte große Blüte erlebte das Herzensgebet in Russland durch das Wirken und die Übersetzungen des großen Starzen von der Moldau Paisij Velitschkovskij (1722–1794), der durch die Dobrotoljubije, die slawische Übersetzung der Philokalie, und durch seine

Schüler das Mönchtum Russlands im 19. Jahrhundert vielfach verinnerlichte und von innen erneuerte. Die schönsten Früchte dieser neohesychastischen Bewegung sind die geistlichen Väter, die Starzen von Optina Pustyn, um nur die bekanntesten zu nennen, Bischof Feofan der Klausner, der hl. Serafim von Sarov und vor allem auch die weite Verbreitung des Jesusgebetes in allen Schichten des russischen Volkes, die dieses Volk zusammen mit der Liturgie zu einem betenden Volk machte.

Diese Neuentdeckung der alten Quellentexte belebte eine Lebensform, die im Westen weitgehend untergegangen ist – das Anachoretentum, das Einsiedlertum, das für den hl. Benedikt die zweite Art der Mönche darstellt, und die Lebensform für den im Kloster gereiften Mönch sein kann, der zum Einzelkampf in der Wüste antritt. Das russische Mönchtum hat im Lauf der Zeit für sich verschiedene »Wüsten« entdeckt; der wichtigste Schauplatz war ab dem 14. Jahrhundert die Gegend nördlich von Moskau, nördlich des Wolgastromes; in immer unwirtlichere Gegenden zogen die Anachoreten bis in den Hohen Norden, in die Wälder von Archangelsk und das Seengebiet von Beloozero, dem Weißen See.

Noch Ende des 19. Jahrhunderts gibt es einen letzten großen Zug in die »Wüste«, in die Einsamkeit der kaukasischen Berge, in die uns dieses Buch führen wird. Seit dem Beginn des 19. Jahrhunderts, als Georgien mit dem Zarenreich vereint wurde, hat der Kaukasus, dieses gewaltige Gebirgsmassiv zwischen dem Schwarzen und dem Kaspischen Meer, auf den Russen eine große Anziehung gehabt; Puschkin und Lermontov beschreiben seine Erhabenheit und Größe. Für die russischen Einsiedler war dieses Gebiet aber besonders geeignet, da es im 19. Jahrhundert relativ unerschlossen und wenig besiedelt war.

1875 wurde am Fuß des Kaukasus in der Nähe der Stadt Suchumi von Mönchen des russischen Pantaleimon-Klosters auf dem Berg Athos das Novyj Afon Simono-Kananickij-Kloster (Neu Athos Simon Kananäus Kloster) gegründet. Einer von ihnen war Schimonach Ilarion, der sich nach einem Klosteraufenthalt im Pantaleimonkloster und später in Novyj Afon schließlich in die Einsamkeit der Berge des Großen Kaukasus zurückzog, wo er andere Einsiedler antraf. Seine Erfahrungen und Meditationen legte er in dem Buch »Auf den Bergen des Kaukasus« nieder, das 1907 in 1. Auflage, 1910 in 2. verbesserter und stark erweiterter Auflage in Batalpaschinsk und in 3. Auflage 1912 im Höhlenkloster in Kiew erschien. Das Buch wurde von einfachen Christen eifrig gelesen und war ein richtiges Volksbuch über das Jesusgebet, da es eine Art Auszug aus der Dobrotoljubije ist. Bald jedoch war es auch heftig umstritten. Ilarion vertritt nämlich im 3. Kapitel seines Buches die Meinung, dass der im Jesusgebet angerufene Name des Herrn, Gott Selbst sei. 1912–1913 erreichte der »Streit um die Göttlichkeit des Namens Jesu« in der russischen Theologie seinen Höhepunkt, als die Auseinandersetzung mit einem Mal auf dem Berg Athos die Form einer Raserei und des Aufruhrs annahm. Beide Parteien, die Befürworter wie auch die Gegner des Buches, führten trotz vordergründig logischer Argumente einen ungeheuer emotionellen Kampf und konnten einander nicht mehr verstehen, sodass der Streit mit Gewalt, unterbrochen wurde. Maßgeblichen Anteil an dem Verlauf des Streites hatte allerdings ein Schüler Ilarions, Antonij Bulatovitsch. Die Anhänger Ilarions wurden unter der Bezeichnung »Vergöttlicher des Namens« zu Häretikern erklärt – sie selbst nannten sich jedoch »Verehrer des Namens« und ihre Gegner »Bekämpfer des Namens« Am 9. 7. 1913 wurden zunächst 621 (oder 415) russische Mönche und am 17. 7. weitere 212 (oder 100) auf dem russischen Kanonenboot »Donez« vom Athos nach Odessa abtransportiert und in verschiedenen Klöstern Russlands verstreut angesiedelt. Nicht erst Weltkrieg und Revolution, sondern diese militärische Lösung eines dogmatischen Konflikts war die Ursache für den Rückgang des russischen Mönchtums auf dem Heiligen Berg.[1] Die Frage selbst blieb im wesentlichen trotz theologischer Gutachten unentschieden und wurde noch lange diskutiert.

Es würde den Rahmen des Vorwortes bei weitem sprengen, wollte man den Verlauf und die Problematik des Streites um die Göttlichkeit des Namens Jesu hier aufzeigen[2]. Vereinfacht gesagt, dürfte die Heftigkeit des Streites zwei Ursachen gehabt haben: Das Unvermögen beider Parteien einander zu verstehen, dürfte zunächst darauf zurückzuführen sein, dass auf zwei verschiedenen Begriffsebenen argumentiert wurde. Ilarion möchte – mit einer theologisch gelegentlich undeutlichen Sprache – den Gebetsrealismus, die tatsächliche Gegenwart Gottes im Gebetsvollzug, ausdrücken. Allein schon der Rahmen des Buches, die Naturschilderungen und persönlichen Bekenntnisse legen nahe, dass Ilarion den Namen Jesu als Gottes uns ganz persönlich zugewandte Seite aufgefasst hat. Ilarion hat über das Geheimnis meditiert, dass der unbegreifliche Gott sich mit einem menschlichen Namen ansprechen lässt, so wie Er unser menschliches, begrenztes Fleisch angenommen und vergöttlicht hat. Er schreibt in seiner »Antwort auf die Rezension«: »Er (sc. der Name Jesus) ist untrennbar von der Person des Gottmenschen, dem Retter

1 I. Smolitsch, Le mont Athos et la Russie, in: Le Millénaire du Mont Athos 963–1963. Etudes et Mélanges. Vol. 1, Chevetogne 1963, S. 305.

2 Vgl. zur ganzen Problematik B. Schultze, Der Streit um die Göttlichkeit des Namens Jesu in der russischen Theologie, OCP 17 (1951), S. 321–394, mit ausführlicher Bibliografie zum Thema, sowie R. Slenczka, Die Göttlichkeit des Namens und die Rechtfertigung des Sünders, Erwägungen zum dogmatischen Problem des Athosstreites von 1910 bis 1913, in: P. Hauptmann (Hg.), Unser ganzes Leben Christus unserm Gott überantworten, Göttingen 1982, S. 417–433.

der Welt, und muss untrennbar von Ihm gedacht werden. Nehmt das Fleisch vom Sohn Gottes, und Er wird nicht mehr der Gottmensch sein …«[3] Mit seinem Verständnis vom »Geheimnis und der Macht des Namens« steht Ilarion allerdings ganz auf biblischem Boden. Die Gebetswirklichkeit zwischen Gott und Mensch möchte keine Philosophie über den Namen Gottes sein, wie weit der Name auch Gottes Wesen entspricht, sondern ein lebendiges Gespräch zwischen Personen. Gegenüber theologischen Beweisen bleibt für Ilarion das Glaubenserlebnis grundlegend: »Um die Gegenwart des Sohnes Gottes in Seinem ganz heiligen Namen ›Jesus Christus‹ zu spüren, dazu braucht es nicht verstandesmäßige Beweise, sondern die innere Erfahrung, geistliches Leben und vor allem – den Glauben …«[4] Ein tragischer Riss zwischen Theologie und Frömmigkeit, theologischer Gelehrsamkeit und auf Gott im Gebet gerichtetem Gedanken, zwischen theologischer Schule und kirchlichem Leben, ein Riss und eine Spaltung zwischen Intelligenz und Volk innerhalb der Kirche, wird im Verlauf des Athosstreites spürbar.

Der Streit dürfte aber auch noch einen zweiten, nicht ganz aus der Luft gegriffenen Grund gehabt haben, wenn er auch nur beiläufig erwähnt wird. Die Gegner der »Namensverehrer« befürchteten eine Geringschätzung der liturgischen Gebete und der Psalmodie zugunsten des Jesusgebetes, Feofan Zatvornik bezeichnet das Jesusgebet als »Talisman« für jene, die es ohne kirchliches Fundament praktizieren. Ilarion selbst betont allerdings immer wieder mit den Väterschriften, dass das Jesusgebet nur im Einklang mit dem kirchlichen Leben und den liturgischen Gebeten wachsen kann. Es ist aber sicher nicht überflüssig darauf hinzuweisen, dass das Jesusgebet kein ausschließlicher und billiger Abkürzungsweg zum Heil ist.

3 Na gorach Kavkaza, Batalpaschinsk 1910, 2. Auflage, S. 426.
4 ebda S. 428.

2. Zur Übersetzung

Der Übersetzung liegt die zweite, erweiterte Auflage zugrunde: Schimonach Ilarion, Na gorach Kavkaza. Beseda dvuch starcev pustynnikov o vnutrennem edinenii s gospodom naschich serdec, tschrez molitvu lisus Christovi. Ili: Duchovnaja dejatelnost' sovremennych pustynnikov, Batalpaschinsk 1910, 2. Auflage. Das gesamte Werk besteht aus einem Vorwort mit einem Starzenwort an junge Asketen (Warnung vor vorzeitiger Wüste) und drei Teilen:

1. Gespräch der Einsiedler auf den Bergen des Kaukasus mit Naturschilderungen
2. Beschreibung einiger Teile aus der Lehre und dem Erdenleben Jesu Christi
3. Geistliche Briefe des Starzen aus der Wüste an verschiedene Personen über Inhalt und Verrichtung des Jesusgebetes, sowie eine Antwort auf die Rezension der 1. Auflage.

Übersetzt wurde der erste Teil. Die Übersetzung versucht neben Textgenauigkeit auch den Stil wiederzugeben, der stark von liturgischen Formeln und Schriftstellen geprägt ist. Manche Stellen mögen als Wiederholung oder etwas klischeehaft erscheinen, sie gehören aber zum meditativen Stil, der sich in langsamem Kreisen dem Zentrum nähern will. Eine Adaptierung oder Kürzung des Textes birgt immer auch die Gefahr einer Verfälschung in sich. Besonders betrifft diese Frage die Naturschilderungen in den Kapiteln 1, 8, 29, 31 und 32, die die Grundlage für das Gotteserlebnis Ilarions darstellen. Sie sind nicht nur Rahmen oder Hintergrund, »sie bilden für den das Jesusgebet übenden Einsiedler eine nicht unwesentliche

Seite der Frömmigkeit und des Aufstiegs zu Gott«[5]. Vermutlich wird auch das 42. Kapitel »Über die dämonischen Erscheinungen« auf Unverständnis stoßen, es gehört aber zur asketischen Literatur der Wüstenväter und handelt von der Überwindung der Furcht.

Das Buch Ilarions führt in eine dem Westen vielfach noch unbekannte Welt und bringt eine Fülle von Namen und Begriffen, da Ilarion aus der fünfbändigen Dobrotoljubije, den Aussprüchen der Väter, theologischen Vorlesungen und der Geschichte der russischen Kirche zitiert. Die bei ihrer ersten Nennung mit einem * gekennzeichneten Namen werden daher im Anhang in alphabetischer Reihenfolge erklärt. Die folgenden Überlegungen möchten das Jesusgebet in den asketischen und historischen Zusammenhang einordnen.

3. Zum Umfeld des hesychastischen Gebetes

Der Begriff des Hesychasmus hat im Lauf der Zeit verschiedene Definitionen erfahren. 1960 definiert ihn das Lexikon für Theologie und Kirche als seit dem 12. Jahrhundert nachweisbare Form mittelalterlicher ostkirchlicher Mystik, die auf Symeon den Jüngeren Theologen zurückgeht. Als Hauptübung wird die äußere Gebetstechnik der Hesychasten beschrieben, das Anhalten des Atems, Neigen des Kinns auf die Brust, Blick auf die Leibesmitte, unaufhörliches Jesusgebet und von einer später immer mehr veräußerlichten Askese gesprochen. Als Hauptvertreter wird Gregorios Palamas angeführt, der durch seine Unterscheidung zwischen dem Wesen und den Tätigkeiten Gottes dieser Mystik die theologische Begründung gab.

5 B. Schultze, Auf den Bergen des Kaukasus, in: Geist und Leben 32 (1959), S. 118.

Die grundlegenden Arbeiten von Hausherr haben gezeigt, dass es längst einen »Hesychasmus vor diesem Hesychasmus« gab, was das Wesentliche, die Buß-, Gebets- und Meditationspraxis, betraf. Hier wurzelt der Hesychasmus ganz im alten Mönchtum und besonders in Russland war er immer wieder der Versuch, die asketisch-mystische Tradition der palästinisch-sinaitischen Väter neu zu verkörpern und zum Sprechen zu bringen. Besonders deutlich ist dies beim Neubegründer des russischen Hesychasmus Nil Sorskij (1433–1508) zu sehen, und wie bei ihm tritt auch bei den großen Betern Serafim von Sarov und Starez Siluan die äußere, technische Seite des Gebetes stark zurück und wird relativiert.[6] Sie alle haben den Hesychasmus nicht als Erfolg versprechende Vollkommenheitspraxis oder als »leichtere und schnellere Methode« gesehen, sondern als Lebensprogramm, das das in der Taufe grundgelegte göttliche Leben entfalten soll. Für Serafim von Sarov liegt das Ziel des Lebens in der Erlangung und zunehmenden Erwerbung des Heiligen Geistes, für Nil Sorskij in den Charismen des Heiligen Geistes. Der Weg dazu führt durch die Hesychia, die Stille, das innere Schweigen. Aber die Hesychia, das Gebet der Ruhe, verstand man nicht nur als Erfolg einer Gebetsmethode, die die schlechten Gedanken vertreibt, sondern vor allem als das Bemühen um das Schweigen der weltlichen, verderblichen Leidenschaften. Grundlage dafür ist die Reue, das Wissen um seinen sündhaften Zustand und das zerschlagene Herz, das Gott nicht verachten wird. Dieses in die Tiefe gehende Wissen um die eigene Schwäche lässt den Beter immer wieder den Blick auf den Erlöser richten – das ist der Weg zum immerwährenden Gebet.

6 Fairy von Lilienfeld, Nil Sorskij und seine Schriften, Berlin 1963, S. 133 ff.

Dieser Weg soll ein ständiges Voranschreiten in der Reinigung, der Erleuchtung, der Vereinigung sein. Auch in der Form des Gebetes soll es ein Voranschreiten vom äußerlichen Gebet über das bewusst mitvollzogene, innere Gebet geben bis zum »Gebet des Geistes im Herzen«. Das Stoßgebet und das Jesusgebet sind ob ihrer Einfachheit sehr wichtige und gerne gebrauchte Hilfsmittel, um sich im Alltag Gottes Gegenwart immer wieder bewusst zu machen, doch werden von den Hesychasten die anderen kirchlichen Gebete in keiner Weise abgelehnt. Das Gebet soll von einer kurzfristigen Tätigkeit zu einem Zustand des ganzen Menschen werden – der Mensch selbst soll mit Leib und Seele zum Gebet werden. Hierin liegt die Begründung für die rechte Askese des Leibes, denn der Mensch betet auch mit dem Körper.

Das Mittel dazu, das immer wiederholte Stoßgebet, ist keine Autosuggestion oder hypnotische Beschwörung, sondern die bewusste Hinwendung zur Person Jesu Christi. Man soll in den Kämpfen des Lebens Christus keinen Augenblick aus den Augen verlieren und besonders in den Schwierigkeiten die »Augen des Herzens« sofort auf Ihn richten, denn in der Tiefe der Seele wird das Reich Gottes begründet. Können die »Augen unseres Herzens« aber ruhig in die Augen Gottes schauen, ist dies der Anfang der Herrschaft Gottes in uns, und Gott nimmt immer mehr Wohnung in dem betenden Menschen. Wohnt aber Gott in ihm, so gelangt er an den Ort der Ruhe, denn »unruhig ist unser Herz, bis es ruht in Gott«.

Die Elemente des hesychastischen Gebetes sind:

1. Die Bitte um Hilfe im Kampf und die Erkenntnis der eigenen Erbärmlichkeit und Erlösungsbedürftigkeit, die bis zu den Tränen der Reue gehen kann, ja als Gabe der Tränen ein besonderes Gnadengeschenk ist. Sie sind für das alte Mönchtum kennzeichnend.

2. Das Wiederholungsgebet oder das Streben nach dem immerwährenden Gebet, das eigentlich ein andauerndes Gedenken Gottes, ein Lebenswandel in Gottes Gegenwart ist.
3. Die unablässige Anrufung Jesu Christi, des Erlösers aus Schuld und Sünde, mit einer Gebetsformel, die ein Bekenntnis zu seiner rettenden Göttlichkeit darstellt, auch wenn der Name Jesus zunächst gar nicht genannt werden muss, wie zum Beispiel im »Kyrie eleison«, »Herr erbarme Dich« oder in der Formel Cassians »O Gott, komm mir zu Hilfe, Herr, eile mir zu helfen«. Erst später wird der Name Jesus explizit angerufen und genannt – das ist das kürzeste Credo an den menschgewordenen Gott.

Das hesychastische Gebet, das Name-Jesu-Gebet, kann nie für sich allein gesehen werden. Es erfordert die Mühe im Gebet, das Vertrautwerden mit dem Wort Gottes (Wer ist dieser Jesus und wer ist er für mich) und das Leben aus den Mysterien der Kirche, des lebendigen und auferstandenen Christus. Wird das Jesusgebet aus dem Zusammenhang der Askese und des kirchlichen Lebens gelöst, wird es nach Feofan dem Klausner zum Talisman. Es ist eine mächtige Waffe im Kampf gegen die seit Evagrius Ponticus in dieser Form aufgezählten acht Hauptlaster oder Leidenschaften: Gefräßigkeit, Unzucht, Geldgier, Traurigkeit, Zorn, Verdrossenheit, Ruhmsucht, Hochmut und wächst nur auf dem Boden der Demut, Bruderliebe und Gottesfurcht im Einklang mit den Lehren der Kirche.

»Ein Altvater sprach zu seinem Bruder: Vergegenwärtige dir alle Tage deinen Tod als nahe und kümmere dich um nichts in der Welt, gleich als lägest du schon lang im Grabe. Habe auch immer die Gottesfurcht in dir. Halte dich für geringer als alle Menschen. Rede von niemand Schlechtes, denn Gott weiß alles. Sei vielmehr mit allen in

Frieden, dann wird dir Gott allezeit die Herzensruhe schenken.«[7] Hier wird programmatisch der Lebensstil vorgestellt, den auch die Neohesychasten unseres Buches, die Einsiedler im Kaukasus, zu verwirklichen suchten.

Das Gebet muss begleitet werden von der Praxis, den äußeren Übungen wie Fasten, einfache Lebensführung, Schweigen und Wachen, Einsamkeit, Kampf gegen die Fantasien und schlechten Gedanken, denn im Herzen ist die Quelle der Bosheit. Sie alle sollen zu Abtötung der Leidenschaften und zur Reinheit des Herzens führen, ohne die niemand Gott schauen wird. Die Grundhaltung, die zu dieser Reinheit führt, ist die beständige, tägliche Umkehr oder einfach das »Leben in der Gegenwart Gottes«. Um eben diesen andauernden Blick auf Gott zu erhalten, wird bei den Wüstenvätern die Praxis der häufigen Stoßgebete, der »Pfeilgebete«, entwickelt und geübt, bis Gott das Ziel, die von Ihm gewährte Ruhe des Herzens in Gott, schenkt.

3.1 Das Wiederholungsgebet

Um zur Reinheit des Herzens und zum beständigen Gedenken Gottes zu gelangen, sind ein »konkretes geistliches Programm« und die »verborgene Meditation« nötig. Dieses geistliche Programm ist ein gezielter Kampf gegen die Leidenschaften, die den Menschen immer mehr in ihren Bann ziehen und versklaven, wobei nie alle zugleich bekämpft werden können. Ganz konkret soll jeder Mensch seine Hauptschwäche erkennen und den Kampf damit aufnehmen: »Jeder soll erforschen, welches Laster ihn persönlich am stärksten anficht,

7 Weisung der Väter, hg. und übers. von Bonifaz Miller, Freiburg im Breisgau 1965, n 1016, S. 337.

und dagegen kämpfe er dann vorrangig, mit äußerstem Einsatz und höchster Sorgfalt. Täglich richte er auf dieses Laster mit der ganzen Inbrunst seines Herzens die Pfeile des Fastens, der Nachtwachen, der Meditation, des Betens unter Tränen, dass Gott ihm aus der Versuchung heraushelfe. Denn es ist unmöglich, eine schädliche Leidenschaft zu überwinden, ehe man eingesehen hat, dass man durch eigene Anstrengung den Sieg im Kampf nicht erlangen kann«.[8]

Die stärkste Hilfe im Kampf ist das Gebet, besonders das kurze, oft wiederholte Stoßgebet. Es ist ein bestimmter Vers der Hl. Schrift, ein Psalmvers, ein an der Hl. Schrift orientiertes Kurzgebet, das unter Umständen laut immer und immer wiederholt, »wiedergekäut«, »im Herzen gewogen« wird, bis es ganz in Fleisch und Blut übergegangen und für das eigene Leben wirksam geworden ist. Die Form dieses Kurzgebetes ist dabei zunächst nicht festgelegt: »Einige fragten den Altvater Makarios: Wie müssen wir beten? Der Greis antwortete ihnen: Es ist nicht notwendig, viele Worte zu machen (Mt 6,7), sondern man muss die Hände ausstrecken und sprechen: Herr, wie Du willst und weißt, erbarme Dich! Wenn aber eine Anfechtung kommt, dann: Herr, hilf! Denn Er weiß, was förderlich ist und wirkt an uns Erbarmen«.[9]

Auch im Westen waren diese »Pfeilgebete« nicht unbekannt, und in einem Brief an Proba erwähnt Augustinus diese »Pfeilgebete der ägyptischen Brüder«: »Wie man sagt, verrichten die Brüder in Ägypten zwar häufige Gebete, aber sie sollten ganz kurz, gleichsam Pfeilgebete sein, damit nicht die sorgfältig erweckte Herzensandacht, die dem Beter vorzüglich notwendig ist, durch zu lange Dauer dahinschwinde und ihre Kraft verliere … Fern sei vom Gebet

8 Johannes Cassianus, Fünfte Unterredung c 14, BKV 1879 Kempten, S. 427.
9 Weisung der Väter, n 472, S. 168

vieles Reden, aber es fehle nicht an vielen Bitten, wenn der Eifer der Andacht fortwirkt. Denn viel redet man, wenn man beim Gebet das, was uns notwendig ist, mit überflüssigen Worten erörtert. Man bittet aber viel, wenn man mit ausdauernder frommer Herzensregung sich an Jenen wendet, zu dem wir beten. Denn dieses Geschäft wird meistens besser mit Seufzern als mit Worten, besser mit Weinen als mit Reden betrieben«.[10]

Der erste, der eine feststehende Gebetsformel zum andauernden Gedenken Gottes überliefert hat, dürfte Johannes Cassian (ca. 360–430/35) gewesen sein. Seine Wirkung als Vermittler des ägyptischen Mönchtums in den Westen kann kaum überschätzt werden, und man kann ihn mit Recht zu den geistigen Vätern des Abendlandes zählen. Benedikt von Nursia hat sich in seiner Regel in vielem an ihm orientiert, aber auch andere bedeutende Ordensgründer und Heilige wie Dominikus, Ignatius von Loyola, Philipp Neri, Teresa von Avila, Johannes vom Kreuz, Franz von Sales, ebenso die Devotio moderna und die Nachfolge Christi. Wir treffen bei ihm auf eine der wesentlichen Quellen abendländischer monastischer Spiritualität, aus der Generationen immer wieder geschöpft haben. Johannes Cassian berichtet über das immerwährende Gebet: »Bei den ägyptischen Mönchen wird der Gebetsdienst, den wir, zu gewissen Stunden durch die Mahnung des an die Tür klopfenden Bruders veranlasst, dem Herrn darbringen, den ganzen Tag hindurch in steter Verbindung mit Handarbeit freiwillig verrichtet. Sie widmen sich nämlich in ihren Zellen der Arbeit beständig in der Weise, dass die Betrachtung über die Psalmen und die übrigen Teile der Heiligen Schrift nie ganz ausgesetzt wird. Hiermit verbinden sie jeden Augenblick Bitten und Gebete und bringen auf diese Weise den

10 Augustinus, Brief an Proba X, 20, BKV 1917, S. 27.

ganzen Tag mit Beten zu, was wir nur zu bestimmten Stunden tun. Deshalb wird, abgesehen vom abendlichen und nächtlichen Gebete, des Tages über keine öffentliche Feierlichkeit bei ihnen gehalten; nur am Samstag und Sonntag kommen sie um die dritte Stunde (9 Uhr) zusammen, um die heilige Kommunion zu empfangen. Diese Art des Gebetes ist vollkommener, denn was unaufhörlich dargebracht wird ist mehr als das, was in Zeitabständen verrichtet wird; und angenehmer ist eine freiwillige Gabe als die Verrichtungen, zu welchen die Regel zwingt …«[11]

Die feststehende Gebetsform lautet: »*O Gott, komm mir zu Hilfe, Herr, eile mir zu helfen*« (Ps 70,2) und findet sich im 10. Gespräch, der zweiten Unterweisung des Abbas Isaak über das Gebet: »Es wird euch also als Formel der von euch gesuchten Gebetskunde die vorgelegt, die ein jeder nach dem beständigen Andenken an Gott strebende Mönch nach Austreibung all der verschiedenen Gedanken mit unaufhörlicher Erwägung des Herzens betrachten muss … Wie diese uns von Wenigen, die aus den ältesten Vätern übrig waren, überliefert wurde, so wird sie auch von uns nur den Wenigsten und den wahrhaft danach Schmachtenden anvertraut. Es wird euch also, um das ewige Andenken an Gott zu bewahren, diese Gebetsformel unaufhörlich vor Augen sein: »*Gott, merk auf meine Hilfe! Herr, eile mir zu helfen!*« Aus dem ganzen Schatz der Heiligen Schrift wurde mit Bedacht gerade dieser Vers ausgewählt. Denn er enthält alle Affekte (Stimmungen), die in der menschlichen Natur entstehen können, und schmiegt sich allen Zuständen und Vorkommnissen ganz entsprechend und passend an …«[12] Es werden nun 15 Beispiele angeführt, in denen die Gebetsformel verwendet werden soll: bei der Leidenschaft der Essgier, Bitte um Enthaltsamkeit, Anfechtung des

11 Cassianus, Einrichtung d. Klöster 3, I. BKV 1879, S. 44.
12 Cassianus, Zehnte Unterredung c 10, BKV 1879, S. 591 f.

Fleisches, Maßhalten, Hilfe gegen Schlaf, Hilfe gegen Schlaflosigkeit, Hilfe gegen falsche Lust, Erhaltung der Tugend, Sanftmut statt Zorn, Bitte um Demut, Ruf bei geistlicher Trockenheit, Erhaltung der Munterkeit des Herzens, Angst um das ewige Heil, Verbleiben in der Tröstung des Herrn.[13]

Es werden so viele und so verschiedenartige Lebenssituationen angeführt, damit der Beter lernen soll, gerade in den Situationen der Schwäche Christus nicht aus den Augen zu verlieren: »Wir müssen wissen, zu welchem Ziele wir den Blick unserer Seele immer zurückrufen müssen ... Keinen Augenblick wollen wir den Blick von Christus abwenden. Und wenn sich unsere Augen nur wenig von Ihm abgewandt haben, so wollen wir die Augen des Herzens wieder zu Ihm wenden und gleichsam in geradester Linie den Blick des Geistes zurückrufen. Das alles geschieht in der Tiefe der Seele. Wenn der Teufel daraus vertrieben ist, wird dort das Reich Gottes in uns begründet.«[14] Die Sünde zwingt uns nach dem Beispiel Adams im Paradies, nach dem Fall den Blick von Gott abzuwenden, den Blick zu Boden zu senken, den Blick zwischen Gott und der Welt herumflackern zu lassen, uns vor Gott und vor uns selbst zu verstecken – das Gebet lehrt uns, immer wieder in die Augen Gottes zu schauen, damit unsere Augen gesund und unser ganzer Leib licht werden (Mt 6,22). Das Gebet lässt im Bewusstsein der Sünde den Beter den Blick auf Den richten, Der aus Liebe zu uns für unsere Sünden gekreuzigt wurde. Es führt zur Reinheit des Herzens, die den Beter nach den Seligpreisungen zur Schau Gottes, zur Erkenntnis und Vereinigung mit dem Gott der Liebe führt: »Dann wird jene vollkommene Liebe, mit der Er uns zuerst geliebt hat, auch unser Herz

13 siehe auch Bemhard Sirch, O Gott, komm mir zu Hilfe, Das immerwährende Gebet bei Johannes Cassianus, St. Ottilien 1985, 2.Auflage.

14 Cassianus, Erste Unterredung c 13, BKV 1879, S. 302.

und Gemüt erfüllen, und das Gebet des Herrn wird sich erfüllen, von dem wir glauben, dass es nie unerfüllt bleiben kann. Dies werden die Anzeichen dafür sein: Gott wird unsere ganze Liebe sein, unsere Sehnsucht, das Ziel unseres Suchens und Bemühens, der Inhalt unserer Gedanken. Wir werden für Ihn leben, von Ihm sprechen, Ihn atmen. Gott, das ist jene jetzt schon bestehende Einheit des Vaters mit dem Sohn und des Sohnes mit dem Vater. Sie wird in unser Gemüt und unsere Seele eingesenkt …«[15] Wer kann da noch von verbissener und finsterer Askese des Mönchtums sprechen? Wohl ist der Weg nach Jesu Worten eng und steil (Mt 7,14), der in das Reich Gottes führt, da der Mensch durch die Sünde geschwächt und zum Bösen geneigt ist, aber das Ziel ist nach der Benediktusregel das »weite Herz«, das den im Glauben Voranschreitenden »mit der unsagbaren Freude der Liebe auf dem Weg der Gebote Gottes« voraneilen lässt (Prolog der Regel). Das Ziel ist das »neue Herz des Neuen und ewigen Bundes«, das gerne den Willen Gottes erfüllt.

Benedikt von Nursia hat dieses an Christus gerichtete Stoßgebet so geschätzt, dass er es mit Ausnahme der Virgilien, der nächtlichen Gebetszeiten, an den Anfang jeder Hore des Stundengebetes als Eröffnungsvers setzte: »Zuerst singt man den Vers: O Gott komm mir zu Hilfe, Herr, eile mir zu helfen, Ehre sei …, dann den Hymnus der jeweiligen Gebetszeit« (capp 17,3; 18,1). Aus dem Wissen um menschliche Schwäche lässt Benedikt zu Beginn der Gebetszeit Gottes Beistand anrufen. Es ist dieser Vers wie eine Epiklese, eine Herabrufung des Hl. Geistes über den Beter und die betende Gemeinschaft.[16] Da die alte Kirche den ganzen Psalter als prophetisches, im Christusereignis erfülltes Buch verstanden hat, lässt dieser an Christus gerichtete Psalm den Beter in das Christusmysterium

15 Cassianus, Zehnte Unterredung c 7, BKV 1879, S. 586.
16 Georg Holzherr, Die Benediktusregel, Einsiedeln 1980, S. 138.

eintreten: in den Psalmen betet er zu Christus oder es spricht Christus in ihm, und durch Christus hat er im Hl. Geist Zutritt zum Vater.

Diese von Johannes Cassian angegebene Gebetsformel war freilich nicht die einzige Formel, ja es gab geradezu eine Fülle von Stoßgebeten. Abba Arsenios betete: »Herr, leite mich auf Wegen, auf denen ich gerettet werde« oder: »O Gott, verlass mich nicht. Ich habe vor Dir nichts Gutes getan, doch gib mir nach Deiner Güte, den Anfang damit zu machen«.[17] So fordert Johannes Klimakos auf: »Rufe zu dem Allmächtigen, Der dich retten kann, nicht mit gelehrten und schön gesetzten Worten, sondern in einfältiger und demütiger Rede, und fange vor allem immer an mit einem flehentlichen: ›Erbarme Dich meiner, denn ich bin schwach.‹ Dann wirst du die Kraft des Allerhöchsten an dir erfahren und die unsichtbaren Feinde im unsichtbaren Kampf durch unsichtbare Hilfe überwinden. Wer sich daran gewöhnt hat, auf solche Weise zu kämpfen, ist imstande, auf der Stelle die Feinde in die Flucht zu schlagen, aber diese Gnade verleiht Gott mit Recht Seinen Arbeitern nur als Belohnung für die früheren Mühen.«[18]

Das berühmteste an Jesus Christus gerichtete Wiederholungsgebet, in dem der Jesusname nicht vorkommt, ist das »Kyrie eleison«. Hier kommen wir schon ganz in die Nähe des späteren Jesusgebetes, auch wenn der Name »Jesus« nicht genannt wird. *»Jesus ist der Herr«* (Röm 10,9), Der unaufhörlich mit dem Mund bekannt und von Dem zugleich im Herzen geglaubt wird, dass Gott Ihn von den Toten auferweckt hat. So wird dieser »Herr Jesus« gerade in den Kämpfen und Versuchungen als Sieger über Sünde und Tod angerufen.

17 Weisung der Väter, n 39, n 41, S. 25.
18 Johannes Klimakos, 15. Stufe, Regensburg 1874, S. 204.

3.2 Das Wiederholungsgebet in Russland

Ein schönes Beispiel für dieses Wiederholungsgebet findet sich zugleich mit dem Zöllnergebet (Lk 18,13), der klassischen Form des Jesusgebetes, in der Nestorchronik in der »Unterweisung« des Fürsten Vladimir Monomach (1053–1125). Die wertvollen Ratschläge des erstaunlich belesenen Staatsmannes richten sich nicht nur an seine Söhne, sondern an alle russischen Fürsten, um die miteinander in Feindschaft lebenden russischen Teilfürsten zur Nächstenliebe und zur Treue aufzufordern, und stützen sich ganz auf persönliche Erfahrung. »Sobald Gott euch das Herz weich macht, dann vergießt Tränen um eurer Sünden willen und sprecht: ›Gleich wie Du Dich der Hure, des Räubers und des Zöllners erbarmt hast, so erbarme Dich auch über uns Sünder!‹ So haltet es in der Kirche wie auch vor dem Schlafengehen … Seid ihr aber zu Pferde und habt ihr mit niemand etwas zu schaffen und entsinnt ihr euch keines anderen Gebetes, so sprecht bei euch insgeheim ständig: ›Herr, erbarme Dich!‹, denn dieses ist das beste unter den Gebeten, und besser ist es, als unterwegs an allerlei Unsinn zu denken«.[19]

Zu gleicher Zeit, Anfang des 12. Jahrhunderts, findet sich im Kiewer Paterikon allerdings auch schon die älteste Erwähnung der klassischen, heutigen Form des Jesusgebetes in der Vita des russischen »Fürst-Heiligen« Nikola Svjatoscha von Tschernigov: »Im Munde hatte er immerwährend das Gebet ›Herr Jesus Christus, Sohn Gottes, sei mir gnädig.‹[20]

---

19 Pamjatniki literatury drevnej Rusi, XI - nacalo XII veka, Moskva 1978, S. 399.

20 E. Benz, Russische Heiligenlegenden, Zürich 1983, 2. Auflage, S. 182. Weitere Beispiele für das Jesusgebet in Russland vor Nil Sorskij bei Lilienfeld, Nil Sorskij und seine Schriften, S. 133ff.

Auch der große Erneuerer des hesychastischen Gebetes in Russland, Nil Sorskij, dessen ganzes Beten liturgisch geprägt ist, empfiehlt eine Liste von Stoßgebeten im Kampf gegen die schlechten Gedanken, ganz der Praxis der Mönchsväter entsprechend: »Keuschheit und Reinheit sind nicht nur das äußerliche Leben, sondern der verborgene Mensch des Herzens, wenn er sich von unreinen Gedanken rein hält. Daher soll man diese Gedanken abschneiden ... indem man fleißig zu Gott betet, wie es uns die heiligen Väter auf verschiedene Weise, aber im gleichen Sinn überliefert haben.

Einer hat es von David übernommen, so zu beten: ›Meine Verfolger haben mich umringt; O meine Freude, erlöse mich von meinen Feinden, die mich umringt haben!‹ Ein anderer sagt über dieselben unreinen Gedanken folgendes: ›Gott, eile mir zu Hilfe‹ und ähnliches. Ein anderer von ihnen sagt wiederum: ›Richte, Herr, die Feinde, die mich umgeben haben, und kämpfe gegen die, die gegen mich anstürmen‹, und den übrigen Psalm. Rufe auch um Hilfe, wie du es aus den Schriften hörst von denen, die um Keuschheit und Reinheit kämpfen.

›Wenn der Ansturm gegen dich besonders stark wird, dann stehe auf und erhebe Augen und Hände zum Himmel und bete folgendermaßen: – Du bist stark, O Herr und Dein ist der Kampf, Du streite und siege in dieser Sache für uns, O Herr! – Und schreie zu Dem, Der allmächtig ist zu helfen mit demütigem Rufen: – Hilf mir, O Herr, denn ich bin schwach!‹ Dies ist aber die Überlieferung der heiligen Väter, und wenn du diese Kämpfe durchschritten haben wirst, wirst du aus Erfahrung wissen, dass diese unreinen Gedanken durch Gottes Gnade ganz und gar besiegt werden. ›Immer aber schlage die Feinde mit dem Namen Jesu‹, denn es gibt nichts Kräftigeres für diesen Sieg. Bewahre dich aber vor dem Sehnen nach Personen und dem Hören von Gesprächen, die die Leidenschaften aufpeitschen und unreine Gedanken erregen, und Gott wird dich bewahren.«[21]

3.3 Russischer Hesychasmus und Marienverehrung

Russisch-orthodoxe Frömmigkeit ist ohne Marienverehrung undenkbar. Russland hält sich für das Eigentum der Mutter Gottes, im Mittelpunkt jeder altrussischen Stadt stand die Maria-Himmelfahrts-Kirche, die Hälfte der 3000 Klöster Russlands in 1000 Jahren war der Mutter Gottes geweiht. Nach russischen Theologen hat sie das Bild und den Charakter der russischen Kirche geprägt. Diese Marienverehrung prägt auch das Gebet der russischen Hesychasten.

Sowohl beim Jesusgebet in seiner klassischen Form, bei den an Christus gerichteten Wiederholungsgebeten der Mönchsväter wie auch beim Ave Maria geht es um das zentrale Geheimnis des christlichen Glaubens, um das Geheimnis der erlösenden Menschwerdung Gottes. Richtet sich die Bitte des Zöllners im Evangelium an »*Gott, Der ihm gnädig sein soll*« (Lk 18,13), so setzt das Jesusgebet »Jesus Christus, Den (wesensgleichen) Sohn Gottes« an diese Stelle. Der biblische Gruß an Maria ist ebenfalls nur im Kontext der Menschwerdung Gottes zu sehen. Auch die kürzesten Wiederholungsgebete wie »Jesus«, »Herr Jesus«, das heißt »Jesus ist Gott«, sind ein Meditieren um die Mitte des christlichen Glaubens, die Menschwerdung. Richtet sich das »Vater unser« an Gott, Den Vater, so kann das »Gegrüßet seist Du, Maria« als christozentrisches Gebet ihm zur Seite gestellt werden, da Maria Ihre Stellung im Heilsmysterium

21 Sendschreiben an Gurij Tusin, in: Lilienfeld, aaO. S. 268.

als Gottesmutter und Jungfrau erhält und Sie durch Ihre Fürbitte zu Ihrem göttlichen Sohn hinführen soll. Gott tritt in die Menschheitsgeschichte durch einen konkreten Menschen, Maria, ein. Beide Gebete zusammen, das »Vater unser« und das »Gegrüßet seist Du, Maria«, sind gleichsam eine Kurzfassung des christlichen Glaubens. Es ist bemerkenswert, dass der Begründer der heute üblichen Form der Rosenkranzgebete, Dominikus von Preußen (1384–1460), das östliche Jesusgebet in seiner klassischen Formulierung kannte und es seinem Inhalt nach an die Seite des Ave Maria stellt und beide empfiehlt, da er offenkundig beide Gebete ihrer Intention nach als Parallele empfand.[22]

Wir finden aber auch in der russisch-orthodoxen Kirche einen gewichtigen Zeugen, der das Jesusgebet mit dem Ave Maria gleichsetzt. Es ist dies einer der populärsten und bedeutendsten Hesychasten Russlands, der hl. Serafim von Sarov (1754–1833), der in seinem monastischen Leben fast alle Formen der asketischen Kämpfe durchgefochten hat, vom Säulensteher über den Einsiedler bis zum geistlichen Vater vieler Tausender Hilfesuchender, bis zum Starzen, der auch heute noch innig verehrt wird. Seine Gebetsregel lautet so: »Jeder Christ soll, wenn er sich vom Schlaf erhoben hat, sich mit dem Kreuzzeichen bezeichnen und das Gebet des Heiles sprechen, das unser Herr und Gott, Jesus Christus Selbst, Seine Jünger gelehrt hat: das ›Vater unser‹ dreimal, zur Ehre der Mutter Gottes das ›Gegrüßet seist Du, Maria‹ dreimal, schließlich einmal das ›Glaubensbekenntnis‹. Nach diesem morgendlichen Gebet soll jeder Christ an seine Arbeit gehen, ob Mann, Frau oder Kind, gleich welchen Standes oder Berufes, wo eben ihn Gott hingestellt hat.

22 R. Scherschel, Der Rosenkranz – das Jesusgebet des Westens, Herder 1982, S. 83.

Wenn er unterwegs oder mit häuslichen Arbeiten beschäftigt ist, soll er leise sagen: ›Herr Jesus Christus, Sohn Gottes, sei mir Sünder gnädig.‹ Wenn er von Berufs wegen von vielen Leuten umgeben ist, soll er nach Möglichkeit nur in Gedanken sagen: ›Herr erbarme Dich‹ und es bis Mittag versuchen. Vor dem Essen soll er wieder die Gebete sprechen. Nach dem Essen soll er während seiner Arbeit wieder beten: ›Heilige Mutter Gottes, rette mich Sünder‹ und es bis zum Abend versuchen. Überkommt ihn abends der Schlaf, soll jeder Christ die morgendlichen Gebete wiederholen und mit dem Kreuzzeichen einschlafen.«

Der Heilige lehrt, dass so jeder Christ, der sich an diese kleine Regel wie an einen Rettungsanker inmitten der Wogen des Alltags anhält und mit Demut sie ausübt, bis zum Maß der christlichen Vollkommenheit und Gottesliebe gelangen könnte, da diese drei Gebete das Fundament des Christentums sind: das erste Gebet, die Worte unseres Herrn selbst, hat er uns als Beispiel für alle anderen Gebete gegeben; das zweite wurde durch den Engel vom Himmel herabgetragen als Gruß für die Mutter Gottes, wo der Eckstein des Neuen Testamentes in der Menschwerdung Jesu Christi grundgelegt wurde; das Glaubensbekenntnis aber enthält in sich in Kürze alle Dogmen des christlichen Glaubens.

Wir finden diese innige Verehrung der Gottesmutter aber auch bei den großen Hesychasten auf dem Ihr geweihten Berg Athos. So bekennt der hl. Maximos Kausokalybos in einem Gespräch mit Gregor dem Sinaiten (gest. 1346): »Ich will nicht vor Dir, ehrwürdiger Vater, das Wunder verheimlichen, das durch die Hilfe der allerseligsten Gottesgebärerin an mir geschah. Schon von meiner Jugend an trug ich in mir den lebendigen Glauben an meine Herrin und Gottesgebärerin, und ich ließ nicht ab, Sie inständig unter Tränen zu bitten, Sie möge mir die Gnade des Geistigen Gebetes erteilen. An einem Tage kam ich nun wie gewöhnlich in die Kirche und betete zu Ihr mit der grenzenlosen Glut meines Herzens. Als ich voll Liebe Ihre heilige Ikone küsste, da spürte ich plötzlich in der Brust und im Herzen eine sonderbare Wärme und ein Feuer, das von der heiligen Ikone ausging, mich aber nicht brannte, vielmehr mich erfrischte und mir Erquickung brachte und meine Seele mit großer Rührung erfüllte. In diesem Augenblick, mein Vater, begann mein Herz aus seinem tiefsten Grunde heraus das Gebet zu sprechen, und mein Geist empfing durch das Gedenken an meinen Herrn Jesus Christus und meine allheilige Gebieterin und Gottesgebärerin neue Kraft, und auch jetzt bleibt mein Herz immer in diesem Gedenken. Und, verzeih mir schon, seit jener Stunde hört das Gebet in meinem Herzen nicht mehr auf.«[23]

Wenn wir nun über Jahrhunderte hinweg den Blick auf unsere Zeit richten, so sehen wir dasselbe Phänomen bei einem der letzten großen Starzen auf dem Berge Athos, beim Schimonach Siluan (1866–1938) vom russischen Pataleimonkloster. Auch er verdankte seine Umkehr dem Anruf der Gottesmutter und erhielt von Ihr wie Maximos Kausokalybos oder Serafim von Sarov die Gnade des immerwährenden Gebetes als Geschenk der Mutter Gottes: »Als ich ein junger Novize war und eines Tages vor der Ikone der Gottesmutter betete, kam das Jesusgebet in mein Herz, blieb dort und verrichtete sich von selbst, immerfort … Wenn doch die Menschen wüssten, wie groß die Liebe der allreinen Mutter zu denen ist, die Christi Gebote halten, und wie Sie leidet und trauert um diejenigen, die unbußfertig sind. Ich habe es an mir selbst erfahren. Ich sah die Gottesmutter nicht, aber der Heilige Geist ließ mich Sie erkennen.

23 Dobrotoljubije Bd. V, Athos 1889, S. 337.

Mehr als vierzig Jahre sind vergangen, da Sie mich Sünder aufsuchte und ermahnte. Ich wäre verloren gewesen, ich Elender, aber ich vernahm Ihre Stimme und hörte Ihre Worte: ›Es ist mir zuwider zu sehen, was du tust.‹ So lieb und wohltuend, so sanft war Ihre Stimme, dass ich niemals diese süßen Worte vergessen kann, und ich weiß nicht, wie ich Sünder der gnadenreichen, sich erbarmenden Mutter des Herrn danken soll.

Sie ist in Wahrheit unsere Fürsprecherin vor dem Herrn, und schon allein Ihr Name erfreut die Seele. Der ganze Himmel und die ganze Erde erfreuen sich Ihrer Liebe.

Unfassbar! Sie lebt im Himmel und schaut unaufhörlich die Herrlichkeit Gottes, aber Sie vergisst uns Armselige nicht und bedeckt mit Ihrer Barmherzigkeit die ganze Erde und alle Völker. Und diese Seine allreine Mutter hat der Herr uns gegeben. Sie ist unsere Freude und unsere Hoffnung. Sie ist unsere Mutter im Geiste, Ihrer Natur nach als menschliches Wesen uns verwandt, und jede christliche Seele zieht es hin zu Ihrer Liebe …«[24]

Die Hesychasten verehren die Mutter Gottes so sehr, weil Sie die Lehrmeisterin des immerwährenden Gebetes ist. Bevor Sie Jesu Mutter wurde, war Sie Seine Jüngerin, weil Sie dem Wort glaubte und es andauernd in Ihrem Herzen erwog. Zutiefst einbezogen in das Geheimnis der Erlösung, wird Sie gerade unter dem Kreuz den Lieblingsjüngern zur Mutter gegeben. Sie vermag die Augen des Beters auf Ihren Sohn zu richten und gleichsam die Atmosphäre des Gebetes, die Beistandsgnaden zu vermitteln. Ein an die Jungfrau Maria gerichtetes Gebet bittet: »In Deiner Liebe eine meine Seele«.

24 Archimandrit Sophronius (Hg.), Starez Siluan, Mönch vom Heiligen Berg Athos, Leben – Lehre – Schriften, Düsseldorf 1959, S.293.

Sie vermag als Fürbittende für alle Stimmungen, die der Seele entspringen, zu wirken und als Braut des Heiligen Geistes den Beter im Gebet so zu führen, dass er selbst Tempel des Heiligen Geistes wird. Auf dem Berg Athos, der der Jungfrau Maria geweiht ist, hat sich seit langem eine ausführliche Formel des Jesusgebetes entwickelt, die parallel zum Ave Maria mit der Bitte an die Gottesmutter schließt: »Herr Jesus Christus, Sohn und Wort des lebendigen Gottes, durch die Bitte Deiner allreinsten Mutter und aller Heiligen habe Erbarmen mit uns und rette uns!«[25] Das orthodoxe Ave Maria lautet so: »Freue Dich, gesegnete Maria, der Herr ist mit Dir, gesegnet bist Du unter den Frauen und gesegnet ist die Frucht Deines Lebens, denn Du hast den Retter unserer Seelen geboren.«

4. Das Namen-Jesu-Gebet

Gegenüber der Vielzahl von Wiederholungsgebeten, die vom frühen Mönchtum an bis in die Neuzeit praktiziert wurden, setzte sich schon früh das Gebet im Namen und zum Namen Jesu im Mönchtum des Ostens durch. Ein Grund dafür lag nicht nur in der Einfachheit der Gebetsformel, die ja vielgestaltig sein konnte, sondern vor allem im Wissen um die Macht des Namens einer Person. Im Glauben und Denken fast aller Völker gehört der Name unlöslich zur Person. Der Name ist nicht »Schall und Rauch«, nicht zufällig von außen der Person auferlegt, sondern er ist Ausdruck des Wesens, Lebensprogramm, gleichsam die dem anderen zugewandte Seite. Wer seinen Namen kundtut, lässt sich ansprechen, bleibt nicht anonym, sondern tritt in Gemeinschaft, ja er gibt dem anderen gewissermaßen Macht über sich.

25 H. Bacht, Das »Jesusgebet« – seine Geschichte und seine Problematik, in: Geist und Leben 24 (1951), S.326-338, S.337.

Es gehört zu den grundlegenden Erfahrungen der biblischen Offenbarung, dass Gott Seinem Volk gegenüber nicht anonym geblieben ist, sondern dass Er einen Eigennamen hat, den Er langsam geoffenbart hat. Verweigert Er dem Erzvater Jakob noch die Kenntnis Seines Namens (Gen 32,30), so gibt Er sich gerade im Zusammenhang mit der für Israel grundlegenden Erfahrung der Befreiung aus dem Sklavenhaus Ägypten als »Jahwe« zu erkennen (Ex 3,14). Wenn man Jahwe anruft, kommt Er herbei und macht Seine Verheißung wahr: *»An jedem Ort, an dem Ich Meinem Namen ein Gedächtnis stifte, will Ich zu dir kommen und dich segnen«* (Ex 20,24). Der Name wird gleichsam zum Begriff für die Gegenwart Gottes. Der Name Jahwes umschreibt so stark das personhafte Wirken Jahwes, dass man ihn geradezu als Wechselbegriff für Jahwe selbst verwenden kann (Lev 18,21). Der Name Jahwes wird fast zu einer Hypostase, er nimmt den Platz ein, an dem in anderen Religionen das Kultbild stand. Er erscheint geradezu wie eine in sich stehende Realität, die von geheimnisvoller Macht ist.

Die Anrufung des Namens macht das Land, den Menschen, über den dies geschieht, zum Eigentum Gottes (Dtn 28,10). Die »Heilighaltung des Namens« war für den Gläubigen des Alten Bundes Inbegriff und Höhepunkt des religiösen Lebens. Diese große Ehrfurcht vor dem Namen Gottes führte dazu, dass statt des Namens »Jahwe« in der Septuaginta, der griechischen Übersetzung der hebräischen Bibel, nur »Kyrios« geschrieben wurde und schon im letzten Jahrhundert vor Christus der Name »Jahwe« nicht mehr ausgesprochen wurde. Den genau ausgesprochenen Jahwenamen durften nur mehr die Priester beim Sprechen des aaronitischen Segens, Zeugen im Prozess wegen Gotteslästerung und der Hohepriester beim Sprechen der drei Sündenbekenntnisse am Versöhnungstag aussprechen. Statt des Gottesnamens wurde sonst Adonai (= Herr), Memra (= das Wort), Schechinah (= das Wohnen Gottes bei seinem Volk) oder ha Schem (= der Name) eingesetzt.[26]

Vielleicht ist uns durch die lange christliche Gewöhnung die ungeheure Tatsache nicht mehr bewusst, was es für die Urchristen bedeutete, statt des unaussprechbaren Namens den Namen Jesu Christi einzusetzen und ihn jederzeit und allerorten anrufen zu dürfen. Der Name Jesus ist die letzte und endgültige Offenbarung des Namens und Wesens Gottes: »Jahwe rettet«, wie er in und durch Jesu Leben, Kreuz und Auferstehen gezeigt hat. In den Evangelien, vor allem in den Aussagen des Johannes-Evangeliums, haben wir die christologischen Deutungen der atl. Aussagen über den Jahwenamen vor uns. Damit ist in dieser letzten Evangeliumsschrift die Linie des Alten Testamentes wieder aufgenommen, dass Gottes Offenbarung an einen persönlichen Eigennamen gebunden ist, an Jesus Christus.

Die Fülle von Jesu Leben und Werk zeigt sich in Seinem Namen (Mt 1,2), Sein Name ist das *»Wort Gottes«* (Joh 1,1, vgl. dazu den jüdischen Ersatz von Jahwe durch Memra, Wort), statt Jesus kann es auch nur heißen: *»der Name«* (Apg 5,41; 3 Joh 7, vgl. dazu den jüd. Ersatz von Jahwe durch ha Schem, der Name). Die älteste christliche Bekenntnisformel, die zugleich ein Stoßgebet sein kann, lautet daher *»Jesus ist der Kyrios, der Herr«* (Röm 10,9), das heißt Jahwe selbst, und ist das Bekenntnis Seiner Gottheit. Hat sich Jahwe das erste Mal im Dornbusch Mose geoffenbart, so offenbart Er sich letztgültig im Leben Jesu und unter der Dornenkrone am Kreuz, dessen titulus »König der Juden« ist und Jahwe allein ist König Seines Volkes. Der Tempelvorhang zerreißt zur Todesstunde Jesu – der tiefste Blick in

26 Strack-Billerbeck, Kommentar zum Neuen Testament aus Talmud und Midrasch, II, S. 302 ff.

das innerste Heiligtum Gottes wird durch den sterbenden Jesus am Kreuz gewährt. Ihn, den Auferstandenen, bekennt Thomas: »*Mein Herr und Mein Gott*« (Joh 20,28). Jahwe lässt sich in Jesus mit einem menschlichen Namen anrufen, und wir rufen uns und Ihm immer in Erinnerung, was Er für uns getan hat. Die Rosenkranzgeheimnisse sind letztlich nichts anderes als ein andauerndes Meditieren um dieses Christusgeheimnis vor Seinem Angesicht.

Die Christen waren daher geradezu gekennzeichnet als die, »*die den Namen des Herrn Jesus anrufen*«, und man könnte die Apostelgeschichte das Buch des Jesusnamens nennen. Es ist das Zentrum der urchristlichen Verkündung der Apostelgeschichte, dass »*kein anderer Name den Menschen gegeben ist*«, und die Wunder sind Erweis der »*Macht des Namens*« (Apg 3,1–10). Wer den Namen des Herrn anruft, gehört zur Gemeinde und wird gerettet (Apg 2,17–21; 9,14). Das ganze Leben steht unter dem Namen Jesu (Kol 3,17) und zu den Gaben der Vollendung gehört es, dass die Sieger den Namen des Lammes tragen werden (Offb 3,12). Es ist der »hohe Name«, der über den Christen ausgerufen ist und sie dadurch zum Eigentum Jesu Christi macht (Jak 2,7).

5. Historische Entwicklung des Jesusgebetes

Die folgende Übersicht über einige hesychastische Schriftsteller soll eine zeitliche Einordnung der in dem Buch oft zitierten Autoren erlauben.

Das hesychastische Gebet gewann seine spätere klassische Form durch die Verbindung des Jesus-Namens mit den rhythmischen Wiederholungsgebeten der Wüstenväter. Rückgehend auf die Mystik des **Evagrius Ponticus,** der die Spiritualität der sketischen Wüste und der großen alexandrinischen Theologen, insbesondere die des **Origenes,** in sich verbindet, entstand auf dem Sinai ab dem 5. Jahrhundert der große Überlieferungsstrom des **sinaitischen Hesychasmus,** aus dem noch im 15. Jahrhundert in Russland Nil Sorskij vorzugsweise schöpfen wird. Der russische Hesychasmus und Neohesychasmus, der von Paisij Velitschkovskij Ende des 18. Jahrhunderts wiederbelebt wird, zeichnet sich überhaupt durch eine besondere Nähe zu den palästinisch-sinaitischen Vätern aus. Die Spiritualität der Mönche des Sinai bekundete sich durch eine starke Jesusfrömmigkeit, deren natürliche Frucht die Anrufung des Jesusnamens war. Der erste Zeuge dafür scheint **Diadochus, der Bischof von Photike** in Alt Epirus, zu sein (um 458). Die asketische Mühe soll vom beständigen Beten begleitet sein. Das kann ein vorgegebenes Psalmwort sein, die Worte können sich aber auch zur alleinigen Anrufung des Namens Jesus verdichten. Die gotterfüllte Atmosphäre des Lebens wird durch die ständige Erinnerung an Gott erreicht, und »Mneme« (Gedächtnis) ist eines der Schlüsselworte von Diadochus. »Wenn der Mensch in der Beobachtung der Gebote fortzuschreiten beginnt und unaufhörlich den ›Herrn Jesus‹ anruft, dann verteilt sich das Feuer der Gnade auf die äußeren Sinne des Herzens und brennt das Unkraut des menschlichen Erdreichs vollständig aus«, heißt es in den »Hundert Kapiteln über die christliche Vollkommenheit«.[27]

Auch bei dem berühmten Seelenführer **Barsanuphios** (gest. um 540) im Kloster des Abba Seridus nahe der Stadt Gaza findet sich in den geistlichen Antwortbriefen die Empfehlung, durch Anrufung des Jesusnamens alle Schwierigkeiten zu überwinden. Beeindru-

27 Diadochus von Photike, Gespür für Gott, Einsiedeln 1982, cap. 85, S. 106, auch cap. 97, S. 121.

ckend in diesen Unterweisungen sind die innige Christusliebe, die maßvolle Askese und die Freiheit in der Methode: »Wenn du Anregung zum Lesen verspürst und du dabei in deinem Herzen ergriffen wirst, so lese, solange du kannst. Beim Psalmengebet mache es genau so. Wenn du betest ›Herr, erbarme Dich‹, bleibe dabei, solange deine Kraft reicht ...«[28]

Bis auf den heutigen Tag ein Standardwerk östlicher monastischer Spiritualität und von großer Bedeutung für die Verbreitung des Jesusgebetes ist die »Paradiesesleiter« von **Johannes Klimakos.** In 30 Stufen legt Klimakos den Weg von der Unvollkommenheit des Novizen bis zur Vollkommenheit, das heißt bis zur Liebe, dar. Die letzten Stufen »Gebet«, »Die selige Ruhe in Gott«, »Glaube, Hoffnung und Liebe«, das mystische Gebet, kennt nur der aus eigener Erfahrung, der die völlige Herrschaft über seinen Geist, seine Gedanken und Leidenschaften erlangt hat. Das Gebet soll daher die Vielfalt der umherirrenden Gedanken ausschließen zugunsten einer Monologie, eines »Einwortgebetes«: »Die Ruhe ist ein fortwährendes Gebet zu Gott und Stehen vor Ihm. Verbinde das Gedenken Jesu mit deinem Atem und du wirst den Nutzen der Ruhe erkennen. Der Fall des Mönches ist der Eigenwille, der des Einsiedlers das Ablassen vom Gebet.«[29] »Bemühe dich nicht, viele Worte zu machen, wenn du mit dem Herrn sprichst, damit dein Geist auf der Suche nach Worten nicht zerstreut wird. Ein Wort des Zöllners versöhnte Gott und ein Ausspruch, erfüllt von Glauben, rettete den Schächer. Viele Worte beim Gebet zu machen lenkt oft den Geist ab und erfüllt ihn mit Träumereien, das Gebet in einem Wort sammelt ihn gewöhnlich.«[30]

28 M. Dietz, Vom Reichtum des Schweigens, Geistliche Antwortbriefe der Schweigemönche Barsanuph und seines Schülers Johannes, Schöningh 1963, Brief 178, S. 31.
29 Johannes Klimakos, Die Paradiesesleiter, 27. Stufe, Regensburg 1874, S. 342.
30 Paradiesesleiter, 28. Stufe, S. 352.

Bei Johannes Klimakos findet sich vermutlich auch zum ersten Mal die Bezeichnung »Jesusgebet«. In der 15. Stufe »Von der Keuschheit« steht die geradezu klassische Stelle: »Wenn wir auf dem Lager ausruhen, dann müssen wir besonders nüchtern und wachsam sein, denn unser Geist ringt dann allein mit den Dämonen; und wenn er wollüstig ist, erfüllt mit wollüstigen Träumen, dann wird er gern zum Verräter. Das Gedenken des Todes muss dich beim Einschlafen und beim Erwachen begleiten und zugleich mit ihm darf nur das Jesusgebet in deinen Gedanken sein, denn nichts kann dir ein so starker Beistand sein während des Schlafes wie dieses Tun.«[31] So sollen alle Laster der Reihe nach bekämpft werden, auch das Laster der Feigheit.

Ilarion gibt im 42. Kapitel über den Sieg über dämonische Trugbilder eigentlich ein plastisches Beispiel zur 21. Stufe der Paradiesesleiter: »Überwinde dich und gehe bei Nacht an die Stelle, wo du dich erschreckt hast, denn wenn du in solchen Kleinigkeiten nachgibst, so wird diese kindische und lächerliche Ängstlichkeit bei dir bald zur Gewohnheit. Wenn du aber dahin gehst, stärke dich mit den Waffen des Gebetes, und wenn du da bist, erhebe deine Hände zu Gott und besiege deine Feinde im Namen Jesu; eine mächtigere Waffe gibt es nicht im Himmel noch auf der Erde.«[32] Das gesamte Werk der »Paradiesesleiter« zeigt, wie eng das Jesusgebet mit allen anderen asketischen Kämpfen verbunden ist und nur mit ihnen wachsen kann. Aber »wer sich unaufhörlich auf den Stab des Gebetes stützt, wird nicht stolpern. Wenn es aber doch geschehen sollte, so stürzt er nicht völlig. Denn das Gebet tut Gott fromme Gewalt an.«[33]

31 Paradiesesleiter, 15. Stufe, S. 194.
32 Paradiesesleiter, 20. Stufe, S. 227.
33 Paradiesesleiter, 28. Stufe, S. 360.

Eine weitere Verdichtung der überlieferten asketischen Lehre auf die »Nüchternheit«, die »Wachsamkeit« und in der Folge auch auf das Jesusgebet findet bei dem Sinaimönch **Hesychios vom Bathoskloster,** dem Dornstrauchkloster, Ende des 7. Jahrhunderts statt. Die Wachsamkeit soll alle Gedanken ausschließen, da sie die Quelle der Zerstreuung und Ursprung der Sünde sind. Die Nüchternheit soll zur Reinheit des Herzens führen, zur Bewahrung des Herzens durch die Aufmerksamkeit auf sich selbst und Gott. Das geht nicht ohne Kampf, in dem der Name Jesu ein große Rolle spielt. Die ständige Anrufung Jesu und der immerwährende Gedanke an den Tod sollen die Seele von den beunruhigenden Leidenschaften befreien, sie zum vollkommenen Frieden und zum Schweigen führen, zur »stillen Ruhe«. Diese durchgehende Empfehlung des »Einwortgebetes« soll aber bei Hesychios nicht auf Kosten der anderen asketischen Kämpfe gehen, eine Ansicht, die zumindest der russische Hesychasmus immer vertreten hat. Hesychios greift auch die Empfehlung von Johannes Klimakos, den Namen Jesu mit dem Atem zu verbinden, wieder auf: »Verbinde mit deinem Atem die Nüchternheit, den Namen Jesu, die Betrachtung des Todes und die Demut: all dies ist von größter Nützlichkeit.«[34] »Selig ist, wer das Denken an das Jesusgebet anheftet und im Herzen unaufhörlich zu Ihm ruft, so wie die Luft zu unserem Körper gehört oder die Flamme zur Kerze. Die Sonne umkreist die Erde und erleuchtet den Tag; wenn der heilige und verehrungswürdige Name des Herrn Jesus unaufhörlich im Verstand leuchtet, gebiert er zahllose sonnenstrahlende Gedanken.«[35]

34 Dobrotoljubije, Bd. II, Athos 1895, Hesychios von Bathos, dort fälschlich als Hesychios von Jerusalem, n 189, S. 142.
35 ebda n 196, S. 143.

Mit **Symeon dem Neuen Theologen** (949–1022) schließt diese große mystische Epoche in der Ostkirche ab und hat die byzantinische Mystik ihren Höhepunkt erreicht. Die geistigen Grundlagen der spätbyzantinischen Hesychasten sind bei ihm vorgebildet: der absolute Gehorsam gegen den geistlichen Vater ist der Ausgangspunkt des asketischen Lebens, das Erlebnis der Gnade das Wesen, die Visionen des Lichtes die Krönung. In Lichtvisionen wird Christus als zweite Person der Dreifaltigkeit geschaut, Sein Lichtglanz erfüllt die Seele. In den Hymnen Symeons des Neuen Theologen verbinden sich auf untrennbare Weise altchristliche Askese und Mystik, und die ganze Fülle religiösen Erlebens findet in ihnen ihren Ausdruck:

»Dein Licht, das mich bestrahlt, O Christus, weckt das Leben.
Denn Dich zu schauen, heißt Rückkehr in das Leben,
heißt von den Toten auferstehen.
Was mir Dein Bild gebracht, ist unaussprechlich.
Doch das weiß ich gewiss und kenne es:
Ob mich nun Krankheit, ob mich Schmerz, ob Trauer,
ob mich nun Bande, Hunger und Gefängnis fesseln
oder gar schwere Beschwerden mich beschweren:
Erstrahlt Dein Licht, wird alles mir wie Finsternis vertrieben
und verscheucht.
In Ruhe und im Licht und in des Lichts Genießen
seh ich mich plötzlich hingestellt durch Deinen Gottesgeist.«[36]

Aus der Erfahrung dieser Lichtmystik entspringt das Gefühl der festen Verbundenheit mit Gott, und es entstand das Verlangen, diese Erfahrung methodisch als Dauerzustand verfügbar zu machen. Symeon dem Neuen Theologen wird ein Buch zugeschrieben über

36 Symeon der Neue Theologe, Licht vom Licht, Hymnen, deutsch von Kilian Kirchhoff, München 1951, 2. Auflage, S. 234.

die »Methode des heiligen Gebetes und der Aufmerksamkeit«, das die psychotechnische Seite der hesychastischen Gebetstechnik genau beschreibt. So soll das Jesusgebet in bestimmter Körperhaltung mit vorgeschriebener Atemführung gebetet werden. Diese psychotechnische Seite wurde in der späteren Polemik überbetont und einseitig hervorgehoben, die Hesychasten wurden mit dem Spottnamen »Nabelseelen« bedacht. Man darf aber nicht außer acht lassen, dass, sollte das Buch überhaupt von Symeon dem Neuen Theologen sein, auch hier das Ziel nur durch die Beherrschung der Leidenschaften, das Psalmengebet, das Jesusgebet und die Ruhe in Gott erreicht wird. Über die dritte Art zu beten schreibt Symeon:

»Unsere heiligen Väter haben das Wort des Herrn wohl verstanden: ›Aus dem Herzen kommen böse Gedanken, Mord, Ehebruch, Unzucht, Diebstahl, falsches Zeugnis, Gotteslästerung‹ und das andere Wort: ›Das ist es, was den Menschen unrein macht‹. Darum ermahnen sie uns, ›das Innere des Bechers zu reinigen, damit das Äußere rein werde‹. Sie lassen alle anderen praktischen Tugenden zurücktreten, um nur den Kampf über die Wachsamkeit des Geistes zu führen, weil sie überzeugt waren, dass mit ihr auch die anderen Tugenden leichter geübt werden können … Zuerst bemühe dich um vollkommene Sorglosigkeit gegenüber erlaubten und unerlaubten Dingen. Du musst wie tot für sie sein. Zweitens erwirb dir ein reines Gewissen, indem du dich vor seinen Vorwürfen bewahrst. Schließlich löse dich von jeder Leidenschaft, die dich zu dieser gegenwärtigen Welt oder zu deinem Körper hinzieht. Dann gibt es keine Gedankenbilder und Vorstellungen, die nicht durch die Anrufung Jesu vertrieben oder vernichtet werden. Wer eine Leiter benützen will, geht von unten nach oben … Das Jugendalter des geistlichen Lebens besteht in der Beherrschung der Leidenschaften. Das ist die Aufgabe der Anfänger. Der zweite Schritt im Wachstum des geistlichen Lebens ist die Beharrlichkeit im Psalmengebet Sind einmal die Leidenschaften beherrscht und beruhigt, dann spendet das Psalmengebet und jedes mündliche Gebet der Zunge Süßigkeit – und es wird wertvoll vor Gott. Der dritte Schritt auf der Stufe des Wachstums, der den Jüngling zum Mann heranreifen lässt, ist das Gebet des Geistes. Es ist das Zeichen des Fortschritts. Es folgt der vierte Schritt im geistlichen Wachstum. Das ist das Greisenalter, das Alter im Schmuck der weißen Haare. Die zielbewusste und unerschütterliche Gottversenkung ist die Speise der Vollkommenheiten. Die Wanderung hat das Ziel, die höchste Sprosse der Leiter, erreicht«[37]

Schon zu Lebzeiten Symeons des Neuen Theologen hatte die Hesychia allerdings beim orientalischen Mönchtum schon an Bedeutung verloren und geriet in Vergessenheit, bis sie bei den Einsiedlern auf dem **Berge Athos** zu neuer Blüte gelangte. Dieses neue Aufblühen der hesychastischen Mystik ereignete sich im 14. Jahrhundert und übte in der Folge einen so großen Einfluss auf die Ostkirche aus, dass die Bezeichnung Hesychasmus später oft irrtümlich auf diesen Zeitraum und diese Erscheinungen auf dem Berge Athos eingegrenzt wurde. In der ersten Hälfte des 14. Jahrhunderts nimmt der »hesychastische Streit« besonders heftige Formen an, als mystische und dogmatische Fragen miteinander verflochten wurden. Hauptträger dieser Erneuerung des Hesychasmus auf dem Berg Athos sind Gregor der Sinait (gest. 1346), der gleichsam die Verbindung zwischen der sinaitischen und athonitischen Frömmigkeit darstellt, und Nikolaos Kabasilas (gest. 1371) mit seiner tiefen Sakramentenfrömmigkeit sowie in besonders kämpferischer Weise Gregor Palamas (1296/97 – 1360) durch seine Auseinandersetzungen mit dem Mönch Barlaam von Kalabrien.

---

37 Kleine Philokalie, übers. und hrsg. von Matthias Dietz, Benziger 1976, S. 139 ff.

Gregor Sinaites gebührt der Verdienst, die alte Überlieferung des »Geistigen Tuns«, die in der Zwischenzeit im Asketentum halb vergessen war, wiederentdeckt und durch seine Lehre über die Hesychia zu neuer Bedeutung gebracht zu haben. Sein persönliches Beispiel wirkte dabei mindestens ebenso nachhaltig wie seine Schriften, und der große Hesychast Russlands Nil Sorskij sieht in Gregor dem Sinaiten den tiefsten Geist der Ostkirche. Gregor wird zunächst Mönchsnovize in Zypern, zieht von dort weiter zum Katharinenkloster am Sinai, verlässt in innerer Unruhe aber das Kloster. Auf Kreta lernt er den erfahrenen Mönch Arsenios kennen und spricht mit ihm über seine asketischen Bemühungen im Katharinenkloster. Arsenios erklärt ihm, das alles sei nur »Praxis«, das wahre asketische Leben bestehe aber in der »Theoria«, der Gottesschau, die durch Gebet, Ruhe und Wachsamkeit des Geistes zur Lichtwerdung führt. Sofort nach dieser Belehrung beschließt Gregor, zum Berg Athos zu segeln und lässt sich mit seinen Schülern zunächst in der Einsiedelei Magula, dann in der Nähe des Klosters Simonos Petras nieder. Mit Hilfe des Jesusgebetes und der Reinigung erlebt er bald die Erfahrung des inneren Lichtes, das er in der »Predigt über die Verklärung« mit dem von den Säulenaposteln auf dem Berge Tabor geschauten Licht, dem Taborlicht, gleichsetzt. Von nun an ist der Berg Athos das Verbreitungsgebiet des Jesusgebetes. Gregor muss allerdings wiederholter Überfälle türkischer Räuberbanden wegen den Athos mit seinen Schülern wieder verlassen und gründet im bulgarischen Gebiet von Paroria ein neues Kloster. Nun scharen sich auch slawische Schüler um den gefeierten Lehrer, und trotz baldiger Zerstörung des Klosters übt die Lehre Gregors des Sinaiten eine große Wirkung auf die Balkanländer und Russland aus.

Gregor betont in seiner Lehre die Einteilung des geistlichen Aufstiegs in mehrere Stufen. Auf die unverzichtbare Praxis der Abtötung durch Fasten und Wachen mit Psalmengebet muss die Beschauung in der Einsamkeit folgen. Die immerwährende Anrufung des Jesusnamens soll dabei das verborgene Einwohnen des Hl. Geistes aktuieren und zum Erleben bringen. Der hesychastische Beter soll den Geist in das Herz führen und beim Aussprechen des Jesusnamens diesen Namen einer Speise gleich genießen und auskosten. Als methodisches Hilfsmittel wird im Anschluss an Symeon den Neuen Theologen die stete Wiederholung des Jesusgebetes in Verbindung mit einer bestimmten Atemtechnik gelehrt – wobei das immerwährende Herzensgebet eine Gnade bleibt, die auf die Fürbitte der Mutter Gottes gewährt werden kann, wie Gregor der Sinait im Gespräch mit dem hl. Maximus erfährt. »Über allen Geboten steht das Gebot, das alle umfasst: ›Gedenke allezeit Gottes, deines Herrn‹. Um dieses Gebotes willen sind die anderen verletzt worden, um seinetwillen werden die Gebote gehalten. Das Vergessen Gottes hat ursprünglich die Erinnerung an Gott ausgelöscht, die Gebote verdunkelt und die Nacktheit des Menschen enthüllt.

Wir müssen darauf bedacht sein, dass in unseren Herzen nur die Kraft des Gebetes wirkt, welche wärmt, den Geist freudig stimmt und die Seele in unaussprechlicher Liebe für Gott und die Menschen entflammt. Dann wird man gewahr, wie aus dem Gebet große Demut und Zerknirschung erblühen, wenn es zutrifft; dass bei den Anfängern das Gebet gleichwertig ist mit dem unermüdlichen Wirken des Geistes. Es bricht zu Beginn wie ein frohes Feuer aus dem Herzen hervor und erscheint zuletzt wie ein Licht vom herrlichsten Wohlgeruch.

Nachdem die Leidenschaften durch die immerwährende Anrufung des Herrn Jesus und durch die Strahlen göttlicher Wärme gemildert sind, überträgt sich das Wirken auf das Herz. »*Gott ist ein verzehrendes Feuer*« (Dtn 4,24), ein Feuer Gottes, das die Leidenschaften verzehrt. Bald wiederum zieht der Geist den Geist an sich, hält ihn in der Tiefe des Herzens fest und verwehrt ihm seine üblichen Streifzüge. Jetzt ist es nicht mehr der Leidgang eines Gefangenen, der von Jerusalem nach Assyrien geführt wird. Es ist die glückliche Wanderung von Babylon nach Zion. Der Geist darf sprechen: »*So juble Jakob, so freue sich Israel*« (Ps 14,7).«[38]

Geradezu zum Hauptvertreter des östlichen Hesychasmus wurde **Gregor Palamas,** der »Prediger der Gnade«, ein Schüler Gregors des Sinaiten. In dem umfangreichen Hauptwerk, den Triaden zur Verteidigung der hl. Hesychasten (1338–1341), wird die Philosophie radikal von der Gotteserkenntnis ausgeschlossen, als deren einziger Weg die gnadenhafte Teilhabe am göttlichen Leben bleibt, sofern sie sich durch die Übung des Jesusgebetes bis hin zur Lichtschau verwirklicht.

Im Gegensatz zu den italienisierten griechischen Humanisten wie Barlaam von Kalabrien unterschied Gregor Palamas das »verborgene Wesen« der trinitarischen Gottheit und ihre die gesamte Kreatur durchdringenden »göttlichen Energien«, die auf den Kosmos mit Notwendigkeit, auf den Menschen in Freiheit einwirken. Die offizielle Annahme seiner Lehre durch die griechische Kirche, die Verurteilung des Barlaam sowie die Kanonisierung Gregor Palamas 1368 verschafften dem Palamismus weiteste Verbreitung in der Ostkirche, so dass Hesychasmus und Palamismus fast gleichgesetzt

38 Dobrotoljubije Bd. V, Athos 1889, S. 132 ff.

wurden. Insbesondere in der russischen Gläubigkeit hat der Palamismus stärksten Widerhall gefunden, wie sich gerade in der Argumentation im Streit um die Göttlichkeit des Namens Jesu in der russischen Theologie zeigt.

Wird die durchgehende Polemik der Schriften des Gregor Palamas auch auf orthodoxer Seite als Mangel und Einseitigkeit empfunden, sind die »Centurien« des **Kallistos II.**, des Patriarchen von Konstantinopel, und seines Freundes **Ignatios,** beide genannt **Xanthopoulos** (Ende 14. Jahrhundert), eine rein positive Darlegung der hesychastischen Frömmigkeit, in deren Mitte das Jesusgebet steht.

Bei den Worten »Herr Jesus Christus« soll der Geist sich zu Christus erheben, bei den Worten »Erbarme Dich meiner« soll er wieder in sich zurückkehren. Diese doppelte Bewegung soll mit dem Rhythmus des Ein- und Ausatmens verbunden werden. Eingebettet in das Gesamtgefüge asketischer Unterweisungen soll der Beter das hohe Ziel, die mystische Liebe zum Herrn, erlangen. »... Auf diese Weise zeichnet Er unsere Freiheit als die vornehmste Würde aus, indem das Gute in Wirklichkeit durch Gottes Wohlwollen und Gnade bewirkt wird, dass es aber so aussieht, als hätten wir es mit gutem Willen und unserer Mühe getan. Und obwohl Er Gott und Herr ist, hat Er selbst alles getan, was zu tun möglich war: alle hat Er in gleicher Weise geschaffen, für alle ist Er gestorben, um alle auf gleiche Weise zu erlösen. Uns aber wurde die Freiheit gelassen, zu Ihm aufzusteigen, zu glauben, in Verhältnis der Freundschaft zu Ihm zukommen, mit Furcht, Eifer und Liebe jenem barmherzigen Herrn zu dienen, Der uns wahrhaft und sorgend liebt, so sehr, dass Er für uns freiwillig den Tod erleiden wollte, einen wahrhaft schimpflichen Tod, um uns von der Tyrannei des Teufels, des uralten Feindes, zu befreien und uns mit dem Vatergott zu vereinigen und uns zu Erben dieses

Gottes und zu seinen Miterben zu machen, was noch wunderbarer und beglückender ist …«[39]

Vom Athos aus wurde die Übung des Jesusgebetes in den griechischen und slawischen Raum getragen, wo vor allem in Russland der berühmte Starez **Nil Sorskij** (1433–1508) aus dem Geist der alten Ostkirche neue Kräfte zu gewinnen verstand. Sein monastisches Leben beginnt er im Kirillo-Belozerskij-Kloster bei der Stadt Kirillov in der Nähe des Weißen Sees mit Gebet, Fasten und schwerer Klosterarbeit, pilgert aber mit seinem Freund Innokentij zum Berg Athos, um tiefere Unterweisung im Gebet zu finden. Nil verbrachte mehrere Jahre auf dem Berg Athos und studierte unter Anleitung der Starzen-Hagioriten den ganzen Reichtum asketischer Überlieferung, hauptsächlich die Werke der oben genannten großen Väter. Es sind die Väter, die immer bestrebt waren, die ganze klösterliche Askese auf die Grundlage des Gebetes und der Gottverbundenheit zu stellen. Besonders verbunden zeigt sich Nil Sorskij Gregor dem Sinaiten, dessen Geist auf dem Berge Athos zu dieser Zeit in seinen Schülern noch sehr lebendig war.

Geformt von dieser Unterweisung kehrt Nil mit Innokentij nach Russland zurück. Im Dickicht der Urwälder an dem kleinen Flüsschen Sora, 15 Werst (ca. 16 km) vom Kirillo-Belozerskij-Kloster entfernt, siedelten sich beide an, es kamen neue Schüler hinzu. Nil wollte mit seinen Schülern ein streng geregeltes Leben in den Klöstern und Einsiedeleien einführen und die Klostergüter an den Staat zurückgeben, weshalb sie »Uneigennützige« genannt wurden. Der Erfolg war ihnen versagt, da sich eine andere geistige Richtung, die Iosifljane, Anhänger des Iosif von Volokolamsk, durchsetzte, die

39 A. Rosenberg (Hg.), Das Herzensgebet, Mystik und Yoga der Ostkirche. Die Centurie der Mönche Kallistus und Ignatius, München 1957, 2. Auflage, cap. 100, S. 133.

das Siegel von Byzanz der Moskauer Kirche aufdrückte. Nil ordnete in seiner Einsiedelei an, dass die Brüder allein oder zu zweien in kleinen Zellen, die im Wald verstreut in geringer Entfernung voneinander standen, leben sollten. Nur zum Gottesdienst kam die Brüdergemeinde zusammen. Es war der erste Versuch, die einsamen Tannenwälder des russischen Nordens als »Wüste« zu entdecken und ein Leben nach dem Muster der ägyptischen Mönche, der Mönche der Sketis, zu führen. Diese kleinen Einsiedeleien wurden daher »Skit« genannt. Der große hesychastische Aufbruch durch Nil Sorskij geriet allerdings längere Zeit in Vergessenheit. Erst im 18. Jahrhundert entdeckte Starez Paisij Velitschkovskij den mystischen Reichtum Nils und machte die Schriften Nil Sorskijs zum Ausgangspunkt für sein eigenes Schaffen.

Die zweite Hälfte des 18. Jahrhunderts bringt auch eine Wiedergeburt der hesychastischen Mystik auf dem Berge Athos. Ein griechischer Mönch, **Nikodemos der Hagiorit** (1748–1809), vertieft sich in die alten Schriften der Asketen und Mystiker der Ostkirche, die er mehrere Jahrzehnte hindurch zusammenträgt. Gemeinsam mit seinem Freund **Makarios von Korinth** (1731–1805) lässt er 1782 in Venedig in griechischer Sprache die »Philokalia«, das heißt »Liebe zur geistlichen Schönheit«, drucken. Sie ist eine Art hesychastischer Anthologie der oben genannten geistlichen Autoren zur Verbreitung des Jesusgebetes und ist bis auf den heutigen Tag für die orthodoxen Mönche der wichtigste Leitfaden der Askese und Mystik.
Fast zur gleichen Zeit übersetzte der oben genannte russische Archimandrit **Paisij Velitschkovskij** (1722–1794) in den Klöstern Njametz und Sekul in der Moldau asketische Schriften der Väter ins Moldauische und Kirchenslawische. Schließlich wurde die »Philokalia « des Nikodemos unter dem Titel »Dobrotoljubije«, das heißt »Liebe zum Guten«, ebenfalls ins Kirchenslawische übersetzt und

1794 in Petersburg veröffentlicht, Sie fand in Russland weiteste Verbreitung und machte das Jesusgebet in den verschiedensten Bevölkerungskreisen bekannt.

Eine neue fünfbändige Ausgabe der »Dobrotoljubije« besorgte Bischof **Feofan** (Govorov) **der Klausner** (1815–1894), die von 1878–1914 drei Auflagen hatte. Sie unterscheidet sich jedoch etwas in Auswahl und Vollständigkeit der Schriften von der paisischen Dobrotoljubije.

Von nun ist die Geschichte des Jesusgebetes eng mit der Philokalia bzw. mit der Dobrotoljubije verbunden, wie gerade in den »Aufrichtigen Erzählungen eines russischen Pilgers« deutlich wird, die das Jesusgebet auch im Westen bekannt gemacht haben.

So legt das Wiederholungsgebet, der Wandel in der Gegenwart Gottes, das Jesusgebet, einen weiten Weg zurück: von der sketischen Wüste zum Sinai, von dort zum Berg Athos, dann in die Moldaugegend, schließlich von neuem nach Russland, um dann im Westen wiederentdeckt zu werden als Reichtum der Ostkirche und zur Besinnung auf die eigene Tradition.

Wie kann nun die Praxis des Jesusgebetes aussehen? Hören wir die Ratschläge, die Bischof Feofan der Klausner in seinem Buch »Weg zur Rettung« (S. 244) zum Jesusgebet gibt:

»Das Verrichten des Jesusgebetes wird eine ›Kunst‹ genannt. Es ist aber sehr einfach. Stehe mit Bewusstsein und Aufmerksamkeit im Herzen und wiederhole unaufhörlich: ›Herr Jesus Christus, Sohn Gottes, sei mir Sünder gnädig‹, ohne jedes Bild und jede Vorstellung, im Glauben, dass der Herr dich sieht und hört.

Um darin gefestigt zu werden, muss man eine bestimmte Zeit am Morgen und am Abend festsetzen, eine Viertelstunde, eine halbe Stunde oder mehr, solange eben jemand dieses Gebet verrichten kann. Es soll aber nach dem Morgen- und Abendgebet geschehen, stehend oder sitzend. So werden die Anfangsgründe zur Gewöhnung gelegt.

Tagsüber bemühe dich, es minutenweise zu verrichten, was immer du auch tust.
Du wirst dich immer mehr daran gewöhnen und es wird sich gleichsam von selbst verrichten, bei jedem Tun und jeder Beschäftigung. Je entschiedener jemand beginnt, umso schneller hat er Erfolg.

Die wichtigste Bedingung aber ist der Glaube, dass Gott uns nahe ist und uns hört. Sprich das Gebet direkt in Gottes Ohr.«

Möge dieses Buch wieder dazu führen, wozu es eigentlich geschrieben worden ist – zur Freude am Gebet – und möge es Mut machen,

»den Namen des Herrn anzurufen,
damit alle im Himmel,
auf der Erde und unter der Erde
ihre Knie beugen vor dem Namen Jesu
und jeder Mund bekennt:
›Jesus Christus ist der Herr‹
zur Ehre Gottes, des Vaters.« (Phil 2,10 f)

Auf den Bergen des Kaukasus

Gespräch zweier Starzen und Einsiedler, wie man durch das Gebet zu Jesus Christus und die übrigen Tugenden seine Seele mit dem menschgewordenen Wort Gottes, dem Sohn Gottes, vereinigt und so noch in dieser Erdenzeit des ewigen Lebens teilhaftig wird.

Geistliche Theologie oder Innere Weisheit

»Doch was soll man viel sagen? Das Gebet ist Gott, der alles und in allem wirkt … «
Hl. Gregor der Sinait

»Verweile unaufhörlich im Namen des Herrn Jesus, und der Herr wird dein Herz verzehren und das Herz den Herrn: und die zwei werden eins sein. «
Hl. Johannes Chrysostomos

»Menschen, die den lebendigen Umgang mit Gott erlangt haben, umfassen und küssen dieses Wort – den Namen Jesus – wie ein vollständiges Gebet, und sie werden von unaussprechlicher Freude erfüllt, die größer ist als jedes Wort und der Verstand. Und warum ist das so? Wegen der Vereinigung des Herzens mit dem Herrn Jesus Christus selbst. «
Hl. Kallistos und Ignatios

»Stehen wir auf und hören wir, wie die heiligste Königin der Tugenden mit lauter Stimme uns zuruft: Kommt alle zu Mir, die ihr euch abmüht und beladen seid, Ich werde euch Ruhe verschaffen. Nehmt Mein Joch auf euch und ihr werdet Ruhe finden für eure Seelen. «
Hl. Johannes Klimakos

I. Die Begegnung

1. Kapitel

Aufstieg des Einsiedlers auf die Berge und Beschreibung der Schönheit der Berge, die sich seinem Blick eröffnet

Während meines Aufenthaltes in den Wälder von Kuban*, am Oberlauf des Flusses Urup*, an menschenleeren, ruhigen und entlegenen Orten, kam mir auf einmal das Verlangen, aus meiner tiefen Einöde hervorzukriechen, die Waldschluchten und Erdabgründe, in denen ich als Einsiedler wohnte, zu verlassen und jene hohen Bergketten zu besteigen, die unsere verhältnismäßig niedrig gelegene Gegend umgeben. In der örtlichen Mundart heißen diese Bergketten »Kahle Berge«, weil es dort gar keine Vegetation gibt, nur Steine und steinige Felsen, Felswände und Bergspitzen. Es gibt dort freilich irgendwelche kleine Ebenen, aber auch sie sind mit kleinen Steinchen übersät.

Dazu trieb mich auch eine Mutlosigkeit, die über mich gekommen war – eine schreckliche Krankheit der Seele, die nur jenen bekannt ist, die um der Liebe Christi willen ihr Leben in ständigem Stillschweigen in den Bergen und Höhlen verbringen, völlig fern von der Gemeinschaft mit Menschen.

Und doch, da gab es neben all dem im Herzen eine geheime Hoffnung, ob wir vielleicht etwas Außergewöhnliches treffen würden, einen wahren Diener Gottes, einen Gefährten von uns, einen Einsiedler, der sich um den Namen des Herrn abmühte an diesen beschwerlichen Orten, wo sogar der Weg eines Jägers nur selten vorbeiführt.

Das Gerücht von solchen Einsiedlern, die beständig dort in der Tiefe in gar nicht kleinen Gemeinschaften wohnen, war oft schon auch zu uns gedrungen. Es hieß, dass man dort Kirchen habe, eigene Priester und alle notwendigen wirtschaftlichen Einrichtungen. Gelegentlich kommt es vor, dass einer von ihnen fortgeht, um in der Dorfgemeinde Besorgungen zu machen, aber nach ihrer Erledigung kehrt er eilends in die ersehnte Einsamkeit zurück, die voll geistlichen Friedens und himmlischer Freude ist. Meistens führt der Weg dieser Einsiedler über Bergeshöhen und schwer zu ersteigende, fast unwegsame Stellen. Ein geheimes Vorgefühl in unseren Herzen sagte uns, dass wir einen solchen Menschen treffen würden und, wie wir noch sehen werden, täuschte es uns nicht. Wir nahmen ein Stück trockenes Brot mit, und früh am Morgen stiegen der Novize und ich über steile Abhänge und Bergterrassen nach oben, indem wir uns, wo immer es nur möglich war, mit den Händen an Baumzweigen, Wurzeln und Steinen festhielten. So kletterten wir durch Schluchten und Abgründe und kamen immer höher und höher.

Erst am Abend gelangten wir mit großer Mühe und entkräftet zu jener Grenze, wo die Pflanzenwelt aufhört und Felswände und spitze Zacken beginnen, die sich über das ganze Land erheben, in die Höhe ragen und wie wachsame Wächter unermüdlich die Umgebung überschauen. Viele von ihnen sind völlig unzugänglich, da sie senkrecht nach oben streben. Auf einige von ihnen kann man noch hinaufsteigen, da ihre Seiten sanft und stufenförmig abfallen.

Nachdem wir einen geeigneten Platz gefunden hatten, setzten wir uns nieder, um etwas Atem zu schöpfen, und schon bald wollten wir das Nachtlager bereiten. Als wir uns umschauten, sahen wir uns in furchterregender Höhe, weit höher als das ganze flache Land; so weit wir sehen konnten, rundum lag alles zu unseren Füßen.

Da bot sich unseren Augen nach allen Seiten hin und in ganzer Ausdehnung bis zum Horizont, soweit nur das Auge reichte, das eindrucksvolle Bild der Bergketten, die ganze entzückende und malerische Schönheit der Gegend.

Es ist wirklich ein unbeschreibliches Schauspiel, das man kaum noch irgendwo erblicken kann, da die Natur des Kaukasus* in ihrer Eigenart vielleicht auf der ganzen Welt einzigartig ist. Die Sonne neigte sich gegen Westen und vergoldete mit ihren Strahlen das ganze Land: die Gipfel der Berge, die tiefen im Dunkel gähnenden und Furcht einflößenden Abgründe und die kleinen mit Grün bedeckten Lichtungen, die zwischen den Bergen hie und da sichtbar waren.

Es ist unmöglich, die Lage der Berge zu beschreiben, ihre gewaltige Ausdehnung, ihre Schönheit und wunderbare Vielgestaltigkeit, die den Betrachter mit Verwunderung erfüllt und sich nur schwer in Worte und Gedanken fassen lässt. Die Berge stellten verschiedenartige Säulen dar, überaus schön und doch zugleich sehr plump. Sie zogen sich in einer langen Reihe hin, die manchmal plötzlich und gleichsam kühn durch einen schrecklichen Abgrund unterbrochen wurde, durch einen zweiten und einen dritten; dann wieder setzte sich die Reihe fort und zog sich bis zu einem neuen Abgrund hin und verschwand dann in der Ferne hinter neuen Bergeshöhen. Dort wieder zeigten die Berge einen entstellten und äußerst vielgestaltigen Anblick, als ob sie durcheinandergeschüttelt worden wären, so dass man die Form ihrer Umrisse mit keinem Wort wiederzugeben vermag. Sie erweckten den Anschein, als ob sie bei starker Erschütterung plötzlich erstarrt wären. Welch seltsame Formen boten sich hier dem Blick!

Da standen, wie zwei Brüder, die einander freundlich umarmend des Weges gehen, zwei Felsen miteinander verflochten auf einem sauberen Plätzchen unter einer Bergwand. Dort wieder, als wär's bei einer Rauferei, setzt einer seinen Fuß auf die Brust eines anderen, nachdem er ihn besiegt hat: Genauso steht ein Felsen auf dem anderen und zeigt wie mit kriegerischem Gehabe, dass er seinen Gegner besiegt und niedergetreten hat. Dann wieder scheint sich ein Jäger niederzubücken und zu zielen, um ein wildes Tier als Beute zu erlegen.

Dort wieder drängt sich eine Gruppe kleiner Hügel zusammen und erinnert an eine Vogelfamilie, so wie eine Henne ihre Küken unter ihre Flügel nimmt. Seitlich davon steht ein gewaltiger Berg von unermesslicher Größe, er zieht durch seine ungeheure, maßlose Riesenhaftigkeit die Aufmerksamkeit auf sich. Mit einem regelmäßigen und schönen Umriss ragt er aus seiner ganzen Umgebung empor, sieghaft und gleichsam majestätisch erhebt er seine riesige Gestalt und das mächtige Haupt fast bis zu den Wolken und herrscht sichtbar über die ganze Vielzahl der umliegenden Berge, als sei er ihr König oder ihr Vater. Andere Berge gleichen erhabenen, mit Kuppeln gekrönten Domen. Dann wieder strebt eine Spitze wie ein Pfeil nach oben und zeigt so ohne Zweifel dem Menschen den Weg zum Himmel. An einer anderen Stelle gleicht der Fels einem Bären oder einer Schildkröte, und schließlich gab es Felsen ohne besondere Gestalt, oder es lag einfach ein Haufen gewöhnlicher Steine da.

An niedriger gelegenen Orten, gleichsam abgesetzt von den Bergen, sah man friedliche Flächen, mit Grün bedeckt, und auf ihnen lagen verstreut die weidenden Herden der Asiaten. Von ferne sahen sie aus wie schwarze Punkte, die sich langsam auf dem grünen Hintergrund bewegten. Am Rande einiger dieser Flächen standen, wohlgeordnet und schön, lange Reihen von Bäumen, wie von kunstfertiger Hand gesetzt. Sie glichen Regimentern, die im Kriege einander gegenüberstehen und sich zum Kampf rüsten. Das schwache Rauschen des Flusses Urup, der am Fuße der Berge vorbeifloss, drang kaum an unser Ohr.

Im ganzen Raum um uns herrschte Totenstille und vollkommenes Schweigen: das war die Abwesenheit jeglicher weltlichen Nichtigkeit. Fern der Welt feierte hier die Natur ihre Ruhe gegenüber der Hast des Lebens und offenbarte das Geheimnis der zukünftigen Welt. Um es schlicht zu sagen – man spürte die Herrschaft der geistlichen Welt und die Freiheit von jeglicher Empörung, eine unvergleichlich bessere Welt als die, in der die Menschen leben: Die Befreiung der Seele von allem Materiellem, Irdischen und Fleischlichen, die Freiheit des Geistes und das Leben, das seiner unkörperlichen Natur eigen ist. Hier war der nicht von Menschenhand errichtete Tempel Gottes, wo jeglicher Gegenstand die Ehre Gottes mit lautloser und doch verständlicher Stimme verkündete, den Gottesdienst vollzog und Seine Allmacht, ewige Kraft und Gottheit pries.

Wir schauten uns um und wurden überrascht von einem neuen ungewöhnlichen Anblick: Ketten schneebedeckter Berge zogen sich am Horizont entlang und schienen, übergossen von den Strahlen der Sonne, in Flammen zu stehen. Es war eine wunderbare und überaus bezaubernde Erscheinung! Dort sah man auch den im ganzen Kaukasus bekannten Berg Elbrus*, dessen schneebedeckter Gipfel wie Gold in den Strahlen des Abendhimmels glänzte.

Vor uns stand ein Bild von unbeschreiblicher Schönheit. Das Buch der Natur schlug für uns eine seiner prächtigsten Seiten auf. Überall sahen und lasen wir die offenkundigen Spuren Gottes und erkannten durch die Betrachtung der Schöpfung Seine unsichtbare Vollkommenheit (Röm 1,20). Die unermessliche Weite des Raumes, der sich wie ein uferloses Meer nach allen Seiten hin ausdehnte, berührte uns tief durch ihre Majestät und trug den Gedanken irgendwo hin, weit über die Grenzen alles Zeitlichen hinaus. Sie erinnerte an die unendliche Allmacht Gottes und Seine unbeschränkte Herrschaft, an Seine Allgegenwart und Seine Macht, die alles lenkt, und flößte uns das Gefühl der Furcht und Andacht ein, durch das jedes Geschöpf Ihm als dem Vater der Natur und Schöpfer aller Dinge unbestreitbar und unbedingt verpflichtet ist.

Das Schweigen der Berge und Täler rief ein neuartiges Gefühl hervor: Es versetzte uns in einen Zustand unbegreiflicher Stille und Ruhe, von dem alle unsere seelischen Gefühle und Neigungen erfasst wurden; es war wie eine stille und geistliche Freude – *»wie die Stimme eines sanften Säuselns, in dem der Herr war«* (1 Kön 19,12).

Und wirklich – der Geist Gottes, der allgegenwärtig alles erfüllt und jedes sichtbare und unsichtbare Geschöpf trägt, war dem Herzen irgendwie näher und spürbarer vernehmbar und kam in reichlicherer Fülle auf alle unsere inneren Seelenkräfte herab, als wir es je zuvor erlebt hatten.

So saßen wir da und schwiegen, schauten und staunten und nährten mit heiligem Entzücken unsere Herzen, jene erhabenen Augenblicke des inneren Lebens verkostend, in denen der Mensch die Nähe der unsichtbaren Welt spürt, mit ihr in süße Gemeinschaft tritt und die furchtbare Gegenwart der Gottheit erahnt. In solchen Augenblicken wird er von heiligen Gefühlen erfüllt und vergisst alles Irdische. Wie schmelzendes Wachs am Feuer wird sein Herz bereit zur Aufnahme von Eindrücken aus der himmlischen Welt. Es entflammt in reinster Liebe zu Gott und der Mensch verkostet die Seligkeit innerlicher Gottesgemeinschaft. Er fühlt und spürt, dass ihm die kurzen Tage des irdischen Daseins nicht für die Nichtigkeit dieser Welt, sondern zur Erlangung der Ewigkeit geschenkt werden.

Bei so einem erhabenen geistlichen Erlebnis stellt man sich unwillkürlich die ehrfurchtsvolle Frage: Warum hat der allerhöchste Herr die Herrlichkeit Seiner allweisen Schöpferkraft so fern von der Welt verborgen – an unzugänglichen Orten, inmitten der Berge, in Höhlen und Erdabgründen? … Und warum schauen diese Herrlichkeit nur einige wenige Bewohner der Wüste, Einsiedler in ihrer Einsamkeit?

Darüber zu sprechen scheint uns aber nicht sehr passend, sonst könnten wir statt Nutzen zu bringen jemand Schaden zufügen: jenen, die in der Wüste leben, jenen, die es nicht können, obwohl sie möchten – vor allen Dingen aber jenen, die diese Lebensform für völlig nutzlos halten, da sie nicht ihren Inhalt und ihre innere Kraft verstehen … Am besten möge jeder selbst diese Frage von seinem geistigen Horizont aus betrachten.

2. Kapitel

Ein bemerkenswertes Treffen mit dem Starez und der Anfang des Gesprächs über das geistige Tun

Als wir so im Zustand geistlichen Entzückens verharrten und uns an der Betrachtung der göttlichen Schönheiten berauschten, die mit freigebiger Hand über das Antlitz der Wüste ausgegossen sind, richteten wir unsere Aufmerksamkeit nach unten und bemerkten mit Verwunderung einen Menschen, der von ferne mit einem großen Schultersack herkam; mit langsamen und mühseligen Schritten, den Kopf geneigt, stieg er an einem Berghang in einen tiefen ausgebrannten Krater. Schritt er auf Hügel hinauf, war er manchmal ganz sichtbar, manchmal tauchte er in den Abgründen und Niederungen zwischen den Hügeln unter und verschwand ganz, dann wieder zeigte er sich und bewegte sich so auf uns zu. Es war erstaunlich und zugleich sehr tröstlich, in diesen Weiten eines nicht bevölkerten Landes einen Menschen zu sehen, wo, wie uns ja bekannt war, außer gelegentlichen Jägern – und die nicht zu dieser Jahreszeit – niemals Menschen sich aufhalten. Als wir genauer hinsahen, bemerkten wir, dass dieser Mensch unserem Mönchsstande angehörte, und freuten uns über alles, da wir doch von ihm viel Nützliches über sein Leben als Einsiedler erfahren wollten.

Als er nicht mehr fern von uns war, begrüßten wir ihn mit dem unter Mönchen üblichen Gruß: »Segnet, Väterchen!«
»Gott segnet Euch!« kam die ehrliche und brüderliche Antwort.
»Setzt Euch bitte zu uns«, sagten wir, »der Tee ist gerade fertig!«
»Ach, das ist gut«, antwortete der Unbekannte, »ich bin so erschöpft, dass ich kaum noch lebe!«
»Wohin führt Gott Euch?« fragten wir.

»Ich war in Zelentschukskaja* im Kloster wegen meiner geistlichen Bedürfnisse. Jetzt gehe ich wieder in meine Einsiedelei.«

Der Einsiedler kam heran, fiel in völliger Erschöpfung der Länge nach auf den Boden, nahm den Hut ab und legte den Kopf auf die Tasche, wie sie bei den Einsiedlern üblich ist. Wir schauten ihn an: Er war ein Starez schon hoch in den Jahren, der Schweiß rann ihm in Strömen über das Gesicht, er war ganz durchnässt und mit Staub bedeckt. Er wischte sein Gesicht mit der Hand ab und pries Gott, indem er das dankerfüllte Gebet zu Gott dem Herrn sprach: »Ehre sei Dir, Gott! Ehre sei Dir, Gott! Ehre sei Dir, Gott!«
»Ihr seid ganz erschöpft, Väterchen?« sagten wir.
»Ja, ich bin schon ganz müde. Den ganzen Tag bin ich gegangen, die Hitze war unerträglich und Wasser gab's keines.«
»Und ist Eure Einsiedelei noch weit von hier?«
»Ja, ungefähr drei Tage muss man noch gehen. Sie ist in der Nähe von Aksibai, am Schwarzen Flüsschen.«
»Sind dort viele von Euch?«
»Dort gibt es viele Einsiedler.«

Nachdem er ein wenig gelegen war, erhob sich der Starez, und wir sahen ihn jetzt etwas genauer: Er war ein Mann mittlerer Größe, mit einem hageren Körper, wie das Skelett eines Toten; sein langer, grauer Bart reichte bis zum Gürtel, seine Haare am Kopf waren ganz weiß, so wie der Schnee auf den Bergen, und fielen auf die Schultern hinab; in der Mitte des Hauptes hatte er eine Glatze; sein Podrjasnik (Leibrock, Mönchsgewand), schon ganz abgetragen und mit Flicken bedeckt, verströmte einen beklemmenden Geruch von Schweiß. Sein Gesicht war ganz abgezehrt, die Wangen eingefallen und die Lippen ausgetrocknet. Und doch, bei all dem lag auf ihm sichtbar das Siegel der geistlichen Weihe; die Augen des Starzen verströmten unsagbare Freundlichkeit und strahlten vor Güte, Aufrichtigkeit und herzlichem Wohlwollen; sein ganzer Anblick rief Achtung hervor und führte zu Offenherzigkeit. Der Starez rollte einen in der Nähe liegenden Holzblock zum Feuer, setzte sich darauf und wärmte sich. Wir beteten, und der Starez sprach nach dem Ritus der monastischen Gewohnheit den Segen. Wir fingen an, den Tee zu getrocknetem Brot zu trinken. Und so begann zwischen uns jenes bemerkenswerte Gespräch, das tief in mein Herz eindrang, wie es ja gewöhnlich geschieht, wenn wir etwas von großen, wunderbaren und ersehnten Dingen hören.

Ich fragte den Starez: »Lebt Ihr schon lange in der Einsiedelei?«
»Nun geht das zehnte Jahr zu Ende.«
»Und wo habt Ihr vorher gelebt?«
»Ich habe zwanzig Jahre im Kloster gelebt.«
»In welchem?«

Aus ganzem Herzen, froh und voller Eifer wandte ich mich an den Starez und begann, ihm verschiedene Fragen vorzulegen, die das geistliche Leben betreffen.
»Nun, Bruder, sagt um Gottes willen, was ist das Beste, das Ihr in der Wüste erworben habt?«

Das Gesicht des Starez leuchtete auf, und ein geistliches Licht begann in seinen Augen zu glänzen, denn wer in seinem Wesen einfach ist, in dem wohnt Gottes Geist. Der Starez empfing bei dieser Frage offensichtlich einen Schlag mitten in das Zentrum seines inneren Lebens, und seine ganze geistliche Natur kam in Bewegung. Ja, es ist wahr, wie wir später aus dem Gespräch erfuhren, dass jeden, der sein Herz mit dem Namen des Herrn Jesus Christus vereinigt hat, oder – um dasselbe in der Sprache der Mönche auszudrücken –

wer das Jesusgebet erworben hat, dass jeden die Erinnerung daran in das Entzücken des Geistes versetzt.

Der Starez antwortete: »Den Herrn Jesus Christus habe ich in meinem Herzen erworben, und in Ihm ganz ohne Zweifel auch das ewige Leben, spürbar und untrüglich vernehmbar in meinem Herzen. Wie ist doch auch darüber im Heiligen Evangelium geschrieben: *»In Ihm war das Leben, und das Leben war das Licht der Menschen«* (Joh 1,4). Auch an vielen anderen Stellen der Heiligen Schrift wird diese ganz freudige Wahrheit verkündet, so zum Beispiel: *»Wer den Sohn hat (in seinem Herzen), hat das Leben, wer den Sohn nicht hat, hat das Leben nicht«* (Joh 5,12). Der Herr sagt selbst über sich: *»Ich bin der Weg, die Wahrheit und das Leben«* (Joh 14,6) und noch: *»Ich bin die Auferstehung und das Leben«* (Joh 11,25).«

Da wir solche unerwarteten und treffenden Worte hörten, wunderten wir uns, dass wir gerade das gefunden hatten, was wir suchten; wir rückten näher zum Starez, passten noch mehr auf, schauten voll Aufmerksamkeit auf sein Antlitz und waren voll Interesse an diesen geistlichen Dingen, nach dem Wort der Heiligen Schrift: *»Tu deinen Mund auf, ich will ihn füllen«* (Ps 81,11), und wie ein Fluss strömten unsere Fragen hervor.

»Auf welche Art und Weise?« beeilte ich mich zu fragen. Der Starez antwortete: »Über das unaufhörliche Gebet zu unserem Herrn Jesus Christus, bei den Mönchen gewöhnlich Jesusgebet genannt, das ich nach der Lehre der heiligen Väter durchführte und viele Jahre weiter fortsetzte nach dem Gebot, das mir noch in meiner Jugend von meinem großen geistlichen Vater und Lehrer der Frömmigkeit gegeben wurde, als ich die Welt verließ und ins Kloster ging, um das Leben eines Mönches zu führen. Dabei bemühte ich mich natürlich auch gemäß meinen Kräften, die übrigen Gebote des Herrn ebenso auszuführen, hauptsächlich aber die drei Hauptgebote: Liebe, Demut und Keuschheit, ohne die, nach den Worten des heiligen Apostels, niemand den Herrn sehen wird (Hebr 12,14).«

»Wie?« fragten wir weiter mit großem und wachsendem Interesse.

»Fast 15 Jahre«, sagte der Starez, »beschäftigte ich mich mit der Aussprache des mündlichen Gebetes, zu dieser Zeit lebte ich noch im Kloster und übte verschiedene Tätigkeiten aus, die mir im Gehorsam aufgetragen wurden. Während dieser Übung, ich erinnere mich noch, richtete ich noch gar keine Aufmerksamkeit auf den Verstand und das Herz, ich war eigentlich nur zufrieden mit dem mündlichen Aussprechen der Gebetsworte: ›Herr Jesus Christus, Sohn Gottes, sei mir Sünder gnädig.‹

Ein solches Gebet wird das mündliche, wörtliche, äußere, körperliche genannt, und in den Ordnungen der Gebetslehre und der Mühe nimmt es bekanntlich eine niedrige erste Anfangsstufe ein.

Im Verlauf der genannten Jahre ging das Gebet von selbst in das Gebet des Verstandes über, das heißt, als auch der Verstand sich an die Worte des Gebetes hielt, bei ihrer Betrachtung aber an den Herrn. Nach der Lehre der heiligen Väter stellt das die zweite Stufe der Gebetsübung dar. Das Gebet wird hier Gebet des Verstandes, geistig oder einfach seelisch genannt. Der heilige Johannes Klimakos* nennt diesen Zustand des Gebetstuns schon ziemlich hoch, er lobt ihn, da auf dieser Stufe unser Verstand, der seiner Natur nach zerstreut, zerschlagen und in verschiedene Dinge und Gegenstände dieser Welt auseinandergeflossen ist, sich zu sich selbst versammelt und, indem er sich an die Worte des Gebetes hält, gleichsam wie in einem Haus bei sich verweilt, allen Gedankenspielereien fremd, die sonst eine so qualvolle Tyrannei über die Seele eines jeden Menschen ausüben, der durch die Gnade des Gebetes nicht erneuert worden ist. Diesen zerrissenen Zustand unseres Verstandes kann man mit dem Bild eines Menschen vergleichen, der sich auf dem stürmischen Meer befindet.

Und wie dieser unter der Gewalt der Wogen nicht einen unbeweglichen Ort finden kann, so ist auch unser Verstand, wenn er in sich nicht den Ort der Ruhe – nämlich Christus – hat, in Wallung versetzt und wird von der Bewegung aller möglichen Gedanken bestürmt. Nun schau, da klettert dieser Mensch aus dem Meer auf einen Felsen und wird ruhig – und jeder, der nach einem Ausdruck eines kirchlichen Gesanges im Herzen den Blick auf Christus richtet, der hält seine Gedanken im Zaum.

Dann wird durch die Barmherzigkeit Gottes das Gebet des Herzens eröffnet, das nach der übereinstimmenden Lehre aller heiligen Väter im geistlichen Leben und überhaupt unter allen monastischen Tätigkeiten die Krone darstellt, den Ruhm und die Vollkommenheit, da es seinem Wesen nach die engste Verbindung unseres Herzens – genauer das Zusammenfließen unseres ganzen geistlichen Wesens – mit dem Herrn Jesus Christus ist, der in Seinem ganz heiligen Namen klar spürbar ist.

Dieser erhabene und übernatürliche Zustand ist nach dem Urteil der in Gott erfahrenen Männer die letzte Stufe und die Grenze aller Anstrengung des Verstandeswesens, das nach dem Bild Gottes geschaffen ist und natürlicherweise, der Natur gemäß zu seinem erhabensten Urbild hinstreben möchte. Hier vollzieht sich die Vereinigung des Herzens mit dem Herrn, in der der Herr selbst unseren

Geist mit seiner Anwesenheit durchdringt, wie der Sonnenstrahl das Glas durchdringt, und so wird uns gewährt, die unaussprechliche Seligkeit der heiligen Gemeinschaft mit Gott zu verkosten. Auf dieser Stufe erreicht nach einem Wort des heiligen Isaak* des Syrers unsere geistliche Natur die höchste Stufe ihrer Vollkommenheit, der Einfachheit und der Geistlichkeit, denn hier ist die Fülle des geistlichen Lebens. Der Mensch tritt ein in den Bereich der grenzenlosen Welt, in der er nach einem Wort des heiligen Makarios* des Großen lebt, wirkt und sein Heimatrecht hat: Hier ist also das Ende aller Kämpfe und Mühen, wir empfangen die Freiheit und bleiben in Gott und Gott in uns. Das ist die göttliche Einigung, von der der Retter selbst sagt: »*Wer in Mir bleibt und in wem Ich bleibe, der bringt reiche Frucht*« (Joh 15,5), denn »*wie die Rebe aus sich keine Frucht bringen kann, sondern nur, wenn sie am Weinstock bleibt, so könnt auch ihr keine Frucht bringen, wenn ihr nicht in Mir bleibt*« (Joh 15,4).«

3. Kapitel

Im Namen Gottes ist Gott Selbst anwesend

Noch mehr betroffen von dem ungewöhnlich erbauenden und interessanten Gespräch, das wir in dieser Art noch nie in unserem ganzen Leben mit jemand führen konnten, gerieten wir in Angst und fragten mit wachsendem Interesse: »Erklärt uns das genau, für uns ist diese Rede nur schwer verständlich.«

Der Starez fuhr fort: »Zunächst muss man sich in der unabänderlichen Wahrheit bestärken, die mit der göttlichen Offenbarung wie mit den vernünftigen Ansichten des Verstandes übereinstimmt, dass im Namen Gottes Gott Selbst mit Seinem ganzen Wesen und mit allen Seinen unendlichen Eigenschaften anwesend ist. Natürlich muss man das geistlich verstehen – mit einem erleuchteten Herzen, nicht mit jenem fleischlichen Verstand, der unrechtmäßig in das geistliche Gebiet eindringt und körperlich die geistlichen Dinge verspüren möchte und ohne Verständnis dann sagt: »*Wie kann dieser uns sein Fleisch zu essen geben?*« (Joh 6,52). Oder wenn er in vollem Unverständnis fragt: »*Wie kann ein Mensch, der schon alt ist, ein zweites Mal in den Schoß seiner Mutter zurückkehren und geboren werden?*« (Joh 3,4).

Der Herr aber sagt: »*Was aus dem Geist geboren ist, das ist Geist*« (Joh 3,6), das heißt, die geistlichen Dinge versteht man geistlich, im Lichte der Strahlen der Gnade. Für jeden treuen Knecht Christi, der Seinen Herrn und Gebieter liebt, eifrig zu Ihm betet und Seinen heiligen Namen ehrfürchtig und freundlich in seinem Herzen trägt, für ihn ist Sein Name – alles erhaltend, jeder Verehrung würdig und allmächtig – gleichsam wie Er selbst, wie der Allherrscher Herr Gott und wie unser liebster Erlöser Jesus Christus, der vor allen Zeiten aus dem Vater geboren, Ihm wesensgleich und Ihm in allem gleich ist.

Anders kann es auch nicht sein. Der Herr ist ein von Gedanken erfasstes, geistiges Wesen, vom Verstand betrachtet, und so ist auch Sein Name; solcherart sind ja auch unsere Seelen geistige Wesen, nur in Gedanken fassbar, nur ist der Abstand zwischen ihnen und Gott unendlich, wie es ja zwischen Gott und einem Geschöpf sein muss. Unsere Beziehung und Annäherung zu Ihm ereignet sich im Geiste, für die Augen des Körpers unsichtbar, durch die inneren Kräfte der Seele. Mit einem Wort, alles geschieht im Bereich des Geistes, wo das Körperliche nirgendwo einen Platz hat. Nun, von so einem Betrachtungspunkt aus ist es jedem einsichtig, dass man den Namen des Herrn Jesus Christus nicht von Seiner heiligsten Person trennen kann. Das Wissen darum, aber noch mehr das Erfahren dieses tiefen Mysteriums ist in unserem geistlichen Leben so wertvoll, dass es als Mittelpunkt und Grundlage dient – und daher spricht man darüber mit solcher Festigkeit, Kraft und Überzeugung.

Diese Göttliche Empfindung gibt unserem Gebet zum Sohne Gottes Kraft, Festigkeit und Konzentration. Sie sammelt in unserem Inneren – im Herzen – alle unsere innerlichen Kräfte und durchdringt in ihrer Art unsere ganze geistliche Natur, wie ein Sonnenstrahl ein Glas durchdringt.

Unsere Seele erstrahlt unter dem Licht Gottes, das im Übermaß von unserem Herrn Jesus ausgegossen wird, der in Seinem göttlichen Namen anwesend ist. Gleichsam natürlich steigt sie ohne Mühe die Stufe zur höchsten geistlichen Vollkommenheit empor. Der Mensch wird dann geistlich, erleuchtet und mit Gott vereint. Das geht so vor sich:

Wenn ein Mensch, angeregt durch einen göttlichen Wink, eifrig, mit aller von ihm selbst abhängigen Anstrengung, ohne auf Mühe und Zeit zu achten, bei jeder Tätigkeit, bei Tag und Nacht, im Verstand oder mit den Lippen den Namen Gottes im heiligen Jesusgebet: ›Herr Jesus Christus, Sohn Gottes, sei mir Sünder gnädig‹ anruft, und wenn er damit zugleich, so gut er es kann, auch die anderen Gebote Gottes erfüllt, wenn er sich in tiefer Demut und im Bewusstsein seiner Sündhaftigkeit befindet und seiner Abhängigkeit von Gottes Hilfe, dann geschieht nach dem Willen Dessen, Der allein das Herz kennt, über kurz oder lang mit diesem Menschen eine wunderbare und übernatürliche Sache. Der Name des Herrn

Jesus Christus nimmt gleichsam Fleisch an, wenn man es so sagen könnte, der Mensch spürt klar mit einer inneren Empfindung seiner Seele im Namen Gottes den Herrn Selbst. Diese Wahrnehmung des Herrn Selbst und Seines Namens verschmilzt zu einer Identität, in der es unmöglich ist, den einen vom anderen zu unterscheiden. Man könnte sich das mit dem Gedanken verständlich machen: Wenn der Herr Jesus Christus in Seiner göttlichen Person unsere Natur angenommen hat und mit einem Namen der Gottmensch genannt wird, denn *»in Ihm allein wohnt wirklich die ganze Fülle Gottes«* (Kol 2,9), dann wohnt ohne Zweifel diese Fülle Seiner göttlichen Vollkommenheit auch in Seinem heiligsten Namen Jesus Christus.

Man könnte auch so sagen: Wenn diese Fülle im Fleische sichtbar, also körperlich anwesend war, dann ist sie in Seinem Namen unsichtbar, aber geistlich und nur mit dem Herzen oder dem eigenen Geiste erspürbar.

Nun gut, wenn wir also diesen heiligen Namen in unser Herz hineintragen, dann berühren wir in Ihm nach einem Wort des heiligen Makarios* des Großen gleichsam das Wesen Christi selbst, Seine gottmenschliche Natur, und in dieser inneren, tiefen Einigung im Herzen, in diesem Zusammenfließen des eigenen Geistes mit dem Geiste Christi, mit seiner Gottmenschheit, werden wir nach dem Zeugnis des heiligen Apostels mit Ihm ein Geist (1 Kor 6,17). Durch diese ganz enge, auch körperliche Vereinigung oder dieses Zusammenfließen haben wir unausweichlich auch Anteil an den Eigenschaften Christi: spürbar verkosten wir Seine Güte, Liebe, Seinen Frieden, Seine Seligkeit – denn der Herr ist gut. Ohne Zweifel werden wir selbst nach dem Bilde unseres Schöpfers gut, sanft, nicht boshaft, demütig, tragen im Herzen eine unaussprechliche Liebe zu allen und spüren in uns das ewige Leben. Und nur der Mensch, der durch die Vereinigung seines Herzens mit dem Herrn klar durch Seinen Geist im Namen Jesu Christi Seine göttliche Anwesenheit spürt, Ihn selbst, kann ohne Zögern vor der ganzen Welt Zeugnis ablegen, dass der Name des Herrn Jesus Christus Er selbst ist, Gott der Herr; dass Sein Name nicht von Seinem heiligsten Wesen zu trennen ist, sondern mit Ihm eins, und er kann sich dabei nicht auf die Überlegungen des Verstandes sondern auf die Empfindung seines Herzens, das vom Geist des Herrn durchdrungen ist, stützen.

Hier muss man das Wort des heiligen Apostels anführen: »*Wer an den Sohn Gottes glaubt, trägt das Zeugnis Gottes in sich*« (1 Joh 5,10).

Das ist natürlich die Empfindung der gnadenhaften Mitanwesenheit des Herrn Jesus Christus im Herzen, das heißt in der Kirche des inneren Menschen, überzeugend vernehmbar und spürbar. Wer in sich den inneren Gottesdienst des Jesusgebetes vollzieht, erkennt in seinem Herzen Seine rettende Mitanwesenheit, Sein Leben und sogar, wenn man sich so ausdrücken kann, Seinen Atem. In diese ganz enge Einheit mit dem Herrn versetzt uns gerade das Jesusgebet. In diesem Namen ist das ewige Leben, denn in Ihm ist und bleibt der ewige Gott Selbst anwesend.

Nach den Worten der heiligen Väter gibt es keine engere Einheit als die Vereinigung Gottes mit unserer Seele, und das geschieht am engsten und spürbarsten im innerlichen Jesusgebet, wo unser Verstand sich irgendwie mit dem geistigen, unsichtbaren Wesen des Herrn Jesus Christus verbindet.

Um das zu erklären, schreibt der Metropolit von Moskau Filaret* (Drozdov): ›Der Mensch ist nicht so geschaffen, dass er in der Trennung von Gott und in der Gottesferne leben und bleiben kann.

Wenn die menschliche Seele der Atem von den Lippen Gottes ist, dann muss dieselbe Nähe zwischen der Seele und Gott sein, wie der Atem jemand nahe ist, der atmet. Die Trennung des Menschen von Gott ist ein unnatürlicher Zustand.‹

In gleicher Weise schreibt auch ein anderer zeitgenössischer Held des Glaubens und der Frömmigkeit, Erzpriester Ioann Sergiev*: ›Wie dir dein Denken nahe ist, wie der Glaube deinem Herzen nahe ist, so nahe ist dir Gott, und je näher und beständiger der Gedanke an Gott ist, je lebendiger der Glaube und die Erkenntnis der eigenen Schwäche, Nichtigkeit und des Gefühls, Gott zu brauchen sind, desto näher ist Er. Oder: Wie nahe die Luft deinem Körper und seinen inneren Organen ist, so nahe ist Gott. Denn Gott ist sozusagen die Luft der Gedanken, die alle Engel atmen, die Seelen der Heiligen und die Seelen der Lebenden, besonders der Frommen. Du kannst nicht eine Minute ohne Gott leben und tatsächlich lebst du jede Minute durch Ihn.‹

»In Ihm leben wir, bewegen wir uns und sind wir« (Apg 17,28).

Wenn der Name des Herrn Jesus in unserem Herzen bleibt, dann wird es zu einem Gefäß der Gottheit, zum Land des Lichtes, der Freude und des geistlichen Verspürens des ewigen Lebens. Der heilige Makarios der Große sagt: ›Im Herzen werden gleichsam die Wohnungen des Geistes eröffnet, und tritt der Mensch in sie ein, erblickt er unzählig viele andere, und so weiter und so fort – und so ohne Ende.‹

Man kann sagen, dass die Vereinigung mit Gott gleichsam der neue Garten Eden ist, ähnlich dem, in dem der Ersterschaffene bis zum Fall lebte: dem Zustand der besonderen Nähe des Menschen zu Gott, in dem wir uns an der köstlichsten Betrachtung erfreuen. Natürlich erleuchtet eine solche Nähe Gottes zu dem Menschen unsere natürlichen Kräfte mit der Fülle gnadenhaften Lichtes: Sie erhellt den Verstand durch die Erkenntnis des göttlichen Willens, dem Willen flößt sie die Kraft ein und den Mut, die Gebote Gottes zu erfüllen, das Herz aber bindet sie an Gott mit den engsten Banden der köstlichsten Liebe.

Man kann das auch mit einem anderen Bild erklären. Der Herr Jesus Christus lehrte: »*Wer an Mich glaubt, Ströme lebendigen Wassers werden aus seinem Inneren fließen. Damit meinte er den Geist, den alle empfangen sollten, die an Ihn glauben …*« (Joh 7,38 f).

In dem Gespräch mit der Samariterin erklärt der Herr Jesus das göttliche Leben, dessen Quelle sich in Ihm befindet, ebenso durch das Bild des Wassers, das strömt in das ewige Leben (Joh 4,10 ff.). Und dieser Strom in das ewige Leben ist die Liebe zum Herrn Jesus Christus, die, nachdem sie Wohnung in unserem Herzen genommen hat, es durch die Erfüllung Seiner rettenden Gebote, durch tiefe Demut und das unablässige Gebet zum Geliebten bewegt – ähnlich einer sprudelnden Quelle, deren Strahlen nie versiegen. Und erst dann, so könnte man sagen, wenn wir diese Liebe Gottes in unserem Herzen haben, erst dann verweilen wir ohne Zorn und Empörung an den Ruheplätzen am Wasser, und in uns selbst haben wir die Quellen des lebendigen Wassers, das ins ewige Leben fließt.

Diese Liebe oder dieses Gedenken Gottes, die im Gebet ausgedrückt werden, vereinigen unseren Geist mit dem Herrn zu einem einzigen: in dieser Einheit, wenn wir durch unseren Geist mit Seiner göttlichen Natur vereinigt werden, bekommen wir Anteil am ewigen Leben. Und allein das und nichts anderes kann die unersättliche Sehnsucht unseres Geistes stillen, seine höchsten Bestrebungen zur Ruhe bringen. Unser Herr hat das mit den Worten ausgedrückt: »*Wer aber von dem Wasser trinkt, das Ich ihm geben werde, wird niemals mehr Durst haben*« (Joh 4,14).

Nimmt Christus bei uns Wohnung und bleibt Er in uns, wird das unausweichlich durch das Göttliche Leben angezeigt, dessen Bewegungen durch die Wirkungen der Liebe ausgedrückt werden und unsere ganze Seele mit den köstlichsten Empfindungen der Gottheit erfüllen, in denen unser Geist die völlige Befriedigung all seiner ewigen und unsterblichen Bestrebungen empfängt und das Herz erreicht die letzte Grenze all seiner Forderungen, Wünsche und Hoffnungen. Weiter kann man nirgendwohin mehr gehen – und wozu auch. In Gott ist das Ziel von allem, was ist. Die Anzeichen für diesen hohen Zustand sind: das Absterben gegenüber der Welt und das Aufleben des inneren Menschen bei geistlichen und heiligen Dingen, der Hunger nach ewigen Gütern; der Verstand ist über das Geschöpfliche erhoben und alle Gefühle der Seele und des Leibes sind ihm untertan, er selbst aber, völlig vereint mit Gott, bleibt allem geschaffenen Sein gegenüber empfindungslos. O seliger und wünschenswerter Zustand, den Gott der Herr alle erlangen lassen möge, die sich um ihn bemühen …«

4. Kapitel

Beweise dafür, warum dem Namen Jesu Göttlicher Wert zugeschrieben wird. Und warum für den, der glaubt und den Herrn liebt, der Name gleichsam der Herr und Retter selbst ist

»Die Gottheit im Namen Jesu Christi durch einen inneren Sinn der eigenen Seele zu erspüren oder irgendwie zu erfahren – das ist nicht leicht und ist nicht eine Sache menschlicher Kraft, sondern ist das höchste Geschenk Gottes, denn hier vollzieht sich die tatsächliche Gemeinschaft unserer Seele mit dem Herrn und die Vereinigung unseres Herzens mit Ihm, und darin besteht das Ziel und die höchste Stufe der Wünsche aller geistlich-sittlichen Wesen. Hier wird unsere Seele gleichsam überwältigt von der köstlichen und glücklichen Empfindung des Herabsteigens Gottes, und unser Herz nimmt die tatsächliche Vereinigung mit Christus dem Herrn an, in Dem das ewige Leben und das Himmelreich sind. Jeder von uns kennt doch ohne Zweifel jene Augenblicke, in denen wir lebhaft in uns die Gegenwart Gottes verspüren und die zu den erhabensten Augenblicken unseres geistlichen Lebens gehören. Das Gedenken Gottes, oder, was dasselbe ist, das Jesusgebet, schenkt nun die volle Möglichkeit, wenn man schon nicht immer in diesem erhabenen Zustand bleiben kann – denn nach den Worten des heiligen Isaak des Syrers gibt es sogar unter den Heiligen keinen Menschen, der nicht Schwankungen unterworfen ist – möglichst oft diesen Zustand zu erleben und in ihm zu bleiben. Jesus Christus ist Gott, und wer in Ihm bleibt, bleibt in Gott und Gott bleibt in ihm, wie Er selbst sagt: »*Wer nicht in Mir bleibt, wird weggeworfen. Aber wer in Mir bleibt und in wem Ich bleibe, der bringt reiche Frucht*« (Joh 15,4.6).

Der Herr selbst trennt Seinen heiligen Namen nicht von Seinem heiligsten Wesen. Mose sagte: »*Lass mich doch Deine Herrlichkeit sehen!*« Der Herr gab zur Antwort: »*Ich will meine ganze Herrlichkeit vor dir vorüberziehen lassen und den Namen des Herrn vor dir ausrufen*« (Ex 33, 18–20).

Über Saulus sagt er: »*Er soll meinen Namen vor Völker und Könige und die Söhne Israels tragen. Ich werde ihm auch zeigen, wie viel er für Meinen Namen leiden muss*« (Apg 9,15 f).

»*Gott hat die Welt so sehr geliebt, dass Er Seinen einzigen Sohn hingab … Wer an Ihn glaubt, wird nicht gerichtet; wer nicht glaubt, ist schon gerichtet, weil er an den Namen des einzigen Sohnes Gottes nicht geglaubt hat*« (Joh 3,16 ff).

»*Aber ihr seid reingewaschen, seid geheiligt, seid gerecht geworden im Namen Jesu Christi, des Herrn, und im Geiste unseres Gottes*« (1 Kor 6,11).

»*Jesus ist der Messias, der Sohn Gottes … und ihr sollt durch den Glauben das Leben haben in Seinem Namen*« (Joh 20,31).

Das ist das unabänderliche Dogma: »*Der Sohn Gottes ist gekommen, und Er hat uns Einsicht geschenkt, damit wir Gott den Wahren erkennen. Und wir sind in diesem Wahren, in Seinem Sohn Jesus Christus. Er ist der wahre Gott und das ewige Leben*« (1 Joh 5,20).

So ist auch der Sohn – Gott Selbst in Seinem übernatürlichen, göttlichen Wesen, vom Vater gezeugt vor allen Zeiten, Ihm gleich in allem und eines Wesens mit Ihm, und unveränderlich bleibt Er in der ganzen Fülle Seiner Gottheit in der heiligen Eucharistie, in den christlichen Kirchen, und so verbleibt Er auch in Seinem heiligen Namen ganz mit allen Seinen Vollkommenheiten und der Fülle Seiner Gottheit.

Dieses erhabene geistliche Wissen oder dieser Sinn für das Göttliche, diese geistliche Betrachtung bleibt als Wahrnehmung dem Herzen des Menschen zugänglich, der völlig vom Glauben und der Liebe zu Christus, von aufrichtiger Zuneigung seiner ganzen Seele durchdrungen ist – durch das Licht der gnadenhaften Erleuchtung.

Unser gewöhnlicher natürlicher Verstand kann hier keinen Platz finden, denn »*der irdisch gesinnte Mensch lässt sich nicht auf das ein, was vom Geist Gottes kommt. Torheit ist es für ihn, und er kann es nicht verstehen, weil es nur mit Hilfe des Geistes beurteilt werden kann*« (1 Kor 2,14).

Dieses göttliche Geheimnis, das im Geiste geschaut und vom Herzen angenommen wird, heiligt unser ganzes inneres Wesen, erleuchtet durch das Strahlen des abendlosen Lichtes unseren Verstand, durch das ewige Licht Christi, des Sohnes Gottes, der in Seinem heiligen Göttlichen Namen anwesend ist, wenn wir Ihn ehrfürchtig in unserer Brust tragen: Er treibt durch die Erfüllung des Willens Gottes unseren Willen zur Vereinigung mit dem höchsten Gut an, und in den Sinn unseres Herzens legt er die köstlichste Empfindung der Einheit mit Gott, und das lässt uns schon die Anfange des ewigen Lebens verkosten.

In Einklang mit diesem Verständnis des Namens des Herrn spricht auch ein zeitgenössischer Held des Glaubens und der Frömmigkeit, Erzpriester Vater Ioann Sergiev, davon. Hier sind seine Worte: ›Der Name des Herrn, der Gottesmutter, eines Engels oder eines Heiligen mögen für dich anstelle des Herrn selbst, der Gottesmutter, des Engels oder des Heiligen stehen. Die Nähe deines Wortes zu deinem Herzen möge dir ein Unterpfand und Hinweis der Nähe Gottes, des Herrn, der Gottesmutter, des Engels oder des Heiligen zu deinem Herzen sein. Der Name des Herrn ist der Herr selbst – der Geist ist überall und erfüllt alles; der Name der Gottesmutter ist die Gottesmutter selbst, der Name des Engels – der Engel; der Name des Heiligen – der Heilige. Wie kann das sein? Man ruft dich bei deinem Namen, zum Beispiel N. N. Wenn man dich mit diesem Namen benennt, fühlst du dich doch selbst in ihm ganz angesprochen und gibst eine Antwort, das heißt, du bist einverstanden, dass dein Name du selbst mit Leib und Seele bist. So ist es auch bei den Heiligen; rufe ihren Namen an, und du rufst sie selbst an. Sie haben aber keinen Körper. Was folgt daraus? Der Körper ist nur eine materielle Hülle der Seele, ihr Haus, der Mensch selbst aber ist Seele; wenn man dich bei deinem Namen ruft, antwortet nicht dein Leib, sondern deine Seele über die Organe des Körpers. So ist der Name des Allmächtigen Gottes – Gott selbst, der allgegenwärtige und über alles einfache Geist.‹

Wir können außerdem als Beweis dieses seines Verständnisses vom Göttlichen Namen die Meinung eines apostolischen Mannes anführen – des heiligen Hermas.* Er sagt in einem seiner Bücher: ›Der Sohn Gottes ist in den letzten Tagen erschienen, aber Sein Name ist groß und unermesslich und regiert die ganze Welt.‹ Seht, wie er den Göttlichen Namen an die Stelle Gottes selbst setzt und diesem Namen Allmacht zuschreibt, eine Eigenschaft, die untrennbar nur dem allmächtigen Gott zukommt.

Die heiligen Väter, die uns im Geist verwandt sind, die Beter, die Lehrer und Leiter, sie haben die unbegrenzte Macht, die Erhabenheit und Allmacht des Namens Jesus Christus gut verstanden. Unter den Heiligen spricht einmal unser Vater Barsanuphios* der Große wie über jemand anderen, tatsächlich aber über sich selbst: ›Ich kenne einen Menschen in Christus, er lebt in unserer Zeit und an diesem gesegneten Ort, der durch den Namen Seines Herrn Jesus Christus Wunder vollbringen kann, die nicht geringer als die der Apostel sind: er kann alle unheilbaren Leiden heilen, den Himmel öffnen und schließen, sogar Tote erwecken, aber aus Demut gebraucht er diese Macht nicht.‹

Um daher das ewige Leben in sich zu spüren, muss man immer den verehrungswürdigen und allerhaltenden Namen Jesus Christus in seinem Verstand tragen, auf den Lippen und im Herzen, und er heiligt unser ganzes Wesen. *»Heilig ist Sein Name«* (Lk 1,49), und wo er anwesend ist, dort heiligt er alles.

Der Name ›Jesus‹ wurde von Ewigkeit her im Dreieinigen Ratschluss der unbegreiflichen Gottheit bewahrt, bis zum Tage Seines Erscheinens in der Welt. Bei Seinem Erscheinen aber erfüllte Er das ganze All und brachte auf die Erde Friede und Segen. Vor Ihm erzittert jegliches Geschöpf wie vor Seinem Gebieter, Schöpfer und Herren, die Dämonen geraten in Entsetzen und fliehen, die Pforten der Unterwelt werden erschüttert; über Ihn freuen sich die Erdgeborenen, jubeln die Engel, durch Ihn wird die Festung des Bösen und der Gesetzlosigkeit zerstört und erstrahlt auf Erden das Heiligtum, die Tugend und das gottgefällige Leben, denn in diesem Namen ist der allmächtige Gott mit Seiner ganzen Göttlichen Fülle und mit Seinen unendlichen Vollkommenheiten.

Dass das sich aber tatsächlich so verhält, kann man aus der Heiligen Schrift ersehen. So ist im Buch der Weisheit Salomos geschrieben: »*Als tiefes Schweigen das All umfing und die Nacht bis zur Mitte gelangt war, da stieg Dein allmächtiges Wort vom Himmel vom königlichen Thron herab mitten in das dem Verderben geweihte Land*« (Weish 18,14). Und so wurde der heiligste Name Jesus, der vom Erzengel Gabriel auf die Erde getragen wurde als Name Gottes des Wortes, so wurde er von Ewigkeit her im Geheimnis der Dreifaltigen Gottheit bewahrt. In Ewigkeit gibt es in den Himmeln nur Einen Gott: Gott den Vater, Gott den Sohn, Gott den Heiligen Geist, und wenn dort der Name Jesus war, dann musste Er Gott sein, denn dort kann nichts Geschöpfliches sein. Dorthin wagen auch nicht die Chöre der Engel vorzudringen. Die Cherubim und die Seraphim selbst, die dem Thron des Herrn der Heere am nächsten sind, bedecken ihr Antlitz vor dem dreistrahlenden Licht und der unzugänglichen Erhabenheit der Gottheit. Niemand hat dort Sein Antlitz geschaut oder konnte es schauen, denn in diesem unzugänglichen Licht lebt Gott allein in Seiner Dreifaltigen Einheit.

Mit welchem Grund werden wir den Namen Jesus Christus von Seinem göttlichen Wesen trennen und Ihm, dem Sohn Gottes, nicht die Ehre wie Gott Selbst erweisen, wenn Er immer in den unerforschlichen Abgründen der göttlichen Ewigkeit war? Weil Er Gott ist, besitzt Er auch Allmacht, die große und prächtige Dinge hervorruft, sogar unabhängig von der Heiligkeit des Lebens jener Leute, die Ihn aussprechen. Das kann man unter anderem aus den Worten des Herrn ersehen: »*Viele werden an jenem Tag zu Mir sagen: Herr, Herr! Sind wir nicht in Deinem Namen als Propheten aufgetreten, und haben wir nicht mit Deinem Namen Dämonen ausgetrieben und mit Deinem Namen viele Wunder vollbracht? Dann werde Ich ihnen antworten: Ich kenne euch nicht. Weg von mir, ihr Übertreter des Gesetzes*« (Mt 7,22 f). In diesen Worten findet man einen neuen Beweis, ja die ganze Stärke einer unwandelbaren Überzeugung, dass im Namen Jesu Christi die allmächtige Kraft Gottes da ist, weil der Name selbst Gott ist. Man sieht auch weiters in den oben angeführten Worten des Herrn Jesus, dass Sein heiligster Name auch dann seine allmächtige Kraft erweist, wenn er von gesetzlosen Menschen ausgesprochen wird. Wie im 19. Kapitel der Apostelgeschichte berichtet wird, kann allerdings manchmal auch das Gegenteil eintreten: »*Auch einige der umherziehenden jüdischen Beschwörer versuchten den Namen Jesu, des Herrn über den von bösen Geistern Besessenen anzurufen, indem sie sagten: Ich beschwöre euch bei dem Jesus, den Paulus verkündet. Das taten sieben Söhne eines gewissen Skeuas, eines jüdischen Oberpriesters. Aber der böse Geist antwortete ihnen: Jesus kenne ich und auch Paulus ist mir bekannt.*

Doch wer seid ihr? Und der Mensch, in dem der böse Geist hauste, sprang auf sie los, überwältigte sie und setzte ihnen so zu, dass sie nackt und zerschunden aus dem Haus fliehen mussten … Alle wurden von Furcht gepackt, und der Name Jesu, des Herrn, wurde hoch gepriesen« (Apg 19,13 ff).

Noch während des Erdenlebens des Erlösers sagten Ihm eines Tages die Apostel, dass sie einen Menschen gesehen hatten, der in Seinem Namen die Dämonen austrieb, dass sie ihm das aber verboten hätten, weil er ihnen nicht nachfolgte. Der Herr aber sagte: »*Hindert ihn nicht! Keiner, der in Meinem Namen Wunder tut, kann so leicht schlecht von Mir reden*« (Mk 9,38 ff).

In Wahrheit hat Gott der Vater »*Ihm den Namen verliehen, der größer ist als alle Namen, damit alle im Himmel, auf der Erde und unter der Erde ihre Knie beugen vor dem Namen Jesu und jeder Mund bekennt: »Jesus Christus ist der Herr – zur Ehre Gottes, des Vaters*« (Phil 2,10).

Von ferne schaute der Ahne des Gottmenschen, der Prophet David, diese göttliche Erhabenheit voraus und verkündete in Gesängen diesen Ruhm auf der ganzen Welt, die über jedes Geschöpf erhabene Ehre des hochgelobten Namens Jesu Christi. Und er pries, wie dieser einzigartige, der Gottheit gleichgeachtete Name zu Seiner Zeit mit den Strahlen seliger Freude das ganze All erleuchtet und die ganze Erde mit dem Licht der Erkenntnis Gottes erfüllt in unerschöpflichen Strömen himmlischer Gnade und dass alle Enden der Erde Ihn anbeten werden. »*Sein Name soll ewig bestehen; solange die Sonne bleibt, sprosse Sein Name. Glücklich preisen sollen Ihn alle Völker und in Ihm sich segnen. Gepriesen sei Sein herrlicher Name in Ewigkeit! Seine Herrlichkeit erfülle die ganze Erde*« (Ps 72, 17–19). »*... Ihr Könige der Erde und alle Völker, ihr jungen Männer und auch ihr Mädchen, ihr Alten mit den Jungen! Loben sollen sie den Namen des Herrn, denn Sein Name allein ist erhaben ...*« (Ps 148, 11–13).

»*Lobet ihr Knechte des Herrn, lobt den Namen des Herrn. Der Name des Herrn sei gepriesen von nun an bis in Ewigkeit. Vom Aufgang bis zum Untergang sei der Name des Herrn gelobt*« (Ps 113, 1–3). »*Du hast Deinen Namen und Dein Wort über alles verherrlicht*« (Ps 138,2).

Schau nur auf die allmächtige Kraft des Namens Jesu Christi: »*In der neunten Stunde*«, so heißt es in der Apostelgeschichte, »*gingen Petrus und Johannes zum Gebet in den Tempel hinauf. Da wurde ein Mann herbeigetragen, der von Geburt an gelähmt war ... um zu betteln. Petrus sagte: Silber und Gold habe ich nicht. Doch was ich habe, das gebe ich dir: Im Namen Jesu Christi, des Nazoräers, steh auf und geh umher! Er stand auf, sprang umher, ging in den Tempel und lobte Gott*« (Apg 3,3 ff).

Als die Leute zusammenströmten und über dieses Wunder außer sich vor Staunen waren, sagte ihnen der heilige Petrus: »*Haben wir etwa aus eigener Kraft oder Frömmigkeit das bewirkt … ? Der Gott Abrahams, Isaaks und Jakobs hat Seinen Knecht Jesus verherrlicht … und weil er an Seinen Namen geglaubt hat, hat dieser Name den Mann hier zu Kräften gebracht* …« (Apg 3,12 ff).

Ach, was ist es nur um diesen hochgelobten und so ersehnten Namen! Wie allmächtig sind doch die Kräfte, die in Ihm verborgen sind.

Als der hl. Apostel Petrus nach Lydda kam, wohnte dort ein Mann namens Äneas, der seit acht Jahren lahm und bettlägerig war. Petrus sagte zu ihm: »*Äneas, Jesus Christus heilt dich. Steh auf, und richte dir dein Bett!*« (Apg 9,32).

Der hl. Apostel Paulus wurde in Philippi ärgerlich über den unreinen Geist, der in der Magd lebte und jeden Tag zu den Leuten schrie: »*Diese Menschen sind Diener des höchsten Gottes, sie verkünden euch den Weg des Heils*«, und sprach: »*Ich befehle dir* im *Namen Jesu Christi: Verlass diese Frau! Und im gleichen Augenblick verließ er sie*« (Apg 16,17 ff).

Ihr seht – der Name des Herrn Jesus Christus enthält in sich selbst eine Macht, Wunder zu wirken, und wird er im Glauben ausgesprochen, ruft er übernatürliche Dinge hervor, die die Gesetze der Natur überschreiten.

Wie unser Herr Jesus Christus, unser Gott, in den Tagen Seines Erdenlebens durch Seine allmächtige Kraft jegliches Wunder wirkte, so vollbrachten nach Seiner Auffahrt in den Himmel die Gläubigen durch Seinen Namen nicht geringere Wunder. Auch jetzt gibt es nach dem untrüglichen Wort Gottes, ja, und es wird sie bis zum Ende der Zeiten geben, wahre Knechte Gottes, die den Namen Gottes in Ehren halten, Ihn in ihrem Herzen wie das größte Heiligtum tragen, dadurch gestärkt werden, sich daran erfreuen und in diesem Namen das Unterpfand der künftigen Seligkeit besitzen.

Im Namen Jesu ist alles enthalten: Unser orthodoxer Glaube, aber auch der ganze Gottesdienst der Kirche, jegliche Ordnung, Ritual und Reihenfolge der Gebete, denn jeder Christ, der betet, muss unbedingt sein Gebet zum Eingeborenen Sohn Gottes erheben, denn »*Einer ist Mittler zwischen Gott und den Menschen*« (1 Tim 2,5), und nur in Ihm und durch Ihn ist unser Gebet wirksam. Er hat es selbst so angeordnet, als er sprach: »*Alles, um was ihr in Meinem Namen bittet, werde Ich tun, damit der Vater im Sohn verherrlicht wird. Wenn ihr Mich um etwas* in *Meinem Namen bittet, werde Ich es tun*« (Joh 14,13 f).

Der Herr Jesus Christus erhält das ganze All, jedes sichtbare und unsichtbare Geschöpf und alles, was atmet, besonders aber schenkt er Freude denen, die Seinen kostbaren Namen in ihrem Herzen tragen.

Wenn wir den Namen Jesu Christi von uns fernhielten, dann würde alles entschwinden: der christliche Glaube, die Kirche, die Liturgie, alle Sakramente und Riten, jeglicher geistlicher Dienst und schließlich das Evangelium selbst. So muss man auch den Menschen verstehen: Wenn in ihm nicht Jesus Christus mit der Kraft Seiner Gnade lebt, dann gibt es dort nichts Geistliches – dann bewegt sich das Leben nur im Bereich von Körper und Seele, gemäß den Elementen dieser Zeit. Wurzel und grenzenlose Fülle des geistlichen Lebens ist Jesus Christus, den man mehr als seine eigene Seele lieben muss, und mit allen Kräften muss man sich das ganze Leben bemühen, Seinen kostbaren Namen im eigenen Herzen wie einen Grundstein zu legen, damit Er dort zum wirklichen Urgrund wird und langsam den Platz des Herrn einnimmt – nach einem Wort des Apostels »*leben dann nicht mehr wir, sondern in uns lebt Christus*« (Gal 2,20).«

5. Kapitel

Erläuterung, worin die Wirksamkeit oder Spürbarkeit des Jesusgebetes für unser Herz besteht

Frage: »Worin besteht die Wirksamkeit des Jesusgebetes, das heißt seine innere Kraft und Spürbarkeit für unser Herz?«

Antwort: »Es ist eigentlich dasselbe, worüber wir gerade vorhin gesprochen haben. Um es etwas anders zu sagen: Wenn dieses Gebet mit seiner ganzen Fülle in der Seele des Menschen heimisch wird – ganz am Anfang natürlich durch Gottes Gnade, später jedoch um unserer fortgesetzten Anstrengungen willen – dann wird es in ihr zum wirksamen Anfangsgrund: Es nimmt einen alles beherrschenden Platz ein, und wie ein König unterwirft es sich alle übrigen Neigungen und Absichten des Herzens. Mit einem Wort, hier ist es in seinem echten und wahren Zustand, seiner wirklichen Tätigkeit, die ihm auch zusteht. Ein reichliches Entströmen von Gnade und Freude in Gott kennzeichnet diesen Zustand und bezeugt die wahre Liebe zu Gott und zum Nächsten, die Bereitschaft zu jedem guten Werk.

Ein Ausdruck dieses Zustandes ist die Unaufhörlichkeit des inneren Gebetes, wenn es nicht mehr von Zeit und Raum, von nichts Äußerlichem mehr begrenzt wird, sondern seine niemand sichtbare Tätigkeit in der Tiefe des Geistes ausübt, ohne Worte und Verbeugungen, ohne jegliche Ikone, jeden Augenblick und jeden Gedanken.

Welch erhabener und überaus seliger Zustand!

Das alles kommt aus der Verbindung des Herzens mit dem Herrn, wenn der Herr Jesus Christus in uns Seine Wohnung bereitet, spürbar und wirklich sich im Herzen niederlässt und Seine Göttliche Anwesenheit klar und deutlich empfunden wird – nach den Worten der heiligen Väter wird das die lebendige Gemeinschaft mit Gott genannt. Dann steigt Christus unser Gott, der Erlöser und Retter, mit Seinen Gnadengaben in den Menschen hinab und vereinigt sich mit ihm in Seiner Göttlichen Macht zum Nutzen für das Leben und die Frömmigkeit (2 Pt 1,3) und bereitet irgendwie im Menschen Sich eine ständige Wohnung (Jo 14,23), so dass der Mensch ein Tempel für Gottes Geist wird (1 Kor 3,6), eine Kirche für den lebendigen Gott (2 Kor 6,16). Wer sich an den Herrn bindet, ist ein Geist mit Ihm (1 Kor 6,17). Wer in der Liebe bleibt, bleibt in Gott und Gott bleibt in ihm (1 Joh 4,16), sein Leben lebt er für Gott (Röm 6,10), er lebt nicht mehr für sich, sondern Christus lebt in ihm (Gal 2,20). Gott ist es dann, der im Menschen das Wollen und das Vollbringen bewirkt, noch über den guten Willen hinaus (Phil 2,13).

In diesen geistlichen Zustand tritt ein Mensch ein, wenn er die gewöhnliche Ordnung im Ablauf der Dinge versteht, nicht plötzlich, vielmehr am Ende seiner geistlichen Mühen und Kämpfe. Er ist das Ziel aller Anstrengungen jedes vernünftig lebenden Mönches. Hat er es erreicht, hat er auch das Ende all seiner Kämpfe und Mühen erreicht.

Wenn ein Mensch sich in diesem Zustand befindet, dann spürt er in sich die göttliche Kraft, die von dem Namen Jesu Christi ausströmt. In den inneren Empfindungen seiner Seele wird er ganz von ihr erfüllt und klar schreitet er hinüber in den Bereich des Geistes, alles Irdische aber wird untergeordnet: Er tritt in die Freiheit ein und findet seine Ruhe in Gott; in seinem Herzen trägt er die Quelle des Lebens – Gott, den Herrn Selbst – und das ist die unzweifelhafte Hoffnung auf die Rettung. Wenn wir nur nicht in Faulheit und Nachlässigkeit geraten und eine hochmütige Meinung von uns haben, dann werden wir diesen Zustand auch nicht verlieren.

In der Hinwendung zum inneren Gebet geraten wir unter die Macht des Gebetes und werden seine Diener, die immer zu ihrem Herrn beten, auch wenn wir es nicht wollten, da wir der alles beherrschenden Gebetskraft nicht widerstehen können. *»Der Geist selber tritt für uns ein mit Seufzen, wenn wir nicht wissen, worum wir beten sollen«* (Röm 8,26), und *»der Geist selber bezeugt unserem Geist, dass wir Kinder Gottes sind«* (Röm 8,16).

Man kann sagen, dass das Jesusgebet der Geist des geistlichen Lebens ist, so ähnlich, wie es sich mit Seele und Körper verhält. Der Körper ist nur dann lebendig, wenn in ihm auch eine Seele ist; er stirbt ab und wird gefühllos, wenn ihn die Seele verlässt. So ist immer auch die Seele tot, wenn sie sich bewusst, überlegt und freiwillig von Gott entfernt und dadurch sich des Geistes Christi, der Göttlichen Gnade oder Kraft beraubt, deren unermessliche Quelle der Herr Jesus Christus ist, der Spender des Lebens und Gott, der die menschliche Natur erneuert.

Wenn wir an Gott denken oder mit unserem Bewusstsein und unseren Empfindungen Gott geistlich erspüren, dann lebt unsere Seele ihr wahres, ihrer nicht-materiellen Natur eigenes Leben, denn hier wird ihr ganzes Wesen von dem Göttlichen Licht durchdrungen – wie eben die Sonnenstrahlen Glas durchdringen – und in diesem göttlichen Lichtglanz bekommt sie unweigerlich Anteil an der heiligen Gemeinschaft mit Gott.

Der hl. Makarios der Große lehrt eben dies in all seinen Schriften: ›Denn verbindet sich die Seele mit dem Herrn, kommt der Herr aus Erbarmen und Liebe zu ihr und verbindet sich mit ihr, verbleiben ihre Gedanken unablässig in der Gnade des Herrn, so werden die Seele und der Herr zu einem Geiste und zu einer Mischung und zu einem Gedanken‹ (Geistliche Homilien 46,3). Diese Göttliche Nähe zu uns erfüllt uns mit Furcht, und wir würden es auch nicht glauben, wenn das nicht in Wahrheit so wäre, und das Zeugnis davon sehen wir überall in den Schriften der heiligen Väter. Ohne diesen Anteil am Leben spendenden Geist Christi muss jedes vernünftige Wesen tot sein – seien es Engel oder Menschen, Der Herr sagt: *»Der Geist ist es, der lebendig macht, das Fleisch nützt nichts. Die Worte, die Ich zu euch gesprochen habe, sind Geist und Leben«* (Joh 6,63), und sie sind voll ewigen Lebens, da sie von Ihm, der Quelle der Ewigkeit und des selbstmächtigen Lebens, ausgehen; Die Göttliche Kraft oder vielmehr noch Er selbst erweckt unsere toten Seelen, wenn wir uns durch das Gebet in unserem Geist mit Seiner Göttlichen Natur verbinden.

Entfernen wir uns aber im Gegenteil freiwillig von der Quelle lebendigen Wassers, so müssen naturgemäß alle Ströme, die von Ihm ausgehen, für uns zu fließen aufhören. Unser geistliches Leben muss dann austrocknen, besitzt es doch nicht einen erfrischenden Tropfen zu seiner Belebung. Es kann sich nicht mehr in den geistlichen Bereich erheben und hat in seinem Herz und Sinn nicht mehr den

Urheber des Lebens und den Vollender unseres Heiles – den Herrn Jesus Christus; unausweichlich müssen wir mit unseren Seelen sterben, der ewigen Macht Gottes, die im Sohn Gottes ist, fremd geworden.

Wie es sich mit dem Jesusgebet in seiner wahren Form verhält, kann man mit folgender Naturerscheinung vergleichen: In einer dunklen Herbstnacht steht kein einziger Stern am Himmel, schwarze Gewitterwolken erfüllen die Luft und vermehren die ohnedies schon erschreckende Dunkelheit – da, plötzlich leuchtet ein hell glänzender Streifen über den ganzen Himmel von einem Ende des Firmamentes bis zum anderen hin auf: Kann man sich die Ungewöhnlichkeit dieser Erscheinung vorstellen, aber auch ihren entschiedenen Kontrast zur Dunkelheit?

Genauso ist es, wenn dieses heiligste Gebet im Namen des Herrn Jesus Christus mit Göttlichem Licht im undurchdringlichen Dunkel unserer Seelen aufleuchtet – Er selbst, unser Herr, ist dieses ewige Licht ohne Abend, das milde Licht heiliger Herrlichkeit des unsterblichen Vaters, des Himmlischen, des Heiligen, des Seligen: Jesus Christus; dann bleiben wir, von Furcht gepackt, mit einem Mal auf unserem gewöhnlichen Lebensweg stehen, und erstaunt über diese Lichterscheinung aus der geistlichen Welt lernen wir ihr uns verborgenes Dasein kennen. Und war's auch nur ein einziger Funke davon, der unseren Blick auf sich gezogen hat, so legt er doch Zeugnis vom grenzenlosen Licht und den unvergänglichen Gütern ab, die in der nichtmateriellen Welt, jenseits der Grenzen unserer Sinne, existieren. Bedenken wir die unvergleichliche Überlegenheit der unsichtbaren Welt gegenüber allem, was wir auf Erden an Großartigem, Herrlichem, Begehrenswertem und Schönem kennen, so werden wir schon wegen dieser kleinen Erscheinung unser Herz vom Irdischen abwenden, und hartnäckig wollen wir in den Göttlichen Dingen verweilen, um Anteil am geistlichen Zustand zu bekommen, der uns die Anfangsgründe des höchsten Seins verkosten lässt. Fassen wir daher den Vorsatz, unser ganzes Leben zum Besseren zu verändern.

Munter fließt ein tiefer und wasserreicher Strom mit ruhigen, durchsichtigen Wellen dahin, auch wenn an manchen Orten der Wald seinen Schatten auf ihn wirft und der Sonnenstrahl nicht auf ihm glänzt. So ist es auch mit diesem Heiligsten Göttlichen Gebet: Lässt es sich, angezogen von den geistlichen Gütern unseres Herzens, Heil bringend darin nieder, so fließt es froh und ungehindert wie ein tiefer Strom himmlischer Freude in Gott dem Retter – voll Frieden und heiliger Seligkeit: ruhig, nicht sichtbar für die Augen des Körpers, und doch spürbar für das Herz des Menschen, der dieses große und heiligste Tun auf sich genommen hat.«

6. Kapitel

Über die Früchte des Gebetes

Frage: »Was sind die Früchte des Gebetes?«

Antwort: »Der Apostel hat auf sie hingewiesen. Es sind die Früchte des Geistes: Liebe, Freude, Friede, Langmut, Freundlichkeit, Güte, Treue, Sanftmut und Selbstbeherrschung (Gal 5,22). Und es ist tatsächlich so!«

»Könnt Ihr mich aber aus Eurer eigenen Erfahrung etwas mehr in dieser Sache unterweisen?«

Der Starez: »Wenn nach dem Willen Gottes das Gebet in unserem Herzen zu wohnen beginnt und uns so mit dem Herrn vereinigt, dann merken wir sofort, dass es den Strom unreiner Gedanken machtvoll beendet. Wie in der Erzählung des Evangeliums, als die blutflüssige Frau den Herrn Jesus berührte und *»sofort die Blutung aufhörte«* (Mk 5,29), so ist es auch hier: Berührt nur unser Verstand den Herrn Jesus in Seinem ganz heiligen Namen, so hört das Herumschweifen der leeren Gedanken auf und eine unaufhaltsam mitreißende Gewalt verwirrt noch mehr den Asketen, wie jedem aus Erfahrung bekannt ist.

Das Jesusgebet pflanzt unserem Herzen eine unaussprechliche Liebe zu Gott und dem Nächsten ein. Richtiger, es ist selbst das Wesen der Liebe, seine Kraft, seine Eigenart; es lässt das ganze Herz durch und durch von Göttlichem Feuer brennen und wandelt seine natürliche Wohlbeleibtheit in die geistliche Natur nach dem Wort der Hl. Schrift: *»Unser Gott ist ein Feuer«* (Hebr 12,29), das alles Unreine und Sündhafte verzehrt.

Für so einen Menschen gehört es in diesem Leben zum größten Unglück, wenn er willentlich oder unwillentlich dem Nächsten eine Beleidigung zufügt. Er findet in seiner Seele keinen Frieden, bis er, soweit es von ihm abhängt, diesen Bruder wieder mit sich versöhnt hat. Ja, es ist wirklich so: Diese Wahrheit muss man am besten kennen und sie ganz tief in sich selbst festhalten, sie ist eine unausweichliche Forderung und darf durch nichts ersetzt werden. Wie ein Gesetz ergibt sie sich aus der ganzen Lehre Christi: *»Ertragt euch gegenseitig und vergebt einander, wenn einer dem anderen etwas vorzuwerfen hat … Vor allem aber liebt einander, denn die Liebe ist das Band, das alles zusammenhält und vollkommen macht«* (Kol 3,13 f). Die Liebe ist das Wesentliche im Gesetz des Evangeliums. Wer das nicht weiß, kann sich noch und noch abmühen, aber es wird alles nutzlos sein, als ob er auf einen Stein gesät hätte. Ohne Ausnahme muss man allen gegenüber aufrichtige Liebe bewahren. Das ist die Grundbedingung, um die Gabe des Gebetes zu erlangen.

Die Übung des Jesusgebetes reißt den Menschen von allem Irdischen fort, und das erfordert unbedingt das Wesen des Gebetes selbst, da es nach der Lehre der heiligen Väter der sichtbaren Weh entfremdet, die Sorgen und alles Trachten ablegen und an Gott hängen lässt. Zu dieser Zeit möchte man wirklich nicht über die Dinge dieses Lebens nachdenken und, wenn es möglich wäre, wir würden durchaus nicht vom Gebetstun ablassen wollen.

Das offenkundigste Kennzeichen der Frucht des Gebetes, spürbarer als alle anderen, ist die Empfindung des ewigen Lebens, die durch das Herz im Göttlichen Namen des Herrn Jesus Christus, des Retters der Weh, spürbar wird.

Hat sich das Jesusgebet in einem Menschen gefestigt, dann eröffnet es außerdem seinem Verstand ein tiefes, umfassendes und genaues Verständnis der Heiligen Schrift. Das bewirkt unbedingt die Vereinigung unseres Geistes mit dem Geist Christi, mit Seiner Gottheit. *»Im Herrn sind«*, wie aus der Hl. Schrift bekannt, *»alle Schätze der Weisheit und Erkenntnis verborgen«* (Kol 2,3). Denn *»Er ist ein wissender Gott«* (1 Sam 2,3), und *»der Herr gibt Weisheit, aus Seinem Mund kommen Erkenntnis und Einsicht«* (Spr 2,6).

»Bei ihm allein ist Weisheit und Heldenkraft, bei Ihm sind Rat und Einsicht« (Ijob 12,13). Diese dem Gebet eigene Wirkung steht außerdem in Einklang mit dem Bericht des Evangeliums. Als der Herr Jesus Christus nach Seiner Auferstehung von den Toten Seinen Jün-

gern erschien, die die Tür aus Furcht vor den Juden verschlossen hatten, da versuchte Er sie von Seiner Auferstehung zu überzeugen. »*Darauf öffnete Er ihnen die Augen für das Verständnis der Schrift*« (Lk 24,45).

Von dort entstammt die Erkenntnis der Göttlichen Geheimnisse, die in der Offenbarung verkündet wurden. Das wünscht der Apostel Paulus den Ephesern: »*Der Gott Jesu Christi … gebe euch den Geist der Weisheit und Offenbarung, damit ihr Ihn erkennt, Er erleuchte eure Augen …*« (Eph 2,17).

Wenn ich mich durch das Gebet nährte und versuchte, möglichst lange Zeit in ihm zu verweilen, dann verkostete ich tatsächlich manchmal die Freude des Himmels, wurde im Geist in die obere Welt erhoben, war gleichsam an der Tafel des Königs und kam in der unaussprechlichen Stille des segensreichen Wehens des Heiligen Geistes zur Ruhe. Ach, wie möchte man zu dieser Zeit dann die Worte des Herrn und Richters unserer Kämpfe, Christus, wiederholen: »*Ich preise Dich, Vater, Herr des Himmels und der Erde, weil Du all das den Weisen und den Klugen verborgen, den Unmündigen aber offenbart hast. Ja, Vater, so hat es Dir gefallen*« (Mt 11,25).

Man kann sich auch nur schwer vorstellen, welche Ehre und welche Größe dem Menschen geschenkt wurde, er aber achtet gar nicht darauf und sorgt sich nicht sehr darum: Der in der Höhe wohnt, der Herr und Allherrscher, furchtbar in Seiner Macht und grenzenlos in Seiner Barmherzigkeit, Er möchte im Menschen den Ort Seiner Ruhe finden; Er thront in seinem Herzen wie in einem Tempel, unbegreiflich und geheimnisvoll und nichtsdestoweniger wirklich und spürbar.

Hier ist es vielleicht passend und nicht überflüssig, an die begeisterten Worte des heiligen Symeon* des Neuen Theologen zu erinnern, die sich auf diesen Zustand beziehen.

Der heilige Symeon sagt: ›Welche Zunge kann es aussprechen? Welcher Verstand kann es sagen! Furchtbar, in Wahrheit furchtbar sind mehr noch Worte! … Ich schaue ein Licht, das es in der Welt nicht gibt, ich schaue inmitten des Kellion*, sitze am Lager und schaue in meinem Inneren den Schöpfer der Welt. Und ich unterhalte mich mit Ihm, und ich liebe, ich höre, und süß nähre ich mich von der einzigartigen Schau Gottes und vereinige mich mit Ihm, ich überschreite die Himmel und weiß es bestimmt und wahrhaftig! … Wo ist da der Körper? Ich weiß es nicht! Und, o Herr, Er hört nicht auf mich zu lieben und nimmt mich in Sich auf. Er birgt mich mit ausgebreiteten Armen, Er lebt in den Himmeln und ist in meinem Herzen, und dort wie hier schaue ich Ihn.‹

Ja, unsäglicher Höhe und Ehre wurde das Menschengeschlecht in diesem Erdenleben gewürdigt, hat uns doch Christus der Herr die Seligkeit des Himmels, die in der Gemeinschaft mit Ihm besteht, angeboten, als Er sprach: *»Bleibt in Mir, dann bleibe Ich in Euch«* (Joh 15,4). Aber bleiben können wir in Ihm nur durch das Gebet, in dem wir Verstand und Herz mit Seinem heiligsten Namen vereinigen, in dem Er selbst mit seiner heiligsten Natur anwesend ist. Er sagt auch noch: *»Wer in Mir bleibt und in wem Ich bleibe, der bringt reiche Frucht; denn getrennt von Mir könnt ihr nichts vollbringen«* (Joh 15,5).

Und warum? Weil, nach den Worten des Metropoliten von Moskau Filaret, ›die einzige Quelle des Guten und der Kraft Gott ist‹. Um die Kräfte des Guten aus dieser einzigen Quelle zu schöpfen, muss sich der Mensch in der Gemeinschaft mit Gott befinden. Um aber die Gemeinschaft und segensreiche Vereinigung mit Gott zu erlangen, muss man seinen Verstand, seinen Willen und sein Herz nach Ihm ausrichten. Und darin besteht eigentlich das Wesen des Gebetes, das die Kraft gibt, das ganze Gesetz Christi zu erfüllen. Das Verweilen im Jesusgebet schließt so offenkundig die Erfüllung aller Gebote und der ganzen Lehre des Evangeliums in sich ein, dass der Verstand und das Herz, die in Gott verweilen, allem Irdischen fremd werden, völlig unzugänglich auch nur einem einzigen sündhaften Gedanken.

Der Feind, der Teufel, kann an so einen Menschen nicht herantreten, er kann ihm nicht einmal einen verdorbenen Gedanken nahelegen. Ihn verbrennt die Göttliche Kraft des Namens Jesu wie eine unerträgliche Flamme. Hat er aber selbst, keine Möglichkeit heranzukommen, dann reizt er die Leute zum Hass, und so werden, wie man ja sehen kann, oft betende Menschen verfolgt und gehasst.«

7. Kapitel

Erläuterung, wodurch man befähigt wird, die Gabe des Jesusgebetes zu erlangen und warum es mühselig ist. Wie verhält sich das Psalmengebet zum Jesusgebet; wie grundlegend ist das Heilige Evangelium. Wer den Starez das Jesusgebet lehrte

»Wodurch wird man befähigt, die Gabe des Jesusgebetes zu erlangen, oder, was dasselbe ist, das Geschenk der lebendigen Gemeinschaft mit dem menschgewordenen Sohn Gottes, Jesus Christus, in dem das Leben alles Lebendigen und das Leben spendende Licht aller Menschen ist?«

Antwort: »Vor allem muss man glauben, dass unser Herr Jesus Christus, der Sohn Gottes ist und wahrer Gott, und dass Er der versprochene Erlöser der Welt ist, den die Menschheit die ganze Zeit als ihren Retter und Friedensstifter erwartete, solange sie auf dieser Erde lebte und über Den schon im Paradies unseren sündigen Stammeltern gesagt wurde: *»Er zertritt den Kopf der Schlange«* (Gen 3,15).

Dann muss man unbedingt all das ausführen, was uns der Herr Jesus Christus in Seinem Heiligen Evangelium zu tun aufgetragen hat – sei es Er selbst oder durch Seine heiligen Jünger und Apostel. Mit einem Wort, man muss alles erfüllen, was uns das Gesetz Christi lehrt, unser orthodoxer Glaube und die heilige Kirche, denn *»Ihr seid auf das Fundament der Apostel und Propheten gebaut; der Schlussstein ist Christus Jesus Selbst«* (Eph 2,20). Man muss, natürlich mit der gebührenden Vorbereitung, hintreten zum Empfang der Heiligen Leben spendenden Geheimnisse, zu Leib und Blut des Herrn Jesus Christus, im Geheimnis der Eucharistie, sonst können wir, nach dem Wort des Herrn Selbst, das ewige Leben nicht in uns haben. Man kann dieses allerheiligste Geheimnis durch überhaupt nichts ersetzen. Es ist Göttlich, grenzenlos und ewig – seiner Früchte für uns und seiner Kraft wegen; all das unsere aber – es ist menschlich, unvollkommen und sündhaft.

Überhaupt muss man ein Leben der Buße führen, in Kämpfen und Mühen um die Frömmigkeit und die guten Werke; eifrig muss man sich beeilen, jegliches gute Werk zu tun, ganz gleich, welches wir auf unserem Lebensweg antreffen mögen.

Zugleich damit muss man auf jeden Fall um die Gewährung dieser unschätzbaren Gabe – des Jesusgebetes – zur über alles gepriesenen

Mutter Gottes beten, zur eifrigen Beschützerin der Christen, zur Königin des Himmels und der Erde.

Diese unveränderliche Wahrheit muss man sehr gut kennen und ohne jeden Zweifel von ihr überzeugt sein: Weil die immer jungfräuliche Mutter Christi, unseres Gottes – sie ist die aus dem ganzen Menschengeschlecht Erwählte, geehrter als die Cherubim und unvergleichlich herrlicher als die Seraphim, reiner als die lichte Sonne – ihrer unvergleichlichen Eigenschaften wegen gewürdigt wurde, Mutter des Sohnes Gottes zu sein, der vor aller Zeit vom Vater gezeugt worden ist, so wurde ihr zugleich damit die Gnade verliehen, dieses Gebet jenen Menschen zu gewähren, die um diese Gabe des Himmels bitten. Das kann man aus den Lebensbeschreibungen vieler Diener Gottes ersehen, so zum Beispiel bei Seraphim* von Sarov, Parfenij* aus Kiew, bei Maximos* vom Athos und anderen.

Wenn sich jemand daher mit einem innigen Glauben an die Mutter Gottes wendet und eifrig um die Gabe des Gebetes bittet, dann empfängt er sie auch ungehindert – und diese Gabe erweist sich als unbestreitbares Unterpfand der großen Barmherzigkeit Gottes gegen uns.
Dieses Göttliche und Heiligste Gebet – furchtbar für jedes Geschöpf und wie ein Feuer versengend für die Dämonen – ruht unbedingt auf vier Säulen:

Erstens: Auf der aufrichtigen Demut. Man muss sich von Gott dem Herrn die Gabe erbitten, sich für schlechter als jedes Geschöpf zu sehen, und muss ausnahmslos jeden Menschen für besser als sich selbst halten; man muss mit ihm einen freundlichen Umgang pflegen, aufrichtig, offen, ohne jede Schmeichelei, Verschlagenheit und Verstellung.

Zweitens: Auf der Liebe zu allen Brüdern, einer ungeheuchelten Liebe, die keine Ausnahme kennt, ja, die sogar bis zur Hingabe des eigenen Lebens geht. Man muss ihn wie sich selbst lieben; was man für sich wünscht, soll man ihm tun. Man muss ihm die Sachen geben, die man selbst braucht. Mit einem Wort – man muss sein Leben für seinen Nächsten hingeben.

Drittens: Man muss sich unbedingt in der seelischen und körperlichen Reinheit bewahren. Das heißt, man muss die Unreinheit unzüchtiger Leidenschaft meiden – in all ihren Arten und Erscheinungsformen, beginnend bei den Gedanken und Regungen des Herzens bis zur leidenschaftlichen Beziehung. Man muss wissen, dass der Balsam des Himmels nicht in einem stinkenden Gefäß bleiben kann, er zerbricht es und fließt aus.

Die vierte Säule des verständigen Tuns des Jesusgebetes bedeutet, dass man ein betrübtes, ein zerbrochenes und zerschlagenes Herz über seine Sünden und über seine große sündige Verletzung haben muss. Diese letzte Tätigkeit ist so wichtig, dass der heilige Johannes Klimakos* sagt: ›Ganz gleich, welch große Kämpfe wir auch bestanden haben, sie werden leer und nutzlos sein, wenn wir kein bekümmertes Herz haben.‹

Außerdem benötigt man noch großen Eifer und Fleiß bei diesem Tun und ein unsägliches Bemühen – die Hauptsache aber, wichtiger als alles andere, das ist die Hilfe Gottes. Und bei all dem vergehen dann manchmal noch einige Jahrzehnte, bis ein Mensch an die Grenzen des Jesusgebetes gelangt.

Warum ist es so schwer?

Weil es in seinen höchsten Stufen nichts damit Vergleichbares gibt, dort, wo unser ganzes, wahres, göttliches Leben verläuft und beeinflusst wird. Das wissen alle sehr gut, die durch die Gnade Gottes diesen hohen Zustand erreicht haben. Es ist noch dazu eines der höchsten Mittel im Kampf gegen widrige Kräfte, wie auch Johannes Klimakos schreibt: ›Schlage die unsichtbaren Widersacher durch den Namen Jesu, eine stärkere Waffe als diese erhältst du nicht.‹ Man sagt, dass im Namen Gottes Gott Selbst ist; aber Gott zu erlangen – das ist nicht leicht.«

Und wieder überkam den Starzen tiefe Trauer, dass nun die Tätigkeit des Jesusgebetes den Menschen dieses Jahrhunderts fast unbekannt ist. Er fuhr wieder mit seiner Rede fort und sagte, dass die Verarmung des Jesusgebetes vor allen Dingen daher kommt, dass es keine Lehrmeister für diese heilsame Sache gibt. »Sie sind nicht nur überaus selten geworden, nein, ›es gibt sie einfach nicht mehr‹, wie Bischof Ignatij Brjantschaninov* sagt.

Ja, es ist tatsächlich jene für uns so traurige Zeit herangekommen, die schon vor langer Zeit die uns geistesverwandten heiligen Väter vorausgesagt haben, jene Väter, die auf den Bergen oder in den Wüsten ein Leben ohne materielle Güter geführt haben, viele von ihnen auch mitten in der Welt, in Städten und Dörfern, die ihre Belehrung über den Namen des Herrn Jesus Christus empfingen und darin ihre Bildung fanden, die groß wurden und Ruhm erlangten, hier auf der Erde, vor allem aber im Himmel. Sie sagten, dass eine Zeit anbrechen werde, wo der Materialismus das Geistliche unterdrücken wird, die Menschen sich vor allem anderen mit den Dingen dieser Welt beschäftigen werden und das Geistliche in den Hintergrund abgedrängt wird. Und würde die Lehre von diesem rettenden Gebet durch die Barmherzigkeit Gottes nicht durch Schriften erhalten, dann wären von ihm sogar die letzten Spuren verschwunden.«

Ich begann wieder zu fragen: »Wie verhält sich der Psalmengesang zum Jesusgebet und was nützt er?«

Der Starez antwortete: »Das hängt von der Stufe der geistlichen Entwicklung ab. Hat in einem Menschen der geistliche Sinn den Herrn selbst wahrgenommen, *»in Dem«*, nach dem Wort des Apostels, *»alle Schätze der Weisheit und der Erkenntnis verborgen sind«* (Kol 2,3), dann wird es für ihn beschwerlich, Psalmen, Kanones*, Akathistos-Hymen*, Hymnen und Troparien* zu lesen. Vielleicht ist es aber zum Großteil auch nicht notwendig, da ein Mensch, der durch das Denken in seinem Herzen unmittelbar vor dem Angesicht Gottes steht, seine Aufmerksamkeit auch nicht einen Augenblick vom liebenswerten Jesus abwenden kann. Das alles ist noch Altes Gesetz und dient zur Erziehung. Es hält uns in Zucht und erzieht uns bis zum Kommen Christi und enthält, wie der Apostel sagt (Hebr 10,1), nur einen Schatten der künftigen Güter, die in Christus verborgen sind. Davon wird ja auch in der göttlichen Liturgie gesprochen: *»Die Erfüllung des Gesetzes und der Propheten bist Du, Christus«*, und wiederum sagt der Apostel: *»Das Ende des Gesetzes ist Christus«* (Röm 10,4).

Das alles kann man auch in den Lebensbeschreibungen der heiligen Diener Gottes sehen, die zur Vollkommenheit gelangt sind. So wird von Isaak dem Syrer erzählt, dass er einen Asketen kannte, der von sich sagte: ›Ein ›Ehre sei dem Vater‹ kann ich noch lesen, dann aber benötige ich keine mündlichen Gebete mehr, mag ich auch lange Zeit im Gebet stehen.‹ Das kommt natürlich daher, dass sein Denken ergriffen und hingerissen ist zu der Welt des Geistes. In gleicher Weise wird in den ›Weisungen der Väter‹ jedem, der sich bemüht, das Jesusgebet zu erlangen, aber es noch nicht besitzt, geraten, viel Psalmen und Lieder, Kanones und Troparien zu lesen: All das aber nur so lange, bis die Kräfte des Verstandes sich zu einer Einheit versammeln, unbeweglich werden und nicht mehr wie Dampf in die Höhe steigen und man so in den Zustand gelangt, der für die Vereinigung mit Christus nötig ist. Danach unterliegt er nicht mehr dem Gesetz. Der Heilige Geist Selbst leitet ihn zum Gebet.«

Ich fasste Mut und fragte weiter: »Sagt, Väterchen, in welcher Art und Weise übt Ihr selbst das Jesusgebet?«

Der Starez antwortete entschlossen: »Nur mit den Worten ›Herr Jesus Christus!‹ … und dann füge ich etwas schwächer hinzu: ›Sohn Gottes‹. Wenn ich mich in meinem gewöhnlichen Zustand befinde oder zerstreut bin, dann sage ich das ganze Jesusgebet. Seine Göttlichen Worte sind mir so kostbar, lieb und angenehm, dass ich mein Herz von ihnen nicht für einen einzigen Augenblick wegreißen kann. Ich spüre, wie sie mir Göttliches Leben in die Seele bringen; wie eine wasserreiche Quelle gießen sie das Wasser des Lebens in mich. Übrigens möchte ich noch dazusagen, dass diese Göttlichen Worte im Namen der Hl. Dreifaltigkeit hauptsächlich meinen Gebetsdienst bei Tag und Nacht ausmachen, noch vor allen anderen geistlichen Tätigkeiten.«

»Dann verrichtet Ihr, so scheint es, überhaupt keine anderen Gebete?«

»Ich verrichte die von der heiligen Kirche festgesetzten Gebete zu den bestimmten Zeiten, für mein Herz aber sind sie nicht diese kräftige Speise und so ein Trank wie der Name ›Jesus Christus‹. Ich sehe ganz klar, dass dieser allerhaltende und allmächtige Name Wurzel und Fundament eines jeden Gebetes ist. Natürlich sagt auch der hl. Apostel: *»Mit allem Gebet und Flehen betet zu jeder Zeit im Geiste«* (Eph 6,18), auch die heiligen Väter beteten mit den verschiedenen Gebeten, die durch die heilige Kirche für die Gläubigen festgesetzt wurden. Erreichten sie aber die Vollkommenheit und die Einigung mit Gott, dann ließen sie notgedrungen von der Vielfalt im Gebet ab, da ihre geistlichen Kräfte sich in einem einzigen Punkt sammelten; unbegreiflich, wie eine Einheit, verbanden sie sich mit dem Einen und Einzigen Jesus, in Dem immer das Licht und das Leben der Menschen waren und sind (Joh 1,4). Es wird darüber hinaus sogar im Buch der heiligen Väter Kallistos* und Ignatios Xanthopoulos im 50. Kapitel gesagt, dass die Fortgeschrittenen und Vollkommenen nicht das ganze Gebet: ›Herr Jesus Christus, Sohn Gottes, sei mir Sünder gnädig‹ aussprechen können, sondern nur die zwei Worte ›Herr Jesus‹ oder ›Jesus Christus‹ oder auch ›Christus, Sohn Gottes‹. Ja, sogar allein das Wort ›Jesus!‹ umfassen und küssen sie wie das vollständige Gebet und werden dadurch von einer unaussprechlichen Freude erfüllt, die jede Erkenntnis und jedes gehörte Wort übersteigt.

Es ist bekannt, dass jedes endliche Wesen etwas in sich Geeintes ist, ungeachtet der Vielfalt seiner Eigenschaften und Seiten.

Je höher und vollkommener ein Wesen ist, desto mehr ist in ihm die Vielfalt der Einheit unterworfen.

Das ganz vollkommene Wesen ist die reinste Einheit ohne jegliche Vielfalt. Auch unsere Seele, die nach dem Bild Gottes geschaffen ist, muss zur Einheit all ihrer Kräfte, Eigenschaften und Fähigkeiten gelangen.

Am meisten befähigt uns dazu das innere Gebet zu unserem Herrn Jesus Christus, wie die in diesem Tun Erfahrenen wohl wissen. Das Wesen dieses Gebetes ist nämlich die Sammlung des Verstandes und all seiner Gedanken von allen Enden der Erde, um sie im Herzen einzuschließen – im Zentrum unseres Wesens, in dem das Gebet bewirkt wird, das uns mit dem Herrn vereint.

Natürlich kann da Zweifel aufkommen. Was ist das schon für ein Gebet, sagt man – nur drei Worte, und dann hält man auch noch das Lesen aller anderen Gebete, in denen sich fast alle wahren orthodoxen Christen üben, nicht für unbedingt nötig.

Aber Dank sei dem Höchsten, dem Herrn, Der alles sieht! Er inspirierte Seine Knechte, unsere weisen Lehrer, die ehrwürdigen Väter, die gerecht und heilig in ihrer Zeit lebten und, bewegt vom Hl. Geist, ließen sie nicht einen Moment aus dem höheren geistlichen Leben aus, über den sie nicht eine volle Erklärung abgegeben hätten. So wird auch dieser Zustand im Buch der oben erwähnten hl. Väter Kallistos und Ignatios Xanthopoulos beschrieben. Sie sagen, dass dieses Gebet dem geistlichen Menschen, indem es wirkt, zum Beweis für die Vergebung der Sünden wird, da durch die mit Aufmerksamkeit und Wachheit im Inneren des Herzens, ohne jeden Gedanken und ohne jedes Fantasiebild gesprochenen Worte ›Herr Jesus Christus, Sohn Gottes‹ der Geist laut- und wortlos zum Herrn emporgehoben wird, denn Gott der Herr steht über jedem Wort, Bild, Gedanken und über dem Verstand (Kallistos und Ignatios Xanthopoulos, cap. 48).

Hier ist es nicht überflüssig, das Wort ›Verschmelzung‹ zu erklären, das nicht selten von den hl. Vätern in der geistlichen Lehre über das Jesusgebet verwendet wird.

Das Wort Verschmelzung oder, wie der heiligen Makarios der Große sagt, die Mischung unseres Geistes mit dem Geist Christi, Seiner Gottheit, darf man nicht so verstehen, als ob dabei die Selbstständigkeit unserer Seele oder ihr Bewusstsein verloren gingen, wenn sie in die Gottheit eintaucht wie ein Tropfen ins Meer und mit der Göttlichen Natur vereint wird. Nein, so ist es nicht. Es ist vielmehr so, dass die ganze Seele, die sich zur Einheit in der Empfindung des Herzens gesammelt hat, mit allen ihren Kräften, Gedanken, Gefühlen, Wünschen und Empfindungen in dieser gesammelten Einheit von der Gegenwart Christi durchdrungen wird, wie ein Glas von einem Sonnenstrahl durchdrungen wird.

Es ist das nichts anderes, als das innere Mitleben Jesu Christi in unserem Herzen, wenn wir in uns Seine Worte vernehmen, Seine Anwesenheit und sogar, wenn man sich so ausdrücken darf, Sein Atmen – und so sind wir mit Ihm ›ein Geist‹.

Aber bei all dem ist sich der Mensch bewusst, eine vollständig eigene Person zu sein. Seine Persönlichkeit und Selbstständigkeit verliert er überhaupt nicht, seine Freiheit wird nicht unterdrückt, nur seine Seele steigt mit all ihren Kräften unweigerlich auf die Stufe des höheren Seins empor – zur Seligkeit, die zum Ziel bestimmt ist jedem verständigen Wesen, Engel und Menschen.«

»Nun, wie verhält es sich aber mit dem Evangelium?«

»Es hat dieselbe Quelle wie das Jesusgebet. Seine ganze Kraft, seine unvergleichliche Bedeutung, seine überragende Wichtigkeit vor allen anderen Büchern und seine mächtige Wirkung auf die Herzen der Menschen empfängt es gerade vom Namen Jesu Christi, der über allen Namen ist. Nähme man diesen Namen vom Evangelium weg, dann wäre es nur ein ganz gewöhnliches Buch menschlichen Geistes. Jeder, der in seiner Seele das Jesusgebet ansiedeln möchte, muss das Hl. Evangelium so oft und so viel wie möglich lesen, bis er es ganz im Gedächtnis besitzt. Das ist unbedingt notwendig, denn der Geist des Evangeliums und des Jesusgebetes sind ein und derselbe. Das habe ich«, sagte der Starez, »oft tatsächlich so erfahren – in den Stunden der fortschreitenden Gleichgültigkeit, der Faulheit und Nachlässigkeit; um den betäubten Geist wieder zur Tätigkeit anzuregen, schöpfe ich immer die Kraft aus dem Evangelium. Kaum lese ich ein Kapitel, so belebt sich mein Geist und empfängt ganz spürbar die Kraft, die er zur Bewegung in seiner Tätigkeit braucht, und man merkt, wie Göttliche Kraft sich vom Namen Jesu Christi, der im Evangelium oft wiederholt wird, ergießt. So erfüllen sich wirklich die Worte des Herrn: *»Ich bin die Auferstehung und das Leben. Wer an mich glaubt, wird leben, auch wenn er stirbt ...«* (Joh 11,25).

Auf die allermächtigste Art und Weise befähigt uns außerdem das Evangelium, die Liebe zu unserem Herrn Jesus Christus zu entdecken, denn das Evangelium allein – und nur es allein – macht uns am Anfang mit unserem Herrn bekannt, überliefert uns Seine rettende Lehre, kündet von Seinem Leiden, vom Tod und von der Auferstehung. Es erzählt von den Wundem Christi, die niemand sonst vollbrachte; und der Name ›Jesus‹ leuchtet im Evangelium wie das Licht der Gottheit, wie die Sonne in ihrer Kraft. Ja, tatsächlich, es ist das Buch über allen Büchern, ein Werk des grenzenlosen Verstandes und der vollkommenen Weisheit Gottes, der die Welt in Ordnung eingerichtet hat. Daher muss jeder, der in seinem Herzen das Gedenken Gottes, oder, was dasselbe ist, das Jesusgebet, bestärken will, unbedingt möglichst oft das Heilige Evangelium lesen, das das ganze All mit dem Licht der reinsten Gottesschau (Theoria) erleuchtet. Der Name Jesus Christus ist Wurzel und Grund, Mittelpunkt und innere Kraft des Evangeliums; er ist der Eckstein, wie gesagt wurde: »*Dieser Fels aber war Christus*« (1 Kor 10,4). Das Evangelium ist das unumgängliche Mittel, damit wir im Herzen zum köstlichen Jesus gelangen; in Ihm sind das ewige Leben und das Himmelreich.

Eine Frage: »Ihr habt gesagt, dass Ihr mit Mühe alle üblichen Gebete, die die hl. Väter unter der Inspiration des Hl. Geistes zusammengestellt haben, betet – die Gebete, die die hl. Kirche zum allgemeinen Nutzen aller Gläubigen überliefert hat, oder zumindest, dass Ihr sie nicht für das Wichtigste haltet, an erster Stelle notwendig und verpflichtend: Es wird aber doch über Abbas Philemon* geschrieben, dass er jede Nacht auswendig den ganzen Psalter gebetet hat, dann Perikopen aus dem Evangelium und Stücke aus den Briefen des Apostels (Paulus)?«

Antwort: »Ich verachte doch nicht die kirchlichen Ordnungen«, sagte der Starez, »Und glaube, dass es wesentlich und unbedingt notwendig ist, alles zu erfüllen, was durch die Mutter, die ihre Kinder liebt, unsere hl. Kirche, zum ewigen Heile ihrer Kinder überliefert und befohlen wurde. Man muss nur wissen, dass es im geistlichen Leben und noch mehr auf unserem Weg zu Gott durch das Gebet eigene, unausweichliche Maße und Stufen der Annäherung gibt. Sobald ein Mensch sich mit freiem Willen von der Welt lossagt, um durch die Erfüllung Seiner heiligen Gebote Gott dem Herrn zu dienen, so ist am Anfang die Vielfalt der kirchlichen Gebete, Psalmen, Kirchengesänge und Troparien für ihn unerlässlich, da sein Verstand sich noch nicht auf einen einzigen Punkt konzentrieren kann, wie es geschieht, wenn man Vollkommenheit erreicht hat. In dem Maße aber, wie er dann von Geistigkeit durchdrungen wird, oder besser, in dem Maße, wie er sich mit dem Geist vereinigt, gelangt er immer mehr zur Einheit und schließlich vereinigt er sich mit dem Namen Gottes zu einer untrennbaren Einheit. Ich kenne einen Menschen in Christus«, fügte der Starez hinzu, »er lebt nach unserer Art und zu unserer Zeit, der von sich sagte: ›In der ganzen geistigen und materiellen Welt sehe ich nur zwei Worte: –Jesus Christus–.‹ Die Verbindung des Geistes mit dem Herrn im Herzen – dieser Zustand wird nur von wenigen erlangt, besonders zur gegenwärtigen Zeit, die ja überhaupt arm an solchen Bemühungen ist.

Es ist bekannt, dass der Mensch durch die Vielzahl leerer Gedanken von Gott dem Herrn abfiel. So wird in der Schrift gesagt: *»Gott hat den Menschen recht geschaffen«*, das heißt, mit der einen festen Sehnsucht zum höheren Gut, *»sie aber haben sich in vielen Berechnungen versucht«* (Koh 7, 29).

Von daher wird uns auch der ursprüngliche Zustand der Unschuld der ersten Menschen irgendwie verständlich, das heißt, wir sehen jetzt, wie notwendig und unumgänglich es ist, die niedrigeren Seelenkräfte dem höheren Grund, dem Geist, zu unterwerfen, der auch ›beherrschender Verstand‹ genannt wird.

Wie der hl. Gregor der Theologe* sagt, wurde der erste Mensch durch die Sünde getroffen, als er wünschte, Gott gleich zu sein, und wurde von diesen sündhaften Gedanken erfüllt. Auch Bischof Feofan* der Klausner schreibt davon.

›Das natürliche Verhältnis der zusammengesetzten Teile des Menschen muss sich, nach dem Gesetz der Unterordnung des Kleineren unter den Größeren, des Schwächeren unter den Stärkeren, so verhalten: Der Körper muss sich der Seele unterordnen, die Seele dem Geist, der aber muss seiner Eigenart nach in Gott versenkt sein. In Gott muss der Mensch mit seinem ganzen Wesen und Bewusstsein verweilen. Die Kraft des Geistes über die Seele hängt dabei von der Mitanwesenheit der Gottheit in ihm ab, die Kraft der Seele über den Körper von dem sie beherrschenden Geist. Beim Abfall von Gott ereignete sich, und es musste auch so kommen, eine Verwirrung in der ganzen Beschaffenheit des Menschen: Der Geist, der sich von Gott entfernt hatte, verlor seine Gewalt und ordnete sich der Seele unter; die Seele, vom Geist nicht mehr emporgehoben, ordnete sich dem Körper unter. Mit seinem ganzen Wesen und Bewusstsein versank der Mensch in die Sinnlichkeit. Bis zur Annahme des neuen Lebens in Jesus Christus befindet sich der Mensch in diesem Zustand einer ins Niedrigere gekehrten Beziehung der einzelnen Teile seines Wesens zueinander, ähnlich einem Fernrohr, dessen Bestandteile ineinandergeschoben sind. Spricht daher das Wort Gottes von den Sündern, die Gott vergessen, so nennt es sie fast immer nur fleischlich, selten seelisch. Geistlich nennt es sie überhaupt nicht, stellt sie diesen Menschen sogar entgegen.‹

Noch in der Welt vor der Sintflut sprach Gott »*Mein Geist soll nicht für immer im Menschen bleiben, weil er auch Fleisch ist*« (Gen 6,3).

Was aber Abba Philemon betrifft, der jede Nacht den ganzen Psalter betete, so muss man sagen: Nicht alles ist für alle! Jeder hat seine eigene Gabe, wir aber müssen auf die Neigung unseres Herzens schauen – worin es seine geistliche Nahrung und seinen Trank findet. Das sagt doch auch der Apostel über die Zuteilung der verschiedenen Gnadengaben nach dem Maße der Empfänglichkeit der Menschen. »*Jedem aber*«, so sagt er, »*wird die Offenbarung des Geistes geschenkt, damit sie anderen nützt: dem einen das Wort der Weisheit, einem anderen das Wort der Erkenntnis, einem dritten prophetisches Reden, diesem die Zungenrede, jenem die Gabe, sie zu deuten*« (1 Kor 12, 7–10). Ihr seht die Unterschiedlichkeit der Gnadengaben, Gottes Geschenk ist nicht einförmig. Jedem das Seine, was eben der Herr Selbst, der die Herzen sieht, für den einzelnen und seinen Nächsten für nützlich hält. An einer anderen Stelle sagt derselbe Apostel: »*Wir werden mit Ausdauer in dem Wettkampf laufen, der vor uns liegt*« (Hebr 12,1), das heißt, wofür eben jeder bestimmt ist: der eine für das Martyrium, der andere für den Kampf um den Gehorsam im Kloster, dieser für die Wüste, jener für den kriegerischen Kampf mit Feinden – jeder hat seine eigene Berufung. Das Wesentliche aller asketischen Kämpfe aber ist die Herzensreinheit und die Liebe – ohne sie wird niemand den Herrn sehen (Hebr 12,14). Man muss darunter einfach sittliche Vollkommenheit oder das Voranschreiten in der Tugend verstehen.«

Und der Starez begann über die Liebe zu sprechen, ohne die es überhaupt keine Rettung gäbe, und wie ein wasserreicher Fluss ergoss sich seine Rede voll geistlicher Erkenntnis. Die Fülle der Worte erlaubt es nicht, alles wiederzugeben. Nur soviel muss klar sein, dass ohne aufrichtige Liebe zum Nächsten unser ganzes Leben leer und nichtig ist.

Ich fragte: »Welche Gebetsregel befolgt Ihr?«

Der Starez antwortete: »Da ich in der Wüste lebe und selbst jede notwendige Tätigkeit ausüben und mich um alles Lebensnotwendige selbst sorgen muss, kann ich keine bestimmte Gebetsregel erfüllen. Außerdem lässt die Tätigkeit des inneren Jesusgebetes, das durch die Barmherzigkeit Gottes oft in meinem Herzen hervorgerufen wird, nicht zu, eine Gebetsregel zu erfüllen. Eine Rechtfertigung für ein solches Vorgehen finde ich in der Lehre des eben erwähnten heiligen Vaters, des seligen Philemon. Bei der Unterweisung seines Schülers in der Tätigkeit des inneren Jesusgebetes sagt er: ›Wenn du am Tage oder bei Nacht den Niederstieg des inneren geistlichen Gebetes in dir verspürst, dann achte nicht mehr auf deine Gebetsregel. Das hieße, das Höhere zu lassen und zum Niedrigeren hinabzusteigen. Du würdest gleichsam aufhören, mit dem Herrn von Angesicht zu Angesicht zu sprechen, aus dem Haus gehen und durch die Wand mit ihm das Gespräch fortsetzen. Wie unsinnig das ist, ist jedem klar.«

»Warum hat aber dann Antonios* der Große sich der Regel gemäß zu den festgesetzten Stunden hingestellt und dem Gebet die Ehre erwiesen?«

»Als Gründer und Vorsteher musste er dies auch, um so dem ganzen Mönchsstand den Ritus und die Ordnung für dieses Leben zu zeigen. Etwas ganz anderes kommt aber heraus, wenn ein Novize dieses Leben ohne Regel führt. Ich denke, dass nicht mehr die Gebetsregel benötigt, wer das Jesusgebet erlangt hat. Das Zeugnis dafür finde ich in dem Buch der oben erwähnten Väter Ignatios und Kallistos. Sie sagen, dass wir Lesung, Verbeugungen, verschiedene Bitten und Gebete so lange benötigen, bis wir das reine Gebet erlangt haben. Hat er es aber bekommen, dann bleibt alles andere darunter, und der Mensch, geeint durch das Jesusgebet, kann es gar nicht durch irgend etwas anderes ersetzen, gleich zu welcher Zeit, bei welcher Tätigkeit, tagsüber oder nachts; sogar im Schlaf lässt seine Seele nicht vom Gebet ab, in ihm findet sie Ruhe wie im Licht von Gottes Angesicht.

Ich kenne hier«, fuhr der Starez fort, »viele Einsiedler, die mir in brüderlicher Liebe im Herrn zugetan sind. Sie leben hier zwischen den Gipfeln der Berge, dort, wohin der Schritt eines Jägers nie hinkommt, weil die Wege zu weit und mühselig sind. Sie sagten mir, dass ihren ganzen Gottesdienst, Tag und Nacht, nur diese drei über alles Göttlichen Worte darstellen: ›Herr Jesus Christus‹ … Ein Beispiel findet sich im Leben des Priestermärtyrers Ignatios* des Theophoren (Gottesträger), des Bischofs von Antiochien: Als die wilden Tiere ihn zerfleischten, so steht es in seiner Vita, fanden die Peiniger in seinem Herzen in Gold geschrieben zwei Worte: ›Jesus Christus‹. Er trug den Namen Gottes im Herzen und wurde deswegen Gottesträger genannt. Daher werden auch alle ehrwürdigen Väter, Diener Gottes, die in den Klöstern und Einsiedeleien durch die Heiligkeit ihres Lebens wie Sterne am Himmel hervorstrahlen, Gottesträger genannt, tragen sie doch in ihrem Herzen den Namen Gottes – Jesus Christus – und in Ihm bekamen sie, wenn auch natürlich nur anfangsweise, schon während dieses Erdenlebens Anteil an der künftigen Seligkeit.«

»In welcher Haltung verrichtet Ihr das Gebet?«

»Vor der Erhabenheit der Göttlichen Herrlichkeit muss man natürlich unbedingt aufrecht stehen, muss doch jedes Geschöpf ihr Ehrfurcht und Ehre erweisen, Ruhm und Verneigung. Wie aber der Dienst vor unserem Herrn Jesus Christus im inneren Gebet nach dem Wort des Apostels *»Betet ohne Unterlass«* (1 Thess 5,17) als unaufhörliches Tun verstanden wird – das bei sorgfältigem Bemühen des Menschen durch die Gnade des Heiligen Geistes hervorgebracht wird – so kann man natürlich nicht immer aufrecht stehen. Außerdem erlaubt mir das nicht die große Schwäche meiner Füße und der Kopfschmerz, der mich oft überfällt, so dass ich meine Gebete zum Herrn, meine Bitten und Danksagungen größtenteils am Bett sitzend verrichte, oder sogar liegend; ich gehe auch einfach an abgelegenen und verborgenen Orten umher, wie es auch der heilige Märtyrer Justin* tat – in einer solchen Situation erschien ihm einmal ein heiliger Starez und lehrte ihn das Geheimnis der Heiligen Dreifaltigkeit und unterwies ihn in der wahren Lehre vom einen wahren Gott, wie in seiner Vita genau beschrieben wird.«

Ich fragte noch weiter: »Was braucht der Mönch vor allem, um die Barmherzigkeit Gottes zu erlangen?«

Der Starez: »Wenn sich ein Mönch nicht tatsächlich für schlechter als jedes Geschöpf hält, dann bekommt er gar nichts. Er muss immer so beten: *»Herr, lass mich meine Sünden sehen und meine ganze sündige Verwesung, in der ich bin: Herr, schenke mir Trauer und Kummer des Herzens über meine vielen Sünden, sie sind wie Meeressand. Nimm Deinen Heiligen Geist nicht von mir. Mach mich wieder froh mit Deinem Heil: erschaffe mir ein reines Herz. Verbirg Dein Gesicht vor meinen Sünden und tilge all meine Frevel«* (Ps 51). »Du musst wissen,« sagte der Starez, »wenn der Heilige Geist in einem Menschen Wohnung nehmen will, dann erweckt er in ihm vor allem gerade diese Gefühle. Der Mensch erkennt durch den Heiligen Geist seine völlige Armut und geistliche Bedürftigkeit: Er verschwindet im Abgrund der Selbstkritik wie ein Tropfen im Meer; er wird demütig nicht nur in Worten, sondern im Gefühl seines Herzens – wahrhaft und wirklich. Er freut sich bei dem Gedanken, dass seine Qualen in der künftigen Welt leichter sind als jene, die dem Satan bereitet worden sind.

Das ist der rechte Zustand. Ein solcher Mensch schaut auf jeden anderen, als ob er ein Heiligtum Gottes in sich trüge, und er wagt nicht, bei sich ein Urteil zu fällen: Wer weiß es denn, vielleicht hat der andere in seinem Herzen Den erreicht, Der über allem steht?«

Ich fragte: »Wer hat Euch das Jesusgebet gelehrt?«

Der Starez: »Als ich in jungen Jahren aus der Welt ins Kloster zu einem großen Manne in Kiew ging, sagte der hl. Mann zu mir, nachdem ich ihm so schwere und große Sünden gebeichtet hatte, wie er sie nach seinen eigenen Worten vorher noch von niemand hören musste: Wegen der Größe und Maßlosigkeit deiner Sünden und der seelischen Verderbnis musst du auch die größte Tugend erwerben. Wenn du mit allem Eifer und mit Mühe von jetzt an beginnst, dann wird dich die Gnade Gottes, die immer die Schwachheit heilt und das Fehlende ergänzt, in deinem guten Anfang bestärken.

Nun denn, fang jetzt an und höre bis in die Tage deines Alters nicht auf, im Inneren deines Herzens den alles erhaltenden, jedem Geschöpf furchtbaren, süßen Namen deines Schöpfers zu tragen – unseres Herrn Jesus Christus, *»durch Ihn ist alles geschaffen«*. Wo immer du auch seist, was immer du auch tust, zu jeder Zeit, an jedem Ort, bei jeder Beschäftigung, sprich andauernd mit deinen Lippen: ›Herr Jesus Christus, Sohn Gottes, sei mir Sünder gnädig‹, wie die heiligen Väter gebieten.

In dem Maße, wie du in dieser wahrhaft Seelen rettenden Übung ausharrst, wird dein Verstand von leeren Gedanken gereinigt und dein Herz durch die Gnade des Heiligen Geistes geheiligt, und du wirst die Dämmerung des abendlosen Lichtes des ewigen Lebens erblicken, spätestens im Alter.

Es gibt für den Menschen nichts Besseres, als dass sein Herz mit dem menschgewordenen Wort Gottes vereinigt wird, denn *»Er ist der Abglanz der Herrlichkeit Gottes und das Abbild Seines Wesens; Er trägt das All durch Sein machtvolles Wort«* (Hebr 1,3). Sag zu Ihm: ›Du bist doch Gott, bewahre meinen Verstand, dass nicht böse Ge danken ihn überwinden; in Dir, meinem Schöpfer, gelange ich zur Ruhe, denn groß ist Dein Name für alle, die Dich lieben.‹ «

8. Kapitel

Über die Tiere, Vögel und den Anblick der Natur des Kaukasus

Als wir so sprachen und uns an den vom heiligen Starez ausströmenden Worten erfreuten, bemerkten wir nicht, dass schon lange die Nacht uns mit ihrem Mantel umhüllte. Der Vollmond goss sein silbernes Licht über das ganze Land. Er stand in der unteren Himmelshälfte und zeigt so an, dass es noch lange nicht Mitternacht war.

Die treue Freundin der Einsiedler und die untrennbare Gefährtin ihres einsamen Lebens ist der Uhu oder die Eule, die der heilige Isaak der Syrer in seinem Buch als Freundin menschenleerer Gegenden lobt; sie freut sich, wenn sie unbewohnte Orte erreicht. Seit langem schon, seit dem Abend, flog sie zwischen den Hügeln und Felsenklüften und erfüllte die ganze Einöde mit ihrer klagenden Stimme, mit einer gewissen tröstlichen Trauer, die die Seele berührt. Lieb ist dieser Vogel dem Einsiedler, ihm zum Trost hat der barmherzige Herr selbst ihn geschaffen. Ganz gleich, in welcher Schlucht oder in welchem Dickicht sich der Einsiedler verbergen mag – er ist dort. Kaum geht die Sonne unter und zieht die Dämmerung herauf, beginnt er schon mit seinem wehmütigen, klagenden Grabesgesang, der sich durch die Bäume, über Felsen und Abgründe hinwegzieht. Und wie lieb ist diese Stimme dem Einsiedler, wie sehr entspricht sie seinem Seelenzustand.

Er steht nachts zum Gottesdienst auf, und wieder hört er dasselbe Weinen wie bei einem Begräbnis ... den Grabesschrei des gefiederten Vogels ... als ob eine Witwe in ihrem Herzenskummer untröstlich ihren geliebten Sohn beweinte, der in der Blüte seiner Jahre vom unbarmherzigen Tod hinweggerafft worden ist.

Rechts von uns, ziemlich weit entfernt und vielleicht auf halber Höhe mit dem Fluss Urup, hört man eine Herde Hirsche auf einem Berghang weiden, sie fressen das saftige Gras. Durch einen sanften Windhauch wird bis zu uns das Schnauben ihrer Nüstern deutlich vernehmbar heraufgetragen, das Scharren ihrer Hufe, die Bewegung, von Zeit zu Zeit ein Aufwiehern, wenn ein Tier ein anderes mit dem Huf oder mit den Hörnern trifft. Unten, direkt am Fluss, wo sich gewöhnlich immer Wölfe aufhalten, geht so ein einsamer Krieger seines Weges, und ein endloser Gesang in allen möglichen Melodien zieht durch die Luft – wie es eben ihre Art ist. Dort wieder sind Raubtiere, und der Klang ihrer Waldesrufe erweckt Furcht und Schrecken, als ob wütende Feinde heranzögen. In einiger Entfernung von ihnen, am Oberlauf des Urup, bewegen sich durch Tannenwälder und Fichten, über die Gebiete am Fuße der Berge und über die Berghänge große Herden von Schweinen. Vor Kraft strotzend, fürchten sie gar nichts; wie in einer Mauer durchbrechen sie jeden Widerstand, und kein noch so starker Feind kann gegen die furchtbaren Hauer der Eber bestehen. Nur der Bär, dieses listige Tier, folgt ihnen häufig nach, einfach nur um zu schauen, wie er einen kleinen Frischling erwischen könnte, der vielleicht eben zu quieken anfängt, weil er sich mit seinem Gefährten gestritten hat und eifersüchtig auf den Erfolg seines Bruders ist.

Aber auch dem Bären geht es schlecht, wenn es ihm nicht gelingt, das Ferkel, das er gepackt hat, in einem Augenblick zu erdrücken.

Beginnt es nämlich zu schreien, dann jagen die Schweine, die ihren ewigen Feind ja kennen, schnell wie Pfeile zu diesem Ort, und im Nu wird der Unglückliche in Stücke gerissen. Ein nicht weniger erstaunliches Bild zeigt sich auch, wenn ein Bär auf einen Baum mit Früchten hinaufgeklettert ist und dort Birnen, Nüsse, Äpfel oder Kastanien frisst. Vernimmt er, dass sich Schweine diesem Baum nähern, dann fällt er wie ein großer Stein plötzlich aus großer Höhe hinab, und wie ein Blitz ergreift er die Flucht in die andere Richtung. Er stürzt genauso kopfüber vom Baum auf die Erde, wenn ihn ein Jäger mit seiner Kugel trifft.

Ein Fuchs bellt wie ein Hund, er hat einen wehrlosen Hasen gefangen; irgendein Tier steht auf einem Hügel und pfeift durch die Nase; auch der Ziegenbock hat so eine Gewohnheit: So wie er die Anwesenheit eines Menschen bemerkt, fängt er auf der Flucht mit einer Stimme zu kreischen an, die wie das ungeschmierte Rad eines Leiterwagen klingt.

Auf den kahlen Bergen leben in zahllosen Herden nur die kaukasischen Steinböcke, die den Schafen ähnlich, aber unvergleichlich größer als sie sind; sie sind so flink und schnell in ihren Bewegungen, als ob sie Flügel hätten. Wie tief auch ein Abgrund sein mag, sie laufen hinzu, und plötzlich werfen sie sich kopfüber hinunter. Ihre Hörner sind gewaltig, auf der Stirn außergewöhnlich dick, damit sie, falls sie mit ihnen auf einen Stein oder einen Felsen auftreffen, keinen Schaden leiden. Nur selten gelingt es einem Jäger, sie zu erlegen.

Wo man tagsüber Hirten mit ihren Herden sehen konnte, brennen jetzt Feuer, bellen Hunde, die den Wolf spüren, der sich wie ein Dieb heranschleicht, um ein argloses Lamm zu reißen. Der Anblick der flackernden Lagerfeuer, ja überhaupt der Anblick von Feuer zur

Nachtzeit an entlegenen Orten, fern jeder menschlichen Siedlung, ruft gewöhnlich ein herrliches Gefühl in der Seele hervor, das mit keinem Wort auszudrücken ist. Es gleicht jenem Gefühl, das entsteht, wenn man nachts den sternenübersäten Himmel betrachtet.

Hier wie dort erspüren wir mit dem Gefühl des Herzens, wie unsere Welt sich mit der jenseitigen berührt. Diese feurige Erscheinung mitten in der Dunkelheit ist wie ein Strahl geistlichen Lichtes aus der immateriellen Welt, wie ein Strom aus dem Bereich des körperlosen Seins. Sie erinnert daran, dass es irgendwo jenseits der Grenzen der sichtbaren Welt ein Land des abendlosen Lichtes gibt, das nicht untergeht. Es gibt ein Leben im Licht des Göttlichen Antlitzes, wo die Sonne der Wahrheit leuchtet, die nicht untergeht, und mit den Strahlen ihres Glanzes erleuchtet sie jedes vernünftige Geschöpf, das von dieser unaussprechlichen Seligkeit erfüllt wird; es verkostet die Freude, Gott ins Angesicht zu sehen in den Abgründen der Göttlichen Ewigkeit. Wir aber, wir Erdgeborene, befinden uns in tiefer Finsternis und in einer undurchschaubaren Dunkelheit: ach, wie gerne würde man doch aufbrechen und in diesen leuchtenden Punkt eintauchen, dorthin fliegen, wo die Chöre der Heiligen sind, die dem Herrn gefallen – und wo die Gerechten leuchten wie die Sterne.

In dieser Minute dachte ich an ein Kirchenlied zu Ehren der Mutter Gottes: »Wir verehren dich, rein wie das Licht … ohne zu verbrennen hast du im Leibe das Feuer der Gottheit empfangen und deinen Schöpfer geboren.«

Man muss dazu noch bemerken, dass dieser herrliche und übernatürliche Eindruck nicht dann zustande kommt, wenn der Mond scheint und Hunde bellen, sondern wenn alles still geworden ist und tiefe Dunkelheit das Land bedeckt, wie ein dunkles Kleid den Körper umhüllt. In den himmlischen Höhen aber und in seinen unermesslichen Weiten schreitet still und ruhig die Göttliche Herrlichkeit einher, erhaben, feierlich, ergreifend und faszinierend.

Wir lasen diese Seite der Natur nicht nur mit den Augen, wie am Tage, wir vernahmen sie auch mit unseren Ohren – und priesen die unerschöpfliche Weisheit Gottes.

»Nun aber strahlt die Sonne und die wilden Tiere lagern sich in ihren Verstecken, der Mensch geht hinaus an sein Tagewerk, an seine Arbeit bis zum Abend. Wie zahlreich sind Deine Werke, O Herr, mit Weisheit hast Du sie alle gemacht. Lobe den Herrn, meine Seele« (Ps 103).

So schliefen wir auf den Höhen unserer Erde ein, gleichsam in einem Himmel ohne Wolken, und mit Leib und Seele waren wir über alles Irdische erhoben.

9. Kapitel

Eine kurze Biografie des Starzen

Wir standen am Morgen auf, als die Sonne gerade hinter den Bergen emporstieg und ihre blendenden Strahlen freigebig und reich über die Gegend ergoss. Ein Chor unzähliger Vögel lobte Gott, seinen Schöpfer, und erging sich im Gesang eines abwechslungsreichen Liedes.

Ein unbeschreibliches Aroma wohlriechender Blumen, der frische Geruch von Gras und Kräutern erhob sich unmerklich von den tiefer gelegenen Hügeln von allen Seiten und umgab uns mit Wellen paradiesischen Entzückens. Ich Unwürdiger war noch ganz betroffen von dem ungewöhnlichen Gespräch mit dem Starez, meiner allseitigen Bedürftigkeit und geistlichen Armut ihm gegenüber bewusst, und wagte nicht, einen Blick auf ihn zu werfen. Schließlich ermannte ich mich, warf mich mit vielen Tränen ihm zu Füßen und bat ihn:

»Gerechter Vater! Wir sehen, dass Eure Begriffe im geistlichen Leben vollkommen sind, fein, tief und vieles umfassend, und Euer Verstand durch die Gnade Christi erleuchtet ist – wir werden nicht von Euch weichen, bis Ihr hinunterkommt in unsere Hütte und uns ganz auf dem Weg der Rettung leitet.« Der Starez willigte auf unsere Bitte hin ein, zu bleiben.

Auf dem Weg bat ich den Starez: »Nennt doch bitte Euren heiligen Namen, das Land Eurer Herkunft, den ehrenhaften Beruf Eurer Eltern und den Grad Eurer Bildung, denn ich sehe, dass Ihr in Eurer Jugend in der Wissenschaft dieser Welt unterwiesen worden seid und die irdische Weisheit Eurem forschenden Verstand nicht verborgen geblieben ist; ohne sie aber ist es bekanntlich schwer, so tief in geistliche Gegenstände einzudringen.«

Der Starez begann zu sprechen: »Meine Bildung bekam ich im geistlichen Seminar; in meiner Jugend führte ich aber ein völlig gottloses und gesetzloses Leben, wie es kaum mehr geht: Ich glaubte nicht an Gott und verneinte sein Sein, lachte über das Evangelium und verachtete jegliches Heiligtum: In die Kirche ging ich nicht und empfing nicht die Geheimnisse (Sakramente) Christi; wenn ich sie aber später auf Druck der Seminarvorstehung vollzog, dann spottete ich über den Glauben, schimpfte und lachte darüber; ich trank und nahm an Exzessen teil, und haltlos tat ich alle möglichen widerlichen und unzüchtigen Dinge, von denen ich gar nicht reden möchte.

Der Herr aber liebt den Menschen, und in Seiner grenzenlosen Barmherzigkeit will Er nicht den Tod des Sünders; ja, nach einem Wort des Apostels ist die Gnade übergroß geworden, wo die Sünde mächtig war (Röm 5,20), und so erwies Er auch mir Verfluchtem und des menschlichen Namens Unwürdigen den überschwänglichen Reichtum Seiner Barmherzigkeit. Als ich mich dem Ende meines Studiums näherte und mich darauf vorbereitete, in den Theologischen Kurs überzuwechseln, schickte Er über mich irgendeine furchtbare Krankheit, eine sehr schändliche und qualvolle, wie man sie nur selten antrifft. Weil sie so ungewöhnlich war, konnte ich mein Leid kaum jemandem mitteilen oder Hilfe suchen. Ja, und wer kann denn auch schon helfen, wenn der Herr in Seinem Zorn gerecht den Sünder bestraft, der sich den Göttlichen Unwillen durch Verzweiflung, Überheblichkeit allem Heiligen gegenüber und Wut zugezogen hat.

Da ich mich also in einem so jammervollen Zustand befand und außer dem Tod nichts mehr vor mir sah, nachdem mich noch dazu die ewigen Qualen der Hölle erwarteten, geriet ich in Zittern, mein ganzes Inneres erbebte in unsäglicher Angst. Ich wollte vor Gottes Angesicht in ein fernes Land fliehen wie einst Kain, aber ich konnte doch von diesem Ort nicht fliehen, und es gab nichts zum Verbergen. Ich war gefangen, war vor Gottes Gericht am Orte selbst und des Verbrechens angeklagt.

Da erinnerte ich mich der Worte meiner guten Mutter, die mich mehr als ihre anderen Kinder liebte und oft zu mir sagte, als ich noch ein Bub, rein an Herz und Seele, war und die Gnade Gottes auf mir ruhte: Mein Kind! Denke an Gott und halte Seine Gebote heilig, und du wirst in diesem Leben glücklich und im kommenden. Wenn du aber den Weg der Sünde beschreitest, dann wirst du dir selbst zum Feind – in Ewigkeiten wirst du umkommen, und niemand wird dir dann helfen. Erinnere dich der Lebensbeschreibungen der heiligen Diener Gottes; du hast viele von ihnen in den ersten Klassen der Lehranstalt gelesen – manche von ihnen waren sogar große Sünder, aber sie bereuten.

Ich richtete mich wieder an der Hoffnung auf Rettung auf, und die Göttliche Gnade, die nur das Ziel hat, die Sünder von ihren verirrten Wegen abzulenken, half mir, die rettende Wandlung zu vollziehen. Ich beschloss, Mönch zu werden in der festen Hoffnung, dass der Herr mir dafür nicht nur alle meine Sünden vergebe, sondern dass Er auch mein Bußleben Seiner Barmherzigkeit wegen verlängern werde. Sofort ließ ich mich vom Seminar beurlauben, ohne mein volles Studium beendet zu haben. Aber nach meinem Fortgang vertrödelte ich noch zwei Jahre in der Welt und war als Dorfschullehrer tätig. Als ich aber sah, dass meine Krankheit doch nicht vorüberging und die sündhaften Angewohnheiten wie früher über mich zu herrschen begannen, machte ich mich in meinem 23. Lebensjahr doch auf den Weg ins Kloster …«

Ich fragte: »Sagt mir noch Euren heiligen Namen.«

Der Starez antwortete: »Meine Eltern nannten mich in der hl. Taufe Dimitrij, bei der Mönchsweihe bekam ich den Namen Disiderij.«

Und zwei Wochen lebte der Starez bei uns und erklärte uns die Stufen des monastischen Lebens.

II. Die Unterweisung

10. Kapitel

Erläuterung, dass das ewige Leben im Sohn Gottes ist und was nötig ist, um es zu erlangen

»Das ewige Leben war und ist immer im Sohn Gottes. Um daran Anteil zu erhalten, muss man unbedingt in seiner Seele sich mit dem Urheber dieses Lebens – mit dem Sohn Gottes – vereinigen. Das geschieht erstens durch den Glauben, dass Er unser Erlöser ist, der Sohn Gottes und Gott und durch die Geheimnisse (Sakramente) der heiligen Kirche; zweitens durch die Annahme und, je nach Vermögen, durch Erfüllung der Lehre Seines Evangeliums; dann weiter durch den würdigen Empfang Seines ganz reinen Leibes und Seines Heiligsten Blutes – im Geheimnis der Eucharistie. Um an der Gottheit teilhaftig zu werden, muss man ferner Seinen alles erschaffenden Namen immer auf seinen Lippen, im Verstand und im Herzen tragen und dauernd sprechen: ›Herr Jesus Christus, Sohn Gottes, sei mir Sünder gnädig.‹

Ohne diese Vereinigung mit dem Sohn Gottes gibt es keine Rettung für uns, Er ist die einzige Tür in das Ewige Leben (Joh 10,9) und der einzige Weg zum himmlischen Vater (Joh 14,6). An Ihm vorbei führt kein Weg dorthin und gibt es keinen Eingang.

Immer diese rettende Einheit unserer Seelen mit dem Herrn zu bewahren, dazu befähigt uns in besonderer Weise das Gedenken Gottes oder das Jesusgebet, das durch die Kürze seines Ausdrucks bequem immer von uns ausgesprochen werden kann, zu jeder Zeit, bei jeder Tätigkeit und an jedem Ort, Tag und Nacht, unaufhörlich, wenn wir uns nur darum eifrig bemühen. Es ist wie eine goldene Schnur, die unsere Seele mit all ihren Kräften, Wünschen und Gefühlen mit dem Herrn vereint hält, damit sie von dorther für sich Erleuchtung, Kraft und Stärke schöpfen kann.

Es ist wie ein unsichtbarer geistlicher Strom, der unaufhörlich die Kraft Gottes – Seine Heilige Gnade – von der immer fließenden Quelle Jesus Christus, dem Sohn Gottes, her in unsere Seele gießt und niemals kraftlos wird, sondern in dem Maße, wie unser geistliches Volumen sich erweitert, seine Gnadenströme noch vermehrt.

Der hl. Gregor der Sinait* scheute sich nicht, das Gebet Gott zu nennen. Ohne Zweifel dies deshalb, weil er in ihm die furchtbare Gegenwart des Allmächtigen spürte, Gottes, der überall ist und alles leitet. Im Gebete rührte der Geist seines Verstandes unweigerlich an Gott und wurde nach dem Wort des Apostels verbrannt und erhielt so Anteil an der Göttlichen Natur (2 Petr 1,4).

Ist nicht auch deswegen der Name Jesus Christus schon furchtbar für jedes Geschöpf? Es steht geschrieben, dass vor Ihm der Hades erzittert und das Gefängnis der Unterwelt erbebt, das Böse in Furcht und Schrecken entflieht, die Gott bekämpfende und abtrünnige Macht von dem Orte weicht, an dem von Gläubigen, die Gott lieben, dieser gewaltige Name ausgesprochen wird. Ohne jeden Zweifel kommt das daher, dass in diesem Namen der Herr Jesus Christus Selbst anwesend ist – der große Gott, der erhabene und Furchtbare, der Himmel und Erde, das Meer und alles, was in ihm ist, erschaffen hat (Apg 4,24).

Der Herr unser Gott ist als reinster Geist überall und erfüllt grenzenlos alles mit Seinem Sein, Er befindet sich ganz an jedem Ort Seiner Herrschaft. So ist Er auch mit Seinem ganzen Sein in Seinem Heiligen Namen ›Jesus Christus‹. Das dürfen die andächtig betenden Menschen in ihrem Herzen deutlich verspüren, jene, die in Demut, Nächstenliebe und Keuschheit heilig leben und diesen heiligen, erhabenen und gerühmten Namen mitten in der Brust tragen wie ein Heiligtum: Von diesem werden sie ernährt und gelabt, er ist für sie wie eine Segensquelle, und in ihm werden sie mit dem Sohn Gottes selbst vereinigt – mit Jesus Christus.

Schaut nur – welche Ehre, welcher Ruhm und welche Würde gebühren unverrückbar dem Menschen, der diesen über alles erhabenen Namen immer trägt, und sei es auch nur auf den Lippen, wenn er noch nicht die Kraft hat, ihn im Herzen, in der Tiefe der Seele zu halten. Auch in diesem Zustand ist er schon der feindlichen teuflischen Macht furchtbar, weil der Herr Jesus Christus, Dessen Name von Menschen angerufen wird, die Macht des Feindes zertrümmert hat.

Die heiligen und Gottragenden Väter kannten die Kraft des Namens Jesu Christi und erschöpften sich bis zum Letzten in dem Wort und lobten sehr das Gebet im Namen Jesu Christi, das Jesusgebet.

Aber ach! Zu unserer Zeit ist dieses heiligste Gebet völlig in Vergessenheit geraten. Es gibt davon fast nirgendwo mehr Spuren, und wenn irgendwo Anzeichen davon auftauchen, so bemüht man sich, sie zu unterdrücken und auszulöschen – natürlich deswegen, damit niemand in seiner sündhaften Ruhe gestört werde und sie im Dunkel und im Schatten des Todes bleiben. Das aber rechtfertigt uns nicht vor Gott, jeder benötigt das Jesusgebet, bei jeder Tätigkeit, zu jeder Zeit und an jedem Orte, unaufhörlich, als ob es sein Atem wäre – und so lehren uns ja auch alle Göttlichen Väter.

Wir vernehmen im Evangelium die gebieterische Stimme des Herrn, wie Er sich mit väterlicher Liebe, ja gleichsam wie mit einer Bitte an das ganze Menschengeschlecht wendet: »*Kommt alle zu Mir, die ihr mühselig und beladen seid, und Ich will euch Ruhe verschaffen*« (Mt 11,28). Seht nur – wie gütig, bescheiden und liebevoll ruft uns der Gebieter, unser Herr, der Schöpfer und Fürsorger, zu Sich. Und Er ruft uns nur deswegen, um uns von Übel und Not Ruhe zu verschaffen, mit denen wir in unserem seelischen und körperlichen Zustand bedrückt sind wie ein Fisch im Meer. Er aber ist die Ruhe, die Freude und die Seligkeit, der Urgrund der Güte, der Freigebigkeit und der Menschenliebe. Er gibt das abendlose Licht, das ewige, ohne Untergang, das Strahlen der Göttlichen Herrlichkeit und das Bild Seiner Menschwerdung und Er erleuchtet uns mit dem Licht seines Angesichts, erhellt die sündhafte Dunkelheit in uns und lässt nach ihrem Verschwinden in unseren Herzen wie in einem göttlichen Heiligtum den Glanz der himmlischen Freude aufstrahlen und uns die Gottheit verkosten. In diesem Zustand finden wir für uns die ewige Ruhe und das Himmelreich.

Der Weg dorthin ist zugleich mit der Erfüllung der Gebote des Evangeliums und überhaupt der ganzen christlichen Lehre, das Gedenken Gottes oder die Liebe zum Erlöser, die sich im unaufhörlichen Gebet zu Ihm ausdrückt – eben das bringt die Göttliche Freude in unsere Seele. In Übereinstimmung damit sagt der heilige Isaak der Syrer, dass Gottes Wohnungnehmen in unseren Seelen das Wohnungnehmen des Gedenken Gottes ist, das Gedenken Gottes und das Gebet sind aber ein und dasselbe. Es ist das den Engeln und Menschen gemeinsame Tun und erhebt den Menschen zur

Stufe der himmlischen Rangordnungen: Wird das Gebet in tiefer Zerknirschung, in Herzenskummer über die Sünden und in Demut verrichtet, stellt es uns vor das Antlitz Gottes und hält uns dort und zeigt unserem Verstand die Ähnlichkeit mit den Ordnungen der Engel, die jederzeit vor dem Thron der drei Sonnen gleichen Gottheit stehen und unaufhörlich Loblieder zur Ehre und zum Ruhm der unbegreiflichen Gottheit darbringen.

Freilich, es gibt einen großen Unterschied zwischen Engeln und Menschen. Die Engel sind nicht körperlich und ganz erfüllt von Göttlicher Kraft, an der sie auf vielfältige Weise teilhaben, und kennen daher keine Ermüdung und Unterbrechung in ihrem Dienst für Gott, den Herrn. Wir aber sind fleischlich, materiell und insgesamt schlechter, beladen mit Sünde, und können sie von daher nicht in ihrer Beständigkeit und Unermüdlichkeit ihres ununterbrochenen Lobpreises nachahmen. War unser Verstand aber für kurze Zeit zu Gott erhoben, stürzen wir bald wieder hinunter durch die Last des Körperlichen und die Schwäche des Verstandes und werden gegen unseren Willen fortgezogen. Aber der Seelen liebende Herr, der alles, was ist, liebt und nichts verachtet, was er geschaffen hat, nimmt auch diese kleine Gabe von uns an wie ein Opfer zum geistlichen Wohlgeruch und schaut auf den guten Willen unserer Herzen, den Er vor allem von uns fordert. Sieht Er ihn, dann schüttet er freigebig und reichlich die Fülle Seiner Gnade und alle Göttlichen Kräfte über uns aus, damit sie uns zum Leben und zur Frömmigkeit führen.

Soweit wir es vermögen, werden wir daher zur Quelle der geistlichen Güter, zum allmächtigen Gott, alle unsere inneren Kräfte, Verstand, Wille und Gefühl des Herzens hinlenken: In ihnen ist das Bild Gottes wie durch ein Siegel eingedrückt und immer zieht es uns zur seligen und ewigen Vereinigung mit Ihm, durch die die Göttlichen Vollkommenheiten in uns widergespiegelt und die Eigenschaften Gottes nachgeahmt werden.

Dieses Göttliche, heiligste Gebet ist für uns deswegen so wertvoll, weil es seiner Kürze wegen von uns immer bequem gesprochen werden kann, durch die Göttliche Kraft aber, die in ihm eingeschlossen ist, unseren geistlichen Hunger und Durst völlig sättigt durch die Teilhabe an der Gottheit, die unsere Seele wie das tägliche Brot sucht. Die eifrigen Beter, die dieses Heiligtum erworben haben, wissen gut, welche Quellen von Wohltaten sich in unsere Herzen ergießen durch den Herrn Jesus Christus, der in diesem Gebet anwesend ist … Welche himmlische, begeisternde, mit nichts vergleichbare Freude strahlt in unserem Geist auf, wenn dieses heilige Gebet, in der gebührenden Seelenstimmung bewahrt, in unser Herz eintritt. Hier bricht dann wahrhaftig das Fest Gottes an – freudig und fröhlich, weil unser ganzes Inneres mit göttlichem Licht erhellt wird und die angeborene Dunkelheit der Seele vertrieben wird – das Herz, vereint mit dem Herrn, ändert seine natürliche Wohlbeleibtheit in dem geistlichen Wunsch, bis zum Äußersten zu gehen, und der Mensch tritt ein in die Höfe des Herrn, hin vor das Antlitz des Gottes Jakobs und beginnt das gottgefällige Lied zu singen.

Es gibt keinen Zweifel: Will man das Gebet erfolgreich verrichten, muss man sein ganzes Leben zum Besseren verändern. Man muss sich bemühen, die Gebote des Evangeliums zu erfüllen, soweit es uns möglich ist. Insbesondere muss man die Liebe zu allem bewahren, Barmherzigkeit und Mitleid, muss in der Reinheit der Gedanken, der seelischen Gefühle und der Keuschheit des Körpers bleiben, muss in seinem Herzen allen gegenüber demütig werden und muss sich durch seine Lebensweise, seine Art zu denken und sich zu bewegen, durch sein ganzes Benehmen für niedriger als alle anderen halten.

Wer immer auch um die Rettung eifrig bemüht ist – alle können herantreten zur Beschäftigung mit dem Jesusgebet. Am Anfang lässt der Herr jeden die geistliche Süßigkeit des Gebetes verkosten. Dann aber tritt gewöhnlich der geistliche Trost zurück, das Herz wird hart und kalt und ist nicht nur nicht bereit, sich mit dem Gebet zu beschäftigen, sondern steht ihm sogar feindselig gegenüber; unaufhaltsam wird der Verstand mit allen möglichen Gedanken angefüllt. Es ist ein drückender und freudloser Zustand.

Viele von denen, die das Jesusgebet beginnen, halten hier nicht stand, lassen es wieder und beginnen wie vorher in der Nichtigkeit des Verstandes und in leeren, vergänglichen Gedanken zu bleiben, in denen auch alle Söhne dieses Äons verweilen, hingegeben der Vergänglichkeit und der Sorge dieser Welt.

Diesen mühsamen Zustand muss man aber unbedingt aushalten. Vielleicht kann man es wegen einer völligen Zerstreutheit des Verstandes und der Widerspenstigkeit des Herzens auf eine gewisse Zeit lassen, aber ganz aufgeben darf man es schließlich doch nicht. Durch lange Zeit, Mühe und Eifer erlangt man langsam, ganz langsam den geistlichen Schatz des Gebetes, das uns mit Gott vereint und uns des ewigen Lebens teilhaft werden lässt. Ohne Gebet aber ist es, wie die Göttlichen Väter schreiben, unmöglich, zur Vereinigung mit Gott zu gelangen.

Man sagt gewöhnlich: ›Kann denn ein zerstreutes Gebet, unaufmerksam und voll mit allen möglichen Gedanken, Gott wirklich wohlgefällig sein?‹

Man muss aber auch wissen, dass es unmöglich ist, eine Sache sofort gut zu machen. Das weiß jeder aus eigener Erfahrung, wie viel Zeit,

Mühen und Sorgen es jeden von uns kostete, sich diese Ausbildung und den Beruf anzueignen, mit dem er sich in seinem Leben dann beschäftigt. So muss auch das Gebet, das doch die höchste Wissenschaft ist – himmlisch, göttlich und Gottes würdig, verbindet es uns doch unmittelbar mit unserem Erlöser – so muss es auch unbedingt durch die ersten Stufen des Unterrichtes und der Gewöhnung hindurch, wenn auch in einem äußerst schwachen Zustand, der seiner großen Würde nicht entspricht. Das soll uns aber nicht als Grund oder Vorwand dienen, es zu lassen oder zu vernachlässigen.

Anders kann es ja auch nicht sein. Wenn wir uns aber mit Gottes Hilfe weiter fleißig bei den ersten Gebetsstufen, soweit wir können bemühen, dann eröffnen wir uns dadurch den Weg zu den weiteren Pfaden, die auf seinen höchsten Stufen aufbewahrt sind. Aber diese höchsten Maßstäbe darf man vor der Zeit weder wünschen noch suchen. Das wäre ein Eingriff in die Rechte der Göttlichen Heiligkeit und ein ungesetzlicher Einfall in die Schatzkammer der geistlichen Güter, die von Gott nach Seinem Ermessen als gerechter Lohn gegeben werden, wie eben einer sich um die tatkräftige Reinigung von seinen Leidenschaften bemüht und eifrig in den ersten Gebetsstufen geübt hat.

Man sieht, welch großes Übel entsteht, wenn unerfahrene Beter, die sich in den Gefühlen der Reue nicht gefestigt haben, ihren von der Sünde ganz zerfressenen Zustand nicht erkannt haben und ihre grenzenlose Schwachheit zu einem guten Werk noch nicht verspürt haben, sich ohne erfahrene Führung, dafür aber eigenmächtig und eigensinnig, auf den geistlichen Bereich stürzen.

Sie ereilt der Zorn Gottes, und sie unterliegen dem – in der monastischen Sprache – sogenannten trügerischen Reiz der Dämonen, das heißt dem Selbstbetrug; sie halten für Wahrheit, was aus Lüge besteht. Sich selbst halten sie für Gerechte und sind durch diese Selbstüberschätzung dem Göttlichen Leben entfremdet: Sie benötigen nicht mehr die Ratschläge der Älteren, sondern verachten sie sogar, was noch schlechter ist.

Die Lehre der heiligen Väter lautet darüber so: Man muss zuerst das Nächstliegende tun, dann zum Folgenden übergehen. Jede Tugend ist die Mutter der ihr nachfolgenden. Lässt du die Mutter, die die Tugenden gebiert, und forderst du die Töchter, ohne deren Mutter gewonnen zu haben, dann verwandeln sich diese Tugenden in tückische Vipern für die Seele. Wehrst du sie nicht ab, stirbst du bald. So spricht der unter den Vätern und in der Askese große heilige Isaak der Syrer.

Aus all dem kann man ersehen, dass ein allmähliches Aufsteigen zur Höhe der Tugenden gefordert wird, vom Niedrigeren zum Höheren, aber nicht umgekehrt.«

11. Kapitel

Eine genaue Erläuterung über die erste Stufe des Jesusgebetes

Eine genauere Erläuterung des oben angeführten Abschnittes darüber, was besonders unerlässlich zur Erlangung des höchsten Gutes, des Jesusgebetes im Verstand und im Herzen, gefordert ist und zugleich auch eine Erklärung, wie es verrichtet wird.

Am zweiten Tag nach seiner Ankunft bei uns wandte ich Unwürdiger mich mit meinem Novizen wieder mit der Bitte an den Starzen, er möge uns mit aller Genauigkeit alles auseinandersetzen, was sich auf das Jesusgebet im Verstand und im Herzen bezieht, und am besten natürlich von seiner eigenen Erfahrung sprechen, berührt und bewegt sie doch immer mehr als das Lesen von Büchern.

Als der Starez das vernahm, strahlte er in herzlicher Freude auf, da er nicht gelassen bleiben konnte bei dem Gedanken an die Größe des Namens Jesu Christi und an die Wirkungen, die er in einem Menschen, der ihn mitten im Herzen trägt, hervorruft. Der Starez wusste das aus eigener Erfahrung und freute sich im Geiste, als er die Möglichkeit erblickte, den himmlischen Schatz, den er besaß, mit seinem Nächsten zu teilen.

Der Starez sagte: »Brüder, ich lobe euren heiligen Wunsch und bitte Gott, Er verleihe euch nach dem Reichtum Seiner Herrlichkeit, durch Seinen Geist mit Kraft gestärkt zu werden am inwendigen Menschen, auf dass Christus durch den Glauben in euren Herzen wohne.

Vor allem muss man noch einmal sagen, dass die Übung im Jesusgebet überhaupt nicht zustande kommt, wenn wir uns dabei nicht unseren Kräften gemäß um die Erfüllung aller Gebote Gottes bemühen. Die Erfüllung der Gebote Christi ist tatsächlich der Boden, auf dem allein der rettende Baum des Jesusgebetes emporwachsen kann. Im gegensätzlichen Fall, das heißt bei der freiwilligen Verletzung des Göttlichen Gesetzes, geschieht das, wovon in der Schrift gesagt wird: *»Mit einer Hand aufbauen, mit der anderen niederreißen – was kommt dabei heraus? Nur Mühe«* (Sir 34,28).

Insbesondere aber«, fuhr der Starez fort, »und das haben wir selbst durch unsere eigene Lebenserfahrung nicht nur ein- oder zweimal, sondern fast täglich geprüft, muss man andauernd dem Nächsten gegenüber aufrichtige Liebe bewahren. Tritt man an die Erlernung dieses Gebetes heran, muss man sich wie mit einer Steinmauer mit Vorsicht, Sorgfalt und Aufmerksamkeit umgeben, dass man seinen Nächsten nicht kränkt – sei es durch ein Wort, eine Tat, einen Blick, einen Gedanken. Man darf seine Aufmerksamkeit nicht auf dessen niedrigen Stand, seinen Beruf und seine Lage richten, und wenn er bezüglich Vermögen und Bildung der Allerletzte wäre. Im Gegenteil, einem solchen gegenüber muss man eine noch größere und besondere Liebe zeigen. Hier kann sie sich als wahr und ungeheuchelt erweisen: die im Leben hochgestellten Leute, die Reichen und Berühmten, können wir leicht lieben, da wir ja oft auch unseren Nutzen im Auge haben, von einem solchen kann man aber nichts erwarten – so bleibt die Liebe wahr, heilig, vollkommen.

Wenn wir aber wegen unserer Schwachheit und durch unsere sündigen Gewohnheiten oder, was noch öfter vorkommt, aus Unaufmerksamkeit und Zerstreutheit irgendeinen unserer Brüder gekränkt haben, dann müssen wir alle von uns abhängenden Mittel gebrauchen, um ihn wieder zu versöhnen, wir müssen ihn um Verzeihung bitten, damit er ruhig und friedlich wird.

»Merkt«, sagte der Starez, »das ist die Hauptsache im Gebet. Beachtet ihr das nicht, werdet ihr keinen Erfolg im Gebet haben, mögt ihr auch Jahre Tag und Nacht in ihm verweilen. Wir haben das«, fügte der Starez hinzu, »unser ganzes Leben lang erprobt, und aus unserer Erfahrung leiten wir dieses Gesetz und diese Regel ab, dass man sich selbst durch diese unerlässliche Verpflichtung binden muss, und zwar nicht irgendwie leicht und oberflächlich. Man muss es für die wesentlichste Verpflichtung halten, Haupt und Wurzel von allem, niemand irgendwann durch irgendeine Tat zu kränken. Das

Beispiel dafür sehen wir in den Schriften der heiligen Väter: Bei der Beschreibung des alexandrinischen Klosters und des in ihm lebenden berühmten Abba teilt der heilige Johannes Klimakos mit, dass dort die Brüderschaft vor allem darin unterwiesen wurde, nicht das Gewissen des Bruders zu verletzen. Er sagt auch noch weiter, dass zwischen ihnen gewisse geheime Zeichen ausgemacht waren, mit denen sie einander sogar während des Essens an das geistliche Tun erinnerten. Damit übereinstimmend schreibt auch der heilige Isaak der Syrer: ›Wenn du mit deinem Verstand in Gemeinschaft mit Gott sein willst, musst du dich vor allem bemühen, dein Herz barmherzig werden zu lassen, denn dadurch können wir mehr als durch irgend etwas anderes dem himmlischen Vater ähnlich werden, wie auch der Erlöser sagt: *»Seid barmherzig, wie auch euer himmlischer Vater barmherzig ist«* (Lk 6,36)‹.

Der heilige Patriarch Jeremias lehrt über die Barmherzigkeit noch eindringlicher. Nehmen wir an, sagt er, jemand hätte Gott den Herrn selbst zum Freund – dann versteht sich doch von selbst, dass er dadurch alle Himmelsbewohner zu Freunden hätte.

So ist es auch hier: Wer in seinem Herzen die Tugend der Barmherzigkeit hat, der besitzt zugleich mit ihr auch alle übrigen Tugenden, denn sie ist die Erfüllung des Gesetzes und die Wurzel des Guten.

Unser Herr Jesus Christus wird daher bei Seinem furchtbaren Gerichte die Werke der Barmherzigkeit erforschen und richten, die wir unseren Nächsten getan haben.

Die zweite unerlässliche Bedingung zur Erlangung des Jesusgebetes, und der ersten gleich, ist die Demut. Man muss sich in die Gesinnung versetzen, sich für ganz nichtig halten, darf sich nicht mit anderen vergleichen, soll sich für schlechter als jeden anderen Menschen halten – nicht nur in Worten, sondern wahrhaft und wirklich auch im Gefühl seines Herzens, in seinem Verständnis von sich selbst und im Selbstgefühl. Nichts hindert uns so bei unserer geistlichen Annäherung an Gott wie die hohe Meinung über uns selbst. Sie ist ein solches Krebsgeschwür und wächst so in unserer Seele, dass selbst der in seiner ganzen Verfassung niedrigste Mensch noch eine hohe Meinung wegen der einen oder anderen Fähigkeiten von sich hat. Unser tatsächlicher geistlicher Fortschritt besteht aber in Wirklichkeit darin, dass wir uns in unserem Herzen schlechter als jedes Geschöpf erblicken. Natürlich widerstrebt dem unser ganzes Bewusstsein; wenn man jedoch alles vorurteilslos betrachtet, dann ist es doch gerecht. Jedes Tier lebt gemäß seiner Natur und überschreitet nicht die Gesetze seines Wesens. Es liebt seinen Herrn, der es ernährt, dient ihm eifrig mit all seinen Kräften: Wir aber, wir Menschen sind nicht so – wir wollen unseren Schöpfer und Herrn nicht kennen, Der uns ins Dasein geführt hat und uns reichlich alles zur Freude gibt und Der uns das ewige Leben versprochen hat.

Nicht selten erheben wir uns feindlich gegen unseren Wohltäter und sagen zu Ihm in unseren Herzen: »*Deine Wege wollen wir nicht kennen! Weiche von uns!*« (Ijob 21,14).

Beim Propheten Jesaja beklagt sich der Herr über uns: »*Kinder habe ich großgezogen und emporgebracht und sie – sind von mir abgefallen. Der Ochse kennt seinen Meister und der Esel die Krippe seines Herrn; Israel aber hat keine Einsicht, mein Volk hat keinen Verstand*« (Jes 1,2 f). Es kommt doch auch nicht selten vor, dass der Mensch völlig aus der Ordnung seines Wesens heraustritt und Dinge tut, die ihm nicht eigen sind. Er drängt sich in jedes ihm fremde Gebiet hinein und richtet überall Verwüstungen an; würde er auch die ganze Erde beherrschen, wird er doch durch alle Reiche und den ganzen Reichtum nicht satt, weil seine ganze Tätigkeit und sein Ungestüm nicht in der Kraft und in die Richtung gehen, wie es sein sollte. Der Mensch ist nach dem Bild Gottes geschaffen, und nur Gott kann sein grenzenloses Verlangen sättigen – so wie das Jesusgebet, das nach der Lehre der heiligen Väter die Quelle aller geistlichen Güter ist, da es uns mit deren Quelle selbst, mit dem Herrn Jesus vereint – der Besitz der Welt aber befriedigt nicht.

Die Demut ist eine so unzerstörbare Kraft, dass ihr niemand widerstehen kann, weder Dämonen noch ein böser und auch kein guter Mensch. Der Allmächtige Herr Selbst, unbeugsam in Seiner Allmacht und unzugänglich in Seiner Herrlichkeit, neigt sich barmherzig zur Demut, wie der Psalmist sagt: »*Wer gleicht dem Herrn, unserem Gott, Ihm, der in der Höhe thront und hinabschaut in die Tiefe, der den Schwachen aus dem Staub emporhebt und den Armen erhöht, der im Schmutz liegt*« (Ps 113,5 f). Der heilige Johannes Klimakos schreibt: ›Ich glaube, dass Manasse, der israelitische König, mehr als alle gesündigt hat, so dass er kaum Genugtuung hätte leisten können, und wenn die ganze Welt für ihn gefastet hätte – die Demut half ihm der Tiefe der Hölle zu entkommen‹ (2 Chr 33,11 ff).

Dass aber Demut einen Übeltäter besänftigen und beschwichtigen kann, kann man übrigens auch durch eigene Lebenserfahrung sehen. So erzählte mir ein Einsiedler: Ich gehe da auf einem Weg am Ufer des Meeres ins Kloster; das Wetter ist herrlich, es ist Abend, mir ist ganz froh zumute. Wie gewöhnlich beschäftige ich mich mit dem Jesusgebet, als ich hinter mir eine beunruhigende Bewegung verspüre – ich blicke mich um, da jagt mir ein hochgewachsener Abchase (Georgier) nach, furchtbar anzusehen, in den Händen hat er eine Balta (eine Art Axt mit einem langen Schaft), er packt mich an der Brust und schreit außer sich vor Wut: ›Geld her! Oder du bist sofort tot!‹ Ich, so erzählte der Einsiedler weiter, konnte mich gerade noch mit Mühe aus seinen Händen befreien und fiel ihm sofort zu Füßen, hob die Hände hoch und rief mit begütigender Stimme: ›Erbarmt Euch meiner sündigen Seele.‹ Diese Demut traf ihn wie ein Speer: In einem Augenblick wandelte sich die Wildheit des Bösewichts in Milde, er lachte auf und sagte: ›Ich habe nur einen Spaß gemacht … komm zu uns in die Hütte, nicht weit von hier, du bekommst Brot.‹ Mir aber war gar nicht nach Brot zumute, ich wollte nur möglichst schnell davonlaufen.

Einen anderen Vorfall erzählte von sich der Schimonach und Einsiedler N.: Mit großer Mühe hatte ich mich gerade aus dem Wald zu einer breiten Straße durchgekämpft, da kommt einer von den Arbeitern, ein stattlicher Mann, auf mich zu: Er sieht mich und fängt aus vollem Hals zu schreien an: ›A, da bist du ja!‹ … und mit voller Kraft haut er mir eine Ohrfeige herunter, dass ich auf die Erde stürze, dann packt er mich und schleppt mich zum Wasser, um mich zu ertränken … Ich fiel ihm mit großer Demut vor die Füße und bat ihn herzlich um Vergebung. Der Bösewicht bekam Mitleid und ließ mich frei.

Ihr seht die unbesiegbare Kraft der Demut. Niemand kann ihr ins Angesicht widerstehen – kein Barbar, kein Dämon, kein böser Mensch. Sogar die wilden Tiere geben der Macht der Demut nach.

Es geschieht gelegentlich, dass auf einem Weg eine Meute Hunde einen vorbeiziehenden Pilger überfällt und ihn zerreißen will. Setzt er sich aber auf die Erde, oder er legt sich hin, dann lassen sie von ihm ab und verschwinden, ohne ein Übel angerichtet zu haben. Der Widerstand dagegen ruft Erbitterung hervor. Die Dämonen versengt die Demut wie eine Feuerflamme: Sie fliehen eilig den Ort, an dem sie eine demütige Tat erblicken.

Diese letzten Erzählungen, die vielleicht nicht so ganz interessant sind, wurden eigentlich nur zum Lob der Tugend der Demut mitgeteilt. Sie bestärkt alle Tätigkeiten unseres Verstandes, denn ohne Demut ist unser ganzes Leben Gott nicht wohlgefällig. So sagt auch Bischof Feofan: ›Das ganze Leben eines wirklichen Christen ist nichts anderes als der unaufhörliche Aufstieg zur Höhe des Bewusstseins der eigenen Bedürftigkeit und des Gefühls der Selbstvernichtung. Je mehr jemand in der Tugend wächst, umso mehr erkennt und spürt er, dass er nichts ist. Von dort aber entströmt die Fülle der Tugenden: dort sind Demut, Selbstanklage, die Nicht-Verachtung des anderen, die Gelassenheit, das Fehlen der Streitsucht, die Ruhe ohne Empörung.‹

Über den großen Antonios wird geschrieben, dass er im Sterben seinen Brüdern sagte: ›Die Leute haben mich gerühmt und selig gepriesen, was aber mich selbst betrifft, so war mein ganzes, ziemlich langes Leben nichts anderes als ein unaufhörliches Weinen über meine Sünden.‹

Die dritte vorbereitende Stufe zur Erlangung des Jesusgebetes, und sie ist nicht von geringerer Bedeutung, ist die Reinheit des Herzens und des Körpers, die Keuschheit. Davon spricht der hl. Apostel Paulus in seinem Schreiben an die Hebräer: *»Jagt dem Frieden mit jedermann nach und der Heiligung, ohne die niemand den Herrn schauen wird«* (Hebr. 12,14). Der hl. Johannes Klimakos sagt: ›Wenn der Heilige Geist der Geist der Reinheit und der Heiligkeit ist, dann verabscheut Er nichts mehr als unzüchtige Ausschweifung.‹ Die Heilige Schrift sagt im Alten Testament: *»In eine Seele, die auf Böses sinnt,* *kehrt die Weisheit nicht ein, noch wohnt sie in einem Leib, der sich der Sünde hingibt, denn der Heilige Geist, der Lehrmeister, flieht vor Falschheit …«* (Weish 1,4 f).

Die vierte Säule des geistlichen Tuns ist das Herz, das zerbrochen ist über seinen sündigen Zustand und die gänzliche Verwesung seiner Natur, die in ihrem natürlichen Zustand überhaupt nicht fähig ist, wahrhaft gute Werke zu tun, wie ja auch die Schrift des Alten und Neuen Bundes bezeugt. Im Alten Testament wird gesagt: *»Das Trachten des menschlichen Herzens ist böse von Jugend auf«* (Gen 8,21). Im Neuen Testament sagt der Apostel: *»Nicht das Gute, das will, tue ich, sondern das Böse, das ich nicht will, das führe ich aus«* (Röm 7,19). Das Erkennen seiner eigenen sündlichen Verwesung ist aber eine der unumgänglichsten und wesentlichsten Bedingungen, um die rettende Wirkung des Jesusgebetes zu erlangen.

Auf diesen Säulen, zu denen sich die Erfüllung der anderen Tugenden gesellt, werden wir dann die höchste Tugend verwirklichen – die Liebe zu Gott, oder einfacher auch – das Jesusgebet, das inmitten der Tugenden einen so hervorragenden Platz einnimmt, wie Gott über alles erhaben ist. Es wird deswegen von allen heiligen Vätern auch Königin aller Tugenden genannt, Mutter, Wurzel und Grundlage der ganzen Christlichen Frömmigkeit. Im Namen Jesu Christi ist, wie oben ausgeführt, unser ganzer Christlicher Glaube, aber auch der ganze kirchliche Gottesdienst und die Frömmigkeit enthalten. Für all das dient er als Wurzel und Grundlage. Aber treten wir, mit Gottes Hilfe, noch etwas näher zur Erläuterung der Lehre vom Jesusgebet heran. Gemäß unserer dreifaltigen Beschaffenheit wird es in drei Stufen eingeteilt: in die körperliche, die seelische und die geistige.

Nun, lasst uns in diesem Anliegen den echten Weg betreten, damit wir ohne Abwege zu Christus gelangen, wie der Erstberufene Andreas seinem Bruder sagt: »*Wir haben den Messias gefunden, den Gesalbten*« (Joh 1,41). Vor allem muss man zum Herrn beten gemäß Seiner Weisung, hat Er doch selbst gesagt: »*Ohne mich könnt ihr nichts tun*« (Joh 15,5), und auch die Apostel hielten es für nötig, den Herrn darum zu bitten: »*Herr, lehre uns beten*« (Lk 11,1).

Dann muss man das Gebetswerk von der allerersten Anfangsstufe an beginnen und unabänderlich nach dem Gesetz der Stufenfolge vorgehen: Wird dieses Gesetz schon in den Werken dieses Äons als unumgänglich beachtet, so gilt das umso mehr im geistlichen Wachstum eines Menschen. Hier sind Sprunge unmöglich, und man kann Gott nicht eine einzige Gabe durch irgendeine Hinterlist oder einen Taschenspielertrick entwenden. Man muss seinen Nacken unter das Joch des Gehorsams und der Demut beugen: Man muss auf dem Weg gehen, den schon vor uns die ehrwürdigen Väter beschritten haben, unsere Führer und Lehrmeister, die uns zum Trost und als Hilfe zum Heil ihre wertvollen Schriften hinterlassen haben.

Nun, sprecht also mit aller Ehrfurcht freudig und gerne mit den Lippen, das heißt mit der Zunge, den Namen des Herrn wie das größte Heiligtum Gottes aus und seid damit zufrieden, dass der Allgütige Herr euch nicht nur gewährte, an Ihn zu glauben und Ihm durch den äußerlichen Dienst zu dienen, sondern auch Seinen heiligen, jedem Geschöpf furchtbaren Namen zu tragen – und mag es einstweilen auch nur auf der Zunge sein.

Was immer ihr auch tut, womit immer ihr euch beschäftigt, zu jeder Zeit, Tag und Nacht – sprecht mit den Lippen diese Göttlichen

Heiligen Worte: ›Herr Jesus Christus, Sohn Gottes, sei mir Sünder gnädig.‹ Das ist nicht schwer: Sei es während einer Reise, am Wege, während der Arbeit – ob du Holz hackst oder Wasser trägst, die Erde umgräbst oder das Essen kochst. Denn bei all dem müht sich nur der Körper, der Geist aber bleibt ohne Werk – so gib auch ihm eine Beschäftigung, die ihm eignet und seiner immateriellen Natur angemessen ist: Lass ihn den Namen Gottes sprechen. Er ist heilig und sogar die Quelle der Heiligkeit, sein Aussprechen heiligt daher die Luft, deine Lippen, die Zunge und deinen Körper: Die Dämonen wagen dieses ihnen furchtbaren Namens wegen nicht, sich dem Ort zu nähern, wo du dich im Gebet befindest. Nun, das ist die ganze Wissenschaft für dieses heilige Werk. Außer der Hilfe Gottes benötigt man vor allem ein eifriges Bemühen und Fleiß.

Sei nicht träge bei dieser Übung, soweit es von dir abhängt: immer – Tag oder Nacht, an jedem Ort, bei jeder Beschäftigung. Und wenn du auch dein ganzes Leben, bis zu deinem Tod, in der mündlichen Übung des Jesusgebetes verbleiben wirst, hättest du auch in einem solchen Falle Großes erlangt, denn dein Vorhaben ist heilig und Gott lieb, deine Beschäftigung kostbar und der Achtung wert, die Mühen tragen viele Früchte und sind heilsam. Und du wirst selig sein, und es wird dir gut ergehen, denn Gott ist nicht beleidigt. Er lässt dich die Früchte deiner Mühen während des Todes oder nach dem Tod verkosten: Wenn deine Seele, von den Banden des Fleisches gelöst, zum Himmel emporsteigt und zu den ätherischen Zollhäusern* gelangt, dann wird sie die Wirkung des Gebetes wie eine Feuerflamme umgeben, und unzugänglich wird sie den Zöllnern und bösen Geistern – den Fürsten der Luft (Eph 2,2) – wegen des allmächtigen Namens Jesu Christi. Sie bleiben schon von ferne stehen und werden in Bitterkeit und Verzweiflung aufheulen: ›O Kalugere (griech.: O Mönch), welcher Ehre hat Gott dich gewürdigt, und wie glücklich bist du unseren quälenden Händen entkommen!‹

Auf dieser Stufe wird das Jesusgebet das mit Mühe erworbene, mit Arbeit verbundene, mündliche, körperliche Gebet genannt, weil es von den Körpergliedern hervorgebracht wird, von den Lippen und der Zunge.

Hier schaut man weder auf den Verstand noch auf das Herz, sondern nur auf die Aussprache des rettenden Namens Jesu Christi. Man sollte auch noch hinzufügen, dass es am Anfang zum größten Teil überaus mühsam ist; nicht nur einmal, sondern oft gerät der Mensch in die Hoffnungslosigkeit, dass er keine Kraft mehr hat, diese rettende Übung zu erwerben. Zu manchen Zeiten wird es ihm so schwer, als müsste er mit einem Hammer Steine zerschlagen. Das Herz wird hart, die ganze Seele wird von Gefühllosigkeit geschlagen, Leidenschaftlichkeit erhebt sich mit ungewöhnlicher Macht, der geistliche Lebensbereich ist gleichsam wie von einer Steinmauer verschlossen. Ein untröstlicher Zustand, quälend und leidvoll! Und doch muss man ihn unbedingt durchstehen, denn er kommt unvermeidlich bei jedem, der zu diesem großen Werk herantritt, das der feindlichen dämonischen Macht am meisten verhasst ist.

Dieses Leiden geht vorüber, und wieder bricht eine freudige Zeit an. Zu all dem sind langjährige, angestrengte, andauernde Bemühungen erforderlich. Das Himmelreich wird mit Gewalt erstrebt und nur gewaltsam Ringende reißen es an sich.

Nun, was ist«, fragte abschließend der Starez, »habt ihr die Kraft und die Wirkung des Jesusgebetes auf seiner ersten Stufe verstanden?«

»Mit Gottes Hilfe, ja«, antworten wir. »Amen«, schloss der Starez. »Ehre sei unserem Gott!«

12. Kapitel

Über die zweite Stufe des Jesusgebetes

Wir verbrachten unserer Gewohnheit gemäß den Tag in Schweigen. Als aber der Abend anbrach und wir uns zum Mahl setzten, baten wir neuerlich den Starzen, das unterbrochene Gespräch über das Jesusgebet fortzuführen.

Der Starez sagte: »Ich freue mich sehr, denn ich sehe euren Eifer und eure Liebe zum köstlichsten Jesus. Aber noch mehr freue ich mich, dass sich mir die Gelegenheit und die Möglichkeit bieten, die Göttliche Weisheit und Wahrheit weiterzugeben, die vor den Söhnen dieses Äons verborgen ist, und über die in unseren Zeiten sogar das Mönchtum nur mehr wenig weiß.

Auf der zweiten Stufe wird das Jesusgebet das geistige Gebet oder auch ›Gebet des Verstandes‹ genannt, und seiner Wirkung nach ist es ein ›seelisches‹ Gebet, da es unter der Beteiligung der Seelenkraft des Verstandes und der vernünftigen Urteilskraft zustande kommt. Es wird folgendermaßen erzeugt: Es wird mündlich gebetet, nur wird allein der Verstand in den Worten des Gebetes eingeschlossen und nimmt dort Platz. Dieses Einschließen des Verstandes in die Worte des Gebetes hat in dem geistlichen Tun eine überaus große Bedeutung, denn es hält den Verstand vom Herumschweben zurück. Es ist bekannt, dass man den Verstand durch kein anderes Mittel zurückhalten kann als allein durch den allmächtigen Namen Jesu Christi.

Wie bei jedem guten Werk, so erkennt auch hier der Asket ganz klar und deutlich die unbesiegbare Kraft des allmächtigen Namens Jesu Christi. Der Herr Jesus Christus ist der Erlöser des ganzen Menschengeschlechtes von der Sünde, und wie in allen anderen Bereichen wird auch hier Seine allgewaltige Erlösung sichtbar.

Ohne Ihn können wir nichts tun (Joh 15,5). Spricht man aber die heiligen Worte des Jesusgebetes: ›Herr Jesus Christus, Sohn Gottes, sei mir Sünder gnädig‹ und schließt den Verstand in diese Worte ein, dann ist es ungenügend, sich allein darauf zu beschränken und damit zufriedenzugeben. Freilich, es ist mit einem Wort nicht wiederzugeben, wie nützlich, freudig und rettend das alles ist, aber es ist unmöglich, die Kräfte des Namens Jesu Christi zu spüren. Es muss der Verstand, versunken in den Namen Jesu Christi, in ihm Christus Selbst erblicken. Aber wie soll er Ihn erblicken? In allen Schriften der heiligen Väter wird ganz streng verboten, durch den Verstand auch nur irgendein Bild, eine Vorstellung oder eine Kontur, Form oder Gestalt zu entwerfen. Der heilige Apostel sagt: *»Wenn wir Christus nach dem Fleisch auch gekannt haben, kennen wir Ihn doch jetzt nicht mehr so«* (2 Kor 5,16). Aber geistlich ist das Wesen Christi unvorstellbar und uns überhaupt nicht bekannt. Schafften wir uns eine Vorstellung – wir würden ganz und gar sündigen: Anstatt der Wahrheit würden wir etwas Lügenhaftes festhalten.

Es ist also notwendig, dass der Verstand, gehalten von den Worten des Gebetes, völlig rein und fremd jedem Bild oder Gedanken bleibt: Der Name Gottes selbst und die in ihm enthaltene grenzenlose, gnadenhafte Kraft ruft die ihr eigene Wirkung hervor. Sie heiligt den Verstand (wenn auch eben nur den Verstand), hält ihn vom Davonfliegen zurück, erleuchtet seine Urteilskraft, insbesondere in der Heiligen Schrift, verjagt seine natürliche Finsternis und Blindheit.

Einfach gesagt – der Verstand wird vom Licht Christi erleuchtet. Wie im Evangelium über die heiligen Apostel gesagt wurde: »*Da öffnete Er ihnen den Sinn, damit sie die Schrift verständen*« (Lk 24,45).

Diese zweite Stufe des Jesusgebetes nimmt im geistlichen Leben einen sehr hohen Platz ein, denn sie beginnt schon vom Verstand des Menschen Besitz zu ergreifen. Der Verstand aber hat bekanntlich keine kleine Bedeutung in unserem ganzen Leben. Der größte Teil der Leute lebt ausschließlich durch den Verstand, besonders die Gebildeten, wenngleich sie ihn größtenteils auch nicht in die richtige Richtung lenken.

Diese zwei Stufen des Jesusgebetes – das Gebet im Wort und im Verstand – die durch die äußeren Seelenkräfte hervorgerufen werden, können auch durch unrichtiges Tun dem Menschen keinen Schaden zufügen, wenn er nur nicht stolz wird und auf die anderen herabsieht. Der Stolz ist der tiefste Grund für jegliche Versuchung, die Demut aber zieht die Göttlichen Kräfte herbei. Ist es schon lobenswert, wenn ein Mensch im unermüdlichen Jesusgebet verweilt, dann ist es das umso mehr, wenn ein Mensch emporsteigt, in den Bereich der Seele eintritt und ihre vornehmste Kraft in Anspruch nimmt – den Verstand. Der heilige Apostel Paulus sagt: »*Die einen predigen aus Liebe, die anderen verkünden aus Gewinnsucht Christus nicht mit lauterer Gesinnung … Aber was liegt daran? Auf jede Weise, ob so oder anders, wird Christus verkündet, und darüber freue ich mich*« (Phil 1,16). So ist es auch hier – mag es nur ein Gebet im Namen des Herrn Jesus Christus sein: Christus wird gerühmt, Seine Kraft wird gepriesen und Sein Name wird verkündet.

Es scheint noch sehr wichtig hinzuzufügen, dass man beim Aussprechen des Gebetes die Aufmerksamkeit, das heißt die Tätigkeit des verständigen Gebetes (die gesprochenen Worte), vor sich bewahren soll nach dem Wort des göttlichen David: »*Ich habe den Herrn allzeit vor Augen, Ersteht mir zur Rechten, ich wanke nicht*« (Ps 16,8) oder, was noch besser ist, in der Brust, das heißt in der Brusthöhle; ein anderer Starez rät, sie im ›Gefühl der Kehle‹ zu bewahren, das heißt in der Kehle.

Diese Tätigkeiten sind eine Vorbereitung und Annäherung zum Eintritt des Jesusgebetes in das Herz, und das ist das Ziel der ganzen Mühe des Gebetes.«

13. Kapitel

Über die dritte Stufe des Jesusgebetes

»Und nun sind wir mit Gottes Hilfe wieder zum Jesusgebet im Herzen gekommen, von dem unser Gespräch seinen Anfang nahm, als wir auf den Bergeshöhen saßen. Über seine Wirkungen und Früchte wurde dort nicht wenig gesagt. Nun ist es aber nötig, darüber zu sprechen, wie man es hervorruft. Bei den heiligen Vätern wird es das Gebet mit Verstand und Herz oder auch nur einfach das Herzensgebet genannt – und sie finden wirklich nicht die Worte, um es gebührend zu loben. Nil Sorskij* sagt darüber, dass es die Quelle von jeglichem Guten sei, und wie die Gärten mit Wasser getränkt werden, so tränkt es die Seele mit geistlicher Fülle. Die ganze Heilige Schrift des Alten und Neuen Bundes, alle Schriften der heiligen Väter, alle ehrwürdigen Kämpfer um die Gottesfurcht erstreben als letztes Ziel die Vereinigung des menschlichen Herzens mit Gott. Das ist die letzte Stufe aller Wünsche unserer Gott ähnlichen, unsterblichen Seele, der es von Natur aus eigen ist, zu Gott zu streben.

Gott ist die Quelle unseres Seins, und wie die materiellen Körper der Schwerkraft unterliegen, so zieht es auch die Seele zum Mittelpunkt der Welt. Das ist jener unbändige, flammende und unersättliche Hunger nach Gemeinschaft mit Gott, der das Herz des Gerechten während seines ganzen Erdenlebens quält und den so begeistert der Göttliche Psalmist besang: »*Wie der Hirsch lechzt nach frischem Wasser, so lechzt meine Seele, O Gott, nach Dir! Meine Seele dürstet nach Gott, dem lebendigen Gott* …« (Ps 42,1). »*O Gott, Du bist mein Gott, Dich suche ich; meine Seele dürstet nach Dir. Mein Leib schmachtet nach Dir wir dürres, lechzendes Land ohne Wasser* …« (Ps 63,2). »*Ich breite vor Dir meine Hände aus; meine Seele verlangt nach Dir wie dürstendes Land* …« (Ps 143,6) und in vielen anderen Psalmen. Dieses unser unaufhaltbares Streben zu Gott basiert darauf und hängt davon ab, dass unser Geist Gott verwandt und der Hauch aus den Lippen des Göttlichen Schöpfers ist. ›So nahe der Atem dem Atmenden ist‹, sagt der Metropolit von Moskau, Filaret, ›so eng ist auch die Nähe zwischen Gott und uns‹. Wie der Mensch in seinem natürlichen Zustand unbedingt Speise und Trank benötigt, von dorther Gesundheit bezieht und zu seinen Werken befähigt wird, so ist es auch im geistlichen Leben, wenn er in sich den Drang und die Bewegung zur Gottheit spürt, die sich in nichts anderem als im Gebet ausdrücken.

Das Gebet ist seiner Natur nach ein Aufsteigen zu Gott; die Stufen dieses Aufstiegs sind die Stufen der Annäherung an den Herrn. Ohne Gebet kann man nicht mit Gott vereint werden, aber ohne diese Vereinigung ist auch unsere Rettung zweifelhaft, weil zum natürlichen Wesen der Seele dieser Drang zur Gottheit gehört; unterdrücken wir dieses Drängen, dann führen wir unser ganzes geistliches Leben in Inhaltslosigkeit oder, einfach gesagt, in Leere und Zerstreuung. Und das ist ein sinnvolles Leben? … Es ist nur ein

Hirngespinst davon. Unser wahres Leben besteht – in seiner vollen Bedeutung – in der Vereinigung unseres Herzens mit Gott, in dem sich die grenzenlose Fülle aller geistlichen Vollkommenheiten befindet. Und Er allein ist die Quelle des Lebens für jedes Geschöpf. Nur in der Vereinigung empfängt unser unsterblicher Geist die volle Befriedigung, die wir vergeblich in den Dingen dieser Welt suchen, die ja doch Nichtigkeiten sind.

Wenn die höchste Seligkeit des kommenden Lebens nach dem Urteil der Kirchenlehrer in der Schau Gottes von Angesicht zu Angesicht bestehen wird und in der engsten dem Geschöpf zugänglichen Einheit mit Gott und in der Nähe zu Ihm – dann ist das innere Gebet im Namen des Herrn Jesus Christus nicht nur eine Vorbereitung darauf, sondern schon ein vorausgehendes Eintreten (in diesen Zustand). Es ist das, wovon der heilige Apostel sagt: *»Jetzt sehen wir den Herrn nur wie in einem Spiegel in rätselhafter Gestalt, dann aber von Angesicht zu Angesicht. Jetzt ist mein Erkennen Stückwerk …«* (1 Kor 13,12).

Darum wird auch gesagt, dass nur die Vereinigung des Menschen mit Gott die wesentlichen menschlichen Grundbedürfnisse befriedigen und seinen Wunsch stillen kann, der sich durch Irdisches nicht erfüllen lässt.

Das Hervorbringen dieser dritten Gebetsstufe geschieht in der innersten und tiefsten Seite unseres geistlichen Wesens – eben im Geist, der mit seinem Inhalt den seelischen Sinn oder das Herz ganz durchdringt und so den ganzen Menschen geistlich macht. Daher wird es auch vorwiegend inneres Gebet genannt, und nur wenige Menschen besitzen es.

Die ersten zwei Stufen des Gebetes hören auch hier nicht auf; nur wird ihre Tätigkeit gleichsam unterdrückt, verfeinert und vergeistigt. Das Gebet entledigt sich seiner äußeren Kleider – auf der ersten Stufe vom körperlichen Gewand (von den verschiedenen Tätigkeiten), auf der zweiten vom seelischen (von den Gedanken), und in Reinheit tritt es in den geistlichen Tempel des Herzens zum geistlichen Gottesdienst.

Wie auch der Priester die Alltagskleidung ablegt und sich in die Messgewänder kleidet, wenn er zum Alter schreitet, so ist es auch hier – das Wort hört auf; der Verstand aber, angetan mit der Waffenrüstung der Kraft und des Eifers für Gott, Seinem Retter, und umgürtet mit Reinheit und Heiligkeit, steht wie ein furchtbarer Krieger vor den Toren des Herzens und versetzt die ganze gegnerische Macht in Furcht und Schrecken nach den Worten des Göttlichen David: *»Mein Auge blickt auf meine Feinde«* (Ps 92,12), und weiter: *»Er wird nicht zuschanden, wenn er mit den Widersachern redet im Tor* (des Herzens)« (Ps 127,5).

Man muss eigentlich sagen, dass das Gebetstun eine Einheit ist, aber auf der ersten Stufe befindet es sich im Bereich des Körpers, im irdischen, sinnlichen Bereich, in dem die ganze sichtbare Natur verweilt; auf der zweiten Stufe wechselt es in den gedanklichen Teil der Seele über, ist insgesamt seelisch und besitzt noch nicht den Geist, der in der Urteilskraft der Seele enthalten ist.

Jedem ist ersichtlich, dass auf diesen Gebetsstufen unser Dienst für den Herrn noch äußerlich ist, da die geistliche, höchste Seite der Seele, die sich im Herzen befindet, überhaupt noch nicht berührt wurde.

Wenn schon an einem Ort, dann gibt es gerade hier, am Übergang vom Äußeren zum Inneren, von der Materie zum Geist, die in unserer Sprache sogenannte ›Versuchung‹. Darauf beziehen sich alle strengen Verbote der heiligen Väter – nicht vorzeitig den Ort des Herzens zu suchen, der zu der ihm eigenen Zeit durch nichts anderes als allein durch den Finger Gottes geöffnet wird. Von unserer Seite aber wird nur gewissenhafte Arbeit gefordert – auf den ersten beiden Stufen des Gebetes, in der nicht zweifelnden Hoffnung auf die Göttliche Barmherzigkeit: dass der Herr Seinen demütigen Knecht nicht im Stich lassen wird, sondern ganz gewiss ihn mit der Fülle der himmlischen Gabe beschenken wird. Er selbst sagt doch im heiligen Evangelium: *»Der Arbeiter ist seines Lohnes wert«* (Mt 10,10).

Hier geschieht eine neue Geburt. Unser Verstand, seinem Wesen nach von Leidenschaften geprägt, entledigt sich seiner Gedanken, mit denen er bekleidet war, wie der Körper von Kleidung bedeckt ist oder der Baum von Rinde, und wird rein wie das Himmelslicht. Das befähigt ihn zur Vereinigung mit dem Herrn Jesus Christus; und das ist doch das letzte Ziel, zu dem jedes vernünftige Wesen ins Dasein gerufen worden ist, von dem es sich jedoch in der Person unseres Vorfahren Adam abgewandt hat.

Unser Herz erlangt auf dieser dritten Stufe geistliche Belebung und Heiligung, weil der Quell der Heiligkeit und aller geistlichen Vollkommenheiten – der Herr Jesus Christus – gütig in es eintritt zusammen mit all Seiner unendlichen Gnade und in ihm wie auf einem Throne ruht. Der heilige Apostel Paulus weist auf dieses Bild hin, wenn er sagt: *»Wir sind der Tempel des lebendigen Gottes, wie Gott gesagt hat: Ich will unter ihnen wohnen und wandeln, und Ich will ihr Gott sein und sie sollen Mein Volk sein«* (2 Kor 6,16), und noch: »*Prüft euch selbst! Erfahrt ihr nicht an euch selbst, dass Christus Jesus in euch ist?*« (2 Kor 13,5).

Hier wird die Richtigkeit der Lehre der heiligen Väter deutlich, dass nämlich das Gebet die Wurzel und Grundlage für jegliches geistliche Leben und für alle seine Anstrengungen, Mühen und Besserungen ist. Befinden wir uns als Folge des Gebetes in der Vereinigung des Herzens mit dem Herrn Jesus, dann werden wir vom göttlichen Licht durchdrungen, und im Lichte von Gottes Angesicht schauen wir das, was vor den anderen Leuten gewöhnlich verborgen ist; wir treten ein in unmittelbare Gemeinschaft mit der geistlichen Welt, leben und handeln dort, wie der heilige Makarios der Große sagt, und besitzen das Bürgerrecht, mögen wir auch dem äußeren Aussehen und der Stellung nach gering und gar nichts sein.

Das Hervorbringen dieses Gebetes geschieht so, dass man den Verstand im Herzen vor dem Angesicht des Herrn Jesus im Gefühl der Furcht, der Frömmigkeit und der Hingabe hält und zugleich die unbezweifelbare Hoffnung hegt, die Barmherzigkeit Gottes zu erlangen.

Man kann alle diese Worte so zusammenfassen: Wer den gottesfürchtigen Wunsch hat, das Ziel seines Seins zu erreichen, zu dem er durch den Göttlichen Willen und die Allmacht vom Nichtsein ins Sein gerufen wurde, muss sich mit dem Herrn vereinigen. Um aber das zu erreichen, muss man zugleich mit der Erfüllung des ganzen Christlichen Gesetzes den heiligen Glauben rein und unbefleckt bewahren, den Christus auf der Erde verkündet hat, und alles erfüllen, was Er aufgetragen hat. Man muss mit der nötigen Vorbereitung zum Empfang der Heiligen Geheimnisse Christi schreiten – zum Leib und Blut des Herrn. Dann muss man Seinen Heiligen Namen zu jeder Zeit anrufen, bei jeder Beschäftigung und an jedem Ort: mit den Lippen, mit dem Verstand und mit dem Herz. Das Atmen der Luft ist für das Leben des Körpers nötig, das Herbeirufen des allmächtigen Göttlichen Namens oder das unaufhörliche Gebet benötigt man unbedingt zum Leben des Geistes. Gerade darin besteht auch das unvergängliche himmlische Gut – den Herrn Jesus Christus in seinem Herzen zu tragen und im lebendigen Umgang mit Ihm das lebendige Wasser des ewigen Lebens zu trinken: Hat Er doch Selbst gesagt: »*Wer von Mir isst, wird weiter hungern, und wer Mich trinkt, den dürstet noch*« (Sir 24,21).

Ohne Jesus Christus kann man unmöglich gerettet werden und in das Himmelreich eingehen. Ist Er aber im Herzen, dann öffnen sich hier die Tore ins Himmelreich, und der Mensch sieht mit eigener Erfahrung die Erfüllung der Herrenworte: »*Ich bin die Tür, wer durch Mich hineingeht, wird gerettet werden*« (Joh 10,7).

Freilich, ein Wort über das Herzensgebet, das seiner großen Bedeutung im geistlichen Leben, seiner Seltenheit, seinem tiefen und umfassenden Inhalt angemessen ist, zu sagen, ist nicht bequem. Reden kann man nur schwer darüber, und das Gehör ist unvermögend, die Worte darüber aufzunehmen. Es stellt das Zentrum und den Mittelpunkt des geistlichen Lebens dar, seine Macht, Stärke und Befestigung. Muss ein Schiff im Meer an einem Ort halten, so wirft es einen Anker ins Wasser, und festgehakt am Grund zieht der Anker das Schiff mit großer Kraft zu sich und hält es fest, erlaubt ihm auf gar keine Weise, sich von ihm zu entfernen, mögen auch Wind und Wellen es peitschen – so ist es auch hier: Sobald die Kraft des Herzens mit dem Namen des Herrn vereinigt ist und in ihm die Göttliche Kraft oder genauer den Herrn Selbst verspürt hat, wird im menschlichen Herzen der Baum des Lebens eingepflanzt, von dem

Adam verjagt wurde – seines Ungehorsams wegen. Ohne Zweifel ist das jener Baum des Lebens, von dem in der Apokalypse berichtet wird: *»Inmitten der Straßen der Stadt standen Bäume des Lebens, die Früchte tragen; die Blätter der Bäume dienen zur Heilung der Völker«* (Offb 22,2).

Und wie Adam durch den Genuss der Früchte des Baumes des Lebens in Ewigkeit hätte leben können, so besitzt auch dieser Mensch, hineingenommen in das Göttliche Leben im Sohn Gottes, das selige Leben von Ewigkeit zu Ewigkeit. Denn das ewige Leben gibt es allein im Sohn Gottes, nach dem Wort des heiligen Evangeliums: *»In Ihm war das Leben, und das Leben war das Licht der Menschen«* (Joh 1,4), und noch: *»Gott hat uns ewiges Leben gegeben, und dieses Leben ist in Seinem Sohn. Wer den Sohn hat, der hat das ewige Leben, wer den Sohn Gottes nicht hat, der hat das Leben nicht«* (1 Joh 5,12).

Dieser Mensch ist vom Tod zum Leben übergegangen, denn er wurde in seinem geistlichen Wesen mit Gott vereint – dem Quell des Lebens; er wird auf die himmlischen Höhen der unsichtbaren Welt getragen und verweilt dort. Man kann sagen, dass er schon aus dem Kreis der übrigen Leute herausgenommen wurde; er empfängt die Heilung seines ganzen Wesens, und die Erfüllung aller übrigen Tugenden fällt ihm nicht schwer. Und das alles, weil er die Quelle des geistlichen Lebens und alles Guten – den Herrn Selbst in seinem Herzen erworben hat. Davon spricht der Göttliche Psalmist: *»Es war eine Qual für mich, bis ich eintrat ins Heiligtum Gottes«* (Ps 73,16), das heißt ins Herz zum Geistlichen Gottesdienst, in das mit den Worten des heiligen Johannes Klimakos der Verstand in ungleichen Rangstufen eintritt, wenn er die Handauflegung und Weihe durch den Heiligen Geist empfangen hat: Einmal kommt er als Priester, einmal als Bischof, dann wieder als Patriarch – je nach dem Maße seiner Reinheit und der Disposition seiner Liebe zu Gott dem Herrn.

Stellt man die hohen geistlichen Zustände dar, muss man sich immer an das allgemein gültige Gesetz erinnern, von dem oft der heilige Makarios der Große spricht. Ganz gleich auf welcher Höhe geistlicher Vollkommenheit ein Mensch sich befindet, er kann sie immer verlieren, wenn er nachlässig wird und von sich eine stolze Meinung bekommt, denn genauso wenig wie die Gnade auf uns zwangsläufig wirkt, so auch die Sünde. Unsere Freiheit bleibt von beiden Seiten unangetastet, damit der freie Wille der Seele offenkundig wird, der der Seele eine wirkliche Bedeutung vor den Augen Gottes verleiht und ein würdiges Verdienst.

Es ist sehr zu bedauern, dass das heutige Mönchstum alle möglichen Fertigkeiten erwirbt, sich aber gar nicht mit dem Jesusgebet beschäftigen möchte, weil es ja auch tatsächlich mühsam ist, insbesondere am Anfang seiner Tätigkeit und der Gewöhnung. Aber wie es auch immer sei – es ist unbedingt nötig zu unserer Rettung und ersetzen kann man es durch nichts.«

14. Kapitel

Noch etwas über das Gebet im Allgemeinen

»Nun freilich, wir nennen das Gebet eine Heldentat und halten es auch dafür, obwohl es eigentlich unsere Erholung, Ruhe, unser Entzücken und unsere Freude sein müsste. Wenn wir zu Tisch sitzen und Nahrung zu uns nehmen, dann nennen wir das nicht eine Heldentat, das Gebet aber – es ist doch die Nahrung der Seele, das Atmen des Geistes – das ist für uns eine Heldentat. Nun, soll es eine große Tat sein, so ist es doch nichtsdestoweniger unumgänglich im Werk der Erlösung. Der ganze Erfolg in diesem Werk hängt vom Gebet ab, und ohne Gebet gibt es für die Seele keine Rettung. Ohne es hungert und dürstet unser geistliches Leben, oder es stirbt wie ein Fisch ohne Wasser. Und wie soll es denn auch anders sein? Unser geistliches Leben wird genährt und unterstützt allein vom Heiligen Geist. In uns selbst aber besitzen wir nicht die Grundlagen dieses Lebens, wie wir auch nicht die Grundlagen des körperlichen Lebens in uns selbst besitzen, sondern sie durch die Nahrung von außen entlehnen.

Wie aber wird das Leben des Geistes vom Heiligen Geist bezogen? So wie auch das körperliche – durch die Nahrung: durch das Ausbreiten der Hände und das Öffnen der Lippen im Gebet: ›Ich habe meine Lippen geöffnet und den Geist herbeigezogen.‹

Wenn ein Mensch nach seinen Kräften alle möglichen Mühen anwendet und den Herrn um die Gabe dieses unschätzbaren Geschenkes bittet, dann wird er tatsächlich dieses himmlische Gut besitzen. Mit ihm geschieht dann das, was beim heiligen Propheten Jesaja über Zion geschrieben wird: *»Deine Tore werden allezeit offenstehen, Zion, und werden Tag und Nacht nicht geschlossen werden«* (Jes 60,11) – das heißt, das Gebet, das im Herzen Wurzel geschlagen hat und mit der Erkenntnis und unserem Geist emporwuchs, wird in Ewigkeit nicht aufhören. Das ist das zweifelsfreie Unterpfand der himmlischen Seligkeit, deren höchste Stufe nach den Worten der Göttlichen Schrift in der völligen Vereinigung mit dem Dreihypostatischen (Dreifaltigen) Gott besteht: in der Schau des allmächtigen Gottes, in Seiner ewigen Herrlichkeit, die dem vernünftigen Geschöpf zugänglich wird. Die Uranfänge aber dieser Seligkeit werden hier gerade in unserem Gebetsdienst für den Herrn Gott grundgelegt, der am Anfang, wenn man sich an ihn noch gewöhnen muss, so unaussprechlich hohe Früchte nicht verspricht. Aber in dem Maße, in dem das Gebet in unserem Herzen Wurzeln schlägt, beginnt allmählich das Göttliche Licht in ihm zu entbrennen und verwandelt seine natürliche träge Masse in eine geistliche Qualität.

Im Gebet ereignet sich das Geheimnis der Einigung Christi mit den Gläubigen.

Hier ist das Geheimnis der Versöhnung des Menschen mit Gott, hier wird vorausgekostet die Seligkeit der Gottesschau von Angesicht zu Angesicht (1 Kor 13,12). Wenn die unmittelbare Schau anbricht und der Glaube aufhört (2 Kor 5,7), dann beginnt die Seligkeit, in der der Hunger nach Gerechtigkeit gesättigt wird (Mt 5,7), die Seligkeit, in der wir in Gott bleiben und Gott in uns in verborgener Einheit (Joh 17,21.23).

Das Gebet ist wirklich ein Aufstieg zu Gott in unserem Herzen. Es ist in Wahrheit der Strom unseres Lebens in das ewige Leben. Wer das Gebet nicht hat, ist ohne Atem in seinem Geist und geistlich tot, genauso wie jemand, der keine Luft zum Atmen bekommt, körperlich tot ist. Das Gebet ist der Schlüssel zur Schatzkammer aller himmlischen Güter. Es gibt nichts, was man nicht durch das Gebet empfangen könnte, wenn das Erbetene nur gut ist und auf rechte Weise erbeten wird. Die Macht des Gebetes ist dem menschlichen Verstand unzugänglich. Dem Betenden ist alles möglich. Die Geschichte der Kirche des Alten und Neuen Bundes zeigt uns die Wunder durch das Gebet. Der Herr kennt auch ohne unsere Bitten unsere Bedürfnisse und Nöte und ist in Seiner unendlichen Barmherzigkeit bereit, sie zu erfüllen, als gerechter Richter aber hat er bestimmt, dass wir durch Bitten die Hilfe von Ihm erhalten sollen. *»Bittet«*, sagt Er, *»so wird euch gegeben werden«* (Mt 7,7). *»Ihr erhaltet nicht, weil ihr nicht bittet. Ihr bittet und empfangt nicht, weil ihr in übler Gesinnung bittet …«* (Jak 4,3).

Aber allein schon, dass das Gebet ein Gespräch mit Gott ist, dem König des Himmels und der Erde, dem Herrscher des Alls – welche Ehre ist das für den Betenden! Es ist die Ehre der Engel, das Tun der Engel! Ohne Gebet, ohne es hier gelernt zu haben, seinen Geist dazu erzogen und daran gewöhnt zu haben, kann ein Mensch nicht in den Himmel eintreten und in ihm wohnen, ja er ist überhaupt unvorbereitet und unfähig zum himmlischen Leben, weil das Leben des Himmels seinem Wesen nach Gebet ist. Auch in der Kirche Christi, die im Reich der Herrlichkeit triumphiert, wird das Gebet nicht aufhören. Das Bittgebet wird aufhören, das Flehen hat ein Ende: ›Herr, sei gnädig!‹, ›Vergib, O Herr!‹; das Gebet der Danksagung und des Lobpreises wird dort aber noch mehr anwachsen und noch begeisterter sein. Wer also hier und jetzt das Gebet nicht in sich hat, gelangt dort nicht hinein, wo die Fülle und der Triumph des Gebetes ist. Er tritt nicht in das Heiligtum ein, wenn er nicht zuvor den Vorhof betreten hat.

Die Gebote des Herrn und das Gesetz Christi kann man ganz entschieden nicht ohne den Herrn Jesus Christus erfüllen, ohne Seine gnadenhafte Hilfe, wie Er Selbst sagt: *»Ohne Mich könnt ihr nichts tun«* (Joh 15,5). Und jeder von uns, der auch nur ein wenig versucht hat, fromm zu leben, kann mit voller Überzeugung die unbedingte Wahrheit dieser Herrenworte bestätigen. Ein neuer Grund, dass Verstand und Herz zur Gemeinschaft mit dem Herrn Jesus Christus hinstreben, liegt auch darin, dass dieses Streben durch das Jesusgebet hervorgerufen und erzeugt wird. Und so verpflichtet uns das

Jesusgebet von neuem, es immer wieder zu üben und zu tun. Anders als allein durch das Gebet können wir nicht in der Gemeinschaft mit dem Herrn Jesus Christus bleiben. Ohne diese Gemeinschaft können wir aber nicht auf unsere ewige Rettung hoffen, denn sie liegt im Sohne Gottes.

Der Empfang der heiligen Geheimnisse Christi – Fleisch und Blut des Herrn Jesus Christus – vereinigt uns wesentlich mit Ihm und lässt uns nach den Worten des heiligen Apostels *»der göttlichen Natur teilhaft werden«* (2 Petr 1,4). Aber diese unsere Einheit mit dem Herrn Jesus und diesen aufrichtigen Umgang mit Ihm können wir nur dann in uns aufrechterhalten, wenn wir im Verstand und im Herzen Seinen heiligen Namen ›Jesus Christus‹ behalten; lenken wir aber unseren Verstand und das Herz weit nach einer Seite hinab, dann gibt es in uns keinen Ort, wo dieses Göttliche Heiligtum ruhen könnte. Es ist wieder eine Bestätigung dafür, dass wir das Jesusgebet zum Werk unserer Rettung benötigen, da es uns unmittelbar mit der Quelle des ewigen Lebens vereint – mit unserem Erlöser Jesus Christus.

Diese ganze ausführliche Erklärung über das Jesusgebet kann man der Deutlichkeit halber mit kurzen Sätzen beschließen. Erstens: der Behälter dieses Gebetes oder das Gefäß, in dem es aufbewahrt wird, ist der menschliche Geist, der nach dem Hinweis der heiligen Väter sich im obersten Teil des Herzens befindet, etwas höher als die linke Brustwarze, zur Hälfte des Zeigefingers, er wird von ihnen als die vernunftgemäße Kraft bezeichnet. Er selbst wir durch das Gebet vom Licht der Gnade erfüllt, der Geist übergibt dieses Licht der Seele, die unter ihm das ganze körperliche Herz einnimmt.

Im Menschen ist alles dreifältig angelegt gemäß seiner dreifaltigen Zusammensetzung: Körper, Seele und Geist. Wenn daher die heiligen Väter vom Herz sprechen, dann ist ohne eigene persönliche Erfahrung nur sehr schwer zu verstehen, was eben sie darunter verstehen. Das ist, wie schon oben gesagt, der innere Sinn der Seele, der die Wurzel und das Zentrum unseres Seelenlebens darstellt, denn in diesem Sinn oder im Herzen der Seele geht unser ganzes Leben vorüber. Wenn aber unser Verstand irgendeinen Anteil am Gebetswerk haben soll, dann vielleicht in der Art, dass man ihn von der ihm eigenen Tätigkeit befreien soll, von den Gedankengängen, von den Erwägungen und dem unbändigen Streben nach Bewegung. Hier ist der Verstand nicht mehr als ein Wächter und Hüter, er steht vor den Toren des Herzens und bewacht das ganze Gebiet des Geistes, damit nicht irgendein irdischer Gedanke eintritt, der feindlich oder auch nur unnütz für das Gebet ist. In allen Schriften wird daher von den heiligen Vätern streng geboten, während des Gebetes den Verstand von jedem Gedanken rein zu halten, ohne Bilder, unansehnlich, ohne Eigenschaften, er ist nicht mehr als nur ein außenstehender Zuschauer. Unser ganzes Leben aber ereignet sich im Geist, der, im Namen des Herrn mit dem Herrn selbst vereint, von Göttlichem Licht erfüllt wird, von himmlischer Freude und geistlicher Seligkeit, und das alles der Seele übergibt. Zu dieser Zeit wird der Mensch, ganz in eins gesammelt mit allen seinen Kräften, mit dem Herrn Jesus völlig vereint.«

15. Kapitel

Davon, dass das Jesusgebet einer Führung bedarf. Über die Gründe seiner Herabsetzung. Anregung, es zu tun

»Man muss wissen, dass das Jesusgebet die Führung eines erfahrenen Lehrmeisters und eine gebührende Vorbereitung benötigt, deren Hauptsache neben vielem anderen darin besteht, dass der Mensch ganz in das Bewusstsein der Demut eintaucht: Er hält sich selbst nach dem Beispiel des Stammvaters Abraham und des Gerechten Ijob für Staub und Asche (Gen 18,27 und Ijob 42,6). In der Tiefe seiner geistlichen Armut und des sündhaften Zustandes erblickt er seine ganze Ohnmacht, Gutes zu tun, und erkennt, dass er unbedingt der Hilfe Gottes bedarf. Untrennbar mit dem Gebet muss immer auch die Aufmerksamkeit und die Nüchternheit verbunden sein, das tiefe Gefühl der eigenen Nichtigkeit und überhaupt die Bußgesinnung der Seele.

Das alles zusammen ist das wohltätige und belebende Element, in dem allein der rettende Baum des Jesusgebetes sich entwickeln und wachsen kann.

Da es heutzutage aber fast keine Lehrmeister mehr gibt – vielleicht gibt es sie noch irgendwo, nur finden kann man sie schwer – so muss man die Führung zu diesem Gottgefälligen und rettenden Tun in dem geistlichen Schrifttum der heiligen Väter suchen. Wenn für manchen aber auch das zu schwer sein wird vielleicht versteht er vieles nicht oder seine intellektuellen Fähigkeiten sind nicht so entwickelt – dann ist es am besten, ungefährlichsten und zuverlässigsten, so vorzugehen: Man soll in der Einfachheit des Herzens das mündliche Jesusgebet verrichten ohne jegliches Philosophieren, ohne sich irgendwelche Erscheinungen zu erwarten, ohne Einbildungen und verschiedene Vorstellungen – mit einem Wort, man soll nichts annehmen und nichts anderes glauben, wie es bei den Unverständigen vorkommt …

Man soll es leicht beten, frei, ohne besondere Anstrengung, und man darf es auf keinen Fall mit dem Verstand in sich hineinpressen wollen – so frei, wie der Atem geht, muss man beten. Diese Leichtigkeit und Freiheit wird uns nicht von diesem Tun abstoßen, sondern zu ihm hinziehen. Und das ist unbedingt notwendig, weil wir an das Gebet noch nicht gewöhnt sind.

Muss man die zweifelsfreie Hoffnung haben, dass der Herr durch den gnädigen Ratschluss Seines Herzens mit der Zeit uns auf die wahren Pfade des Herzensgebetes führen und das gelobte Land schauen lassen wird – das Erbe aller Heiligen.

Es wäre natürlich gut, den Namen Seines Herrn mit Andacht anzurufen, mit Eifer und großer Aufmerksamkeit. Können wir das aber noch nicht, weil unsere Seelenkräfte schwach sind, dann dürfen wir wissen, dass der Herr nicht über unser unreines Gebet zürnt, sondern dass Er unseren guten Willen annimmt und ihn zu unserer Rettung anrechnet. Daher sagten auch die Väter: ›Bete, wie du kannst, mit deinem unreinen Gebet, mit der Zeit wird der Herr dir auch das reine Gebet gewähren.‹ Denn so ist geschrieben: »*Die Schritte Seiner Frommen behütet Er, doch die Frevler verstummen in der Finsternis, denn der Mensch vermag nichts aus eigener Kraft*« (1 Sam 2,9).

In der Hoffnung auf Gott kann jeder zuversichtlich zu diesem ruhmvollen Werk schreiten – zur Beschäftigung mit dem Jesusgebet: in der Bußgesinnung der Seele, in Demut und im Wissen um die eigene Nichtigkeit, nach dem Beispiel des Zöllners aus dem Evangelium, in tiefer Zerknirschung des Herzens über die eigenen Sünden, im Gefühl der Schuldhaftigkeit vor Gott – und Gott wird uns nicht beschämen: *»Er, der ein so gutes Werk angefangen hat, wird es vollenden bis zum Tage Jesu Christi«* (1 Phil 1,6).

Ein Grund, warum man oft bei den Menschen so wenig Eifer zur Beschäftigung mit dem Jesusgebet sieht, mag auch sein, dass sie seine Höhe abschreckt, von der so viel und überall in den geistlichen Büchern geschrieben wird. Darüber wurde jedoch mit dem weisen Ziel geschrieben, um alle zu dieser heiligen Tätigkeit hinzuführen und anzuregen, an den Göttlichen Namen unseres Erlösers, des Herrn Jesus Christus, zu denken und ihn auszusprechen. Viele halten auch von dieser Tätigkeit die Mühen ab, die unbedingt dafür erforderlich sind. Das größte Hindernis aber ist der Feind, der Satan, dem dieses heilige Tun besonders verhasst ist, da es ihn mit dem Feuer der Gottheit verbrennt.

Ohne Mühen freilich kann man überhaupt kein Werk verrichten, das ist auch im weltlichen Leben so. Weil dieses Werk aber so wichtig ist, so hoch, durch nichts zu ersetzen, muss man sich zweifellos bemühen – andauernd, eifrig, durch lange Jahre hindurch. Das Ziel aber, das wir durch sie erreichen sollen, ist nicht klein, es ist die Vereinigung mit Gott, und darin besteht unser ganzes ewiges Leben.

Mit der Zeit werden diese Mühen aufgelöst in wohltuende Tröstungen, die sogar unser Herz durchdringen. Mögen sie auch kurzfristig sein, so hinterlassen sie doch durch ihren augenblicklichen Glanz in unserer Seele die Spuren eines unvergesslichen, seligen Besuches; sie lassen uns die Köstlichkeit der Nähe des Herrn verspüren, mit der nichts auf Erden verglichen werden kann. Diese beseligende Empfindung, ein Unterpfand unserer künftigen Verbindung mit Christus, tröstet uns durch die freudige Hoffnung, dass unsere Mühen nicht vergebens sein werden, sondern dass wir mit der Zeit durch Gottes Hilfe die Vereinigung des Herzens mit dem Herrn Jesus erreichen werden – und dann *»nimmt unsere ewige Freude niemand von uns«*, wie der Herr Jesus Christus selbst sagt (Joh 16,22).

Besonders am Anfang der Beschäftigung mit dem Jesusgebet geschieht es nicht selten, dass ein Mensch es ohne jegliche Aufmerksamkeit und gleichsam ohne jede geringste angenehme Empfindung verrichtet: Es ist hoffnungslos schwer, als ob man mit einem schweren Hammer Steine klopfen müsste. Ganze Wolken von allen möglichen Gedanken, unter ihnen auch schmutzige, gotteslästerliche, unbeschreibliche schlagen gegen den Verstand wie Meereswellen gegen einen Felsen.

Der böse Feind aber flüstert ihm dauernd ein: ›Ist dein Gebet Gott wirklich lieb? Du schlägst doch nur umsonst in die Luft; schau doch auf die Leute um dich herum, da beschäftigt sich doch keiner damit, mögen sie älter und im Leben erfahrener sein als du. Und du, du bist vielleicht besser als alle anderen, dass du dich um das unaufhörliche Gebet bemühst? Ja, es gab einmal eine Zeit, da beschäftigten sich mit ihm die heiligen Väter, aber jetzt ist diese Sache unmöglich geworden; lass es bleiben und lebe, wie auch alle anderen leben!‹ Und dann kommt es noch, dass von irgendwo ein Lehrmeister auftaucht, der eben dasselbe sagt, was wir uns gerade denken durch eine. Einflüsterung des Bösen und wofür wir uns selbst bereitet haben. Dort ist für jeden dann der Prüfstein und der Schmelzofen der Versuchung, die auf jeden Fall an jeden herantritt, der zu diesem Gottesdienst berufen ist.

Man darf aber nicht darauf hören oder schauen, sondern muss wissen, dass der Größe dieser Sache wegen sich von überall auch große Hindernisse erheben. Hat man aber einmal angefangen, muss man auch fleißig fortfahren, soweit die Kräfte es erlauben, darf sich von der Ungewöhnlichkeit dieser Sache und der mangelnden Gewöhnung nicht bedrücken lassen und soll auf niemand rings herumschauen. »*Jeder steht oder fällt dem eigenen Herrn*« (Röm 14,4) und man weiß doch, dass es vom Guten immer nur wenig gibt. Aber diese leidvolle Zeit wird vorübergehen, Gott wird es gewähren, und du wirst den freudenvollen Morgen der Auferstehung Christi erblicken. Das Licht Gottes wird mit der Zeit auch in deinem Herzen aufstrahlen und dein ganzes Inneres mit den abendlosen Strahlen der himmlischen Freude erhellen, und du wirst die Morgenröte des ewigen Lebens ohne Zweifel mit den Sinnen deines Herzens erblicken. Hast du nur einmal diese göttliche und heilige Sache angefangen, dann lass nicht von ihr ab, wie eben gesagt wurde, tue, was du mit deinen Kräften tun kannst, aber strebe nur vorwärts, in der Hoffnung auf Gott – freudig und willig.

Natürlich möchte das nicht sagen, dass man nicht auch gelegentlich davon ablassen muss, hier ist das völlige Aufhören gemeint. Es kommt für einen Tag, zwei oder auch mehr vor, dass man von Tätigkeiten und Sorgen, wie sie ja unausweichlich in unserem Leben auftreten, ganz niedergedrückt ist und nicht an den Herrn Gott denken kann. Kehren aber Bewusstsein und Beruhigung wieder zurück, dann beginne wieder mit dieser rettenden Beschäftigung, die das Herz erfreut und die Seele mit himmlischem Brot nährt – für das ewige Leben.

Das wahrhaft große und ruhmreiche Werk, Gott wohlgefällig und uns rettend, besteht darin, den Göttlichen Namen unseres Retters anzurufen – und sei es auch nur mit den Lippen. Uns scheint das gleichsam ohne Nutzen zu sein; aber währenddessen versetzt schon das mündliche Aussprechen des Namens Jesu Christi die Dämonen in Furcht; das Feuer der Gottheit verbrennt sie, und sie fliehen von dem Ort, wo man ihn hört. Und noch etwas: Der Name Gottes, der in sich heilig ist, heiligt unsere Lippen, die Zunge, die Luft, ja unsere ganze Umgebung. Von den heiligen Vätern wurde auch noch bemerkt, dass während der Übung des Jesusgebetes, insbesondere am Anfang, manchmal bei uns ein verstärktes Aufwallen der Leidenschaften vorkommt, so dass ein Mensch sich ungleich schlechter vorkommt als zu jener Zeit, da er sich nicht mit dem Gebet beschäftigte, und ein anderer daher aus Unerfahrenheit in Zweifel gerät, ob es wirklich so heilig, nützlich und notwendig ist.

Aber all das entsteht natürlich, durch eine notwendige Ordnung. Das Licht der Gebetsgnade, das von der Gottheit Jesu Christi ausgeht, durchdringt die Finsternis der Seele, versetzt die bis dahin dort ruhende böse Kraft in Furcht und vertreibt sie, und aufgewühlt bringt sie alle Leidenschaften in Bewegung, die in Ruhe waren. Bischof Ignatij Brjantschaninov* schreibt darüber folgendes: ›Es ist das ein Anzeichen, dass unser Gebet begonnen hat, eine eigene, ihm zukommende Wirkung hervorzurufen. Lassen wir uns daher nicht erschrecken, ermuntern wir uns durch die Hoffnung, dass unser Gebet in der nötigen Ordnung voranschreitet und in seine gesetzmäßigen Rechte eingetreten ist, um die unreinen Mächte zu vertreiben.‹ Das Beispiel dafür kann man auch im Evangelium sehen. Als der Herr Jesus Christus auf die Bitte des Vaters des besessenen Knaben den unreinen Geist bedrohte, sprach Er zu ihm: »*Du stummer und tauber Geist, Ich gebiete dir: Fahre aus von ihm und fahre nicht mehr in ihn hinein. Und nachdem er geschrien und ihn kräftig hin- und hergerissen hatte, fuhr er aus; und er wurde wie tot*« (Mk 9,25 f).

Ihr seht, wie die Gott bekämpfende und unreine, abtrünnige Macht geschlagen wird und selbst den Menschen schlägt, wenn sie durch die Macht Christi von ihrem Ort vertrieben wird. Bei den heiligen Vätern wird darüber so geschrieben: ›Ich flehe euch an, Brüder‹, sagt der Göttliche Chrysostomus*, ›lasst niemals von der Gebetsregel ab oder vernachlässigt sie nicht. Ich habe einst Väter gehört, die sagten: Was ist das schon für ein Mönch, wenn er die Gebetsregel vernachlässigt oder gar verachtet. Ob er isst oder trinkt, ob er zu Hause sitzt oder auf dem Weg ist, was immer er auch macht – er soll unaufhörlich rufen: – Herr Jesus Christus, Sohn Gottes, sei mir gnädig – damit das Gedenken des Namens unseres Herrn Jesus Christus uns zum Kampf gegen unseren Feind antreibt. Durch dieses Gedenken kann die Seele, die sich dazu zwingt, in sich alles erforschen – das Schlechte wie das Gute; zunächst wird sie im Inneren, im Herzen, das Schlechte erblicken, dann aber auch das Gute; dieses Gedenken bringt die Schlange in Bewegung; dieses Gedenken enthüllt die in uns lebende Sünde, und dieses Gedenken wird sie auch tilgen. Dieses Gedenken kann die ganze feindliche Macht im Herzen bewegen, und dieses Gedenken kann sie auch besiegen und Stück für Stück entwurzeln; steigt der Name des Herrn Jesus Christus in die Tiefe des Herzens hinab, bändigt er den Drachen, der seine Beute festhalten will, rettet die Seele und belebt sie.

Lebe unaufhörlich mit dem Namen des Herrn Jesus, möge das Herz den Herrn verschlingen und der Herr das Herz – und die zwei werden eins sein. Dieses Werk ist aber nicht das Werk eines Tages oder von zweien – sondern es ist ein Werk vieler Jahre und einer langen Zeit, denn ein großer Kampf ist erforderlich, jahrelang, um den Feind hinauszuwerfen und Christus eine Wohnung zu bereiten.‹

Der heilige Johannes Klimakos sagt: ›Wir sollen uns nicht wundern, wenn wir sehen, dass wir am Beginn unseres monastischen Lebens mehr von den Leidenschaften angefochten werden als zu der Zeit, wo wir noch in der Welt lebten. Am Anfang müssen sich unbedingt alle Ursachen der Krankheiten zeigen, dann aber folgt die Heilung. Dieses Meer muss aufbrausen, tosen und in Wellen alles aus sich auswerfen, was in ihm war.

Dasselbe geschieht auch bisweilen am Anfang der Übung des Jesusgebetes. Nicht selten erheben sich die Leidenschaften wie ein wogendes Meer, ganze Wolken von allen möglichen Fantasien – ekelhaft, unrein, gotteslästerlich – stürzen auf die Seele und werfen den Menschen in Hoffnungslosigkeit und fast in Verzweiflung.‹

Das aber ist, wie eben gesagt, ein untrügliches Zeichen dafür, dass der Feind, der so lang in uns in Ruhe bleiben konnte, nun durch den für ihn furchtbaren Namen Jesu Christi aufgewühlt wurde. Er erträgt ihn nicht, zieht aus, aber bei seinem Auszug stiftet er Aufruhr und Empörung. Man soll daher gar keine Aufmerksamkeit darauf lenken, sondern immer wieder und wieder das Jesusgebet verrichten, mag's auch nur mündlich sein – es ist bei der Unfähigkeit noch das beste; und man soll sich bemühen, seinen ganzen Lebenslauf damit zu erfüllen, nicht nur die Freizeit, sondern auch die Arbeitszeit, besonders bei körperlichen Tätigkeiten. Die Mühe, die Zeit und insbesondere die Mitwirkung Gottes überwinden die sündhaften Eigenschaften und Neigungen unserer gefallenen Natur, und mit der Zeit erstrahlt dieses Gebet wie die Sonne in ihrer Kraft – und so wird auch in der Schrift der Herr Jesus genannt: Sonne der Gerechtigkeit. Vor allen Geschöpfen auf dem Antlitz der Erde ist der Mensch geehrt als Ebenbild Gottes und geschmückt mit hohen Gaben – dem Verstand und der Freiheit – und so gibt es für ihn nichts Verpflichtenderes, Angemesseneres und Heilsameres, nichts, was sein Herz mehr erfreuen kann und Gott wohlgefälliger ist, als an seinen Schöpfer zu denken, Ihn zu erkennen und Ihn zu lieben.

Das ist das größte Gut vor allen; der Herr Selbst hat es so verkündet, als Er auf dem Weg zum freiwilligen Leiden zum Himmlischen Vater das erlösende hohepriesterliche Gebet für das ganze Menschengeschlecht sprach. Hier nennt er die Erkenntnis Gottes das ›ewige Leben‹. »*Das aber ist das ewige Leben, dass sie Dich, den allein wahren Gott, erkennen und Den Du gesandt hast, Jesus Christus*« (Joh 17,3). Die Erkenntnis Gottes wird, nach einem Wort des Apostels, dem geschenkt, der Gott liebt.

»*Wer Gott liebt*«, sagt der heilige Apostel Paulus, »*der ist von Ihm erkannt*« (1 Kor 8,3). Es gibt keine Liebe ohne Erinnerung an den, den wir lieben, das Gedenken Gottes und das unaufhörliche Gebet – sie sind ein und dasselbe. Dieses Gedenken Gottes oder die Liebe zu Ihm drücken wir durch das unaufhörliche Jesusgebet aus, wenn wir sprechen: ›Herr Jesus Christus, Sohn Gottes, sei uns Sündern gnädig.‹ Und dieses Gebet schenkt uns die Erkenntnis des Sohnes Gottes, vereinigt uns mit Ihm auf engste Weise, in größter Nähe, und in dieser Vereinigung bekommen wir Anteil am ewigen Leben, das sich nach dem Apostel im Sohn Gottes befindet. »*In Ihm war das Leben*« (Joh 1,4).

Hier zeigt sich auch die Erfüllung des allerersten Gebotes des Erlösers Christus – als Er auf die Frage des Schriftgelehrten: »*Welches ist das erste Gebot unter allen?*« antwortete: »*Du sollst den Herrn, deinen Gott, lieben aus deinem ganzen Herzen und aus deiner ganzen Seele und aus deinem ganzen Denken und aus deiner ganzen Kraft*« (Mk 12,30). Die wahre Liebe fürchtet nichts mehr, als den Geliebten durch irgend etwas zu kränken; damit diese Liebe aber möglich wird, muss man auch den Willen des Geliebten erfüllen.

Wie sagt auch der Herr: »*Wer Mich liebt, wird Mein Wort halten. Wer Mich nicht liebt, befolgt Meine Worte nicht*« (Joh 14,24).

Wollen wir daher nicht von der Liebe Gottes abfallen und durch das Gebet die gnadenhafte und geheimnisvolle Einigung mit dem Herrn Jesus Christus erlangen, müssen wir unbedingt Seinen Heiligen Willen erfüllen, den Er im Heiligen Evangelium verkündet hat, und Seinen Heiligen Geboten gemäß leben.

Mit den Lippen und der Zunge den Namen des Herrn Jesus Christus zu sprechen, hat in unserem Leben eine große Bedeutung, denn es zeigt vor dem Angesicht des Herrn unser Streben zu Ihm hin. Und obwohl es auch noch kraftlos ist, von Fantasien und bösen Wünschen zerstreut, unterbrochen von Anfällen schlechter Leidenschaften – so ist doch der Herr so mächtig, uns das reine Streben zu Ihm zu verleihen; er vermag die in uns lebende sündige Finsternis auseinanderzutreiben und unser Herz mit dem Licht Seines Angesichts zu erleuchten. Denn nach der Lehre des heiligen Makarios* des Ägypters fordert er von uns eben nur diesen guten Willen, ihn aber zur Ausführung zu bringen – das ist die Sache der Göttlichen Kraft, dazu besitzen wir nicht genug eigene Kräfte.

Wenn aber der Herr unsere Schwachheit im Gebet sieht und dass wir nicht unseren Verdiensten gemäß vor Ihm stehen können, in der Reinheit der Gedanken und mit einem brennenden Herzen, dann wird Er von Seiner üblichen Barmherzigkeit und grenzenlosen Güte genötigt, uns mit Seiner Väterlichen Gnade reich zu beschenken; Er kommt zu uns und bereitet sich in uns eine Wohnung nach dem

Göttlichen Wort: *»Wer Meine Gebote hat und sie hält, der ist es, der Mich liebt. Wer aber Mich liebt, wird von Meinem Vater geliebt werden, und Ich werde ihn lieben und Mich ihm offenbaren«* (Joh 14,21).

Wir können deshalb, wenn wir das mündliche Gebet verrichten, auch wenn es noch zerstreut ist, die zweifelsfreie Hoffnung hegen, dass uns mit der Zeit auch das reine Gebet gewährt wird, das Anteil an der Gnade hat, und wir werden nach dem Göttlichen David im Lichte von Gottes Angesicht gehen und uns über Seinen Namen freuen (Ps 89,16 f).

Wenn wir aber das mündliche Gebet nicht besitzen, wie können wir dann hoffen, das gnadenhafte Gebet zu erlangen? Wer nicht auf seinem Acker gesät hat, kann auch keine Ernte erwarten. Wer aber gesät hat, und war's auch nur unreines Saatgut, sorglos und ohne Eifer, für den wächst trotzdem irgend etwas zur Nahrung heran – und so ist es auch hier. Auch bei so einem Gebet – das wissen jene, die sich damit beschäftigen – gibt es gelegentlich, nicht oft, im Herzen geistliches Entzücken und augenblickliche Erleuchtungen der Gnade, wie Funken vom Göttlichen Feuer, das vom Quell des ewigen Lebens, vom Licht vor aller Zeit, Christus, dem Sohn Gottes, herabfällt, Der *»in die Welt kam und jeden Menschen erleuchtet«* (Joh 1,9).

Leben wir aber in dieser Zeit völlig ohne Gebet, dann bedeckt tiefe Finsternis unsere arme Seele wie eine Herbstnacht ohne Sterne und ohne Mond; nichts aus der geistlichen Welt durchdringt dieses Todesdunkel unserer Seelen, und mit den Gedanken und Sinnen unseres Herzens und mit ganzer Seele mutlos und kümmerlich schleppen wir uns auf dem Antlitz der Erde dahin und haben uns völlig von unserem himmlischen Vaterland losgerissen. Das Gebet zum Herrn Jesus Christus ist gleichsam ein Strahl aus der oberen, der himmlischen Welt; es leuchtet mit seinem gnadenhaften Licht in das Dunkel der Seele, zur gleichen Zeit, wie es uns mit großer und unaussprechlicher Freude erfüllt, erbaut es uns durch die Hoffnung auf das ewige Leben, indem es einen Funken davon im Glanz des Gebetslichtes zeigt.

Das mündliche Gebet zum Herrn Jesus Christus ist auch deswegen für uns wertvoll, weil man es durch seine Kürze immer verrichten kann, ganz gleich, womit wir beschäftigt sind (außer bei der Sünde), zu jeder Zeit und an jedem Ort. Ungeachtet seiner Kürze schließt es in sich die Göttliche, allmächtige Kraft im Namen Jesu Christi ein, in Dem alle Wunder geschehen in der Kirche – von den Zeiten der Apostel bis zu unseren Tagen. Die geistliche Kraft im Jesusgebet kann zeitweise jeder verspüren, der es übt, mag er auch schwach sein. Denn das Wort des Herrn ist keine Lüge: *»Wer zu Mir kommt, den werde Ich nicht hinauswerfen«* (Joh 6,37). Es mögen jene von uns nicht in Verwirrung geraten, die bei dieser Tätigkeit Trockenheit, Last, Unlust, Faulheit und anderes verspüren, eine Menge von Widrigkeiten, die sie zur Hoffnungslosigkeit, Mutlosigkeit und Verzweiflung bringt.

Jede Sache, die in der Welt getan wird, kann auch nicht sofort gut getan werden. Wie viel Mühe und Zeit ist erforderlich, um irgendeine Kunstfertigkeit zu gewinnen, ein Handwerk zu erlernen oder gar zur hohen Wissenschaft zu gelangen, für die einer manchmal sogar sein ganzes Leben lang arbeitet – und am Ende müssen wir doch bekennen, wenn wir nur uns gegenüber ehrlich sind, dass wir ohne höhere Erleuchtung nicht die Wahrheit erkennen und das Ziel des geistlichen Wissens erblicken können.

Wenn schon unsere irdischen Werke für uns so schwer sind, dann ist die Wissenschaft des Himmels umso schwerer – das innerliche Gebet zum Herrn Jesus Christus und durch es die geheimnisvolle Einigung unserer Seelen mit Ihm. Nach den heiligen Vätern wird das die Wissenschaft der Wissenschaften genannt, die Kunst der Künste und das Geheimnis der Geheimnisse. Daher soll jeder, der zu diesem Kampf antritt, zur Übung des Jesusgebetes, sich nicht verwirren lassen, wenn er auch im Verlauf vieler Jahre keine Frucht sieht, und nicht die Hoffnung verlieren, dass seine Mühe umsonst ist. Der Same des Lebens in Christus ist in seinem Inneren und natürlich noch einstweilen im äußeren Menschen, aber schon auf dem zuverlässigen Weg zum inneren. Auf jeden Fall – es werden jene gesegneten Zeiten der Stille und Freude kommen, da die Sonne der Gerechtigkeit den Horizont seines Lebens mit den abendlosen Strahlen ewigen Lichtes bescheinen wird. Er hat einmal den Fuß auf die richtigen Pfade gesetzt und tritt nun frei ein in den himmlischen Palast, in seinem Herzen trägt er die Öllampen, die vom Göttlichen Feuer brennen.

Niemand soll bestreiten, dass der Herr Jesus Christus unser Retter ist und dass wir Ihn in unserem Herzen heimisch werden lassen müssen vor unserem Fortgang aus diesem Leben ins kommende, schon mit Ihm in einer (sakramentalen) mystischen Einheit verbunden, im Geist, im Inneren, im Herzen. Zwei Wege führen nach dem Verständnis der heiligen Väter dorthin: der Weg der Tat und der Weg der geistigen Anschauung; der erste besteht in der Erfüllung aller Christlichen Gebote, der zweite aber – in der Schau Gottes im Verstand, wo der betrachtete Gott die ganze sündhafte Unreinheit in uns vernichtet.

So sagt auch der heilige Chrysostomus: ›Eine einzige Schau Gottes im Verstand genügt, um die ganze feindliche Macht zu zerstören.‹ Dieser letzte Weg ist der kürzeste, weil er uns direkt und unmittelbar vor das Antlitz Gottes stellt, der erste aber dauert lang, ist ermüdend und nicht so bequem. Der heilige Gregor der Sinait sagt darüber so: ›Gott erreichen wir entweder durch das Tun und die Mühe, oder durch das kunstvolle Anrufen des Namens Jesu.‹

Jeder kann daher voller Zuversicht an das Werk des Jesusgebetes herantreten – in Demut, in Bußgesinnung der Seele, im Gefühl der Schuldigkeit vor Gott durch seine Sünden; er soll niemand kränken und verurteilen, er soll sich für schlechter als alle anderen halten, und das Werk seiner Rettung wird eilend voranschreiten, in Freude und mit Zuversicht.

Zunächst möge er bei der mündlichen Übung des Jesusgebetes bleiben, es soll ihm nicht langweilig werden, und er soll es nicht für eine Last halten, wenn er auch nur mit der Zunge und den Lippen den Göttlichen Namen unseres Retters aussprechen kann – da gibt es noch keine Aufmerksamkeit, keine Inbrunst, keine Freude, kein Herz. Aber lass dich nicht verwirren! Das ist so am Anfang, dann wird es besser, nur gib nicht auf, sondern mühe dich weiter in Demut ab, und du wirst auf jeden Fall den gesegneten Zustand erreichen.

Das letzte Wort über die Übung des Jesusgebetes besteht aber für jeden darin: Wie immer sich ein Mensch mit ihm beschäftigt, so ist es heilsam, rettend und unaussprechlich gut, denn es zeigt seinen guten Willen, von den Bestrebungen seiner Seele in diesem höchsten Tun nicht abzulassen – und dieses Tun schenkt ihm unentwendbar Ehre, Ruhm und Achtung. Denn das dient ihm nicht zur Beschämung, dass er, der Schwäche seiner Kräfte wegen oder weil ihm diese Sache noch ungewohnt ist, noch nicht in diesem Gottesdienst gebührend verweilen kann.

Sein guter Wille wird angenommen, die Schwäche aber – sie ist eine Eigenschaft unserer Natur, die nur durch die Gnade des Herrn geheilt wird. Wir werden uns daher nicht darüber aufhalten, dass wir nicht mit einem reinen Verstand und glühendem Herzen beten können, sondern eben so, wie wir es vermögen.

Wir werden das Jesusgebet verrichten, mag auch ein Meer von Fantasien auf uns einstürmen und das Herz von bösen Leidenschaften kochen. Gott wird es schon geben, alles wird vorübergehen und verschwinden, das angeborene Böse wird aus unseren Seelen vertrieben werden, Gottes Heiligkeit, Friede und Liebe werden in uns einziehen, und wir werden das Licht des ewigen Lebens in Christus Jesus erblicken.«

16. Kapitel

Allgemeine Schlussfolgerungen über das Gebet aus all dem, was bisher darüber gesagt wurde. Woher das Jesusgebet kommt und was sein Inhalt ist

»Man muss unbedingt wissen, dass das Gebet nicht in unserem Herzen aufleuchtet, wenn uns nicht unser von der Sünde geschändeter und gefallener Zustand bewusst ist, unsere grenzenlose Unfähigkeit zu jedem wahrhaft guten und Gott wohlfälligen Werk und wenn wir nicht mit einem zerschlagenen Herzen über unsere Sünden weinen. Die Folge davon ist das ganz lebendige und drängende Wissen um die Notwendigkeit Göttlicher Hilfe: »*Wir haben durch Christus so großes Vertrauen zu Gott. Doch sind wir dazu nicht von uns aus fähig, als ob wir uns selbst etwas zuschreiben könnten, sondern unsere Tüchtigkeit stammt von Gott«* (2 Kor 3,5).

Unser Gebet muss aus der Tiefe der Gefühle des Kummers und eines an Schmerzen reichen Herzens emporgehoben werden, zunächst mit dem Ziel, sich mit Gott zu versöhnen und Ihn um Mitleid zu bitten, dann aber, um sich mit Ihm zu vereinen.

Man darf nicht irgendwelche feurige Ekstasen wünschen, noch viel weniger sie suchen, keine Verzückungen des Verstandes in Gott oder geistliche Freuden des Herzens: All das und noch vieles andere kommt von selbst bei der richtigen und demütigen Verrichtung des Jesusgebetes. Im geistlichen Leben besteht der Aufstieg zur Höhe darin, dass man die Last der Selbsterniedrigung, der Demut und der geistlichen Bedürftigkeit auf sich nimmt; mit einem Wort darin, dass man sich selbst für schlechter als jedes Geschöpf erkennt und dabei sein Herz mit dem Hypostatischen Wort Gottes verbindet. Darin besteht die ganze Höhe des geistlichen Fortschrittes – das ist das erste. Die zweite Eigenschaft, die unerlässlich ist zur Erlangung des Jesusgebetes, besteht in der aufrichtigen Liebe zum Nächsten und zu jedem Geschöpf, und dann muss man nach Kräften alle Gebote des Evangeliums erfüllen.

Der Starez Paisij Velitschkovskij* erzählt, dass das Jesusgebet zum ersten Mal auf der Erde der Immerwährenden Jungfrau und Gottesmutter Maria mitgeteilt wurde, als Sie in Ihrer übernatürlichen Reinheit, unvergleichlich reiner als die Sonnenstrahlen, im Heiligtum der Heiligen verweilte und jungfräulich im reinsten Fleische aufwuchs; als sie sich entwickelte und im Geiste erstarkte, sich zur Wohnstatt Gottes bereitete, freudig und schön – da, zu dieser Zeit, gleichsam als vorläufige Verlobung dieses Göttlichen Gefäßes, wurde sie von oben vorbereitend in diesem heiligen Gottesdienst unterrichtet, in der immerwährenden Anrufung des Namens des Erlösers des Menschengeschlechtes, Ihres Schöpfers und Herrn. Diese Erzählung des Starez entspricht ganz den Bedingungen dieses Tuns, denn bevor die über alles Gesegnete in Ihrem Jungfräulichen Schoß vom Heiligen Geist den Sohn Gottes empfangen hatte, musste Sie sich in Ihrem Geiste mit Ihm verbinden und eins mit dem Sohn Gottes sein, eben als Seine wahre Mutter, die Ihr ganz reines Fleisch Ihm darbot und so Ihren eigenen Schöpfer gebar.

Dann«, so fährt der Starez fort, »unterwies die Ganzgesegnete Herrin die heiligen Apostel in diesem Heiligen und Göttlichen Gebet, diese aber übergaben es der ganzen christlichen Welt.«

Und so ist dieses Gebet, Heilig und Göttlich seinem Wesen und seinem Ursprung nach, von sich aus die erste aller Tugenden, die höchste, der nichts gleicht und gleichen kann, hat es doch zum Inhalt die Liebe Gottes – Gott Selbst.

Im Gebet findet sich wie an einem einzigen Ort die Erfüllung aller Tugenden, ist sie doch die Mutter aller. Der Glaube an Gott erhält von ihm seine innere Stärke und seinen Inhalt; in ihm bewegt er sich und schreitet voran, er lebt im Gebet wie in einem ihm gleichen Element. Die Liebe zu Gott ist sein eigentliches Wesen, seine Existenz, Natur und seine innere Kraft. Die Hoffnung findet in ihm ihre ewige Wohnung und ist von ihm nicht zu trennen, wie das Licht von der Sonne. Jegliche andere Tugend entsteht aus dem Gebet, wie das Gebären allein dem Schoß zukommt.

Die heiligen Väter sprechen die Wahrheit, wenn sie sagen, dass einer, der im Gebet verweilt, zu dieser Zeit auch die anderen Tugenden erfüllt. Denn, erstens, hat er keine Möglichkeit, wenn er mit einer so großen und wichtigen Sache befasst ist, sich zu gleicher Zeit niedrigen und unehrenhaften Dingen zuzuwenden, vorausgesetzt natürlich, dass sein Gebet wahr und würdig ist.

Zweitens aber will er selbst nicht die Köstlichkeit des Himmels, die er im Herzen verspürt, mit dem Gestank der Sünde und dem üblen Geruch fleischlicher Werke eintauschen. Augenscheinlich überzeugt er sich ja von der Richtigkeit der Worte des Apostels: »*Trübsal und Angst kommen über die Seele jedes Menschen, der das Böse vollbringt*« (Röm 2,9).

Von neuem wird dadurch die Richtigkeit der Lehre der heiligen Väter bekräftigt, dass das Gebet die Mutter, das Haupt und die Königin aller Tugenden ist. Gewinne die Mutter, und sie wird dir viele Kinder gebären.

Verbleiben wir in ihm, dann werden wir nach dem Wort des heiligen Apostels »*ein Geist mit dem Herrn*« (1 Kor 6,17). Dass das Gebet uns unmittelbar mit Ihm vereinigt und uns der Göttlichen Natur teilhaft macht (2 Petr 1,4), schenkt ihm den Ruhm, über den hinaus es keinen geben kann, und stellt es über alle Tugenden, wie die Liebe zu Gott, die nach einem Wort des Herrn Selbst »*das erste und größte Gebot ist*« (Mk 12,30).

Dass alles das aber untrennbar mit dem Gebet zusammenhängt, kann jeder durch seine eigene Erfahrung überprüfen. Sagt doch auch der Herr Jesus über die Wahrheit Seiner Lehre: »*Wenn jemand Gottes Willen tun will, wird er erkennen, ob die Lehre aus Gott ist …*« (Joh 7,17).

Aber noch vor dem Erspüren der höchsten übernatürlichen Gabe in uns, dem lebendigen Umgang mit Gott, reinigt das Jesusgebet vorbereitend unseren Verstand von sinnlosen Fantasien, weiht das Herz durch die heilige Gnade, wendet von ihm die Sehnsucht zur Welt ab und lenkt es zur künftigen Welt, zu dem Licht vor dem Licht Jesus Christus, dem Sohn Gottes, in Dem das ewige Leben und das Himmelreich sind.

Welch wichtigen Platz im Werk des geistlichen Voranschreitens die Reinigung des Verstandes innehat, davon sagt der heilige Antonios folgendes: ›Wenn in der Seele der Verstand so bleibt, wie es ihm von Natur aus zukommt, dann ist sie als ganze eine Tugend.‹

Und noch: ›Die Seele soll in Wahrheit so sein, dass sie den Verstand im natürlichen Zustand besitzt, wie er geschaffen wurde.‹

Der große Antonios sagt auch noch: ›Reinigen wir den Verstand, denn ich glaube, dass er, ist er einmal allseitig gereinigt und zu seinem natürlichen Zustand gekommen, mit prophetischer Kraft begabt werden kann und mehr und weiter sieht als die Dämonen, hat er doch in sich den Herrn, der die Offenbarungen schenkt.‹

Den Schluss aller Überlegungen aber finden wir in dem allgemeinen Grundsatz, dass wir vor allem und am meisten zu unserem Herrn Jesus Christus beten müssen: zu unserem Retter, Fürsprecher und Friedensstifter vor dem Göttlichen Gericht – zum Sohne Gottes, der unsere Natur in die Person Seiner Göttlichen Hypostase aufgenommen hat und in Sich Selbst die von einander getrennten Naturen vereint hat.

Wie die Lichtstrahlen, die sich über das Antlitz der ganzen Erde ergießen, ihren Mittelpunkt in der Sonne haben, so haben auch alle unsere Bitten und Gebete, alle Danksagungen – mit welchen Worten, in welcher Form und durch welche Redewendungen auch immer sie ausgedrückt werden – als Mittelpunkt und Zentrum unseren Retter, den Herrn Jesus Christus. Er ist im Werk unserer Rettung der Eckstein; Er, den man *»verworfen hat, Er ist zum Eckstein geworden«* (Ps 118,22). Und der heilige Apostel erläutert das so: *»Der Fels aber war Christus«* (1 Kor 10,4). Als ein anderer Apostel, das Oberhaupt Petrus, den Herrn bekannte: *»Du bist Christus, der Sohn des lebendigen Gottes«*, da sagte ihm der Herr zunächst, dass ihm das der Himmlische Vater geoffenbart habe, dann aber fügte Er hinzu: *»Du bist Petrus (Fels), und auf diesen Felsen will Ich Meine Kirche bauen«* (Mt 16,18), das heißt, auf diesem Bekenntnis, auf dieser wahren Wirklichkeit. Ja, es ist wahr, Ich bin wirklich der Sohn Gottes, wie du bekannt hast. Und nun erbaue Ich Meine Kirche auf Mir Selbst, Ich werde ihr Fundament sein, wie auch der heilige Apostel Paulus darüber sagt: *»Denn einen anderen Grund kann niemand legen als den, der gelegt ist, und der ist Jesus Christus«* (1 Kor 3,11).

Unser Herr Jesus Christus ist für uns alles. Ohne Ihn können wir nicht einen einzigen Augenblick leben – nicht im geistlichen Leben, nicht im körperlichen. *»Denn aus Ihm und durch Ihn und auf Ihn hin ist die ganze Schöpfung«* (Röm 11,36).

Es gibt keinen Zweifel, dass man zum Sohn Gottes auch ohne das sogenannte Jesusgebet beten kann, sogar ohne Worte – allein in der Hinwendung des Verstandes und des Herzens. Aber das ist erstens der Zustand jener, die im geistlichen Leben weit vorangeschritten sind und ist daher dem Großteil der Menschen unzugänglich; zweitens kann auch in so einem betrachtenden, feinen und nicht materiellen Gebet der Name Jesu Christi nicht ausgeschlossen sein. Woran soll sich denn sonst das Gebet festhalten, wem soll es sonst anhangen?

Mit einem Wort: alles, was auch immer wir uns ausdenken zu unserer Rechtfertigung, weil wir uns im Kampf um das Jesusgebet nicht abmühen wollen – das heißt, in Seiner Gegenwart zu bleiben, den Verstand und das Herz vor Seinem Antlitz zu bewahren – zeigt eigentlich nur unsere Kälte unserem Retter gegenüber und den Wunsch, sich mit einem flauen Frieden zu beruhigen; am Ende des Lebens werden wir aber dennoch die ganze Armseligkeit unseres Lebens erblicken. Es ist gesagt worden: *»Das ewige Leben ist im Sohne Gottes. Wer den Sohn hat, der hat das Leben; wer den Sohn Gottes nicht hat, der hat das Leben nicht«* (1 Joh 5,11 f). Aus dem Gesagten sieht man doch, wie unumgänglich es für uns ist, vor allem zu unserem Retter zu beten. Wir wollen aber, nach dem Apostel Paulus, unaufhörlich beten (1 Thess 5,17) und dazu befähigt uns am meisten das Jesusgebet, das von den Vätern auch als der nächste und schnellste Weg zur Vereinigung unserer Seelen mit dem Herrn Jesus angeführt wird.

In unserer Zeit befindet sich die Übung des Jesusgebetes nicht nur deswegen im äußersten Verfall, sie ist auch in den Klöstern fast unbekannt, weil es für sie keine Führung gibt, sondern auch deswegen, weil man sie aus Angst vor den sogenannten trügerischen Verlockungen verbietet.
Aber diese letzteren trügerischen Reize entstehen nicht aus dem Gebet, sondern aus dem Stolz und der hohen Meinung über sich selbst,

aus dem Unwillen, sich dem Oberen unterzuordnen, aus Hochmut, Anmaßung und ähnlichen Sünden. Wer aber in der Demut bleibt, im Gehorsam, in dem tiefen Empfinden des eigenen sündhaften Zustandes, in Buße und in Demut vor jedem Menschen, der tritt ein in das Werk dieser rettenden Übung, der betritt ungehindert und mühelos die heiligen Pfade, die hinführen zum Göttlichen Zufluchtsort der ewigen Rettung, ›wo die Wohnung all jener ist, die sich freuen‹: dort findet er für sich die ewige Ruhe und das Himmelreich.

In gleicher Weise unterweisen auch jene Lehrer nicht richtig, die jungen Menschen die Beschäftigung mit dem Jesusgebet verbieten und sagen, dass diese Sache für sie noch zu früh ist. Wir aber möchten bekennen, dass es im Leben eines Menschen keine Zeit gibt, in der es zu früh wäre für diese heilige Beschäftigung. Und je früher jemand sich damit beschäftigt, desto besser, da zu dieser Zeit unser Herz noch nicht durchdrungen ist von irdischen Leidenschaften, von der Nichtigkeit dieser Zeit, und sich die fleischlichen Leidenschaften noch nicht erhoben haben: das Herz ist rein, und ist einmal das Wort Gottes in es gefallen, dann besitzt Es dieses Herz ganz – und bringt Frucht, sechzigfach, hundertfach.

Eine Bekräftigung dieser Meinung finden wir in den Lebensbeschreibungen des heiligen Gregor des Sinaiten und des heiligen Symeon* von Thessaloniki. Ersterer lehrte diese göttliche Sache alle und jeden, den er gerade traf, und richtete eigens Schulen zu diesem Zweck ein. Der Zweite aber lehrte, dass man in dieser rettenden Übung alle Menschen unterweisen soll: alte und junge, reiche und arme, Männer und Frauen, Laien und Mönche.«

17. Kapitel

Die verächtliche Meinung der Gegenwart über das Jesusgebet und die Gründe dafür

»Jesus-Gebet – diese zwei Worte dienen wirklich, wie wir es zu großem Leid nicht selten sehen mussten, in unserer Zeit als Stein des Anstoßes und als Ärgernis und rufen sogar, was noch schlechter ist, bei manchen Hass hervor. Hört ein Mensch diese zwei Worte, dann kann man bemerken, dass er gar keinen Wunsch mehr hat, darüber zu reden oder etwas zu hören, ja er zeigt überhaupt die Absicht, das Gespräch darüber zu unterdrücken und auf ein anderes Thema zu wechseln, hält er das Gespräch darüber doch für unnütz, vielleicht sogar für schädlich.

Woher kommt diese Verdrehung der Ordnung? Man hält für unnötig, was man doch unbedingt zur Rettung braucht. *»Denn Einer ist der Mittler zwischen Gott und den Menschen, der Mensch Christus Jesus«* (1 Tim 2,5). *»Und es ist in keinem anderen das Heil; denn es ist kein anderer Name unter dem Himmel für die Menschen gegeben, durch den wir gerettet werden sollen«* (Apg 4,12). Und der Herr Selbst sagt: *»Niemand kommt zum Vater außer durch Mich«* (Joh 14,6). *»Ich bin die Tür«* (Joh 10,9). *»Ohne Mich könnt ihr nichts tun«* (Joh 15,5).

Vielleicht geschieht das aus demselben Grund, aus dem unser Herr Jesus Christus verfolgt, bedrängt und gehasst wurde von den Priestern, Schriftgelehrten und Pharisäern zur Zeit Seines Erdenlebens. Sie hegten, wie man aus dem Evangelium ersehen kann, einen solchen Hass gegen Ihn, dass sie sogar Seinen Namen nicht nennen konnten und vor Pilatus sagten: *»Dieser Verführer da hat gesagt, als er noch lebte …«* (Mt 27,63).

Damals wie heute ist das nichts anderes als die Feindseligkeit der Dunkelheit gegenüber dem Licht, der Hass des Bösen gegen das Gute, die dunkle Erkenntnis der eigenen Entfernung von der Quelle der Wahrheit und allem, was nach dem Apostel *»wahr, was ehrbar, was liebenswert, ja was nur irgendeine Tugend ist«* (Phil 4,8). Einfach gesagt: Sie sitzen im Dunkel und im Schatten des Todes und wollen nicht, dass über ihnen das ewige Licht der nicht vergehenden Sonne der Wahrheit aufstrahlt wie den Bewohnern der Länder Sebulon und Naphthali jenseits des Jordan.

Wer aber in seinem Herzen einen Funken des Göttlichen Anrufes besitzt, der wird zusammen mit dem Apostel Petrus unverzüglich sagen: *»Herr, zu wem sollen wir gehen? Du hast Worte des ewigen Lebens, und wir haben geglaubt und erkannt: Du bist in Wahrheit der Christus, der Sohn des lebendigen Gottes«* (Joh 6,68 f).

Ein anderer Grund für das Vorurteil gegen das Jesusgebet und die Abneigung ihm gegenüber kommt daher, dass viele von uns im Unverstand in den Büchern der heiligen Väter von den hohen Zuständen und der gesegneten Wirkung des Gebetes gelesen haben: Sofort wollen sie diesen Zustand in sich hervorrufen und gebrauchen verschiedene Listen und Zauberkunststücke, die für die heilige Sache beschämend sind.

Oder sie machen sogar jene Verfahrensweisen, die in den Schriften der heiligen Väter als ein gewisses materielles Hilfsmittel angegeben werden, zur wesentlichen Sache und stellen sie als Hauptgrund dar, wie man das Jesusgebet erreichen kann – und für diese ihre Unredlichkeit und das treulose Wagnis, in das Heilige der Heiligen einzutreten, das heißt in den geistlichen Tempel des Herzens zum immateriellen Dienst für den Herrn

Jesus, unterliegen sie den ›trügerischen Verlockungen‹, wie sie in der Mönchssprache genannt werden, das heißt der Verführung infolge ihrer Unkenntnis der wahren Weisheit und ihres unrechten Tuns.

Der dritte Grund für die Schmähung und Zerstörung des höchsten Tuns, des Jesusgebetes, besteht darin, dass es unter den Trägern des Namens Christi auch solche Persönlichkeiten gibt, die in ihrem Herzen etwas Unmögliches vereinen wollen: nämlich Licht und Finsternis. Sie wollen in sich das himmlische Licht, die Freude im Heiligen Geist und alle anderen Früchte des Geistes besitzen, die durch dieses Gebet über uns ausgegossen werden, zu gleicher Zeit aber wollen sie nicht von ihren sündhaften Gewohnheiten ablassen und fallen sogar, was am übelsten ist, in Todsünden. Durch dieses Zusammenstoßen von Licht und Finsternis entsteht in ihrem Verstand der heftigste Kampf, der ihren Verstand verdunkelt und sie in Verwirrung fallen lässt; sie werden dadurch ein Ärgernis und Anstoß in dieser heiligsten Sache, natürlich nicht für alle, aber für die Schwachen und jene, die die ganze Kraft dieser rettenden Sache überhaupt noch nicht erkannt haben.

Leute mit einem fleischlichen Verstand aber, die das Gesetz Gottes nur körperlich lesen, wollen in diesen Verirrungen die Ursache für die Verarmung des Jesusgebetes sehen und schämen sich nicht zu sagen, dass all das durch die Übung des Gebetes entsteht. Kann es aber sein, dass der heiligste Name des Herrn Jesus, der jedes Leiden und jede Wunde der Menschen heilt, eine zerstörerische Wirkung hervorruft? Der Herr sagt: »*In Meinem Namen werden sie Dämonen austreiben, Schlangen werden sie aufheben, und wenn sie etwas Tödliches getrunken haben, wird es ihnen nicht schaden; Kranken werden sie die Hände auflegen, und sie werden genesen*« (Mk 16,17 f).

Ihr seht, von Ihm kommt jegliche Heilung, jedes Leiden wird behandelt, und Heiligkeit zieht in den Menschen ein; der Schaden aber entsteht in Menschen aus den oben angeführten Ursachen. Wenn jemand durch die Verderbtheit seines Herzens und die gänzliche Entfernung von allem Geistlichen, dessen grenzenloser Quell der Herr Jesus Christus ist, die zwei Worte ›Jesus-Gebet‹ verhasst sind, so kann man sie durch andere Worte ersetzen: Gemeinschaft mit dem Herrn Jesus Christus im Gebet; Einigung des Herzens mit Ihm; Gebet zum Herrn Jesus Christus; vorbei am Herrn Jesus gibt es keinen Eintritt in das Himmelreich; ohne Ihn kann man nicht zum Himmlischen Vater gelangen, gibt es kein Mittel zur Vereinigung mit der Dreihypostatischen Gottheit; mit einem Wort, wir können nicht gerettet werden ohne Ihn.

Alle heiligen Knechte Gottes hatten den Herrn Jesus in ihrem Herzen und nährten eine tiefe und umfassende Liebe zu Ihm, die reichlich aus dem freundschaftlichen Umgang mit Ihm entströmte; mit Seiner Hilfe aber konnten sie in geeigneter Weise jede Tugend vollbringen, *»denn Gott ist es, der in uns das Wollen und das Vollbringen bewirkt, noch über unseren guten Willen hinaus«* (Phil 2,13).

In der Vita des Priestermärtyrers Ignatios des Gottesträgers, des Bischofs von Antiochien, wird geschrieben, dass er unaufhörlich mit seinen Lippen den Namen des Herrn Jesus Christus aussprach, als ihn die Soldaten nach Rom zur Todesstrafe um Christi willen führten. Sie fragten ihn, warum er diesen Namen ausspräche. Der Priestermärtyrer antwortete: ›Hat jemand diesen Namen in seinem Herzen geschrieben, dann spricht er ihn auch mit seinen Lippen aus.‹

Und siehe, als er von den wilden Tieren zerfleischt wurde, blieben durch die Vorsehung Gottes seine Knochen und das Herz ganz; die

Henkersknechte erinnerten sich seiner Worte und sagten: ›Wir wollen doch sehen, ob in seinem Herzen der Name Jesu Christi eingeschrieben ist, wie er gesagt hat.‹ Sie schnitten das Herz auf und fanden dort mit goldenen Buchstaben geschrieben: ›Jesus Christus‹.

Durch dieses Beispiel kann man zum Schluss gelangen, dass bei jedem dasselbe geschieht, der durch die Barmherzigkeit Gottes und seiner hartnäckigen und andauernden Mühen wegen in seinem Herzen die ›unaufhörliche Tätigkeit des Jesusgebetes‹ erlangt. Ohne Zweifel werden die heiligen Väter auch deswegen ›Gottesträger‹ genannt, weil sie in ihrem Herzen den Namen Gottes trugen – den Herrn Jesus Christus.

Es scheint nicht überflüssig zu sein, hier noch etwas über ein unrichtiges Vorgehen bei der Übung des Jesusgebetes zu sagen, in das aus Unwissenheit viele geraten, die sich um dieses Göttliche Tun bemühen, wie wir manchmal bemerken und sehen mussten. Sie lesen in den Schriften der heiligen Väter das übernatürliche Lob des Jesusgebetes im Herzen, das genau auszudrücken in unserer Sprache die Worte fehlen, und eifrig, aber nicht mit Verstand, um diese heilige Sache bemüht, vergessen sie das Gesetz der Reihenfolge; das aber ist unbedingt nötig, in jeder Sache, viel mehr aber noch hier, in der geistlichen Übung. Sie wollen auf einmal, ohne längere Zeit fortzufahren, gleich in den Tempel des Herzens eintreten, Gott von Angesicht zu Angesicht entgegentreten und Ihm geistlich dienen – das aber ist nur den Fortgeschrittenen eigen. Dazu richten sie gewöhnlich den Verstand auf das Herz und pressen es mit dem Druck des Verstandes und denken solcherart das Herz zu öffnen, um dort einzutreten und die Wohnung Gottes zu erblicken; sagt doch der heilige Isaak der Syrer, dass sich die Tür zum Himmel in uns befindet, eben im Herzen. Ein anderer der Gottesgelehrten sagt ähnlich:

›Das Tor zum Himmel befindet sich, wenn man sich so ausdrücken darf, in uns, gerade in unserem Herzen. Das Herz ist der Thron des Verstandes, den der Herr besteigt. Es wird vom Finger Gottes geöffnet und dorthin tritt unser Verstand wie ein Erzpriester, ein Bischof oder auch einfach wie ein Priester ein, um geistlich dem Herrn zu dienen. Aber diese Unverständigen wollen sich selbst diesen Göttlichen Priesterdienst rauben – durch das ungestüme Drängen des Verstandes gegen das Herz. Daraus entsteht ein Druck auf das Blut um das Herz, es erwärmt sich, Wärme wird spürbar, so dass der unerfahrene Beter glaubt; in der gnadenhaften Tätigkeit zu verweilen. Er drückt noch mehr mit dem Verstand auf diese Stelle, und die Wärme, die die Adern durchströmt, steigt tiefer, dorthin, wo auch die Empfindung der fleischlichen Bewegung stattfindet; das aber ist eine der am meisten unrichtigen Tätigkeiten bei der Beschäftigung mit dem Jesusgebet.‹

Bischof Ignatij Brjantschaninov hat solche Beter getroffen und schreibt auch darüber. Er bittet sogar die Brüder und fleht sie an, nicht vor der Zeit den Ort des Herzens zu suchen, sondern sich mit dem Gebet der Reue zu begnügen und sich in der Demut zu festigen, im Gehorsam, in der Selbstverleugnung.

Bei der Verrichtung des Jesusgebetes hält man den Verstand und die Worte des Gebetes: ›Herr Jesus Christus, Sohn Gottes, sei mir Sünder gnädig‹ am besten in der Brusthöhle.«

18. Kapitel

Auszug aus dem Buch des Starez Paisij Velitschkovskij, in dem der Vorzug des Jesusgebetes vor dem Psalmengebet aufgezeigt wird

»Am Schluss schmücken wir diese ganze, unseren schwachen Kräften angemessene Erläuterung über das Jesusgebet mit den Worten der heiligen Väter aus dem Buch des Starzen Paisij Velitschkovskij, in denen klar seine Überlegenheit vor dem Psalmengesang aufgezeigt wird, seine Notwendigkeit für uns im Werk des geistlichen Fortschritts und unserer Rettung, seine Höhe und Vollkommenheit – wo auch insbesondere der Unterschied zwischen diesem Gebet und dem Psalmengesang aufgezeigt wird.

›Die heiligen Väter weisen uns an, unseren ganzen Eifer auf das geistliche Tun zu richten und in der Stunde der Verzagtheit uns nur wenig mit Gesang zu beschäftigen, denn die Horen (Gebetszeiten) und die kirchlichen Gesänge sind zwar allen Christen übergeben, nicht aber denen, die in Schweigen und Einsamkeit leben.

Viele, die keine Erfahrung im geistlichen Tun haben, irren sich guten Glaubens, wenn sie meinen, dass dieses Tun nur die Sache heiliger und von Leidenschaften freier Männer sei. Daher halten sie sich nach äußerlicher Gewohnheit allein an den Psalmengesang, die Troparien und Kanones, sie ruhen ganz allein in ihrem äußerlichen Gebet: und sie verstehen nicht, dass dieses gesungene Gebet uns die Väter wegen der Schwäche und Kindlichkeit unseres Verstandes auf Zeit gegeben haben, damit wir langsam weiter unterwiesen werden und so zur Stufe des geistlichen Tuns hinaufsteigen, nicht aber, damit wir bis zum Tod darin bleiben. Denn was gibt es Kindlicheres als das, wenn wir unser äußerliches Gebet mit den Lippen verrichten, dabei von hochmütiger Meinung beherrscht werden und glauben, was Großes wir tun, dabei uns aber nur um die Menge bemühen und so in unserem Inneren einen Pharao* nähren.

Von solcher kindlichen Schwäche führen uns die heiligen Väter weg, wie den Säugling von den Milch spendenden Brüsten, und zeigen uns die Grobheit dieses Tuns, wenn sie den lauten Gesang mit der Stimme mit dem Plappern der Heiden vergleichen *(»die meinen, sie werden nur erhört, wenn sie viele Worte machen …«* Mt 6,7). Denn es geziemt, so sagt der heilige Gregor von Sinai (Kapitel 5), auch dem Gesang, engelgleich wie unser Leben zu sein, nicht aber fleischlich, um nicht zu sagen heidnisch, wie es geschieht, wenn wir mit lauten Klagen singen. Das wurde uns geschenkt unserer Faulheit und Unwissenheit wegen, um uns aber dann zum Wahren zu führen.

Du kannst auch nicht hoffen noch glauben, irgendeinen geistlichen Erfolg zu erlangen, wenn du dich nicht dazu bringst, Jesus Christus gegen jeden bösen Gedanken und gegen jede feindliche Macht anzurufen, sagt der heilige Hesychios*, denn du wendest nicht die stärkste Waffe gegen die Feinde an, die es im Himmel und auf Erden gibt, den Namen Christi. Du kannst dem bitteren Trank böser Gedanken nicht entkommen, bis du dich nicht bemühst, das reine Brot zu essen, das vom Himmel herabgestiegen ist; wenn du es aber isst, wirst du in Ewigkeit nicht mehr hungern, dir wird Fröhlichkeit und Freude geschenkt, keine Furcht, und ein wortloser Trost, das ist die freudige Überzeugung. Weil es ein Gesetz ist, dass der Mensch von sich aus nicht viel sündenlos tun kann, muss er alles auf Christus ausrichten und es wollen, und so bitten auch wir inständig, zu glauben: So soll auch der Beter, wenn er einmal ein gutes Fundament gelegt hat, den äußerlichen Gesang Christus übergeben, das heißt dem geistigen Jesusgebet, da er sich nicht zum geistlichen Tun erheben kann, wenn nicht der Gesang selbst um des Gebetes willen abgekürzt wird und das Zweite eintritt.

Nach dem Apostel kann niemand mit Verstand sagen: – Herr ist Jesus – außer im Heiligen Geist. Deswegen vergleichen die heiligen Väter, die solches getan und gelehrt haben, den äußeren Gesang mit einem kleinen Knaben, das Gebet aber mit einem erwachsenen Mann. Und wie man dem Knaben keinen Vorwurf macht, da er ja zur rechten Zeit ein Mann und Starez sein will, so ist auch der äußere Gesang und das äußere Gebet, das uns ja von Gott unserer kindlichen Schwäche wegen gegeben wurde, kein Fehler und nicht verachtenswert. Wenn aber jemand seine Bemühung auf das geistige Gebet richtet, dann singt er nur sehr wenig Psalmen und Troparien, er hofft zuversichtlich, durch das geistige Gebet den einsichtigen Gesang zu erhalten, von dem es weiter hinaufströmt zum beschaulichen Gebet, und er erkennt, dass es sich mit dem Gesang wie mit dem Kind zum erwachsenen Mann verhält. Wenig Zeit schenkt er nun dem Gesang, die meiste Zeit aber dem Gebet, denn zum Gesang kommt ein solcher gar nicht viel; wer aber nur äußerlich singt und nicht durch die Empfindung kennt, was er sagt, der kann viel singen, sagt der heilige Gregor, der Sinait. Aus diesem Grund vergleicht er den Gesang mit dem Morgenstern, das geistige Gebet aber mit der Sonne. Denn wie der Morgenstern kaum eine oder zwei Stunden leuchtet, die Sonne aber den ganzen Tag strahlt: so verstehe auch den Gesang und das Gebet. Und sage mir nicht, wie viele der Heiligen viel Kirchengesang gehalten haben; verstehe und glaube, dass eben jene Väter uns befehlen, ohne Zweifel vom Gesang zum Gebet emporzusteigen. Auch der heilige Gregor der Sinait hatte zuerst aus Unkenntnis von etwas Besserem nur Gesänge abgehalten, wurde dann aber von einem Kreter belehrt und verglich den vielen Gesang mit dem geistigen Gebet. Aus der Erfahrung erkannte er, dass ein so schnelles und leichtes Voranschreiten nicht durch den Gesang, sondern durch das Gebet kommt, und so empfahl er allen, das ganze Bemühen auf das Gebet zu richten, wenig aber der Mutlosigkeit wegen zu singen.

Und wie dem Gesetz des Alten Bundes die Kraft und das Begehren schwinden, wenn es alle zu Christus hinführt, so schickt auch der viele Gesang den, der ihn übt, zum geistigen Gebet fort, aber er erstreckt sich nicht über das ganze monastische Leben.

Wer gerade zu beten begonnen hat, lernt nun aus Erfahrung selbst und erkennt, dass ein gewisses Hindernis zwischen uns und Gott besteht, einer ehernen Mauer gleich, wie der Prophet sagt, und sie erlaubt unserem Verstand nicht, im Gebet klar zu Gott aufzublicken noch die Aufmerksamkeit auf das Herz zu richten, in dem alle Seelenkräfte ihren Platz haben und die Quelle der Gedanken – der guten und der schlechten.

Wir müssen wissen, dass wir wegen des betrachtenden Gebetes nicht in jedem Fall verurteilt werden, wenn wir unserer Schwäche wegen dazu nicht fähig sind. Zur Beobachtung des Verstandes und des Herzens, durch die wir dem Teufel und den bösen Gedanken standhalten können – nicht indem wir ihn von uns aus besiegen könnten, sondern durch den furchtbaren Namen Christi – haben wir unser Wort Gott gegeben, denn wir tragen Christus durch das Geschenk der heiligen Taufe in uns: Wir wissen aber nicht, oder ich sage die Wahrheit – wir wollen nicht unterwiesen werden, wie wir Ihn in der Stunde des Kampfes herbeirufen können. Und allein deswegen rügt uns der Apostel, wenn er sagt: »*Erfahrt ihr nicht an euch selbst, dass Jesus Christus in euch ist? Sonst hättet ihr euch als*

Gläubige nicht bewährt« (2 Kor 13,5) – ihr wäret nicht unterwiesen, durch den Verstand im Herzen den Namen Christi hervorzurufen.

Für den Unterwiesenen aber wird das innerliche Gebet die einzige Tätigkeit anstelle aller anderen äußerlichen Tätigkeiten: mag es nun das Lesen der Gebetsregel, Gesang, Andacht oder Unterweisung sein: alles das findet in ihm seinen Platz. Das Gedenken des Todes, wie schon vorher gesagt, die Empfindung des Gerichtes, der ewigen Qualen und des Göttlichen Urteils verflechten sich miteinander, sie sind wie zu einer Einheit zusammengewachsen. Darum kann jemand in dieser Einheit wie von einem Schiff oder Weingarten aus, wie es heißt, sein ganzes Leben in Schweigen führen. Wie dieses heilige Gebet sich mit dem Gebot des Herrn verbindet und die Dämonen und Leidenschaften verjagt, so ist es auch im Gegenteil: Sorgt sich jemand nicht um die Gebote und kümmert sich nicht um das geistige Tun, sondern betreibt allein den äußeren Gesang, dann wird er gewöhnlich von den Leidenschaften angezogen und gerät in ewige Qual.

Was sagt denn die Schrift? »*Nahe ist dir das Wort in deinem Munde und in deinem Herzen, denn wenn du mit deinem Mund Jesus als den Herrn bekennst und mit deinem Herzen glaubst, dass Gott Ihn von den Toten auferweckt hat, wirst du gerettet werden: Denn jeder, der den Namen des Herrn anruft, wird gerettet werden*« (Röm 10,8 ff). Das Wort, das Bekenntnis und die Anrufung verstehe so, dass Christus in dir ist, der durch die heilige Taufe in dir Wohnung genommen hat. Ihn musst du unaufhörlich anrufen, nennen und bekennen: manchmal mit dem Herzen und manchmal mit dem Mund, indem du sagst: Herr Jesus Christus, Sohn Gottes, erbarme dich meiner.

Weil aber die meisten der früheren, nicht nur der heutigen Menschen der Tod ereilte, bevor sie in ihrem Leben des beschaulichen Gebetes gewürdigt wurden, darf man nicht an folgendem zweifeln: Es ist nicht wahr, dass sie nicht bei Gott ihren Platz haben, sondern um ihrer Mühen willen, mit denen sie sich im Gebet auf dem wahren Weg der Väter abgemüht haben, gewährt ihnen diese Tätigkeit auf jeden Fall beim Tod oder durch den Tod eben jenes schauende Gebet, mit dem sie wie mit einer Feuerflamme durch die himmlischen Grenzstellen hindurchschreiten, wie der heilige Hesychios sagt; und ihr Los wird jenen Heiligen gleich sein, die nach dem Apostel hier noch nicht die Verheißung empfangen (Hebr 11,13), sondern sich ihr ganzes Leben im Vertrauen auf Gott abgemüht haben.

Zunächst gelangt jemand durch diese Unterweisung der heiligen Väter, von der am Anfang die Rede war, zum Erfolg, wenn auch sehr langsam und mühselig, dann aber schon sehr angenehm und leicht, schließlich aber am schnellsten, in Freude und unter der häufigen Anleitung des Heiligen Geistes, die das Herz festigt und bestärkt; all das geschieht in eifrigstem Bemühen und gutem Willen, nicht aber aus Zwang durch Gesetzesfurcht; er bemüht sich nur wegen der Köstlichkeit im Herzen und des geistlichen Trostes. Angewandt auf das Gebet ist es wie mit einem Schiff, das am Ufer liegt: Jeder Mensch kann es beladen und entladen ohne Bedenken und Hindernisse, außer allein der Mühe; kaum aber wird das Schiff beladen ins Meer gelassen, dann bedarf es allein eines erfahrenen Steuermannes, um es zu lenken: So lerne auch den Unterschied zwischen dem äußerlichen Gesang und dem geistigen Gebet zu unterscheiden. Ja, heilige Väter und Brüder, man soll sich der Unterweisung so vieler heiliger Väter, die über das geheiligte geistige Tun gelehrt haben, unterordnen; man soll aber nicht nach dem Vorbild des Esels, der den Mühlstein dreht, immer im Kreis gehen auf dem Weg eines endlos verlängerten Gesanges, sondern auf dem einfachen Weg der über alles guten geistigen Ruhe und des Gebetes in die rechte Richtung voranschreiten. Die Heiligen zeigen eine so große Sorge für dieses heilige Tun, dass sie gebieten, auch für die zu beten, die dieses Licht des Verstandes und des Herzens, das durch den Namen Christi unseres Gottes leuchtet, nicht kennen.‹

Man muss überhaupt sagen: um das Gebet zu erlangen, aber auch aus dem Grund, dass unsere ganze innere Haltung Gott wohlgefällig ist und Seine gnadenreichen Blicke auf uns zieht, muss man sich in Gedanken die eigene Nichtigkeit vor Augen halten; man muss sich für Erde und Staub halten nach dem Beispiel des Patriarchen Abraham und des Gerechten Ijob. Man muss jeden Menschen für besser als sich selbst halten, und muss bedenken, dass in ihm der Allerhöchste anwesend ist; wie kann ich dann ihm etwas Unangenehmes sagen oder antun und so Gott beleidigen, der in ihm weilt? Sich gegenüber aber soll man immer ein zerschlagenes, weinendes und über die Sünden klagendes Herz bewahren, das Gott nicht verachten wird. Man muss immer in den Gefühlen der Reue bleiben und den Eingang ins kommende Leben erwarten, der nicht auf sich warten lassen wird.«

19. Kapitel

Über die menschliche Seele und ihre Kräfte, zum größten Teil der Lehre der heiligen Väter entnommen. Über die Selbsterkenntnis. Worin besteht die Ähnlichkeit unserer Seele mit Gott

Frage: »Kann man die Seele – dieses unser unsterbliches Wesen, so verständig, einfach, fremd dem Materiellen und jeglicher Kompliziertheit der Teile – kann man sie gleichsam ganz klar auf die Handfläche stellen und das Unsichtbare sichtbar betrachten – wie mit körperlichen Augen? Es ist doch bekannt, dass es für den Menschen nichts Nützlicheres gibt, als sich selbst zu erkennen. Hast du dich erkannt, hast du Gott erkannt.«

Antwort: »An sich kommt das jenen Gelehrten zu, die eine genaue Erforschung der menschlichen Seele in einer eigenen Wissenschaft entwickelt haben, die ›Psychologie‹ genannt wird, das heißt ›Lehre von der Seele‹. Aber eine möglichst vollständige Kenntnis der Seele, ihrer Eigenschaften und Eigenheiten erleichtert die Hervorbringung des verständigen Jesusgebetes im Herzen und hilft es zu erlangen, das nach der Lehre der heiligen Väter die Quelle aller geistlichen Güter ist.

Die Kenntnis der Seele erhebt den Menschen über die Welt der Materie und das tierische Leben und lenkt ihn in, das höchste Gebiet des geistlichen Seins. Man könnte auch sagen, es wäre einfach aus persönlichem Interesse für jeden gut, seine Seele zu kennen.

Von dieser Absicht geleitet, werden wir hier die Zeugnisse der heiligen Väter vorlegen, ihre Ansichten und bewährten Meinungen über die menschliche Seele, die überaus wertvoll sind für jeden, der in ihre Tiefe vordringen will, die sonst vor den Leuten, die sich nicht besonders darum kümmern und ohne Eifer sind, verborgen ist.

Der heilige Johannes Chrysostomus sagt: ›Sie ist ein unsterbliches Wesen – und sie übertrifft so weit den Körper, wie weit es dem Körperlosen zukommt, den Körper zu übertreffen. Sie ist ein verständiges und geistiges Wesen, schnell und beweglich, und befindet sich unaufhörlich in Tätigkeit: Sie ist kostbarer als die ganze Welt, von einer beispiellosen und unbeschreiblichen Schönheit; sie hat Verbindung mit dem Himmlischen, obwohl sie nicht von göttlicher Natur ist, sondern den himmlischen und körperlosen Wesen verwandt.‹

Der heilige Gregor der Theologe lehrte: ›Sie ist ein geistig betrachtendes Wesen, das ewig existiert, Bild und Atem des Allmächtigen Gottes, ein kleiner Teil des Göttlichen (natürlich nicht im eigentlichen Sinn dieses Wortes), ein Strahl der unsichtbaren Gottheit und des grenzenlosen Lichtes, Göttliches und unauslöschliches Licht, eingeschlossen in der Höhle (des Körpers).‹

Der heilige Makarios der Große betrachtete die Seele als ein verständiges Geschöpf, erhaben, göttlich – Bild und Abbild Gottes, das eine beispiellos nahe Verwandtschaft mit Gott besitzt, jedoch selbstständig ohne Vermischung ihrer Wesenheiten, ausgestattet mit allen Vollkommenheiten, die dem Geist eigen sind, und aufgrund ihrer außergewöhnlichen Feinheit leicht beweglich, schnell fliegend, unermüdlich.

Auch der heilige Athanasios* der Große schrieb, dass die ›Seele ein geistiges Wesen ist, körperlos, unsterblich, ihrer Natur gemäß leicht beweglich‹.

Der heilige Ephräm* der Syrer sagt, dass ›unsere Seele die schönste und vorzüglichste von allen Schöpfungen ist, die Lieblingsschöpfung Gottes, die mit dem Geheimnis Seiner Güte und Weisheit besiegelt wurde‹.

›Wisse‹, sagt der heilige Kyrill* von Jerusalem, ›dass deine Seele frei und das vortrefflichste Werk Gottes ist, geschaffen nachdem Bild des Schöpfers ist sie unsterblich, ein lebendes Wesen, vernünftig.‹

Der heilige Dionysios* der Areopagit betrachtete die Seele als einen mit dem Leib vereinigten Teil des Menschen, der die höchste Stufe des Seins einnimmt.

Der heilige Justin* stellte die menschliche Seele wie ein vom Körper getrenntes selbstständiges und höheres Wesen dar, unsichtbar und geistig, lebendig und zu einiger Bewegung fähig, mit höchstem Verstand begabt.

Der heilige Irenäus* eröffnete das Verständnis der menschlichen Seele als den Teil einer Substanz, der das menschliche Bild formt und mit schnell beweglichem Leben versehen ist.

Antonios* der Große erläuterte im 4. Jahrhundert, dass die menschliche Seele ein Wesen ist, das ihn über alle Wesen, die wachsen und gedeihen, erhebt; sie befindet sich in unaufhörlicher Bewegung, ist der göttliche unsterbliche Atem Gottes, der mit dem Körper vereint ist.

Der heilige Basilius* der Große schrieb: ›Die Seele, durch die wir leben, ist ein geheimnisvolles und geistiges Wesen, das keinen Mangel kennt und doch durch nichts überladen ist.‹

Der heilige Gregor* von Nyssa wiederum: ›Die Seele ist ein geschaffenes Lebewesen, geistig, das von sich aus dem organischen, mit Sinnesorganen versehenen Körper die Lebenskraft mitteilt und die Fähigkeit, das sinnlich Erfahrene aufzunehmen, solange die Natur mit anwesend ist, die dieser Aufnahme fähig ist.‹

Der Pelusiote* nannte die Seele den überragendsten, besten Teil des Menschen und erklärte zu gleicher Zeit, dass die Seele zwar verständig und unsterblich ist, jedoch nicht eines Wesens mit der Göttlichen und anfanglosen Natur, sondern im Gegenteil sich von ihr so weit unterscheidet, wie ein Geschöpf vom Schöpfer unterschieden sein muss.

Der selige Theodoret* erklärte, dass die Seele ein einfaches Wesen ist, mit Verstand begabt und unsterblich, in den bekannten Zuständen und Tätigkeiten hat sie eine Ähnlichkeit mit Gott, ist aber nicht von Göttlicher Natur.

Der heilige Maximos* der Bekenner schrieb: ›Die Seele ist ein körperloses Wesen, verständig; sie wohnt im Körper und ist die Urheberin des Lebens.‹

Johannes* von Damaskus: ›Die Seele ist ein Lebewesen, einfach und körperlos, ihrer Natur nach für die Augen des Körpers nicht sichtbar, unsterblich; sie hat einen Verstand und denkt vernünftig, sie ist unsichtbar, sie handelt mittels der Organe des Körpers, sie vermittelt ihm Leben, Wachstum, Empfindung und Geburtskraft; sie ist ein freies Wesen, das mit der Fähigkeit zu wollen und zu handeln begabt ist, sie kann ihren Willen ändern …‹

Der heilige Dimitrij* von Rostov: ›Was ist die Seele, die wir doch nicht sehen? Was sollen wir von ihr halten? Besitzt sie irgendeine Schönheit? Aber fragen wir zunächst: Was ist die Seele? Johannes von Damaskus antwortet als Philosoph: Die Seele ist ein verständiger Geist, der immer lebt und sich immer bewegt, fähig zum guten wie zum schlechten Wollen.‹

Es antwortet auch der heilige Augustinus* als Theologe: ›Die Seele ist ein geschaffenes Wesen, unsichtbar, verständig, körperlos, Gott am ähnlichsten, sie trägt das Bild ihres Schöpfers.‹

Und schließlich: ›Die Seele ist beschenkt mit einem gottähnlichen Sein und mit mächtigen Fähigkeiten, ihre Gottähnlichkeit zu verlieren oder zu bewahren.‹

Die menschliche Seele ist die nächste Schatzkammer der Göttlichen Gaben, Erscheinungen und Geheimnisse. Ohne Kenntnis dieser geistlichen Schätze, nur mit einem einfachen Wissen davon, ist der Mensch bloß ihr Wächter, aber nicht ihr Besitzer.

Besitzt ein Mensch nur eine wahre Erkenntnis seiner Seele, dann versteht er den Wert und die Bedeutung aller ihn umgebenden Dinge, er wird beseelt vom Vorgeschmack und der Hoffnung auf das ewige und selige Licht in Gott. Wenn wir erkennen, dass das herrliche Bild unserer Seele nur ein schwacher Schimmer der höchsten Ehre Gottes ist, dann bemühen wir uns aufs lebhafteste, Ihm näher zu kommen und Seine Vollkommenheiten nachzuahmen, wir streben zur Vereinigung mit Ihm. Finden wir denselben Abglanz des Göttlichen Wesens auch in unseren Nächsten, dann übertragen wir diese Liebe zu Gott auch auf sie. In der Erkenntnis unserer hohen Natur werden wir unterwiesen, uns selbst zu achten, uns über alles

Sinnenhafte zu erheben und unsere Herzen emporzurichten, über unsere Unvollkommenheit und Unreinheit zu trauern, tatkräftig das von den Leidenschaften verdunkelte Bild Gottes in uns zu reinigen und solcherart Gott in uns zu finden.

Der Verstand ist bestrebt, Gott zu erkennen; das Herz möchte erfüllt werden von der Empfindung Gottes in sich; der Wille möchte mehr und mehr zu Ihm gelangen. Aber Gott kann man in Seinem Wesen nicht umfassen, nicht erspüren und nicht erreichen. Dazu braucht es ein Bindeglied … Das ist die Welt als Offenbarung der Göttlichen Vollkommenheiten.

Die Erkenntnis Gottes aus der Welt führt zur Wahrheit; die Widerspiegelung Seiner Vollkommenheiten in der Welt ist die Schönheit, die Verwirklichung der Ziele in der Welt ist das Gute.

Der Geist schließt in seinem Wesen diese drei Fähigkeiten ein: Aber um Gott aus der Welt als Wahrheit zu erkennen, als Schönheit zu lieben und Ihn als das Gute zu erlangen, dazu bedarf es eines Herabstieges des Schöpfers zum Geist, als Antwort auf seinen hinaufsteigenden Drang, damit er Gott finden kann. Aber Gott gewährt in Seiner Allgegenwart dem menschlichen Geist in seiner Tiefe an all dem Anteil: Solcherart treffen einander der hinaufstrebende Drang des Geschöpfes und die hinabsteigende Liebe des Schöpfers in dem menschlichen Geist. Unter der Herrschaft des Geistes empfangen wir auch über die der Erde zugewandten Fähigkeiten, die wir mit den Tieren gemeinsam haben, die höhere Richtung und das geistige Ziel. Die Selbstempfindung wandelt sich in Selbsterkenntnis. Auch die Lebensvollzüge gehen in die Richtung eines vorherrschenden Strebens nach Gott.

Den Anfang des Lebens bildet ein Organismus, der nicht zur Erde, sondern zum Himmel gewandt ist. Solcherart stellt der Mensch mit seinem ganzen Wesen ein Geschöpf dar, das zum Himmel strebt.

Aber durch den Göttlichen Einfluss gibt es auch eine wechselseitige Wirkung: Der Wahrheit, der Schönheit und dem Guten ist es nicht vorherbestimmt, nur im Geist zu bleiben, sie sollen über ihn auf die Kraft der Seele übergehen und durch sie in die Tiefen des Körpers.

Die Tiere sind für immer von der Vorsehung bestimmt zu einer zur Erde geneigten Haltung. Dadurch zeigen sie klar, dass sie mit dem Himmel nichts gemein haben. Währenddessen strebt der Mensch, dieses seiner Herkunft nach himmlische Wesen, unaufhörlich zu seinem obersten Anfang wie zu etwas ihm verwandten – zu Gott, er sucht und erhofft die Einheit mit Ihm. Weisen nicht die aufrechte und gerade Haltung seines Körpers, aber auch sein nach oben, zum Himmel gewandter Blick darauf hin? Alle Geschöpfe sind fern von Gott und haben mit Ihm nichts gemein, der Geist des Menschen als Atem Gottes, als Abglanz des Göttlichen Lichtes ist mit Ihm irgendwie einig, nahe und verwandt.

Von allen Wissenschaften ist die größte Wissenschaft die Selbsterkenntnis. Wer sich selbst erkannt hat, erfährt Gott.
(Anm. d. Übersetzers: Diese Zitate sind stark von Basilius' Predigt ›Hab acht auf dich selbst‹ (Dtn 15,9) 7,8 beeinflusst.)

Der große Mose, der darüber klar gesprochen hat, sagt oft: ›Hab acht auf dich, erkenne dich selbst …‹ Ähnlich lehrt auch Antonios der Große: ›Wer sich selbst kennt, der kennt Gott. Wir müssen vor allem uns selbst erkennen. Wer ein richtiges Verständnis von sich hat, der besitzt auch einen richtigen Begriff von den Geschöpfen, die Gott aus dem Nichts gerufen hat; der kennt auch die Würde des verständigen und unsterblichen menschlichen Geistes. Wer sich selbst kennt, der weiß, dass die menschliche Seele unsterblich ist, dass unser Herr Jesus Christus das wahre Bild Gott des Vaters ist, dass diesem ewigen Bild Gottes ähnlich alle verständigen geistigen Wesen geschaffen wurden.‹

›Niemand kann Gott erkennen, der nicht zuvor sich selbst erkannt hat‹, wiederholt nach Antonios dem Großen der große Athanasios: ›Dann erst erkennt die Seele wahrhaftig sich selbst, wenn das höchste Gut, nach dem sie mit allen Kräften dürstet, von dem sie aber nur ein gewisses Abbild in dem matten Spiegel des sinnenhaften Lebens auffängt, selbst zu ihr hinabsteigt und sie in die ersehnte ewige Vereinigung mit sich aufnimmt.‹

Nach den Worten Basilius des Großen ist die genaue Selbstbeobachtung eine zuverlässige Führerin zur Erkenntnis Gottes. ›Wenn du nämlich auf dich selbst achtgibst, hast du es nicht nötig, die Spuren des Schöpfers in der Ordnung des Weltalls zu suchen, sondern in dir selbst, gleichsam wie in einem Mikrokosmos erblickst du die großartige Weisheit deines Erschaffers‹ (Basilius, ›Hab acht auf dich selbst‹, 7).

Der Mensch, insbesondere seine Seele, ist Sinn und Ziel der ganzen sichtbaren Schöpfung, alles in der Natur der Schöpfung Getrennte kommt in ihm zu einer gegenseitigen Verbindung und erreicht in ihm seine Bestimmung.

Der Mensch versteht solange nicht die Natur, solange er sich nicht selbst erkennt, denn er selbst ist ihr Sinn. Bis er aber nicht sich selbst in der Natur erkennt, solange kann er auch nicht in der Natur die Widerspiegelung der Göttlichen Vollkommenheiten erkennen, denn allein er selbst trägt in sich das Bild Gottes.

›Dieses Wissen ist für die Seele nützlich‹, sagt der heilige Athanasios. ›Zur Erkenntnis und zum genauen Verständnis der Wahrheit benötigen wir nicht andere, sondern uns selbst. Wohl ist Gott selbst über alles erhaben; doch der Weg zu Ihm ist nicht ferne oder außerhalb von uns; vielmehr ist er in uns, und wir können seinen Anfang in uns finden, wie auch Mose lehrte mit den Worten: »*Das Wort des Glaubens ist in unseren Herzen*« (Dtn 30,14; Röm 10,8).

Ebenso gab auch der Herr zu verstehen und beteuerte: »*Das Reich Gottes ist in euch*« (Lk 17,21). Weil wir nämlich inwendig in uns selbst den Glauben und das Reich Gottes haben, so können wir den König des Weltalls, das Heil bringende Wort des Vaters, leicht betrachten und erkennen. Und es sollen die götzendienerischen Heiden sich ja nicht ausreden noch auch sonst jemand sich einfach täuschen, als ob ihnen dieser Weg nicht offenstünde und sie daher eine Ausflucht für ihren Atheismus fänden … Denn wir alle haben diesen Weg betreten oder haben ihn wenigstens begonnen, wenn auch nicht alle ihn gehen, sondern wegen der von außen lockenden Lüste des Lebens von ihm abbiegen …

Und sollte jemand nach diesem Weg fragen, so antworte ich einfach: Es ist die Seele eines jeden und der Geist in ihr. Denn nur durch ihn kann Gott betrachtet und erkannt werden, es müssten denn die Gottlosen so, wie sie Gott leugnen, auch sich verbitten, eine Seele zu haben … , Einige Häretiker leugnen ja eine solche und glauben, der Mensch sei weiter nichts als die sichtbare Körpergestalt …‹ (Athanasios, Gegen Heiden, 30). Die Selbsterkenntnis muss in zwei Beziehungen erfolgen: erstens von der Seite unserer Gottähnlichkeit her, das ist die Widerspiegelung der Göttlichen Vollkommenheiten in uns. ›Aus der körperlosen Seele in dir‹, sagt der heilige Basilius der Große (Hab acht auf dich selbst, 7), ›erkenne den körperlosen und raumlosen Gott. Denn auch dein Geist hat zunächst keinen bestimmten Aufenthaltsort, sondern erst in Verbindung mit dem Leibe wird er räumlich festgelegt. Glaube, dass Gott unsichtbar ist, wenn du an deine eigene Seele denkst; ist doch auch sie mit leiblichen Augen nicht wahrnehmbar. Sie hat ja weder Farbe noch Gestalt, hat kein körperliches Merkmal an sich, sondern wird nur an ihren Äußerungen erkannt.‹

Die andere Erkenntnis muss in der Erkenntnis der eigenen Hinfälligkeit bestehen, des gegenwärtigen Zustandes, in dem wir uns alle befinden. Das ist die tiefe Erkenntnis der eigenen Verderbtheit und Verirrung all unserer Kräfte, der seelischen und der körperlichen, wodurch unser Sinnen von Jugend an auf das Böse gerichtet ist. So gibt es das Gefühl der äußersten Kraftlosigkeit, wenn man Gutes tun will; ein lebhaftes Empfinden einer entschiedenen Unfähigkeit, mit eigenen Kräften die in uns lebende Sünde zu vernichten, die in unserer Seele als Neigung vorherrscht. Von daher aber muss in uns das Gefühl entstehen, dass wir die Hilfe von oben äußerst notwendig haben, und das drängt uns, mit jenem unaufhörlichen Gebet den Herrn Jesus Christus zu bitten: Gewähre Er uns doch die Möglichkeit der Gemeinschaft im Geiste und der Vereinigung der Herzen mit Ihm. Darin besteht eigentlich unsere Wiedergeburt. Hier werden uns die segensreichen Kräfte zum guten Werk geschenkt, durch die wir uns das ewige Leben erwerben.

Es ist vielleicht nicht überflüssig, den Unterschied zwischen den beiden Erkenntnisweisen aufzuzeigen: zwischen dem logischen Denken und der Erkenntnis des Herzens.

Die Erkenntnis durch die Überlegung, durch das Gehirn, besteht in Bildern von Dingen und ist deshalb sterblich; anders gesagt, in der nur gedachten Vorstellung eines erkannten Gegenstandes, im Gedanken, in der Einbildung. Der Prozess des Erkennens wird durch den Wechsel der Gedanken über ihn vollzogen, durch ihre Umgruppierung, und alles das geschieht im Verstand; der Gegenstand selbst aber, der sich in der Ferne befindet, bleibt von dieser Arbeit unberührt; er bleibt ihm gänzlich fremd, daher auch unbekannt. Diese Erkenntnis bleibt in allem äußerlich: Das eine bekommt am anderen keinen Anteil. Der erkennende Verstand bleibt an seinem Ort, die in der Ferne von ihm erkannten Dinge berühren ihn nicht.

Nicht so verhält es sich mit der Erkenntnis des Herzens. Sie geschieht in den Gefühlen, die von den Gegenständen selbst hervorgerufen werden. Alle auf der Welt existierenden, den Sinnen zugänglichen Gegenstände erkennen wir unmittelbar durch die äußeren Sinnesorgane; das Sein solcher Gegenstände wird so erkannt, dass wir den Gegenstand entweder sehen, ihn mit den Armen umfassen oder kosten, wir spüren seinen Geruch durch das Riechen, wir vernehmen ihn und so weiter. Was alles dem Gefühl unterliegt … da ist ein Urteil oder ein Nachdenken nicht nötig, weil die Erkenntnis des Gegenstandes eine unmittelbare Wirkung auf das Sinnesorgan hervorruft, auf das sie wirkt. Diese Erkenntnis kann man auch auf den geistlichen Bereich anwenden.
In unserem Geist gibt es nämlich ein Sinnesorgan eigener Art, das den Eindruck oder die Tätigkeit geistlicher Gegenstände aus dem oberen Bereich auf ihn aufnimmt; wird es unmittelbar berührt, nimmt es ihre Wirkung auf sich wahr und erkennt sie wesenhaft, denn für ein lebendiges Erkennen ist erforderlich, dass die Kräfte des erkannten Gegenstandes vom Geist des erkennenden Menschen angeeignet werden.

So kann das Erkennen Gottes nicht allein aus den Erkenntnissen des Verstandes wahr und befriedigend sein: Das ist nur das äußerliche. Die wahre Erkenntnis aber ist innerlich: Es ist das Umarmen Gottes mit unserem ganzen inneren Sein, mit Verstand, Wille und Gefühl. Es ist die Einigung, in der unser Geist, indem er Gott berührt, sich Seine Kräfte aneignet, von ihnen durchdrungen wird und nach der Lehre Makarios des Großen eins zu einer Mischung mit Ihm wird. Ohne Zweifel ist es genau das, wovon der Prophet sagt: *»Kostet und seht, wie gut der Herr ist«* (Ps 34,9).

In dieser Einigung wird unser Geist gleichsam mit Göttlicher Kraft umkleidet und erhält die lebendige Gemeinschaft mit Gott, in der schon *»Gott in uns ist, der sowohl das Wollen als auch das Vollbringen wirkt um Seines Wohlgefallens willen«* (Phil 2,13). Er lenkt dann unseren Verstand, unseren Willen und das Gefühl.

Betrachten wir dazu die letzten Artikel des Buches von Bischof Feofan dem Klausner ›Der Weg zum Heil‹, 3. Teil.

›Wenn die Seele von sich den ganzen, sie überschüttenden Schmutz der Sünde abwälzt und in sich allein das reine Bild beobachtet, dann erblickt sie, je heller das Bild wird, wie in einem Spiegel das Bild des Vaters – das Wort, im Wort aber erkennt sie den Vater.

Übersteigt es aber nicht unser Vermögen – Gott zu schauen, und geht es nicht doch über unsere Kräfte, die dazu nötige Reinheit des Herzens zu besitzen?
Auf diese Frage antworten die heiligen Väter: Nein! Gott hat jenen nicht befohlen, Vögel zu werden, denen Er keine Flügel gab. Er befahl niemand, unter Wasser zu leben, dem er das Leben auf dem Festland schenkte …

Falle nicht in Hoffnungslosigkeit, indem du annimmst, es ist unmöglich, das Gewünschte zu schauen. In dir selbst liegt das für dich passende Maß der Erkenntnis Gottes, Der dich so geschaffen hat und von Anfang an in deinem Wesen ein solches Gut verwirklicht hat, indem Er ein Abbild der Güte Seines Wesens wie mit einem Siegel in deine Beschaffenheit eingeprägt hat, so wie klare Darstellungen in irgendein Wachs eingeprägt sind. Wer daher sich selbst sieht, der sieht in sich auch das Ersehnte …

Denn jene, die die Sonne in einem Spiegel erblicken, obwohl sie nicht den Blick auf den Himmel richten, sehen die Sonne im Strahlen des Spiegels nicht weniger als jene, die auf den Kreis der Sonne selbst schauen. So werdet auch ihr in euch das Gesuchte finden, spricht der Herr, obwohl ihr nicht die Kraft habt, das Licht selbst zu erblicken, wenn ihr zur Gnade des Abbildes zurückkehrt,die euch am Anfang gegeben wurde. (Gregor von Nyssa*, Von den Seligpreisungen, 6. Rede, III).

Aber wie können wir, indem wir uns selbst erkennen, auch Gott erkennen?

Nicht anders als durch den Vergleich eines Abbildes mit dem Urbild unserer Seele, mit Gott. Worin aber besteht dieser Vergleich und die Ähnlichkeit? Zunächst einmal darin, dass Gott Geist ist und der Vater der Geister und unsere Seele ebenso Geist ist, nur geschaffen und begrenzt, Gott aber ist ein selbstständiger und unendlicher Geist. Folglich besteht zwischen dem Abbild und dem Urbild ein unendlicher Abstand. Der erste Zug der Ähnlichkeit des Menschen mit Gott ist sein selbstständiges persönliches Dasein.

Der Mensch ist eine Person, nicht nur eine Form seiner Art, wie die übrigen Geschöpfe. Jedes Unteilbare in der menschlichen Art ist sozusagen gleich dem ganzen Geschlecht, denn jeder Mensch erkennt sich als selbstständig, trägt in sich ein Ideal des unendlichen Lebens, lebt nicht nur für seine Art, sondern auch für sich selbst und verschwindet nicht in seiner Gattung wie eine Welle im Meer oder ein Tier in seiner Gattung. Als persönliches Wesen ist er auch persönlich unsterblich. Darin liegt eigentlich die Widerspiegelung der Göttlichen Ewigkeit oder des ewigen Ich des Schöpfers und Herrschers über allem. Auf dieser Grundlage verbindet sich in der Geschichte des Bewusstseins des Menschen seine Gottähnlichkeit eng mit seiner Bestimmung, über die Erde zu herrschen.

Der zweite Zug des Göttlichen Bildes im Menschen besteht speziell in den geistlichen Kräften oder in seinen Fähigkeiten: die Wahrheit zu erkennen, zu lieben, Gutes zu tun und zu Gott hinzustreben, zur Quelle jeglicher Wahrheit und alles Guten.

Der Mensch besitzt außer dem mit dem Tier gemeinsamen Leben noch eine geistige Seele, die ihrer Natur nach mit den körperlosen Geistern gleich geartet ist. Er besitzt Verstand, dass heißt die Fähigkeit, zur Wahrheit zu streben und zur Erkenntnis der obersten Gesetze des Seins. Allein er besitzt auf der Erde das Selbstbewusstsein, das heißt die Fähigkeit, sich selbst zum Gegenstand des Studiums und der Forschung zu machen, er allein von allen Geschöpfen auf Erden ist ein Wesen mit Moral und von Natur aus – religiös. Solche Erscheinungen des geistigen Lebens des Menschen sind natürlich Auswirkungen einer besonderen geistigen Ursache in ihm – der Seele, die keines der Tiere besitzt. Sie zeugen davon, dass der Mensch aufgrund seiner Seele tatsächlich ein besonderes, ein herausragendes Geschöpf Gottes auf Erden ist; er ist ein Glied der obersten geistigen Welt, gibt es doch keine Spuren ähnlicher Erscheinungen im psychischen Erleben der Tiere. Religiosität, Selbstbewusstsein und Sittlichkeit, die durch ein Grundgesetz sich unendlich weiterentwickeln, sind die hervorragenden Kennzeichen unserer Seele. Sie drücken das Wesen unserer geistigen Natur selbst aus und stellen einen völligen Gegensatz zu allem dar, was uns die höchsten Erscheinungen tierischen Lebens zeigen. Unsere Seele ist vorherbestimmt zur höchsten, grenzenlosen Entwicklung in Ewigkeit.

Wenn man die Aufmerksamkeit auf die Natur der menschlichen Seele richtet, auf die Kräfte und Fähigkeiten, dann kann man in ihnen eine gewisse Ähnlichkeit des Menschen mit Gott nicht übersehen. Wie Gott reinster und vollkommenster Geist ist, so ist auch unsere Seele ein geistiges Wesen. Den grenzenlosen Eigenschaften und Vollkommenheiten Gottes ähnlich sind auch die Hauptkräfte und Fähigkeiten der menschlichen Seele: Verstand, Wille und Gefühl. Wie Gott grenzenloses Wissen, Allwissenheit und Weisheit eigen ist, so kann sich auch der Mensch mit Hilfe seines Verstandes ein Wissen über Gegenstände erwerben, die zu ihm in Beziehung stehen. Gott ist ein ganz seliges und von Liebe überströmendes Wesen, und auch der Mensch besitzt in seinem Herzen die Fähigkeit zu lieben, er kann Gott durch die Gefühle der geistlichen Liebe zu seinem Nächsten ähnlich werden und durch seine heiligen Wünsche zu Gott streben. Gott ist ein völlig freies und in seinen Tätigkeiten unabhängiges Wesen, aber auch dem Menschen ist das Los der Freiheit zuteil geworden. In unserem Menschsein aber sind nur mehr armselige Überreste des Göttlichen Bildes übrig geblieben: Es spiegelt sich in ihm wie die Sonne in einem zerbrochenen Spiegel wider.

Die Hauptbestimmung des Menschen besteht darin, dass er durch die fortschreitende Entdeckung und Bildung seiner Kräfte und Fähigkeiten immer mehr und mehr Gott ähnlich wird und Ihm immer näher kommt. Die Betrachtung und das Studium der Natur müssen ihn immer näher zu Gott führen; sie sollen ihm im Werk der geistlichen Bildung weiterhelfen. Aber in sich selbst, in seinen eigenen geistigen und sittlichen Normen, Wünschen und Hoffnungen, kann und muss er immer mehr den Antrieb und die große Möglichkeit zur Selbstvervollkommnung finden.

Er wurde geschaffen mit der Liebe zum Wahren, Guten und Schönen. Sein Verstand sucht immer höheres und höheres Wissen, sein Gewissen fordert immer mehr und mehr sittliche Reinheit; das Herz wünscht unendliche Seligkeit. Er ist sozusagen ganz Gott zugewandt, Der allein die reine Wahrheit ist, das höchste Gut und die ewige Schönheit. Seine ganze Aufgabe besteht daher in der Annäherung an Gott, in der Gottähnlichkeit. Es ist eine Aufgabe, deren Erfüllung zwar in der Zeit beginnt, aber in Ewigkeit fortdauert. Nach der Lehre des Erlösers selbst ist das Maß der geistlichen Selbstvervollkommnung des Menschen seine Hauptbestimmung; es ist ein unendliches Maß, das zu erreichen nicht nur die Zeit, sondern auch die Ewigkeit nicht reicht.‹

Es gibt aber kein zuverlässigeres, besseres und wirksameres Erkennen seiner Seele und all ihrer Eigenheiten und Qualitäten als jenes, das aus der Erfahrung durch die Wirkung und Tätigkeit des verständigen Herzensgebetes stammt, das heißt, gerade dann, wenn in der Praxis richtig und zuverlässig eine Wirkung sichtbar wird oder wenn alle inneren Kräfte an dem geistlichen Tun teilnehmen. Diese unsere Meinung kann man durch das Zeugnis der Heiligen Schrift bekräftigen: »*Das Wort Gottes ist lebendig und wirksam* (einige heilige Väter verstehen hier unter dem Wort Gottes das Hypostatische Wort Gottes, den Sohn Gottes), *es dringt durch bis zur Scheidung von Seele und Geist, von Gelenk und Mark, es richtet über die Regungen und Gedanken des Herzens«* (Hebr 4,12).

Das geschieht, wenn unser Herr Jesus Christus durch Seinen Besuch gnädig unseren Geist zu beseligen geruht, gemäß Seinem Göttlichen Wort: *»Siehe, Ich stehe an der Tür und klopfe an. Wenn jemand Meine Stimme hört und die Türe öffnet, werde Ich zu Ihm hineingehen und das Mahl mit ihm halten und er mit Mir«* (Offb 3,20); dann leuchtet in unserer Seele das Göttliche Licht auf und erleuchtet unser Inneres so, dass für den Menschen alle seelischen Regungen sichtbar und die geheimsten und feinsten Ratschlüsse des Herzens offenbar werden. Das aber geschieht mit einem Menschen, der in seinem Leben die Gebote Christi erfüllen möchte und das ganze Wesen seiner geistigen Natur mit dem unaufhörlichen Jesusgebet mit Verstand und im Herzen beschäftigt. In dem Gebet ereignet sich die Vereinigung unserer Seele mit Gott und der ganz aufrichtige Umgang mit Ihm. Wie Eisen, das vom Feuer durchdrungen wird, durchsichtig, feurig und unberührbar wird, so wird auch unser Geist durch die Vereinigung mit der Gottheit Selbst gleichsam Göttlich, nach dem Wort des heiligen Apostels *»teilhaft der Göttlichen Natur«* (2 Petr 1,4). Er befindet sich im Lichte des Göttlichen Antlitzes und erblickt klar nicht nur das Wesen seiner Seele, sondern auch das ganze geistliche und sinnenhafte Geschöpf. Das kann man in der Lehre der heiligen Väter sehen.

Der heilige Abba Philemon*, so wird in der slawischen Dobrotoljubije (Philokalia) geschrieben, erklärt seinem Schüler den Weg des inneren Lebens, der uns mit Gott verbindet, indem er unter anderem sagt: ›Wird der Verstand völlig von Gedanken gereinigt (selbstverständlich durch das Gebet und die Einigung mit Gott), gewährt ihm Gott die Schau der dienstbaren Kräfte und Ordnungen der Engel. Den Verstand von Gedanken zu reinigen kann man aber nur durch die geheime Unterweisung im Herzen erlangen.‹

›Und was ist das?‹ fragte der Schüler.

Er antwortete: ›Werde nüchtern in deinem Herzen und in deinem Denken und sprich mit Furcht und Zittern: Herr Jesus Christus, Sohn Gottes, sei mir Sünder gnädig.

Das ist der schmale Pfad des Schweigens. Bewahre ihn immer im Herzen, sogar beim nötigen Bedürfnis … bete verborgen und unterweise dich. Solcherart kannst du die Tiefen der Göttlichen Schrift verstehen und die in ihr verborgene Kraft und kannst dem Verstand eine unaufhörliche Tätigkeit geben, nach dem Wort des heiligen Apostels: »*Betet ohne Unterlass*« (1 Thess 5,17). Lebt aber in dir das unaufhörliche Gebet und die Unterweisung der Schriften, dann werden sich dir die geistigen Augen des Herzens auftun … und der ganze Mensch muss geistlich werden.

Unser Verstand ist dann vollkommen, wenn unser natürliches Denken zur Seite gedrängt worden ist, das heißt die eigenen persönlichen Erwägungen und Überlegungen, und er mit Gott vereinigt wird. Da er selbst herrschaftliche Würde besitzt, kann er dabei nicht verarmen noch wird die Begierde durch Irdisches erweckt, und wenn du ihm alle Königreiche schenktest.‹

Zu all dem kann man noch einige Gedanken weiser Männer und Gelehrter über die Seele hinzufügen, da sie einen gewissen Hinweis zur Führung eines geistlichen Lebens bieten, indem sie den inneren Zustand unserer Seele in ihrer besten Verfassung zeigen. Wie wir selbst erfahren haben, kann das eine große Hilfe sein, um alle

Seelenkräfte zu einer Einheit zu sammeln, und das ist unumgänglich, wenn das geistliche Gebet zu unserem Herrn Jesus Christus in unserem Herzen heimisch werden soll.

›Die Grundlage der menschlichen Persönlichkeit ist das Herz. Der gewöhnliche Traum entsteht daher, dass die Seele gleichsam ihre persönlichen Lebensformen – Bewusstsein und Freiheit – einschränkt, sich im tiefen und dunklen Schoß ihres Wesens einschließt und anstelle des logischen und freien Lebens das unmittelbare natürliche Leben aus dem Herzen zu leben beginnt. Die Seele ist in sich selbst verschlossen, in der Tiefe ihrer inneren Weh – im Herzen. Befindet sie sich aber im Schoß ihres eigenen Wesens, unterwirft sie sich dem inneren Verlauf des Lebens, sie beginnt ein Leben aus dem Herzen und offenbart die heimlichen Kräfte ihres Lebens.

Im Wesen der Seele ist alles eingeschlossen, was auf ihrer Oberfläche ist – im Bereich der freien Erkenntnis. Daher denkt die Seele auch mit dem Herzen, innerlich und wesentlich, fühlt und wünscht mit ihm – nur in einer besonderen Form.

In unserer Seele gibt es eine bestimmte Tiefe, gleichsam den Schoß des Lebens, aus dem alles hervorgeht und wohin von neuem alles, was der Mensch im Laufe des Lebens denkt, spürt oder wünscht, zurückkehrt, um eine ungeteilte Einheit zusammenzufügen – die moralische Natur der Seele, wohin das Licht des gewöhnlichen Bewusstseins nicht durchdringt. In unserer Seele geht nichts verloren, alles wird zu einem Ganzen zusammengefügt zum ewigen Charakter der Seele, so dass die Seele in ihrer Tiefe wie ein einziger Lebensstrom ist, der sich aus verschiedenen Gedankenflüssen, Gefühlen und Wünschen zusammensetzt.

In der Tiefe ihres Wesens ist unsere Seele vereinigt mit dem Göttlichen Geist selbst – der alles umfängt und alles durchdringt. Er zieht sie an sich durch Seine Göttliche Schönheit, wenn also die Seele in die innere Tiefe ihres Wesens hinabsteigt, dann tritt sie dadurch in den inneren Bund mit Gott ein.

Außerdem steht sie in Verbindung mit ihr ähnlichen Wesen der geistlichen Welt, denn sie ist Bürgerin des geistigen Reiches. Bei der Loslösung vom Körper, der sie von der geistigen Welt trennt, muss sie natürlicherweise in Gemeinschaft mit den Geistwesen eintreten.‹ (Aus dem Sammelband der Kiewer Akademie).«

20. Kapitel

Erläuterung der inneren Kräfte unserer Seele: Was heißt Vereinigung des Geistes mit der Seele: welcher Unterschied besteht zwischen den Begriffen Verstand und Geist, in welcher von beiden Kräften nimmt das Gebet Wohnung?

»Die Erklärung der inneren Kräfte unserer Seele möchte ein weiterführendes Hilfsmittel zur Verrichtung des verständigen Jesusgebetes mit dem Herzen sein. Dargebracht in dem tiefen Bewusstsein der eigenen Sündhaftigkeit, im Gefühl der Reue, mit dem Ziel, Gott zu besänftigen und uns mit Ihm zu versöhnen, stellt es nach der allen heiligen Vätern gemeinsamen Lehre die Wurzel aller geistlichen Güter dar, da es uns mit dem Sohn Gottes und mit Gott vereinigt und uns in Ihm zu Teilhabern der Göttlichen Natur werden lässt.

1. Was ist die Vereinigung des Verstandes mit dem Herzen, die so oft in den Schriften der heiligen Väter anzutreffen ist?

2. Welcher Unterschied besteht zwischen den Worten: Verstand und Geist?
3. Welchen Anteil haben diese beiden Kräfte am Werk des inneren Jesusgebetes, und in welcher von ihnen siedelt sich das Gebet an und wohnt in ihr wie in einer Behausung?

Die Vereinigung des Verstandes mit dem Herzen, die so oft in der Lehre der heiligen Väter ihrer großen Bedeutung wegen anzutreffen ist, besteht in der Vereinigung der Urteilskraft oder der Denkfähigkeit, die sich im Kopf befindet, mit dem Geist, auch Verstand genannt, der sich im oberen Teil des Herzens befindet.

Bei den heiligen Vätern wird der Geist die logische Kraft genannt, ihm sind von Natur aus die höchsten Kräfte und Triebe eigen – der Durst nach der Gottheit und der Sinn dafür. Er wird auch geistiger Sinn genannt, da er das Organ zur Aufnahme himmlischer Eindrücke ist, er ist unmittelbar der geistigen Welt zugewandt, unmittelbar betrachtet er das unzugängliche Licht Christi und empfängt direkt von Ihm seine Erleuchtungen. Befindet er sich im Herzen, übergibt er durch seine Unmittelbarkeit unweigerlich seinen ganzen Inhalt dem Herzen, mit dem er zusammengeflossen ist. Der heilige Apostel sagt zum Beispiel: *»Mit dem Herzen glaubt man zur Gerechtigkeit«* (Röm 10,10), aber es ist bekannt, dass der Glaube an Gott gerade eine Eigenschaft des Geistes ist. Es ist so ähnlich, wie wenn man in ein verschlossenes kleines Gefäß eine angezündete Kerze stellt: Unweigerlich wird es ganz mit Licht erfüllt. So erfüllt auch der Geist unser Herz mit seinem Wesen. Das geschieht insbesondere dann, wenn wir ihm die Kraft und den freien Raum für das ihm eigene Begehren gewähren, denn zu seinem Wesen gehört das Hindrängen zur Gottheit. Daraus entsteht auch die Unverweslichkeit der Körper Gott wohlgefälliger Menschen. Der Verstand oder der Geist, erfüllt vom Göttlichen Licht, übergibt es nicht allein dem Herzen, sondern auch dem ganzen Körper.«

So sprach der Starez auch in Bildern, wie der Mensch zu einer Kirche Gottes wird, zu einem Gefäß der Gottheit. Aber wegen der Fülle seiner Rede kann man nicht alles wiedergeben.

»Im richtigen Sinne wird der Verstand die geistige Kraft oder Geist des Menschen, der im Herzen weilt, genannt. Er ist ganz geistlich und nimmt am Irdischen gar keinen Anteil. Er dient als Mittel unserer Vereinigung mit dem Herrn: Sein ganzes Wesen besteht im Streben zu Gott, er ist jener Atem des Schöpfers, der Adam ins Antlitz gehaucht wurde. Das Denkvermögen der Seele oder die Urteilskraft muss man deswegen mit ihm vereinen, damit die Seele eine völlige Einheit wird, da ansonsten durch das Denkvermögen wie durch eine offene Tür in die Seele jeder Vagabund eintritt. Das Herumschweben der Gedanken kann der Geist oder der Verstand aber nur verhindern, wenn er mit Gott in Verbindung steht.

So ist also der menschliche Geist der Ort der geistlichen Empfindungen, das Denkvermögen ist nur ein Zuschauer – etwas Äußeres. In allen Schriften wird der Verstand unterschiedslos einmal diese, dann die andere Seelenkraft genannt, und daraus entsteht eine heillose Verwirrung. Unterscheiden kann daher nur der, der genau die Grenze jeder Seelenkraft und ihre Natur kennt.

Wir müssen nun unbedingt den genauen Unterschied dieser beiden Kräfte unserer geistigen Natur kennenlernen, zumindest soweit das für unser Ziel brauchbar ist. Wir müssen aufzeigen, wie diese Kräfte sich auf das Gebetswerk beziehen und in welcher von ihnen sich das Gebet ansiedelt wie im eigenen Haus. Im Evangelium wird zum

Beispiel gesagt: »*Er öffnete ihnen den Sinn, damit sie die Schriften verständen*« (Lk 24,45). Der Herr sagt zu den Aposteln: »*Auch ihr seid so unverständig, dass ihr nicht begreift …?*« (Mk 7,18) »*Ihr versteht dieses Gleichnis nicht, und wie wollt ihr alle Gleichnisse begreifen?*« (Mk 4,13), und der Apostel sagt: »*Wir alle haben Erkenntnis, aber Erkenntnis bläht auf …*« (1 Kor 8,1), und es wird noch gesagt, dass »*der Herr will, dass alle Menschen gerettet werden und zur Erkenntnis der Wahrheit kommen*« (1 Tim 2,4). Das alles gehört unserer mittleren Erkenntnisfähigkeit an – dem Urteilsvermögen oder dem Verstand, der sich im Kopf befindet. Seine Tätigkeit besteht im Erforschen, Untersuchen, Überlegen – von daher kommt die Unterscheidungsfähigkeit. Seine Natur ist das Denken, sein Inhalt sind die Begriffe, die er sich erwirbt, wenn er mit einem Gedanken von einem Gegenstand zum anderen übergeht: er vergleicht, urteilt, erwägt und zieht logische Schlüsse, Syllogismen.

Am Ende steht das Wissen, das er sich anders nicht erwerben kann als über die Erfahrung und die Sinneseindrücke, durch Urteile und Schlussfolgerungen.

Ist dieser unser Verstand auf geistliche Gegenstände gerichtet, und erforscht er die Schriften, wie der Herr Jesus den Juden befiehlt: »*Ihr durchforscht die Schriften, weil ihr meint, in ihnen ewiges Leben zu haben; und diese sind es, die von Mir Zeugnis ablegen*« (Joh 5,39), dann wird er selbst geistlich und von heiligen Gedanken aus der Heiligen Schrift erfüllt. Welchen Gegenstand er betrachtet, dessen Eindrücke erfüllen ihn – genauer, er wird selbst so. Und in dieser besten und höchsten Seite unseres Wesens dient der Verstand als Mittel und gibt das Material zu einer weiteren Bewegung im Werk des geistlichen Lebens, zur Weiterbildung. Er regt das Gefühl an und bewegt den Willen zur Erkenntnis der Wahrheiten Christi. Seine Begriffe sind aber völlig kalt. Er kann keine Empfindungen, keine Gefühle geben – schon gar nicht lebendige; dieses Letztere kommt ausschließlich der Kraft des Herzens zu.

Dieser Verstand ist bei der Mehrheit der Leute auf die Werke dieser Zeit gerichtet, und in diesem Zustand wird er irdisch genannt. Sein Wissen ist natürlich, und der Mensch, der in ihm verbleibt, wird nach dem Wort des Apostels ein ›natürlicher Mensch‹ genannt, der *»die Dinge, die des Geistes Gottes sind, nicht annimmt, denn Torheit sind sie ihm, und er kann sie nicht erkennen, weil sie geistlich beurteilt werden müssen«* (1 Kor 2,14). Diesen Verstand entwickelt man in den Schulen durch die Wissenschaften, durch ihn handelt und lebt jeglicher Stand von Menschen, die im Geiste dieser Welt leben. Die Künstler schärfen ihn in ihren Werken; die Maler verfeinern und entwickeln ihn in der Schönheit und Kunstfertigkeit der Bilder und Ansichten. Die Heerführer erstellen durch ihn Pläne für die Schlachten, die Ärzte bereiten durch ihn Medikamente, Schlosser, Zimmerleute, Handwerker können ohne ihn nicht einen Schritt tun. Werke, Fabriken, Schiffe – alles das sind Werke der Vernunft oder der Fähigkeit zu denken, die sich in unserem Gehirn befindet. Die geistliche Kraft aber – die Kraft des Herzens – hat an all dem keinen Anteil, es handelt allein die eben aufgezeigte, äußere Kraft der Seele, und daher wird der Mensch seelisch (natürlich, irdisch) genannt, da er mit seiner Seele ganz im Bereich des körperlichen Seins bleibt; seine ganze geistliche Natur aber, die sich im Herzen befindet, bleibt ohne Tätigkeit, ist verschlossen und schläft.

Und jetzt betrachte dein eigenes Leben, unter welchen Kräften der Seele es steht, ob unter der inneren Kraft des Herzens, die ganz geistlich ist, von Gott und Seinem Heiligen Wort genährt wird, von Seinen Gesetzen und Anordnungen, und die keinen Anteil hat an den Werken dieser Welt; oder unter den Seelenkräften, die ausgegossen sind über das Antlitz der ganzen Erde; oder entwickelst du deine Tätigkeit nur in irgendeiner besonderen Beschäftigung: vielleicht in der Wissenschaft oder im Gartenbau, in irgendwelchen Künsten oder aber in Handelsunternehmungen. Der Mensch ist mit der Freiheit ausgezeichnet, und in welche Richtung er das Wohlgefallen seiner Seele lenkt, dort wird er auch sein Leben entwickeln.

In der Ökonomie des geistlichen Lebens nimmt das Denken bei weitem nicht den Platz ein, den man ihm gewöhnlich mit solcher Bereitwilligkeit zum Schaden der Wahrheit und der Vernunft selbst zuweist. Wie großartig ein Mensch denken mag, so muss er doch überhaupt noch nicht im Einklang mit der höchsten Bestimmung des Menschen leben. Seine Bestimmung erfordert mühevollste Tätigkeit, und nach dem heiligen Apostel besteht sie darin, *»dass Christus durch den Glauben in den Herzen wohne«* (Eph 3,17). In allen apostolischen Sendschreiben gibt es daher kein so feuriges Gebet als gerade das Gebet um dieses unvergleichliche Gut. Indem er darum bittet, sagt der heilige Apostel Paulus: *»Ich beuge meine Knie vor dem Vater unseres Herrn Jesus Christus, damit Er euch nach dem Reichtum Seiner Herrlichkeit verleihe, durch Seinen Geist mit Kraft gestärkt zu werden am inwendigen Menschen, auf dass Christus in euren Herzen wohne«* (Eph 3,14 ff).

Damit übereinstimmend sagt auch der Metropolit von Moskau Filaret: ›Der für die Vernunft unzugängliche Gott möchte nur im Herzen wohnen; unsere jetzigen Erkenntnisse dienen uns nur in dieser Zeit, das Herz aber ist für die Ewigkeit.

Das Wissen und die Tätigkeit des Geistes sind nicht von dieser Art. Er erwirbt sich die Erkenntnisse nicht mit Hilfe des Nachdenkens oder logischer Schlussfolgerungen, sondern empfängt unmittelbar die Eindrücke aus der oberen unsichtbaren Welt.‹

So wird auch seine Tätigkeit von verständigen Menschen, erfüllt mit geistlichem Urteilsvermögen, beschrieben: ›Wie die Tätigkeit der äußeren Sinne in der Aufnahme und Empfindung der Eindrücke der sichtbaren Welt besteht, so besteht die Tätigkeit des Geistes in der Aufnahme und Empfindung der oberen, unsichtbaren Welt. Wenn die Erkenntnis, die wir auf dem Weg über die äußeren Sinnesorgane erhalten, keine logisch erschlossene Erkenntnis sondern eine unmittelbare ist, so muss das Erkennen des Geistes auch den Charakter der Unmittelbarkeit haben. So können wir auch die Tätigkeit des Geistes, im Unterschied zum Denken und zur Aufnahme über die Sinne, eine unmittelbare Betrachtung des Übersinnlichen nennen.

Der Mensch ist ein Wesen, das an der Grenze zweier Welten steht: der sichtbaren und der unsichtbaren, der sinnenhaften und der übersinnlichen. Wie er die Fähigkeit besitzt, über die äußeren Sinnesorgane der sinnenhaften Welt zugewandt zu sein – über das Auge, Gehör und so weiter – so muss er auch die Fähigkeiten besitzen, der übersinnlichen Welt zugewandt zu sein – und das ist der innere Sinn oder der Verstand (Geist).‹

Wir haben auf drei Arten Erkenntnisse. Die uranfänglichste Erkenntnis ist die der äußeren sichtbaren Welt über die Sinne, die auf unsere Seele über die fünf Sinnesorgane wirkt: Sehkraft, Gehör, Geschmack, Tastsinn und Geruchssinn. Diese Erkenntnis ist unmittelbar und wird durch die Wirkung der Gegenstände auf unsere Sinne erworben. Danach folgt die zweite Stufe unserer Erkenntnisfähigkeit – die Periode der Entwicklung des Denkens und die Erkenntnis von Gegenständen, die dem Vermögen unserer Urteilsfähigkeit unterliegen. Die Erkenntnis der übersinnlichen Welt aber und der Gottheit ist die allerhöchste Erkenntnis – daher ist sie auch die schwierigste und auf dem gewöhnlichen Weg der Erkenntnisse die letzte und unvollendetste. Zwei Erkenntnisse haben wir unmittelbar: die erste und die letzte. In der Mitte aber ist die Kraft zu überlegen und zu denken, die darauf schaut und erwägt: Aus den Urteilen bildet sie die Begriffe, aus den Begriffen setzt sie ein ganzes System des Wissens zusammen – die Wissenschaft.

Die geistliche Kraft in unserer Seele, Verstand oder Geist, erwägt nicht, sondern wie das Auge im Körper schaut sie unmittelbar auf die Gegenstände der geistlichen Welt und empfängt von dort die Eindrücke direkt und offen. Das kann man anhand einer äußeren Tätigkeit erläutern: Wie ein körperlicher Sinn, zum Beispiel die Sehkraft oder das Tastvermögen, wenn er einem Gegenstand zugewandt ist, dessen Wirkung unterliegt und unwillkürlich einen seiner Art gemäßen Eindruck erhält, so empfängt auch der Verstand, ausgerichtet auf das Gebiet der geistigen Welt, ebenso seiner Art gemäße Eindrücke; nur ist dort das Gesetz der Notwendigkeit, hier aber die freie Tätigkeit.

Der Geist in der Seele oder der Verstand ist, nach der Erklärung des heiligen Johannes von Damaskus, das gleiche wie das Auge im Körper, und es gibt nichts Besseres oder ihm ähnlich Selbstständiges; er ist die höchste Seite eben dieser Seele. Seine Natur oder seine Wesenszüge sind Selbsterkenntnis und Freiheit, anders gesagt auch Geistigkeit und Verständigkeit. Und das ist das Höchste im Menschen.

An diesem Punkt seiner Natur ist der Mensch nur wenig geringer als die Engel (Ps 8); gerade hier hat ihn der Herr mit Herrlichkeit und Ehre gekrönt, hat Er ihn über das Werk Seiner Hände gesetzt und hat ihm alles unter die Füße gelegt. Hier ist das Bild Gottes verborgen, das ihn so unermesslich über jedes sichtbare Geschöpf emporhebt und ihn Seinem Schöpfer so liebenswert werden lässt. Diese Kraft haben die Tiere nicht, nur Menschen und Engel, überhaupt alle verständigen Wesen. Hier befindet sich der Sinn für die Gottheit, oder wie die Theologen sagen: die Idee der Gottheit, deretwegen nicht selten auch der ganze Geist Göttliches Sinnesorgan genannt wird. Man kann es von unserer Seele nicht wegnehmen; und sogar die Heiden haben es, die nicht vom Licht Christi erleuchtet worden sind.

Wie die Kirchenlehrer schreiben, wirkt er schon ganz von Anfang an und überzeugt, dass es einen Gott gibt, schon in den ersten Lebensjahren des Menschen, ja er kommt noch früher als die Vernunft. Gott ist dem Geist noch nicht bekannt, aber er spürt das Verlangen und die Notwendigkeit eines Wesens, vor dem er sich verneigen und das er verehren könnte. Nicht ein Volk war frei eines solchen Gefühls.

Dieses Gefühl ist auch die Grundlage für das Gebet und der Boden, auf dem es heranwächst, und man muss die Vernunft gerade mit diesem Gefühl vereinen, in dem Gott anwesend ist, als Folge der von Ihm Selbst in den Menschen gelegten Idee von Gott. Einfacher gesagt: Es ist das Gefühl Seines Seins, der Glaube an Ihn, Seine Schau und Sein Erspüren.

Davon wird in der Theologie gesagt: ›Die einzige Quelle der Gotteserkenntnis ist der innere Sinn oder der Verstand.

Gott ist uns genauso unmittelbar nahe in unserem eigenen Geist wie uns auch die äußere Natur nahe ist und in unserem eigenen Körper über die fünf Sinnesorgane anwesend ist.

Daher wagen wir auch dieses mutige Wort, dass wir an Gott glauben, weil wir Ihn sehen, wenngleich natürlich nicht mit den körperlichen Augen.

Der Geist des Menschen, geschaffen nach dem Bild Gottes, besitzt in seiner Natur die Möglichkeit und die Fähigkeit zur unmittelbaren Erkenntnis der Gottheit. In seiner Selbsterkenntnis als vernunftbegabtes Wesen mit hoher physischer Natur ist schon das Erspüren der Gottheit eingeschlossen.

Je tiefer und lebendiger in unserem Geist dieses unmittelbare Gespür für die Gottheit ist oder der Glaube an Ihn, desto fester und reiner ist unser Begriff von Gott und der übersinnlichen Welt.‹

Man muss aus dem allgemeinen Zustand unserer inneren Kräfte gerade diesen Sinn für das Göttliche hervorheben – den höchsten Sinn unserer geistlichen Natur, da er das Zentrum ist, wo unsere Vereinigung mit Gott geschieht.

Wissen wir das nicht, können wir auch nicht das richtige, echte Gebet haben, weil wir nicht wissen, wohin wir unsere inneren Seelenkräfte richten sollen, wo und worin wir sie an einem Punkt vereinen sollen, um diese gesammelte Einheit aller Seelenkräfte mit Gott zu vereinen; bei der Zersplitterung der Kräfte kann das nämlich nicht geschehen.

Hier wird einiges verständlich, was das Jesusgebet seinem Wesen nach ist! Es ist die unmittelbare, naheste und lebendige Vereinigung unserer geistlichen Natur oder des inneren Menschen mit dem Herrn Jesus Christus, in Dem das Ewige Leben ist (Joh 1,4), durch Ihn aber mit Gott dem Vater und dem Heiligen Geist. Hier zeigt sich die Unumgänglichkeit, Notwendigkeit und Unausweichlichkeit des Jesusgebetes, das zu seinem Gegenstand gerade das Streben des Verstandes und des Herzens zum Herrn Jesus Christus hat: Sind sie mit Seinem Göttlichen Wesen vereint, erhalten wir das ewige Leben.

Vom heiligen Makarios dem Großen wird geschrieben, aber auch von anderen Heiligen, dass ihr Verstand andauernd zu Gott hingerissen wurde, das heißt, sie befanden sich mit allen Kräften ihrer Seele an diesem höchsten Punkt ihres geistlichen Seins, im Heiligtum des Geistes, wohin der Verstand, nach den Worten des heiligen Johannes Klimakos, aufgenommen wird nach der Weihe durch den Heiligen Geist und er zum Gottesdienst hereingeführt wird – wie ein Priester oder Bischof oder wie ein Patriarch, je nach dem Maß seiner Reinheit und Liebe zu Gott.

Wenn man die Entstehung der Religion und ihre allgemeine Verbreitung im Menschengeschlecht erklären wollte, muss man auch unbedingt das andauernde Wirken der Gottheit auf unseren Geist zugeben – auf eben jene Fähigkeit, die zum Empfang des Übersinnlichen bestimmt ist. Man muss das die natürliche Offenbarung der Gottheit in unserem Geiste nennen. Ist der Mensch feindselig gegenüber dem Sinn für die Religion oder, was dasselbe ist, für Gott, dann wird er verantwortungslos vor Gott, Den er nicht erkennt. Daher tadelt der heilige Apostel Paulus die Heiden, weil sie Gott nicht erkennen wollten, obwohl sie doch ein unwiderlegbares Zeugnis von Ihm in sich haben.

Die Rede über dieses Gefühl war so weit verbreitet, weil es den Boden und die Grundlage des geistlichen Lebens darstellt, die Behausung für das Gefäß Gottes. Hier erscheint der Herr dem Menschen von Angesicht zu Angesicht, wie Mose auf dem Berge Sinai.

Das Jesusgebet muss mit seiner ganzen Fülle in das Herz eingehen und in seiner geistlichen Kraft oder im Geist heimisch werden – das heißt gerade in diesem Sinn, dieser Empfindung; das Denken aber, wenn es schon Anteil haben soll an diesem Gebet, dann in der Art, dass man es zähmen muss zum Gehorsam dem Geist gegenüber. Man muss es taub, stumm, unwirksam werden lassen, entblößt jeglichen Bildes, Gedankens oder jeglicher Vorstellung. Mit einem Wort, man muss es seiner eigentlichen Tätigkeit berauben, nämlich des Gedankenreichtums und der haltlosen Heftigkeit.«

21. Kapitel

Über das menschliche Herz

»Nach dem allgemein üblichen Verständnis der Menschen nennt man bei jedem Gegenstand oder jeder Sache die innerste und tiefste Seite – Herz.

Den Kern eines Baumes nennt man Herzstück; es gibt ein Herz des Meeres – seine Tiefe, im Apfel und in jedem Ding heißt der innerste Teil Herz.

So wird auch im Menschen die innerste, tiefste, intimste Seite der Seele Herz genannt.

Es ist das nichts anderes als der innere Sinn der Seele oder überhaupt ihre Kraft der Empfindungen. Es lehrt ja auch die Psychologie, dass wir in unserer Seele drei Kräfte haben: Verstand, Wille und Gefühl. Das Gefühl ist nun das Herz, durch das wir mit allem, was außerhalb von uns ist, in Verbindung treten, sei es nun körperlich oder geistig. Es ist nicht schwer festzustellen, wie dieser Sinn der Seele entschieden einen Eindruck von allem aufnimmt – von einem Gedanken, einem Wunsch oder von der Tätigkeit aller Sinne: Gesichtssinn, Gehör oder von der inneren Tätigkeit der Seelenkräfte. Daher wird es auch Wurzel und Zentrum unseres Wesens genannt. Wer aufmerksam ist, kann nicht übersehen, dass unser ganzes Leben eben in diesem Hauptpunkt unseres Wesens vor sich geht. Man sagt deshalb auch, dass die Seele durch die Empfindungen lebt.

Das Herz wird, nach der Bemerkung erfahrener Beobachter, auch lichtes Herz, rein, arglos genannt, oder eben ein verdorbenes, böses, widerspenstiges, hochmütiges Herz. Natürlich im Blick darauf, von welchen Eigenschaften und Eigenheiten es erfüllt ist, das heißt, wohin es eine mitempfindende Neigung hat und woran es sich ergötzt, und andererseits, wovon es sich abwendet und womit es nicht mitempfinden kann. Es hat überhaupt im moralischen Leben eines Menschen eine überaus wichtige Bedeutung, gibt es doch jeder unserer moralischen Handlungen eine bestimmte Richtung.

Es ist der wahre Motor unseres ganzen Lebens; wie das Herz ist, so ist auch der ganze Mensch …

Dieses Herz in seinem natürlichen Zustand, nicht erneuert durch den Heiligen Geist, ist ganz zur Erde hingeneigt, nährt sich von Staub und schamlosen Leidenschaften: Aus ihm kommt jegliche Ausschweifung, das Böse, der Stolz, ein missgünstiges Auge. Hier lebt und verbirgt sich die ganze Wurzel unserer Sündhaftigkeit, die Schlange der Selbstliebe, die der heilige Makarios der Große erwähnt und in deren Vertreibung die Aufgabe unseres Lebens besteht. Darum bittet der heilige Prophet David auch den Herrn: »*Ein reines Herz erschaffe mir, O Gott*« (Ps 51), das heißt: Möge ihm doch der Herr in den Mittelpunkt seines Lebens Reinheit, Licht, Wahrheit, Heiligkeit hineinlegen und sein ganzes Wesen erneuern.

Wenn das Gewissen wegen der Übertretung eines moralischen Gebotes die Seele züchtigt, dann leidet dieser Sinn der Seele, zugleich mit dem Selbstbewusstsein. Seiner Natur nach zieht es ihn nicht zu Gott, sondern er strebt zur Erde. Aber trotzdem muss man in ihm Christus wohnen lassen, nach dem Wort des heiligen Apostels. Darin bestehen Bestimmung und Ziel unseres Lebens und Seins.

Nicht selten wird in der Schrift das Herz die Gesamtheit unserer inneren Kräfte genannt. Zum Beispiel: »*Ich rufe von ganzem Herzen, erhöre mich*« (Ps 119,145), erklärt der heilige Johannes Klimakos mit dem Ausdruck: ›mit allen Kräften der Seele‹.

Sehr oft wird das Herz der Zustand der Vereinigung des inneren Sinns der Seele mit unserem Geist genannt, der, da er seiner Göttlichen Herkunft wegen ganz geistlich ist, der Seele seinen Reichtum übergibt. In der Folge herrscht der Geist über das Herz oder, wie bei den heiligen Vätern gesagt wird, er vergeistigt die Seele, und dieser ganze innere Zustand der Seele wird nach den vorherrschenden Eigenschaften genannt, das heißt nach den Qualitäten, die an sich dem Geist zukommen. In dem Fall, dass sich die ganze Seele zu einem Ganzen sammelt, zum seelischen Empfinden, werden hier auch die Kräfte, die ganz vom Einfluss des Geistes durchdrungen werden, mit dem allgemeinen Begriff Herz genannt.

Zum Beispiel: Der heilige Apostel schreibt dem Herzen den Glauben an Gott zu: »*Mit dem Herzen glaubt man zur Gerechtigkeit*« (Röm 10,10).

Muss man diese Sache aber nicht direkt dem seelischen Empfinden zuschreiben? Es steht außer Streit, dass es zu seiner Eigenschaft gehört, aber nur dann, wenn der Geist es mit seinem Einfluss durchdringt und ihm seinen Glauben durch das Wort mitteilt; wenn er sich mit der Seele vereinigt und ihrem inneren Empfinden seinen geistlichen Inhalt übergibt, dann empfängt man in der Seele die zweifelsfreie Überzeugung in der Wahrheit. Sie wird von der Eigenschaft der Wahrheit durchdrungen und fühlt sie gleichsam mit ihrem Sinn.

Der Anfang aber geht vom Geist aus, und daher wird der Geist auch das Fenster in die geistliche Welt genannt. Er dient auch wirklich als Bindeglied zwischen uns, Gott und der geistlichen Welt. Er berührt selbst unmittelbar die geistliche Welt, und die von dort empfangenen Eindrücke und Empfindungen übergibt er der Seele. Wenn sein Einfluss vorzuherrschen beginnt und seine Kraft die Seele beherrscht, dann wird der Mensch in allem geistlich genannt, heilig und geheiligt, weil die Gnade Gottes vor allem im Geist Wohnung nimmt, von ihm aber auf alle Glieder unseres Wesens übergeht. Wie sagt doch der heilige Makarios der Große:

›Wir müssen nicht nur in den mit Tinte geschriebenen Büchern eine Vergewisserung für uns finden, sondern auch auf die Tafeln des Herzens schreibt die Gnade Gottes die Gesetze des Geistes und die himmlischen Geheimnisse, denn das Herz gebietet und herrscht über den ganzen leiblichen Organismus. Und sobald die Gnade die Weideplätze des Herzens innehat, herrscht sie über alle Glieder und

Gedanken. Denn dort, im Herzen, sind der Verstand, alle Gedanken der Seele und ihre Erwartung. Darum durchdringt auch die Gnade alle Glieder des Leibes.‹ (Geistliche Homilien, 15,20).

In der Heiligen Schrift kann man daher die Verschmelzung dieser beiden Kräfte sehen und ihren unterschiedslosen Gebrauch, eines erklärt gleichsam das andere und ergänzt es. Der heilige König und Prophet David sagt: »*Das Opfer, das Gott gefällt, ist ein zerknirschter Geist*« (Ps 51,19), und gleichsam erklärend fügt er hinzu: »*ein zerbrochenes und zerschlagenes Herz wirst Du, Gott, nicht verschmähen.*« Und noch: »*Nahe ist der Herr den zerbrochenen Herzen*«, und wieder erklärend fügt er hinzu: »*die im Geiste Demütigen rettet er*« (Ps 34,19).

Wo über das Herz etwas Erhabenes, Heiliges und Großes gesagt wird, versteht man entweder allein den Geist oder den Geist in Verbindung mit dem Herzen, das er mit seinem Einfluss durchdringt. Zum Beispiel: ›In den Herzen der Völker steht geschrieben, dass ein einziger der Gott und Schöpfer aller ist.‹ Hier wird von der Idee der Gottheit gesprochen, die in der Tiefe unseres Geistes verborgen ist.

Bei dem heiligen Isaak dem Syrer steht geschrieben: ›Die Tätigkeit des Herzens ist das geistliche Leben.‹ Darunter versteht man die Vereinigung des Geistes mit dem inneren Sinn der Seele oder mit dem Herzen und seine Vorherrschaft darüber. Wie schon vorher bemerkt, wird das Vergeistigung der Seele genannt.

Er sagt: ›Der geistige Sinn der Seele empfängt die Sehkraft des Verstandes, wie die Pupille der körperlichen Augen das spürbare Licht. Dasselbe geschieht, wenn der Geist über die Seele herrscht, dann unterdrückt er gleichsam ihre natürlichen Eigenschaften und Kräfte.‹

Das kann man auch im Leben der heiligen Väter sehen. Über den heiligen Antonios wird zum Beispiel in seiner Vita berichtet: ›Und Antonios begann mit erleuchtetem Herzen die Schauungen zu verstehen.‹

Es ist das jener Zustand, in dem sein Geist oder Verstand, erhellt durch die Gnade des Heiligen Geistes, seine geistliche Schau, oder genauer seine Sehkraft der Wahrnehmung des Herzens mitteilte. Die Fülle unseres geistlichen Lebens kann dabei nur darin bestehen, dass im Zentrum oder in der Wurzel unseres geistlichen Wesens alle Seelenkräfte in eins gesammelt werden und diese gesammelte Einigkeit mit Gott vereinigt wird und sich mit Ihm vermischt. Das hat der heilige Makarios im Blick, wenn er sagt: ›Dann ist die Seele ganz Vernunft, ganz Schau, ganz Ohr, Licht, Blick … ‹, das heißt mit welchem Inhalt sie der Geist durchdringt, der selbst in Verbindung mit Gott steht und von daher seine Erleuchtungen erhält. Dasselbe wird ausgedrückt, wenn gesagt wird: ›Das Herz wurde ergriffen.‹ Hier versteht man auch die Wirkung von Gegenständen der geistigen Welt auf das Herz.

Wenn aber die Denkkraft der Seele allein, ohne Anteil des Geistes, sich mit dem Herzen vereinigt, dann sagt darüber der Herr zu den Schriftgelehrten und Pharisäern: »*Warum denkt ihr Böses in euren Herzen?*« (Mt 9,4).

Auf dieser Grundlage werden fast überall in der Schrift die Gedanken dem Herzen zugeschrieben: »*Er zerstreut, die im Herzen voll Hochmut sind*«, wird im Lied der Allreinen gesungen (Lk 1,51). Wie wir alle klar bemerken, entstehen die Gedanken aus dem Verstand; steigen sie aber in das Herz hinab und werden eins mit ihm, werden sie dem Herzen zugeschrieben.

Nun also, alle hohen Eigenschaften und Zustände kommen dem Herzen nur dann zu, wenn es mit dem Geist vereinigt ist, über ihn aber mit Gott und auf diesem Weg die ganzen Göttlichen Kräfte empfängt, die es zum Leben und zur Frömmigkeit braucht. Wenn es sich aber in seinem natürlichen sündigen Zustand befindet, nicht erneuert durch die Gnade Christi, dann wird ihm unbenehmbar alles Böse, Hinterlistige, Schädliche und Sündhafte eigen. Dann entstehen aus ihm die bösen Gedanken: Mord, Ehebruch, neidischer Blick und das Übrige.

Wie sich alle nahegelegenen Flüsse in das Meer ergießen, die Bäche und Quellen, so fließt auch in unser Herz – dieses große und weite Meer – alles aus der materiellen Welt, aus dem Irdischen, was unseren fünf Sinnen des Körpers unterliegt. Alles, was der Mensch sieht, hört, angreift, riecht und schmeckt, alles das fällt in das Herz und reizt es so oder anders, das heißt, es ruft einen Eindruck hervor oder eine Wahrnehmung je eigener Art und Qualität. Was dieser Wahrnehmung angenehm ist und Freude bereitet, dorthin streben wir, und indem wir sie bei uns behalten wollen, setzen wir unser Glück darauf, die Ruhe, Freude und das Entzücken. Was aber der Wahrnehmung unangenehm ist und betrübt, das wollen wir von uns entfernen.

Die seelische Seite unseres Lebens spiegelt sich ganz im Herzen wider und geht durch es hindurch. Alles, woran wir denken, was wir beurteilen, woran wir uns erinnern, was wir uns vorstellen, welche Dinge und Gegenstände uns unsere Fantasie ausmalt, welche Gegenstände unser Wille wünscht – all das bewegt so oder anders unser Herz und ruft in ihm ein angenehmes oder unangenehmes Gefühl hervor. Ähnlicherweise muss auch der oberste Teil unserer nicht sichtbaren Natur, der geistige Teil, unbedingt mit dem Herzen vereint sein, da ansonsten der Mensch die Einheit wie früher in Stücke zerschlägt und er keine Einigkeit der Kräfte besitzt, die aber zur Einheit mit Gott unbedingt nötig ist.

Wenn aber der Mensch tatsächlich mit allen seinen Kräften sich im Zentrum seines geistigen Wesens – im Herzen – genau im Mittelpunkt seiner Kräfte sammelt, dann ist er stark, mächtig, gesammelt in eins und sieht die Bewegung all seiner Kräfte und kann sie lenken. Die Sammlung der Kräfte an einem Punkt oder in einer Einheit muss sich auf Gott richten und mit Ihm vereinigen. Dann wird der ganze Mensch geistlich, geheiligt und ist mit Gott vereint.

Die Samen aller Tugenden sind verschlossen und enthalten in dem Geist, in der Art einer dunklen Forderung und eines unbestimmten Wunsches. Solange sie aber nur hier sind, gehören sie noch nicht uns, wie ein Vogel, der in luftigen Höhen fliegt.

Man muss sie aus der geistigen Unmittelbarkeit hinüberführen in das seelische Bewusstsein oder eben in die Wahrnehmung der Seele; dann erst besitzen wir jegliche Tugend und befühlen sie gleichsam mit unserem Herzen und erfreuen uns an ihr, denn dabei durchdringt nur sie unsere ganze innere Natur. Das geschieht aber nicht anders als unter Anteilnahme der seelischen Kräfte – insbesondere mit Hilfe des Urteilsvermögens. Daher erweist auch das Gebet im Namen unseres Herrn Jesus Christus erst dann seine ganze rettende Wirksamkeit, erleuchtet unsere innere Natur und alle ihre Kräfte und teilt uns die Fülle des geistlichen Lebens mit, wenn es mit unserem Herzen vereinigt wird. Dann aber geschieht das, worüber der heilige Apostel sagt: »*Wenn die Wurzel heilig ist, dann sind es auch die Zweige*« (Röm 11,16).

Das Jesusgebet, das jetzt der ganzen Menschheit so wenig bekannt ist, nimmt deswegen einen so hervorragenden Platz im Werk unserer ewigen Rettung ein, weil es uns wesentlich mit dem Herrn Jesus Christus vereinigt. An Ihm vorbei gibt es aber keine Möglichkeit für uns, ins ewige Leben einzugehen. Denn in Ihm ist das Leben und außer Ihm gibt es kein Leben. Wer den Sohn Gottes nicht hat, hat das Leben nicht in sich. Mit diesen wenigen Worten ist alles gesagt, was unabdingbar zum Jesusgebet gehört und worin seine rettende Eigenschaft besteht, die durch keine Werke ersetzt werden kann, zwischen denen es emporragt wie ein Herrscher über die ihm Untergebenen oder wie die Sonne über die Sterne.

Jeder, der in das Gebiet des geistlichen Lebens auf einem bewussten, richtigen und gesetzmäßigen Weg eintreten möchte und dort wirklicher Bürger sein will, muss unbedingt seine innere Natur gut kennenlernen.

Ein großer Fehler und fast nicht wieder gutzumachender Verlust – wie wir zu unserem Unglück in unserem Leben selbst erfahren haben – entsteht dann, wenn wir einer geringeren Kraft eine überwiegende Bedeutung vor den eigentlichen Hauptfähigkeiten des Menschen zumessen. Diese Erscheinung gibt es fast überall auf der ganzen Welt. Die ganze Würde des Menschen sieht man gewöhnlich in der Entwicklung der Intelligenz. Man definiert seinen wesentlichen Vorzug vor allem anderen mit der Summe des erworbenen Wissens und versteht dabei nicht, dass ein scharfer und hoch entwickelter Verstand (im Sinne von Denkfähigkeit) ohne ein Herz, das erfüllt ist von Liebe zur Wahrheit, Gerechtigkeit und zum Guten, wie der heilige Apostel sagt: *»was wahr, was ehrbar, was gerecht ist, dem denket nach«* (Phil 4,8) – ein Messer in der Hand eines Mörders ist. Vernunft und Wissen, Kunst und Talent sind an sich wertvoll, wie physische Kraft, Ehren oder Reichtum. Ihre wahre Bedeutung hängt aber von den höheren Zielen ab – vom Gebrauch zum Wohl der Nächsten und zum eigenen Wohl.

Intelligenz und Wissen sind nicht mehr als Hilfsmittel für das höchste Ziel, und im gewöhnlichen Leben des Geistes nehmen sie einen mittleren Platz ein. Man kann unsere Vernunft mit dem Pendel einer Uhr vergleichen, das für sich allein auch noch nicht die ganze Uhr ausmacht, aber trotzdem ein nicht austauschbarer Teil ist, ohne den die Uhr nicht geht. Ist es daher auch unbedingt nötig, so gibt es auch anderes Zubehör zur Uhr, das noch wichtiger ist.

An einer anderen Stelle wird unsere Vernunft mit einem Musikinstrument verglichen, dem nur eine bestimmte Zahl von Tönen eigen ist, ober und unter denen das unendliche Gebiet des Schweigens liegt. – Nicht viele Menschen lenken ihre Aufmerksamkeit auf die Forderungen ihrer geistlichen Natur, und obwohl sie nicht selten ihre Phänomene spüren, wissen sie doch nicht, woher sie kommen und wohin sie entschwinden.

Umso weniger überflüssig ist es daher für jemand, der ein geistliches Leben führen will, die Unterschiedlichkeit der in uns befindlichen geistigen Kräfte zu kennen. Und weil das besonders wichtig ist, muss man jene Kräfte entwickeln, die einen besonderen Vorzug aufweisen und über die anderen emporragen. Durch die Übung des Jesusgebetes geschieht das auch äußerst bequem, wenn es noch keine Kenntnis der Kräfte gibt.«

22. Kapitel

Über den menschlichen Geist

»Die höchste Seite des menschlichen Lebens ist der Geist. Hier wurde vom Schöpfer der Göttliche Same hineingelegt. Das ist der Sinn für die Gottheit oder die Idee, die die Quelle unseres andauernden Hingezogen-Seins zu Gott ist. Für das Gebet dient er als Stützpunkt.

Ist er im Zentrum und in der Wurzel unseres Wesens selbst befestigt, dient er als Mittelpunkt unseres geistlichen Lebens und durchdringt es ganz mit dem Drang zur Gottheit.

›Der menschliche Geist ist eigentlich ein geistiges Wesen, das, mit dem Fleisch verbunden, sich von ihm lösen kann und von sich aus und für sich handeln kann – frei und selbstständig. Seiner Herkunft nach ist er der unmittelbare Einfluss der Gedanken des Schöpfers in der ihm eigenen Art.‹

Oder, so müsste man gleichsam sagen, die Fleischwerdung eines Göttlichen Gedankens und sein Ausdruck in der Tat und in der Erscheinung. Daher trägt er in sich selbst, oder genauer, in der Tiefe seines Wesens, nichts anderes als den nicht zu betäubenden Sinn für die Gottheit, die man gewöhnlich ›Idee der Gottheit‹ nennt. In dieser Idee ist das Bild Gottes eingeschlossen, dessentwegen der Mensch so unermesslich über alle Geschöpfe erhoben wurde, die auf dem Antlitz der Erde leben. ›Da er in sich diese Idee besitzt, ist der menschliche Geist selbst das Licht der Wahrheit, ein innerlich erleuchtetes Zeugnis von Gott, über welches wir Sein Sein erkennen, Seine Eigenschaften und Werke. Zweitens ist unser Geist der Sinn für die Schönheit, und wir betrachten sie teilweise in uns selbst, mehr aber noch in ihren Widerspiegelungen, und begeistern uns durch die selige Hoffnung auf die Vereinigung mit ihr in der Ewigkeit. Drittens ist er die Kraft zum Guten, die der Seele das höchste Bild ihrer Wirksamkeit in der Göttlichen Heiligkeit zeigt, und bei der Vereinigung mit dem Herrn empfangt er von Ihm eben diese Kraft, Gutes zu wirken zur Ehre Gottes und zum eigenen Heil.‹

›Da der menschliche Geist Göttlichen Ursprungs ist, kann man ihn durch keinen Begriff abgrenzen; er findet daher auch in nichts von allem Irdischen für sich Befriedigung und strebt seiner Natur gemäß zur Quelle seines Seins. Als Bild des Schöpfers ist er einfach, kennt sich selbst, ist selbstständig, frei, mächtig. In der ganzen sinnenhaften Welt gibt es kein Sein, das ihm an Würde gleich ist. Darin besteht sein unvergleichlicher Vorzug, seine Ehre und Erhabenheit, da dem Schöpfer nichts so lieb ist, wie das Bild Seines allerhöchsten Wesens. Der Mensch wird mit dem Weltall verglichen und ist eine kleine Welt. Sie haben miteinander eine wesentliche Beziehung, denn der Mensch ist das Urbild der Welt. Das Wertvollste, das uns fast ganz bis zum Zustand der Engel emporhebt, ist eben diese Idee oder der Sinn für die Gottheit, der vom Schöpfer in das Wesen unseres Geistes gelegt wurde, in dem jenes zweifelsfreie Angeld der Überzeugtheit vom Sein Gottes beschlossen ist, das unser Geist immer in sich trägt und in dem er ein andauerndes und nicht erlogenes Zeugnis dieser Wahrheit vorfindet. In dieser Idee findet sich auch die Grundlage und Wurzel unseres Glaubens an das Sein Gottes, die von Gott in die Tiefe des menschlichen Geistes gelegt wurde und in dem ihm eigenen Sinn für die Gottheit beschlossen ist, der natürlicherweise in ihm entsteht, wenn er durch die Gott ähnliche Natur zur Natur Gottes hingezogen wird.‹ (Aus der Theologie des Bischofs Silvester*).

Diesen Göttlichen Funken in uns bezeichnen die Lehrer und Väter der Kirche mit verschiedenen Namen: als Augen des Geistes, Augen des Herzens, Augen der Seele; ›das Auge des Herzens erhebe ich zu Dir, Allreine‹, wird im Kanon auf die Gottesmutter gesungen.

Andere Schriftsteller verstehen darunter die Göttlichen Elemente der menschlichen Seele, den himmlischen Schatz unseres Geistes, die einzigartige Quelle alles wahrhaft Guten und Schönen auf dem Gebiet der Wissenschaft, der Kunst und des praktischen Lebens.

Dieser Sinn ist das Auge des Verstandes, eine Fähigkeit, durch die er unmittelbar die Gottheit zu schauen vermag, die sich ihm als Antwort auf das Streben zu Ihm eröffnet. Er ist eine Folge der Ähnlichkeit seiner Natur mit Ihm, wie soll ihm da der in ihm gegenwärtige Gedanke an Gott nicht klar und fest werden und mit ihm zugleich der Glaube an Seine Existenz. Vom Menschen wird dabei allein Frömmigkeit und ein rechtes Leben gefordert. Er, der Sinn, wird uns dazu gegeben, damit wir durch ihn das wirkliche Wesen, die Quelle von all dem, was dem Verstand unzugänglich ist, betrachten können – das einzig wirklich Schöne und Gute.

Unwillkürlich erscheint es in adeligen Seelen, die Ihm ähnlich sind und Ihn sehen wollen. Manche Menschen sehen Ihn, aber nur jene, die gerecht gelebt haben und durch die Gerechtigkeit und jegliche Tugend rein gemacht wurden … denn wie die Augen des Leibes bei sehenden Menschen die Gegenstände dieses Erdenlebens erblicken und einen Unterschied erkennen, zum Beispiel zwischen Licht und Dunkel, Weiß und Schwarz, Gestaltlosem und Schönem, zwischen richtigem Gleichmäßigem und unrichtigem Ungleichmäßigem, zwischen Übermäßigem und Ungenügendem, so gibt es auch die Augen der Seele, um Gott zu schauen. Und Gott wird für jene sichtbar, die fähig geworden sind, Ihn zu sehen, denen eben diese Augen der Seele geöffnet wurden. Alle besitzen diese Augen, aber den anderen sind sie von Dunkelheit bedeckt, und sie sehen das Sonnenlicht nicht.

Sehen Blinde auch nicht, so existiert das Sonnenlicht dennoch und leuchtet. Die Blinden aber mögen über sich selbst und ihre Augen klagen. So sind auch bei uns die Augen der Seele verdunkelt durch Sünden und böse Werke.

Der Mensch muss eine Seele haben, die wie ein Spiegel glänzt. Ist ein Spiegel blind, dann ist das menschliche Antlitz in dem Spiegel nicht mehr erkennbar – so kann auch der Mensch, wenn die Sünde in ihm ist, Gott nicht betrachten.

In jeder menschlichen Seele, soweit sie Seele ist, gibt es unzweifelhaft geistliche Augen, die ihr gegeben wurden, um Gott zu schauen, ähnlich, wie es in jedem Körper körperliche Augen gibt, die dazu eingerichtet wurden, die Gegenstände der sinnenhaften Welt zu schauen.

Um daher Gott zuschauen und sich von Seiner Existenz zu überzeugen, muss man nur auf Ihn mit seinen geistlichen Augen blicken. Dabei ist es nötig, dass diese Augen gesund sind und nicht durch sündhafte Unreinheit mit Dunkelheit bedeckt sind, da sie sonst Gott nicht erblicken, obwohl Er für andere sichtbar sein wird. Es ist so ähnlich, wie kranke oder blinde Augen das Sonnenlicht nicht sehen können, währenddessen es für die Gesunden nicht aufhört zu existieren und zu leuchten.

Dieses Auge des Herzens oder die seelischen Augen, oder einfach die Göttliche Idee in uns, ist nicht das Denkvermögen oder die Vernunftkraft der Seele, sondern vielmehr ihr innerer Sinn oder, genauer gesagt, die innerste und tiefste Seite dieses Sinnes, mit der er dem ganz besonderen Gebiet des Übersinnlichen und Göttlichen zugewandt ist, so wie die äußeren Sinne dem Gebiet der Gegenstände der sinnenhaften Welt zugewandt sind. Er dringt nicht durch Vermutungen oder mittels Schlussfolgerungen und Syllogismen auf das Gebiet des Göttlichen vor, sondern er berührt es unmittelbar und nimmt aus ihm lebendige Eindrücke auf. Die von ihm aus diesem Bereich gewonnene Überzeugung vom Sein Gottes ist nicht auf irgendwelche mittelbaren oder logischen Schlussfolgerungen gegründet, sondern eine spürbare, lebendige, unmittelbare Überzeugung. Sie ist jener ähnlich, die wir bezüglich der Gegenstände des äußeren Seins bekommen, ohne Zuhilfenahme irgendwelcher Vernunftmittel, allein gestützt auf das Zeugnis des Sehvermögens, Gehörs und anderer äußerer Sinne. Hätten wir nicht diesen geistlichen Sinn, könnten wir nicht unseren Glauben an das Sein Gottes bis zur Stufe der spürbaren und unabwendbaren Zweifellosigkeit hinführen.

Aber dieser Sinn ist jedem gegeben, und er ist so untrennbar mit der Natur der Seele verbunden wie die Augen mit dem Organismus des Körpers; so hat jeder die volle Möglichkeit, sich spürbar vom Sein Gottes zu überzeugen, wie jemand, der Augen hat, sich von der Existenz des Sonnenlichtes überzeugen kann. Wenn aber nicht alle diese Möglichkeit gebrauchen, wenn manche bereit sind, an der Existenz Gottes selbst zu zweifeln, dann liegt der Grund dafür in nichts anderem als in der Verdorbenheit und Entstellung von dem, was die Augen der Seele sein sollten – woran sie selbst schuld sind und ihr sündiges Leben (Aus der Theologie des Bischofs Silvester.)«

23. Kapitel

Über die Würde des Menschen und noch etwas über unseren Geist

»Alle Erfahrungen und Beobachtungen auf unserem Planeten bestärken uns zweifelsfrei in der Meinung, dass das höchste und wichtigste Ziel, auf das in seiner ganzen Entwicklung alles Sein in der Welt gerichtet war und ist, der sich bewusste, vernünftige und freie Geist ist. Gäbe es ihn nicht, würde die Natur irgend etwas Zielloses, nicht zu Ende Geführtes und Unvollendetes darstellen.

Daher strebt die Natur immer mit unaufhaltbarer Kraft zum vernünftigen Geist als zu ihrem eigenen Ziel. Und wenn auf Erden die Vollendung von allem der menschliche Geist ist, so dass im Verhältnis zu ihm nicht nur die ganze irdische, sinnenhafte Welt, sondern auch seine eigene Körperhülle nicht mehr sind als sein Postament, dann kommt das daher, weil der Mensch den Sinn und die Erklärung der sichtbaren Welt darstellt.

Alle in der Natur getrennten Werke kommen in ihm zu einer gegenseitigen Verbindung und erreichen in ihm ihre Bestimmung. Der Mensch versteht die Natur bis zu dem Zeitpunkt nicht, solange er sich nicht selbst erkennt, denn er ist das Urbild der sichtbaren Welt. Er ist eine Welt im Kleinen, eine kurze Zusammenfassung und gleichsam der reinste Auszug aller Wesen der sichtbaren Welt. Alle übrigen Geschöpfe sind ihm zum Dienst geschaffen und er ist in die Welt eingeführt worden wie ein Herrscher in sein Haus, wie der Priester in die Kirche, vollkommen geordnet und geschmückt. Die ganze Erschaffung des Menschen zeigt, dass er nicht bloß eine Fortsetzung in der Art der vor ihm geschaffenen irdischen Wesen ist; er ist nur der Herkunft nach das höchste der Tiere: Er ist Göttlichen Geschlechts, und obwohl durch ihn die Kette der irdischen Schöpfungen geschlossen wird, stellt er doch in ihr jenes Kettenglied dar, durch das die Schöpfung mit ihrem Schöpfer vereint wird. Die Existenz der ihn umgebenden Geschöpfe ist nur sinnenhaft und zeitlich; ist der Mensch auch im Leib, so lebt er doch durch den Geist. Lebt er auch in der Zeit, so beginnt doch hier sein Weg in die Ewigkeit.

Der Mensch wird dargestellt als letztes Ziel und Krone des ganzen Schöpfungswerkes, er ist daher jenes Geschöpf, für das alle übrigen gleichsam eine Vorbereitung sind und eigentlich nur seinetwegen da sind, denn die ganze geschaffene Welt ist der Gewalt des Menschen übergeben. Der Mensch selbst aber, der höchste Träger der ganzen Welt, ist zur persönlichen Gemeinschaft mit dem Schöpfer berufen: Das also ist die Bestimmung des Menschen – und in ihm der Welt. Ist auch das Element seines Organismus dieselbe Erde, die auch die Tierwelt hervorgebracht hat, so ist der Mensch doch nicht in einer Reihe mit der Tierwelt erschaffen worden.

Durch einen besonderen schöpferischen Akt, durch eine außerordentliche Offenbarung des Wortes Gottes wird aus dem Erdenstaub dieses letzte und wertvollste Geheimnis gerufen – der lebendige menschliche Leib, und erhält eine unmittelbare Nähe zum Schöpfer selbst, er nähert sich gleichsam den Lippen des Herrn, Der mit Seinem Geist diese Perle der Schöpfung beseelt. Da erst erschien der eigentliche Mensch, und das ist der Sinn der biblischen Erzählung über den Menschen.

In einer chinesischen Überlieferung wird gesagt: Der Mensch ist die Vereinigung von Himmel und Erde. Die heilige Überlieferung sagt über den Menschen noch mehr: Er ist eins mit dem Schöpfer von Himmel und Erde selbst. Der Mensch ist nicht nur das höchste Wesen der Natur, sondern Kind Gottes, das in diese sichtbare Welt hineingesetzt wurde wie ein Sohn in das Haus seines Vaters, des Schöpfers alles Sichtbaren und Unsichtbaren, geschaffen nach dem Bild Gottes und vorherbestimmt zur Gottähnlichkeit.

Wie bestimmt und richtungsweisend ist doch das Wort der Heiligen Schrift!

Da nun der Mensch in der Reihe der Göttlichen Schöpfungen eine so hohe Stellung einnimmt, ist er ein wahrer Bürger zweier Welten – der sichtbaren und der unsichtbaren – er ist das Bindeglied zwischen Schöpfer und Schöpfung, Tempel der Gottheit und deswegen Krone der Schöpfung; und das einzig und eigentlich nur, weil in seine geistige Natur der Allerhöchste den Sinn oder den Gedanken Seiner unendlichen Gottheit einzuprägen geruhte, der in seinen Geist hineingelegt ist und als andauernde Quelle dient, die ihn zu seinem höchsten Zentrum hindrängt.«

24. Kapitel

Über den Sinn für das Göttliche Sein, der in die menschliche Seele gelegt wurde

»Zur Vergewisserung vom Sein Gottes haben wir nicht im Körper, sondern im Geiste einen ganz besonderen Sinn – das Herz, durch das wir die Gottheit spüren können, die von ihr ausgehende ewige Kraft fühlen können, und die Bezeugung dieses Sinnes vom Sein Gottes ist nicht weniger fühlbar und überzeugend, als die Bezeugung der äußeren Sinne vom Sein der sinnenhaften Gegenstände.

Die Grundlage zum Glauben an das Sein Gottes wird nicht durch Beobachtungen und die Erfahrung gegeben, sie ist nicht eine Sache eines Denkprozesses, sondern ist von Gott Selbst in die Tiefe des menschlichen Geistes gesenkt worden und ist in dem ihm angeborenen Sinn für die Gottheit eingeschlossen, der in ihm natürlich entsteht, wenn es ihn aufgrund seiner Gott ähnlichen Natur zur Göttlichen Natur wie zu einem Verwandten hinzieht. Ist er in seinem Wesen eine Einheit, wie auch jener höchste Gegenstand, der ihn zu sich zieht, eine Einheit ist, so zeigt sich dieser Sinn für das Göttliche zu gleicher Zeit doch auf drei Weisen. Man kann ihn von drei verschiedenen Seiten betrachten: Von der theoretischen Seite her zeigt er sich als Sinn oder Bewusstsein vom Sein Gottes überhaupt; von der moralischen Seite her zeigt er sich als Gefühl von unbedingten moralischen Beziehungen zu Gott, und schließlich von der religiösen Seite als Empfindung einer inneren religiösen Bindung an Gott.

In diesem dreifachen Sinn für das Göttliche, der von uns gewöhnlich Idee Gottes genannt wird, ist auch jenes zweifellose Pfand der Gewissheit vom Sein Gottes inbegriffen, das unser Geist immer in sich trägt und in dem er ein nicht verstummendes und untrügliches Zeugnis zugunsten dieser Wahrheit besitzt.

Der religiöse Sinn stellt die verborgenste, innerste, tiefste Seite der im Geist verborgenen Idee Gottes dar. Dieser Göttliche Same in uns ist das am tiefsten Verborgene. Er befähigt den Menschen zur unmittelbaren Gemeinschaft und Einigung mit Gott, zu der er aufgrund seiner Gott ähnlichen Natur berufen ist.

Er ist die Quelle der Moral und der höchste Aufklärer der Wissenschaft, der uranfängliche Quell der höchsten Offenbarungen des natürlichen Verstandes, die produktivste Kraft aller edlen Bemühungen um menschliches Wissen und um alles Gute und Schöne im Bereich der sittlichen Beziehungen. Ohne die Anwesenheit dieser Quelle des sittlichen Instinktes in uns wären wir nicht bestrebt, das Gute und Rechte in unserem Leben zu verwirklichen, würden wir eine sittliche Ordnung nicht erkennen, hätten wir kein Gewissen, wären wir keine Menschen. Er ist überhaupt der Anfang der Wissenschaft und des Lebens. Er ist jener Sinn, aus dem die Religion geboren wird; von ihm wird der ganze Mensch umfasst durch eben jene Seite seiner vernünftigen, sittlichen und geistlichen Natur; durch ihn wird er zum Himmel und zur Ewigkeit gezogen, durch ihn wird er andauernd über die Welt der Materie erhoben.

Aus dieser Quelle entströmen unsere religiösen Bedürfnisse. Dieser Sinn ist die Stimme der Gott ähnlichen Natur der Seele des Menschen, der Ausdruck ihres Strebens zum Urheber ihres Seins und ihrer Herrschaft über die Natur, der Anfang ihrer Abkehr von der Welt der Phänomene hin zum Reich des Geistes. Dieser Sinn, eingepflanzt in das innerste Heiligtum unseres Wesens, ist die Quelle unseres ewigen Hingezogen-Seins zum Quell des Lebens.

Was die in unserem Verstand befindlichen endlichen Ideen betrifft, so ist ihre Herkunft leicht und selbstverständlich zu erklären: durch die Wirkung jener endlichen Gegenstände auf unseren Geist, die ihrer Gestalt entspricht, die den Inhalt dieser Ideen ausmacht. Aber von ihnen unterscheiden wir deutlich und abgehoben in unserem Geist eine ganz besondere Idee, die ihrem Inhalt nach unendlich höher steht als die anderen – die Idee eines grenzenlosen und ganz vollkommenen Wesens. Woher aber ist sie entstanden und worin liegt ihr zureichender Grund? Eine solche Ursache für sie können alle außerhalb von uns existierenden endlichen Gegenstände nicht sein, da sie unendlich tiefer und weniger sind als das, was durch ihren Inhalt ausgedrückt wird. Es kann aber auch nicht unser Geist der Grund für diese Idee sein, weil er unvergleichlich niedriger und weniger ist als das, was in dieser Idee widergespiegelt wird. Hier ist das Bild eines grenzenlosen Wesens – er ist aber ein begrenztes Wesen. Man muss daher folglich annehmen, dass der Grund für die uns gewärtige Idee des Unendlichen ein Wesen sein muss, das von allem Endlichen unterschieden ist, höher ist als Natur und Geist – ein solches Wesen, das entsprechend dem, was von ihm in dieser Idee ausgedrückt wird, unendlich und ganz vollkommen ist. Es muss seiner eigenen Natur nach daher ein Wesen sein, das unbedingt so existiert, dass sein Nichtsein gänzlich undenkbar ist.«

(Die Gedanken dieses Kapitels wurden aus verschiedenen geistlichen Werken genommen: von Bischof Silvester, Filaret, Metropolit von Moskau, aus den Sammelwerken der Kiewer Akademie und anderen.)

25. Kapitel

Was ist die geistige Welt?

»Unsere Seele ist der kleinste Teil der geistigen Welt. Der Mensch betritt die geistige Welt, wenn er sich dorthin begibt und von dort alle seine Kräfte sammelt. Man könnte es auch damit vergleichen, dass jemand die Tiefen des Meeres zu sehen wünschte: er muss tief hinabtauchen. Dazu aber braucht er einen scharfen Blick.

Die geistliche Welt stellen wir uns gewöhnlich jenseits der Grenzen der materiellen Welt vor, jenseits der Grenzen des Sternenhimmels, in einer unendlich weiten Ferne, wohin das Auge des Sterblichen nicht gelangt, wo der Gedanke unseres Verstandes sich verliert und entschwindet. Und daher fragen wir: Wer steigt in den Himmel hinauf, um Christus, einen Engel oder einen Gerechten auf die Erde herabzugeleiten? Wer steigt in den Abgrund hinab, um aus den Toten unsere verstorbenen Eltern hinaufzuführen, oder die Brüder, Freunde oder Wohltäter? Aber was ist der Himmel, in dem die körperlosen Geister leben, wo die Heiligen Gottes und Gott Selbst in Seiner Herrlichkeit wohnt? Es ist der Himmel über allen Himmeln, und daher jenseits der Grenzen alles Sichtbaren; es ist der Himmel der Himmel und daher erfüllt er mit sich auch den Sternenhimmel; es ist der Himmel auf Erden, denn die Erde ist der Schemel der Füße des Herrn, der im Himmel wohnt.

Der geistige Himmel mit all seinen seligen Himmelsbewohnern ist daher genauso überall, wie der sichtbare Himmel überall ist – sowohl bei uns wie auch in allen Ländern der Welt. Daher können wir überall in Gebeten zu den Engeln und den Heiligen Gottes eilen; daher können uns überall die himmlischen Kräfte und die Gerechten zu Hilfe eilen, weil diese Welt geistig ist, unsichtbar. Um das zu erklären, fragen wir uns aber zuerst: Was ist denn die physische Welt, die sichtbare? Sie ist, so sagen wir, ein Bild der geistigen Welt, der nicht sichtbaren. Und wo ist diese sichtbare Welt? Sie existiert überall; wir bestimmen ihr keinen Ort und keine Grenzen. Sie umgibt uns von allen Seiten. Aber so ist es auch mit der geistigen Welt, als Urbild der sinnenhaften Welt ist sie überall. Sie ist genauso fern von uns, sie umfasst uns genauso und liegt rund um uns. Leben wir nicht jetzt schon irgendwie ein zumindest gewöhnliches Leben in der geistigen Welt? Was ist der Mensch? Wir nennen ihn gewöhnlich eine kleine Welt, eine Kurzform der sichtbaren und geistigen Welt. Die Seele durchdringt und belebt den Körper, der Körper aber bedeckt und beschützt die Seele.

So fügen sich zu einem Paar zusammen und gehören wie Körperglieder zusammen auch die zwei großen Welten – die geistige und die physische.

Wenn aber von uns unsere kleine Welt, die geistige, das heißt unsere Seele, nicht fern ist, dann ist uns auch die große geistige Welt mit ihren Bewohnern nahe. Unsere Seele weilt durch ihr Wesen tatsächlich in der geistigen Welt, obwohl sie mit dem Körper vereint ist. Ihr Geist ist kein Stein, keine Pflanze, nicht irgendeine andere Sache; ihre Gedanken, Wünsche und Gefühle sind ebenso Eigenschaften des Geistigen. Man kann sagen, dass unsere Seele ebenso der kleinste Punkt der geistigen Welt ist, wie auch unsere Erde das kleinste Sandkörnchen der physischen Welt ist. Die Erde dreht sich vor dem Horizont des Sternenhimmels. Wo ist denn das alles? Wo sind wir? Wo ist die geistige Welt? Wo ist der Himmel mit den seligen Gerechten? Mein Gott! Was würden wir erblicken, wenn uns in dieser Minute unsere geistigen Augen geöffnet würden! Wenn sich vor uns der Himmel der unsichtbaren Welt öffnete! Wir würden den Menschensohn erblicken, sitzend zur Rechten der Kraft Gottes, die Scharen der Engel, die zur Ehre Gottes singen und die auf- und absteigenden Chöre der Heiligen Gottes aus allen Nationen, Stämmen, Völkern und Sprachen vor dem Thron des Lammes. Viele Heilige schauten in ihrem Erdenleben in die unsichtbare Welt. Ihr wisst, wo und wie die Hirten von Bethlehem gewürdigt wurden, die geistige Welt mit den Himmelsbewohnern zu schauen, die Apostel Christi, der heilige Andreas* der Narr in Christo (Jurodivyj), der Gott tragende Sergius und andere reinen Herzens, die den unsichtbaren Gott schauten und in Ihm auch die ganze unsichtbare Welt.

Warum aber sehen wir niemals die Welt des Himmels mit ihren Bewohnern, warum befinden wir uns in einem dunklen Kerker und sehen durch Blindheit nicht den Himmel über uns mit der Sonne und den Sternen? Befinden wir uns nicht in dem erforderlichen Zustand bezüglich der geistigen Welt? Richtig wird sie unsichtbar genannt: sie ist vor uns mit drei Vorhängen verschlossen.

Der erste Vorhang ist die materielle Welt; das ist die Binde oder gleichsam die Schale der geistigen Welt.

Der zweite Vorhang ist unser Körper. »*Solange wir im Leib daheim sind*«, sagt der Apostel, »*sind wir fern vom Herrn auf der Wanderschaft*« (2 Kor 5,6), fern auch von den Engeln und den vollendeten Gerechten.

Der dritte Vorhang ist unsere Sinnenhaftigkeit, es ist der dunkelste Vorhang; er ist aus einem ganz groben und höchst unreinen dreifachen Gewebe zusammengesetzt: aus der Begierde des Fleisches, aus der Begierde der Augen und aus weltlichem Stolz. Nun denn, wollen wir die unsichtbare Welt erblicken und ihre heiligen Bewohner, dann müssen wir diese drei Vorhänge zerreißen. Der erste wird zerrissen und mit Feuer gereinigt am letzten Tag dieser Zeit; der zweite wird zerrissen und vermodert im Grab; den dritten können und müssen wir immer und überall mit Gottes Gnade zerreißen und wegwerfen als untaugliche Hinfälligkeit des alten Adam.

Das heißt, die geistige Welt ist vor uns nur auf Zeit verborgen. Wir selbst verschließen sie vor uns durch unsere fleischlichen Begierden und sündhaften Werke. Von daher kommt auch immer die Vorstellung, dass wir allein in der Kirche sind, allein zu Hause, allein in der Dunkelheit der Nacht, und so sündigen wir ruhig, als ob uns niemand sähe.

Schämen wir uns daher unserer bösen Gedanken und aller Sünden; fürchten wir Gott, der alles sieht; schämen wir uns vor den Gerechten und den Seligen: unsichtbar sind sie um uns und stehen über uns und vor uns zu jeder Zeit und an jedem Ort. Der Weg der Gerechten ist wie der Morgenglanz, der immer heller wird bis an den vollen Tag: sie gehen uns voraus, sie erleuchten uns jede Minute, jeden Tag, jedes Jahr, unser ganzes Leben. Gepriesen sei der Vater der Lichter, der die Söhne der orthodoxen Kirche erleuchtet durch die lichten Wege der himmlischen und irdischen Gerechten.«

26. Kapitel

Über die Menschwerdung des Sohnes Gottes und darüber, dass in Seinem Namen Er Selbst mit Seinem Göttlichen Wesen für die gläubigen Beter anwesend ist

»Im Verlauf vieler tausend Jahre erwartete die Menschheit den noch im Paradies gleich beim Sündenfall versprochenen Erlöser, der die alte Schlange zertreten und uns das Leben und die Unsterblichkeit gewähren würde. Und von dieser Zeit an verschwand der Glaube an den kommenden Retter nicht mehr von der Erde. Er war die innere Kraft der Religion der Patriarchen und der Hauptteil der Religion unter dem Gesetz. Schön und unnachahmlich legen das die Kirchenlehrer in ihrer Theologie dar.

›Das Licht Christi‹, sagt der Metropolit von Moskau, Filaret, ›leuchtete für die Menschen im Paradies, verbarg sich nicht ganz vor ihnen auf der Erde, wurde durch das Heidentum nicht ausgelöscht, obwohl Es von ihm nicht erblickt werden konnte, bezeichnete sich als Schatten im Gesetz des Mose (Hebr 10,1), wurde zur Morgenröte bei den Propheten, bis schließlich wie die Sonne und der Tag das fleischgewordene Wort erschien mit dem vollen Licht der Wahrheit, mit der Leben spendenden und wunderwirkenden Kraft, und in Seinem Leben, Seiner Predigt, den Werken, sogar im freiwilligen Leiden, vor allem aber in der Auferstehung sehen wir Seine Herrlichkeit.‹

›Das Wort (wesensgleich mit dem Vater) wurde zwar in der Folge zur bestimmten Zeit geoffenbart, es war aber (nach Gregor, dem Theologen), auch vorher den reinen Herzen bekannt, und sie konnten Ihn während der ganzen Dauer des Alten Bundes betrachten.‹

›In dem Maße, als die Propheten in die freudige Zukunft vorausschauten, in die Offenbarung des Reiches der Gnade auf Erden, wurde ihre Begeisterung lebhafter, ihr Entzücken feuriger, die Schau mitreißender, die Visionen weiter und erhabener. Indem sie die Geheimnisse des Gottesreiches im vorhinein darstellten, wiesen sie in der Person des Messias auf den einzigartigen Urheber des Glücks hin und der Seligkeit, nicht nur für das auserwählte Volk, sondern für das ganze Menschengeschlecht. Diese wunderbare und unbegreiflich hohe Person erschien ihren Gesichten in verschiedenen Situationen, in verschiedenen Weisen, in einem erhabenen und einem erniedrigten Bild, in einem feierlichen und einem leidenden, in einem Göttlichen und zugleich in einem menschlichen.‹

Schließlich vollzog sich *»das große Geheimnis der Frömmigkeit: Gott wurde geoffenbart im Fleische«* (1 Tim 3,16), und das hypostatische (mit den anderen Göttlichen Personen wesensgleiche) Wort wurde Fleisch (Joh 1,14). Die Erdgeborenen erblickten Seine Herrlichkeit, den eingeborenen Sohn des Vaters; sie schauten die Werke Gottes – große und ruhmreiche – wie Blinde zu sehen begannen, Lahme geheilt wurden, Taube hörten, Tote auferweckt wurden und Armen die Frohe Botschaft verkündet wurde. Jeder, der wollte, konnte die Worte des ewigen Lebens hören von Dem, Der allein sprach, wie noch nie ein Mensch gesprochen hatte.

Allen war offenkundig, dass die Fülle der Zeiten gekommen war, die mit Ungeduld der beste Teil des Menschengeschlechtes immer erwartet hatte. Der Himmel schickte sich an, sich mit der Erde zu vereinigen, als in unserem Fleisch der Allmächtige Schöpfer alles Sichtbaren und Unsichtbaren Selbst erschien; allen war klar, dass tatsächlich Gott auf der Erde erschienen war und mit den Irdischen zusammen als Mensch lebte.

Nun, unser Herr Jesus Christus wurde, als Er das Geheimnis unserer Rettung vollbracht hatte, in den Himmel emporgehoben und setzte sich zur Rechten der erhabenen Herrlichkeit. Als Er emporgehoben wurde, hinterließ Er auf Erden Seinen allmächtigen Namen, voll der Gnade und Wahrheit, und sagte, dass in Seinem Namen dieselbe Göttliche Macht und Kraft wäre wie in Ihm Selbst, dem allmächtigen Gott. Im letzten Gespräch mit Seinen Jüngern, als Er mit ihnen auf den Ölberg ging, von wo Er mit Seinem ganz reinen Fleisch in den Himmel aufgenommen wurde, sagte Er unter anderem: *»An Zeichen werden folgende die Gläubig-gewordenen begleiten: In Meinem Namen werden sie Dämonen austreiben, in neuen Zungen werden sie reden, Schlangen werden sie aufheben, und wenn sie etwas Tödliches getrunken haben, wird es ihnen nicht schaden; Kranken werden sie die Hände auflegen und sie werden genesen«* (Mk 16,17 f).

Nun, seitdem Christus auf der Erde lebte, war der Name Jesu Christi als Grund gelegt und Wurzel jeglichen Christlichen Gottesdienstes und unseres Dienstes vor Gott. Seit dieser Zeit erleuchtete er wie die Sonne das ganze All und erfüllte die Herzen der Menschen mit dem Licht der Gotteserkenntnis, flößte ihnen den Hunger nach dem besseren Leben und dem höchsten Sein ein.

Es erschien auf Erden ein neues Leben, das bis dahin unbekannt war: das Göttliche Leben, erhaben, heilig, fremd der irdischen Leidenschaft, das als Ziel hat, Gott zu erreichen und die ewige Seligkeit.

Darauf blickend kamen ganze Scharen von Menschen, die sich um dieses Leben bemühten; einsame Berge, Wälder und undurchdringliches Dickicht füllten sich mit Betern und Einsiedlern. Über diese Zeit schreibt der Starez von der Moldau, Paisij Velickovskij: ›Das Gebet im Namen Jesu Christi leuchtete wie eine Sonne unter den Mönchen auf, besonders in den Ländern Ägypten, Jerusalem, am Berge Sinai und in Nitria, an vielen Orten Palästinas und an vielen anderen Orten. Und es wurde unter den Mönchen bewahrt als ganz großes Geheimnis – den Weltmenschen war es völlig unbekannt.‹

Man muss hier die begeisterten Worte eines unserer einheimischen Theologen anführen: ›Was war‹, so fragt er, ›die Tugend der Christen der ersten Jahrhunderte?‹ Und er antwortet: ›Das war die Liebe zu Jesus Christus; und ist diese Liebe nicht das Meer aller anderen Tugenden? Versenkt euch hinein, so tief ihr wollt, ihr werdet nicht an den Grund gelangen, ihr werdet nicht seine Tiefen ermessen; ihr werdet seine Wasser nicht ausmessen. Das ist der unerschöpfliche Schlüssel zu jeglicher geistlichen Vollkommenheit, je nachdem, in welcher seiner Strömungen es ein Bild des ganz vollkommenen Gottes widerspiegelt; jeder möge zu ihm hintreten und in jedem werden seine Ströme sich wirksam erweisen; bei einem von denen, die von dieser lebenstragenden Quelle gekostet haben, seht ihr Demut: er ist sanft und demütig von Herzen; bei einem anderen – Eifer zum Ruhme Gottes; bei diesem wieder Liebe zu den Brüdern; mit einem Wort: jegliche Tugend und jegliches Lob!

Diese Liebe wird in jedem Christen und in jedem Jahrhundert auf die eine oder andere Weise dargestellt; aber sie in sich aufzunehmen, in ihrer ganzen Unendlichkeit und Unerschöpflichkeit, wurde der Weite des Herzens der Apostel und ihrer engsten Schüler angeboten. »*Wer will uns scheiden von der Liebe Christi: weder Tod noch Leben, weder Engel noch Gewalten, weder Gegenwärtiges noch Zukünftiges vermag uns zu scheiden von der Liebe Gottes in Christus, unserem Herrn*« (Röm 8,35.38). Niemand hat sie je so verspürt und in dieser Fülle würde sie ja das enge Herz sprengen. Die Liebe zu Jesus Christus ist die allgemeine Wurzel jeglicher christlichen Tugend, alle entströmen sie diesem ihrem uranfänglichen Quell‹ (Gorskij*).

Überhaupt wurden in den Anfangszeiten, wie in der Geschichte der Heiligen Kirche geschrieben wird, im Namen Jesu Christi vor dem Angesicht der ganzen Welt die größten Zeichen und Wunder vollbracht und das drängte dazu, diesem Namen gegenüber tiefste Frömmigkeit und Ehrfurcht zu hegen. Und natürlich verbreitete sich solcherart der Christliche Glaube immer weiter auf der Erde. Wir ersehen alle daraus, welche große und unvergleichliche Ehre dem Menschengeschlecht durch Gottes Barmherzigkeit geschenkt wurde.

Dem Menschen wurde die Möglichkeit geschenkt, seine ganze innere Natur mit dem Herrn wahrnehmbar und spürbar zu vereinen, in eine lebendige Gottesbeziehung einzutreten, an Seiner Heiligkeit teilzunehmen, an der Gnade Seiner Liebe und an den übrigen Göttlichen Vollkommenheiten: er soll, nach dem heiligen Apostel, »*ein Geist mit dem Herrn sein*« (1 Kor 6,17), er soll das lebendige Wasser des ewigen Lebens trinken. Das stellt nach dem Urteil aller weisen und von Gott gelehrten Männer die letzte Stufe dar, die Spitze und Grenze unserer Wünsche in ihrem höchsten und des Menschen würdigen Zustand. Eben hier, in dieser seligen Verbindung, empfängt die geistliche Natur des Menschen volle und ausnahmslose Befriedigung in all ihren wesentlichen Bedürfnissen; befreit von der Knechtschaft der sündigen Neigungen, treten wir freien Fußes und mit weitem Herzen in das Gebiet des geistlichen Lebens ein, wo wir das Leben nicht in fleischlichen, sondern in geistlichen Gedanken verbringen.

Diesen seligen Zustand wünschten immer schon Menschen, sie suchten ihn zu allen Zeiten, im Verlauf vieler tausender Jahre, sie warteten, sie litten Not unter dieser inneren und tiefen Forderung ihrer Seele, die ihrer Natur gemäß zu Gott, dem Quell ihres Seins, hinstrebt. Aber solange Christus noch nicht auf die Erde gekommen war, strahlte nur wenig irgendwo, sogar im von Gott erwählten Volk der Hebräer, dieses Licht der heiligen Gemeinschaft mit Gott. Die ganze Erde war bedeckt von der Dunkelheit der Unwissenheit von Gott: die Menschen saßen in Finsternis und Todesschatten; von geistiger Dunkelheit waren alle Stämme der Erde bedeckt, wie einer unserer Theologen darstellt: ›Vor der Ankunft des Retters‹, so sagt er, ›stellt sich dem prophetischen Blick die ganze Erde wie von tiefer Finsternis der Unwissenheit des Götzendienstes bedeckt dar. Und da – in Jerusalem, auf dem Thron Davids, erscheint der Messias – das Licht der Heiden. Zu diesem großen Licht strömen freudig alle Völker, die in der Finsternis wandeln und im Dunkel leben!‹ »*Auf, werde Licht*«, ruft der Prophet dem jüdischen Volk zu, »*denn es kommt dein Licht und die Herrlichkeit des Herrn geht leuchtend auf über dir. Denn siehe, Finsternis bedeckt die Erde und Dunkel die Völker, doch über dir strahlt auf der Herr und Seine Herrlichkeit scheint* *auf über dir; Völker strömen zu deinem Licht und Könige zu deinem strahlenden Glanz.*« (Jes 60,1–3) (Golubinskij*).

Und tatsächlich, als durch die Göttliche Barmherzigkeit aufging die Sonne der Gerechtigkeit, die keinen Untergang kennt – der Herr Jesus Christus – da überstrahlte Er die Erde mit den Strahlen Seiner Göttlichen Gegenwart und lebte in Seinem ganz reinen Fleisch unter den sündigen Menschen. Er ruft sie alle zu sich mit unendlich barmherziger Stimme: »*Kommt alle zu mir, die ihr mühselig und beladen seid und Ich werde euch Ruhe verschaffen … und ihr werdet Ruhe finden für eure Seelen. Denn Mein Joch ist sanft und Meine Last ist leicht*« (Mt 11,28 f).

Aber wie kann man zu Ihm kommen – zu Gott, der den körperlichen Augen nicht sichtbar ist und »*Der im unzugänglichen Licht wohnt, Den kein Mensch gesehen hat noch sehen kann* …« (1 Tim 6,16).

Natürlich kann man zu Ihm nicht mit den körperlichen Füßen gehen, da er doch an jedem Ort Seiner Herrschaft weilt, sondern mit den geistlichen, das heißt, man muss jene inneren Seelenkräfte auf Ihn richten, in denen das Bild Gottes wie ein Siegel eingedrückt ist: Verstand, Wille und die Wahrnehmungen des Herzens.

Um es einfacher zu sagen – man muss immer das Gebet verrichten, das Gebet, ohne das es kein Mittel zur Vereinigung mit dem Herrn gibt, wie die Göttlichen Väter sagen: der Herr Jesus ist das Licht (Joh 1,4.9); treten wir in Ihn mit Liebe, Besinnung und Wohlgefallen der Seele ein, treten wir in das Gebiet des ewigen Lichtes.

So schreibt der Metropolit von Moskau, Filaret: ›Wenn wir zu den Werken des Gottesdienstes aufgerufen werden, dann geschieht das deswegen, um bei uns Wohltat und Barmherzigkeit zu bewirken, unsere Gedanken, Gefühle, den Willen, mit einem Wort unser ganzes Wesen in die Nähe des Allerhöchsten Wesens zu bringen, um durch diese Annäherung unsere Seele vor das Licht der ewigen Sonne hinzustellen, damit sie innerlich erleuchtet, genährt und erfreut wird und gestärkt in diesem Licht der ewigen Seligkeit teilhaftig wird.‹

Wir glauben und erkennen, dass der Herr ganz und vollständig an jedem Ort Seiner Herrschaft weilt; es gibt keinen Augenblick in der Zeit und nicht die kleinste Linie im Raum, wo er nicht wäre. Ist aber auch alles Irdische und Himmlische von Seiner Gegenwart erfüllt, so muss man doch ohne Zweifel glauben, verstehen und spüren, dass in Seinem Heiligen Namen der Herr Jesus Christus unveränderlich mit Seinen Göttlichen unendlichen Eigenschaften anwesend ist.

Im Himmel zeigt der Herr unverhüllt Seine ewige Herrlichkeit und die unendlichen Vollkommenheiten den seligen Geistern und den Seelen der heiligen Diener Gottes nach dem Maße ihrer Aufnahmefähigkeit. Auf der Erde aber zeigt er sie in den Kirchen im Mysterium, geheimnisvoll, spürbar den andächtig Glaubenden. Solcherart zeigt der Herr auch Seine Anwesenheit in Seinem Heiligen Namen jenen Menschen, die Ihn lieben, in ihrem Herzen Seinen Heiligsten Namen tragen, in dem sie Seiner Heiligkeit teilhaft werden, der Seligkeit und des ewigen Lebens. Nur jene von Gott Auserwählten, die eine ganz aufrichtige Gemeinschaft mit dem Herrn Jesus Christus durch das unaufhörliche Gebet in Seinem Heiligsten Namen erlangt haben, können vor der ganzen Welt bezeugen, dass der Name des Herrn Jesus Christus Er Selbst ist, unser Erlöser, der Herr Jesus Christus mit all Seinen Göttlichen und unendlichen Eigenschaften, Qualitäten und Vollkommenheiten, mit Seiner ganzen grenzenlosen Liebe, die über jedes Geschöpf ausgegossen ist. Sie werden darin nicht durch die Vorstellungen des Verstandes bestärkt, sondern durch die Empfindungen des Herzens, das ganz durchdrungen ist von der Gnade Christi.

Der heilige Prophet Jesaja erzählt über sich: »*In dem Jahre, da der König Usia starb, sah ich den Herrn auf einem hohen und erhabenen Thron sitzen und der Saum Seines Gewandes erfüllte den Tempel. Serafim standen über Ihm, ein jeder hatte sechs Flügel: mit zweien bedeckte er sein Angesicht, mit zweien bedeckte er seine Füße, mit zweien flogen sie. Sie riefen einander zu: Heilig, heilig, heilig ist der Herr der Heerscharen. Die ganze Erde ist Seiner Herrlichkeit voll!*« (Jes 6,1 ff).
Der Evangelist Johannes aber bezeugt, dass der Prophet gerade hier die Herrlichkeit des Sohnes Gottes schaute: »*Dies hat Jesaja gesagt, weil er Jesu Herrlichkeit gesehen hatte; und von Ihm hat er geredet*« (Joh 12,41).

Der heilige Apostel Paulus sagt, »*dass Er am Ende dieser Tage zu uns geredet hat durch den Sohn, durch Den Er auch die Welten gemacht hat. Er hat sich, weil Er der Abglanz Seiner Herrlichkeit und Ebenbild Seines Wesens ist und das Weltall durch Sein machtvolles Wort trägt, zur Rechten der Majestät in den Höhen gesetzt, nachdem Er die Reinigung von den Sünden vollbracht hatte.*« (Hebr 1,2 f).

Der heilige Apostel Johannes sagt: »*In Ihm war das Leben und das Leben war das Licht für die Menschen*« (Joh 1,4), das heißt, in Ihm befindet sich das von sich aus hervorquellende Leben allen Seins und Er ist der reine Lebensgrund jeglichen Geschöpfes, umsomehr noch des vernünftigen Geschöpfes.

Daher wird auch in der Schrift gesagt, »*dass in Ihm alles, was in den Himmeln und auf Erden ist, erschaffen worden ist, das Sichtbare und das Unsichtbare, seien es Throne oder Hoheiten oder Gewalten oder Mächte: Alles ist durch Ihn und auf Ihn hin erschaffen*« (Kol 1,16).

Der sehr weise Sirach wundert sich über die grenzenlose Majestät Gottes und sagt: »*Die ihr Gott preist, singt laut, soviel ihr könnt, denn nie wird es genügen! Die ihr Ihn rühmt, schöpft neue Kraft und werdet nicht müde, ergründen werdet ihr Ihn nicht! Wer hat Ihn gesehen, so dass er erzählen könnte, wer kann Ihn loben, wie es Ihm entspricht? Die Menge des Verborgenen ist größer als das Genannte* …« (Sir 43,30–32).

Der Herr ist unser Gott; Er ist der Gott der Götter und der Herr der Herren; Gott ist groß, mächtig und furchtbar.

»*Ich bin das Alpha und das Omega, sagt Gott der Herr, Der ist und Der war und Der kommen wird, Der Allmächtige*« (Offb 1,8). »*Ein Hochbetagter setzte sich auf den Thron. Sein Gewand war weiß wie Schnee, und das Haar seines Hauptes rein wie Wolle. Sein Thron war lodernde Flamme. Ein Feuerstrom ergoss sich und ging aus von Ihm. Tausendmal Tausende dienten Ihm, zehntausendmal Zehntausende standen vor Ihm* …« (Dan 7,9 ff). »*Und jedes Geschöpf, das im Himmel und auf der Erde und unter der Erde und auf dem Meer ist, hörte ich sagen: »Dem, der auf dem Throne sitzt, und dem Lamm gebührt das Lob und die Ehre und der Ruhm und die Macht in alle Ewigkeit*« (Offb 5,13). »*Siehe, der Himmel und aller Himmel Himmel vermögen Dich nicht zufassen*« (1 Kön 8,27).

»*Himmel und Erde erfüllst Du zu jeder Zeit und stets an jedem Orte.*«

»*Reiß doch den Himmel auf und komm herab, so dass die Berge zittern vor Dir. Komm wie ein Feuer, das Reisig entzündet, wie ein Feuer, das Wasser zum Sieden bringt …*« (Jes 63,19).

»*Groß ist unser Herr und gewaltig an Macht, unermesslich ist Seine Weisheit*« (Ps 147,5).

»*Bei Ihm ist Weisheit und Stärke, Sein ist der Rat und die Einsicht*« (Ijob 12,13).

»*Du sendest aus die Sonne und sie geht, Du rufst sie und sie gehorcht mit Zittern, die Sterne leuchten in ihren Behältern. Er spricht zur Sonne, so dass sie nicht strahlt, Er versiegelt die Sterne. Er spannt allein den Himmel aus, schreitet einher auf den Höhen des Meeres. Er schuf so Großes, es ist nicht zu erforschen, Wunderdinge, sie sind nicht zu zählen*« (Ijob 9,7 ff).

»*Wer misst das Meer mit der hohlen Hand? Wer kann mit der ausgespannten Hand den Himmel vermessen? Wer misst den Staub der Erde mit einem Scheffel und wiegt die Berge mit einer Waage?* « (Jes 40,12).

»*Er ist es, der über dem Erdenrund thront, wie Heuschrecken sind ihre Bewohner*« (Jes 40,22).

»*Aber an jedem Ort sind die Augen des Herrn, sie wachen über Gute und Böse*« (Spr 15,3).

»*Denn Seine Augen schauen auf des Menschen Wege, all seine Schritte sieht Er wohl. Kein Dunkel gibt es, keine Finsternis, wo sich die Übeltäter bergen könnten*« (Ijob 35,21 f).

»Der Herr prüft jedes Herz und kennt alle Gedanken« (1 Chr 29,17).

»Aber Du hast mit allen Erbarmen, weil Du alles vermagst, und Du siehst über die Sünden der Menschen hinweg, damit sie sich bekehren. Du liebst alles, was ist, und verabscheust nichts von allem, was Du gemacht hast; denn hättest Du etwas gehasst, so hättest Du es nicht erschaffen. Du schonst alles, weil es Dein Eigentum ist, Herr, Du Freund des Lebens« (Weish 11,23 ff).

»Ein Vater der Waisen, ein Anwalt der Witwen ist Gott in Seiner heiligen Wohnung« (Ps 68,6). *»Er denkt an die Armen, und ihren Notschrei vergisst Er nicht«* (Ps 9,13).
»Der Vater Jesu Christi, unseres Herrn, der Vater des Erbarmens und Gott allen Trostes, tröstet uns in all unserer Not, damit auch wir die Kraft haben alle zu trösten, die in Not sind« (2 Kor 2,3 f), denn *»Er will, dass alle Menschen gerettet werden und zur Erkenntnis der Wahrheit gelangen«* (Kol 1,17),

»Seht, die Völker sind wie ein Tropfen am Eimer, wie ein Stäubchen auf der Waage …« Der heilige Prophet Jesaja möchte bei denen, die sich von Gott ruchlos abgewandt haben, das Verständnis vom wahren Gott wecken und sagt: *»Wisst ihr es nicht, habt ihr es nicht gehört, war es euch nicht von Anfang an bekannt? Habt ihr es nicht begriffen von der Gründung der Erde her? Wie einen Schleier spannt Er den Himmel aus, Er breitet ihn aus wie ein Zelt zum Wohnen … Hebt eure Augen in die Höhe und seht: Wer hat die Sterne dort oben erschaffen? Wer zählt ihr Heer täglich und führt es herauf? Er ruft sie alle beim Namen. Vor dem Allgewaltigen und Mächtigen wagt nichts zu fehlen«* (Jes 40,21 ff).

Denn: *»Ich bin der Ich bin«* (Ex 3,14).

»Ich bin es, nur Ich und kein Gott tritt mir entgegen; Ich bin es, der tötet und lebendig macht. Ich habe verwundet, nur Ich werde heilen. Ich hebe meine Hand zum Himmel und schwöre: So wahr Ich ewig lebe …« (Deut 32,39).

»Ich, der Herr, bin der Erste und noch bei den Letzten bin Ich derselbe« (Jes 41,4).

»Ich, der Herr, habe mich nicht geändert« (Mal 3,6).
»Ich erfülle Himmel und Erde. Kann sich einer in Schlupfwinkeln verstecken, dass Ich ihn nicht sähe?« (Jer 23,24).
»Ich bin es, der die Erde erschaffen hat samt den Menschen und den Tieren, die auf der Erde leben, durch Meine gewaltige Kraft und Meinen hoch erhobenen Arm, und Ich gebe sie, wem Ich will« (Jer 27,5).

»Ihr sollt heilig sein, denn Ich, der Herr, euer Gott, bin heilig«, (Lev 19,2; 20,7).

»Bei Mir ist die Rache und Vergeltung« (Dtn 32,35).

»Ich gewähre Gnade, wem ich will, und Ich schenke Erbarmen, wem Ich will« (Ex 33,19).

»So wahr ich lebe, Ich habe kein Gefallen am Tod des Sünders, sondern daran, dass er auf seinem Weg umkehrt und am Leben bleibt« (Ez 33,11).

Die erste Erkenntnis von Gott nach der Erkenntnis Seiner Existenz ist das Wissen um Seine Unzugänglichkeit.

»Siehe, Gott ist groß, nicht zu begreifen, unerforschlich ist die Zahl Seiner Jahre« (Ijob 36,26).

»Weißt du es nicht, hast du es nicht gehört? Der Herr ist ein ewiger Gott, der die Enden der Erde geschaffen. Er wird nicht müde noch matt, unerforschlich ist Seine Einsicht« (Jes 40,28).

»Ich bin Jahwe, das ist Mein Name; Ich überlasse die Ehre, die Mir gebührt, keinem anderen, Meinen Ruhm nicht den Götzen« (Jes 42,8).

»Ich bin der Erste, Ich bin der Letzte, außer Mir gibt es keinen Gott … Ihr seid Meine Zeugen: Gibt es einen Gott außer Mir?« (Jes 44,6 ff).
»Denkt an das, was früher galt: Ich bin Gott und sonst niemand, und niemand ist wie Ich« (Jes 46,9).

»Denn wer ist Gott als nur der Herr? Wer ist Fels außer unserem Gott?« (Ps 18,32).

»Denn groß ist der Herr und hoch zu preisen, furchtbar ist Er über alle Götter; denn alle Götter der Heiden sind Nichtse, aber der Herr hat den Himmel geschaffen« (Ps 96,4 f).

»Wer ist wie Du unter den Göttern, 0 Herr? Wer ist gewaltig wie Du und heilig, gepriesen als furchtbar, Wunder vollbringend?« (Ex 15,11).

»Denn Er blickt hin bis zu den Enden der Erde, was unter dem Himmel ist, sieht Er alles« (Ijob 28,24).

»Und kein Geschöpf ist vor dem Wort Gottes unsichtbar, alles ist entblößt und aufgedeckt vor Seinen Augen, Dem wir Rede zu stehen haben« (Hebr 4,12).

»Nackt liegt das Totenreich vor Ihm und ohne Hülle der Abgrund « (Ijob 26,6).

»Überall sind die Augen des Herrn, überwachen Gute und Böse« (Spr 15,3).

»Seine Augen schauen auf die Wege des Menschen, und alle seine Schritte sieht Er« (Ijob 34,21).

»Arglistig ohnegleichen ist das Herz und unverbesserlich. Wer kann es ergründen? Ich, der Herr, erforsche das Herz und prüfe die Nieren« (Jer 17,9 f).

»Du allein kennst die Herzen der Menschen« (2 Chr 6,30).

»Der Name Gottes sei gepriesen von Ewigkeit zu Ewigkeit. Denn Er hat die Weisheit und Macht. Er bestimmt den Wechsel der Zeiten und Fristen. Er gibt dem Weisen die Weisheit und den Einsichtigen die Erkenntnis« (Dan 2,20 ff).

»Unterwelt und Abgrund liegen offen vor dem Herrn, wieviel mehr die Herzen der Menschen!« (Spr 15,11).

»Er ist das Ebenbild des unsichtbaren Gottes, der Erstgeborene der ganzen Schöpfung; denn in Ihm ist alles, was in den Himmeln und auf Erden ist, erschaffen worden, das Sichtbare und das Unsichtbare: Alles ist durch Ihn und auf Ihn hin erschaffen; und Er ist vor allem und alles hat in Ihm seinen Bestand« (Kol 1,15 ff).

»Mein Vater wirkt bis jetzt, und Ich wirke auch« (Joh 5,17).

»*Ehe Abraham war, bin Ich*« (Joh 8,58).

»*Er war Gott gleich, hielt aber nicht daran fest, wie Gott zu sein, sondern Er entäußerte sich und wurde wie ein Sklave und den Menschen gleich …*« (Phil 2,6).

Alle diese Zeugnisse der Göttlichen Schrift und zahllose andere, die man der Fülle wegen hier nicht anführen kann, zeigen die Göttliche Majestät und Herrlichkeit des Sohnes Gottes, des Einziggeborenen Sohnes des Vaters, Ihm wesensgleich, die Er hatte, bevor noch die Welt war. »*Vater, verherrliche Du mich jetzt bei Dir mit der Herrlichkeit, die Ich bei Dir hatte, bevor die Welt war*« (Joh 17,5).

Nun gibt es aber auch andere Zeugnisse der Heiligen Schrift, die den Herrn der Herrlichkeit im Zustand der äußersten Erniedrigung und Entehrung zeigen:

»*Er schreit nicht und lärmt nicht und lässt Seine Stimme nicht auf der Straße erschallen. Das geknickte Rohr zerbricht Er nicht, und den glimmenden Docht löscht Er nicht aus …*« (Jes 42,2 ff).

»*Er sagte zur Mir: Du bist Mein Knecht, an Dem Ich meine Herrlichkeit zeigen will. Ich aber sagte: Vergeblich habe Ich Mich bemüht, Ich habe Meine Kraft umsonst und nutzlos vertan. Und Er sagte: Ich mache Dich zum Licht für die Völker, damit Mein Heil bis an das Ende der Erde reicht. So spricht der Herr zu dem tief verachteten Mann, dem Abscheu der Leute, dem Knecht der Tyrannen …*« (Jes 49,3 ff).

»*Ich wehrte Mich nicht und wich nicht zurück. Ich hielt Meinen Rücken denen hin, die Mich schlugen und denen, die Mir den Bart ausrissen, meine Wangen. Mein Gesicht verbarg Ich nicht vor Schmähungen und Speichel ...«* (Jes 50,5 ff).

»Er hatte keine schöne und edle Gestalt, so dass wir Ihn anschauen mochten. Er sah nicht so aus, dass wir Gefallen fanden an Ihm. Er wurde verachtet und von den Menschen gemieden, ein Mann voller Schmerzen, mit Krankheit vertraut. Wie einer, vor dem man das Gesicht verhüllt, war Er verachtet; wir schätzten Ihn nicht. Aber Er hat unsere Krankheit getragen und unsere Schmerzen auf sich geladen. Wir meinten, Er sei von Gott geschlagen, von Ihm getroffen und gebeugt. Doch Er wurde durchbohrt wegen unserer Verbrechen, wegen unserer Sünden zermalmt. Zu unserem Heil lag die Strafe auf Ihm, durch Seine Wunden sind wir geheilt. Wir alle hatten uns verirrt wie Schafe, jeder ging für sich seinen Weg. Doch der Herr lud auf Ihn die Schuld von uns allen.

Er wurde misshandelt und niedergedrückt, aber Er tat Seinen Mund nicht auf. Wie ein Lamm, das man zum Schlachten führt, so tat auch Er Seinen Mund nicht auf. Durch Haft und Gericht wurde Er dahingerafft, doch wen kümmerte Sein Geschick? Er wurde vom Land der Lebenden abgeschnitten und wegen der Verbrechen Seines Volkes zu Tode getroffen.

Bei den Ruchlosen gab man Ihm Sein Grab, bei den Verbrechern Seine Ruhestätte, obwohl Er kein Unrecht getan hat und kein trügerisches Wort in Seinem Mund war. Doch der Herr fand Gefallen an Seinem zerschlagenen Knecht, Er rettete Den, Der Sein Leben als Sühneopfer hingab. Er wird Nachkommen sehen und lange leben. Der Plan des Herrn wird durch Ihn gelingen. Nachdem Er so vieles ertrug, erblickt Er das Licht. Er sättigt sich an Erkenntnis.

Mein Knecht, der Gerechte, macht die vielen gerecht; Er lädt ihre Schuld auf Sich. Deshalb gebe Ich Ihm Seinen Anteil unter den Großen und mit den Mächtigen teilt Er die Beute, weil Er Sein Leben dem Tod preisgab und Sich unter die Verbrecher rechnen ließ.

Denn Er trug die Sünden von vielen und trat für die Schuldigen ein.« (Jes 53,3–12)

Zum Schluss dieses Gespräches muss man noch unbedingt sagen, dass im Namen Jesu Christi, in dem der Sohn Gottes Selbst mit anwesend ist und von dem man Seine Heiligste Person nicht trennen kann, sich das Göttliche ewige Leben befindet – das selige, himmlische, das alle Geister der Engel leben und welches auf ewig jede gerettete Menschenseele leben wird; das bedeutet eigentlich im Herrn leben, wie Er Selbst sagt: *»Bleibt in Mir und Ich in euch!«* (Joh 15,4).

Das ewige Leben wird nach dem Verständnis der Kirchenlehrer bestehen in der engsten Vereinigung mit Gott, soweit es einem Geschöpf möglich ist, und in der Schau Seiner unaussprechlichen Herrlichkeit, wie der Evangelist Johannes sagt: *»Dann werden wir Ihn sehen, wie Er ist«* (1 Joh 3,2).

27. Kapitel

Über die außerordentliche Wichtigkeit und Unersetzbarkeit des Jesusgebetes im Werk unserer ewigen Rettung und zugleich über die größte geistliche Kraft, die in ihm verborgen ist und die wir alle daher unbedingt benötigen

»Es gab eine Erörterung unter uns – den Einsiedlern auf den Bergen des Kaukasus, warum in den Schriften der heiligen Väter die Lehre vom Gebet die Haupt – und Grundlehre darstellt. Sprechen sie über viele und verschiedenartige Dinge, die wesentlich zur Rettung notwendig sind, so messen sie ihnen eine zweitrangige Bedeutung zu – überhaupt nur im Sinne einer Vorbereitung; sprechen sie aber über das Gebet, dann bezeichnen sie es als Beendigung aller asketischen Kämpfe und als Ruhen in Gott. So fragten einmal den heiligen Isaak*, den Vater und Lehrmeister von Mönchen, seine Schüler: ›Wann kann ein Mensch erfahren, dass er zur ganzen Vollkommenheit gelangt ist?‹ Der Heilige antwortete: *»Wenn er das unaufhörliche Gebet erreicht hat, dann wird er zur Wohnung des heiligen Geistes, und nach dem Wort der Heiligen Schrift lebt er nicht mehr für sich selbst, sondern in ihm lebt Christus«* (Gal 2,20).

Er, der Herr Jesus Christus, ist die innere Kraft, Wurzel und Stärke eines jeglichen unserer Gebete, die von der Erde zum Himmel hinaufgetragen werden.

Die Lehre der heiligen Väter ist wahr und heilig, denn sie ist gegründet auf der Heiligen Schrift, erprobt und bestärkt durch das ganze Leben. Es ist das wertvollste Erbe, das uns die großen Väter und Kämpfer um die Frömmigkeit hinterlassen haben, die unter Mühe und Schweiß diese Wege selbst durchschritten haben, und sie haben uns als Anleitung dieses unschätzbare Gut hinterlassen, das in ihren heiligen Schriften eingeschlossen ist. Selbst vorgedrungen in die größten Tiefen des geistlichen Lebens, haben sie überaus gut gesehen und verstanden, worin das Wesentlichste selbst besteht, die Kraft und die Wurzel des geistlichen Lebens, und sie mühten sich gerne, das durch ihre Schriften uns zu übergeben, ihren Nachkommen.

Ja, es ist wirklich so, *»es ist uns Menschen kein anderer Name unter dem Himmel gegeben, durch den wir gerettet werden sollen«* (Apg 4,12) und außerhalb des Herrn Jesus Christus gibt es kein geistliches Leben. Wie die Sonne den ganzen Erdkreis erleuchtet und überall Freude hervorruft, Leben und Zufriedenheit, so hält auch der Herr Jesus Christus alles, nährt es, belebt und erfreut es. Nach dem Wort des heiligen Apostels *»trägt Er das Weltall durch Sein machtvolles Wort«* (Hebr 1,3). Ohne Ihn gibt es keinen einzigen Moment, kann kein einziges Geschöpf in der geistigen oder körperlichen Welt leben. In Ihm ist das Leben von allem, was ist, und das rettende Licht für die Menschen. Würde er nur einen einzigen Augenblick von der Schöpfung Seine allmächtige, allerhaltende Kraft abwenden, dann würde sie sich sofort zum Nichts zurückwenden, aus dem sie hervorgegangen ist. Man muss daher dieses selbstseiende Leben und die Quelle des Lebens selbst in seinem Herzen ansiedeln, und dann stirbt der Mensch nicht mehr in Ewigkeit, vereint mit dem Leben selbst.

Man kann daher sagen, dass das Jesusgebet, das heißt das Gebet im Namen des Herrn Jesus Christus, seiner Würde und Wichtigkeit wegen und durch die Kraft, die in ihm eingeschlossen ist, unbestreitbar größte Macht und Bedeutung hat. Die ganze christliche Gottesverehrung ist zugleich enthalten im Namen Jesus Christus,

Der deswegen auch das *»Ja und Amen«* (2 Kor 1,20) ist, weil Er der Vollender aller Gebete ist, die von der Erde zum Himmel hinaufgetragen werden.

Und nicht nur diese, sondern sogar alles, was auf dem Gebiet des Gebetes gesprochen wird: Bitten, Danksagungen, Lobpreisungen, Aufseufzer des Herzens, Glaube, Hoffnung, Liebe – mit einem Wort: der ganze Inhalt des geistlichen Lebens hat Platz im Namen des Herrn Jesus Christus, des allmächtigen Gottes und Sohnes Gottes, unseres Retters. Er ist der Urheber unserer Rettung und die *»einzige Tür ins ewige Leben«* (Joh 10,9).

Man kann nicht zum himmlischen Vater beten, indem man an unserem Fürsprecher, dem Herrn Jesus Christus, vorbeigeht; man kann nicht den Empfang und die Aufnahme des Heiligen Geistes erwarten, wenn sie nicht auf die Fürsprache des Sohnes Gottes geschieht, wie Er seinen Jüngern sagt: *»Ich werde den Vater bitten und Er wird euch einen anderen Beistand geben«* (Joh 14,16). *»Es ist ein Mittler zwischen Gott und den Menschen, der Mensch Jesus Christus«* (1 Tim 2,5).

In dieser Beziehung also, das heißt zum Geheimnis unserer Rettung, ist es für uns als erstes unumgänglich notwendig, unser Gebet zum Sohn Gottes zu richten als zu unserem Retter, Fürsprecher und Erlöser. Er betet zusammen mit uns als Mensch, wie geschrieben steht: *»Und Er geriet in angstvollen Kampf und betete noch anhaltender; und Sein Schweiß wurde wie Blutstropfen, die auf die Erde fallen«* (Lk 22,44). Und zu dem heiligen Apostel Petrus sagt Er: *»Ich habe für dich gebetet«* (Lk 22,32). Zu den Aposteln sagt Er noch: *»Ich werde den Vater bitten«* (Joh 14,16).

Und zugleich empfängt Er auch unsere Gebete als Gott, Der in der unzugänglichen Herrlichkeit Seiner Gottheit auf dem hohen und erhabenen Throne sitzt, und die Seraphime umgeben Ihn. Er hat unsere Natur angenommen, um sie mit der Göttlichen Hypostase (Wesensgleichheit) zu einen und erscheint so als der neue Stammvater des ganzen Menschengeschlechts.

Der Apostel sagt: »*Denn wie in Adam alle sterben, so werden in Christus auch alle lebendig gemacht werden*« (1 Kor 15,22). Wer daher nicht in Christus ist, sondern an Ihm vorbei seine Rettung einrichten möchte, der wird anstatt der Rettung den unausweichlichen Untergang finden.

Die Unbedingtheit, mit dem Sohn Gottes Gemeinschaft zu haben oder mit Ihm vereint zu sein, ist daraus ersichtlich, dass in Ihm, nach dem Apostel, das ewige Leben ist. Er wird daher Lebensspender, Geber des ewigen Lebens genannt.

Um aber einen andauernden Umgang mit dem Herrn Jesus Christus zu unterhalten und das immerwährende Gedenken Gottes zu besitzen, damit man in Ihm des ewigen Lebens teilhaft wird, war es ohne Zweifel Gott dem Herrn Selbst wohlgefällig, Seinen Knechten das Geheimnis des immerwährenden Gebetes zu eröffnen und es sie zu lehren – in Seinem heiligsten Namen. Dieses Gebet kann man seiner Kürze wegen zu jeder Zeit verrichten, bei jeder Beschäftigung und an jedem Ort – und so kann man ununterbrochen seinen inneren Umgang mit Christus dem Herrn pflegen. Dieses Gebet enthält in sich das ganze Bekenntnis des christlichen Glaubens und das Wesentliche des Evangeliums; auf engste Weise vereinigt es uns mit dem Herrn Jesus Christus und macht uns in Ihm zu Teilhabern des ewigen Lebens; es reinigt unseren Verstand von sinnlosen Gedanken und macht ihn klar wie das Himmelslicht, heiligt das Herz und macht es zu einem Wohnort der Gottheit, und von daher wird der Mensch zu einem Träger Gottes.

Wir sprechen nur über das Gebet im Namen Jesu Christi, um seine unbedingte Notwendigkeit im Werk unserer ewigen Rettung zu zeigen, als das nächste Hilfsmittel der Einigung unserer Seelen mit dem Sohn Gottes, in Dem immer war und bleibt das Leben alles Seienden, durch Ihn aber mit Gott dem Vater und mit dem Heiligen Geist. Wir sprechen aber nicht darüber, was überhaupt der Mensch zu seiner ewigen Rettung braucht. Dazu verpflichten uns unser heiliger christlicher Glaube, die Lehre Christi des Retters, die Gebote der heiligen Kirche und so fort.

Man muss voraussetzen, dass alles das schon zuvor unumgänglich ist für jene, die in den Kampf um das unaufhörliche Gebet im Namen Christi Jesu eintreten wollen.

Im Buch ›Der unsichtbare Kampf‹ bezeugt in dem Wort über das Gebet Bischof Feofan der Klausner den Wert des Jesusgebetes mit folgenden Worten:

›Schon von den ältesten Zeiten an wurde von sehr vielen das kleine Gebet ausgewählt: – Herr Jesus Christus, Sohn Gottes, sei mir Sünder gnädig. – Hinweise darauf sehen wir bei dem heiligen Ephräm, dem heiligen Chrysostomos, dem heiligen Isaak dem Syrer, dem heiligen Hesychios, den heiligen Barsanuphios und Johannes und dem heiligen Johannes Klimakos. Es verbreitete sich dann immer mehr und begann die Lippen aller zu füllen und ging sogar in die Kirchenordnung ein, wo es als Ersatz für die häuslichen Gebete und die kirchlichen Gottesdienste vorgeschlagen wird. Weil es nur aus wenigen Worten besteht, ist es auch bei uns hauptsächlich in Gebrauch. Bemühe auch du dich, dich daran zu gewöhnen. Dieses Gebet wird Jesusgebet genannt, weil es sich an den Herrn Jesus wendet und ist seiner Beschaffenheit nach ein mündliches Gebet, wie auch jedes andere kurze Gebet.

Geistig ist es und muss so genannt werden, wenn es nicht nur mit dem Wort dargebracht wird, sondern auch mit dem Verstand und dem Herz, mit der Erkenntnis seines Inhalts und mit dem Fühlen, und besonders dann, wenn es durch die lange und aufmerksame Anwendung mit der Bewegung des Geistes zusammenfließt, so dass sie eins sind und im Inneren anwesend geschaut werden, es aber gleichsam keine Worte gibt.

Jedes kurze Gebet kann auf diese Stufe hinaufsteigen. Dem Jesusgebet eignet es aber vor allem anderen, weil es die Seele mit dem Herrn Jesus verbindet. Der Herr Jesus aber ist die einzige Tür zur Gemeinschaft mit Gott, die zu erwerben das Gebet bemüht ist. Hat er doch selbst gesagt: »*Niemand kommt zum Vater außer durch Mich*« (Joh 14,6).

Hast du es erlangt, hast du dir die ganze Kraft der fleischgewordenen Ökonomie (des menschgewordenen Heilsplans Gottes) zu eigen gemacht, und darin besteht auch unsere Rettung.

Hörst du das, dann wirst du dich nicht wundern, warum jene, die eifrig nach der Rettung trachten, keine Mühe scheuen und sich bemühen, sich an dieses Gebet zu gewöhnen und sich seine Kraft anzueignen. Nimm dir auch du an ihnen ein Beispiel.‹

Aber schauen wir uns die Beschaffenheit und Eigenschaft des Jesusgebetes genauer an und sehen wir, wie es völlig allen Anforderungen unserer sittlichen Natur und ihrem religiösen Gefühl Genüge leistet.

Allem voran nennen wir hier als unseren Retter den Herrn. Dieser Name ist, wie bekannt ist, einer von den Namen der lebensspendenden und Heiligen Dreifaltigkeit und folglich bekennen wir Ihn als Gott, wenn wir Ihn als Herrn anrufen, eines Wesens mit dem Vater und dem Heiligen Geist. Das zweite Wort in diesem Gebet ist ›Jesus‹. Das Wort Jesus aber bezeichnet nach der Erklärung des Archiestrategen* Gabriel den Retter. Sprechen wir dieses Wort aus, bekennen wir den Sohn Gottes als unseren Retter, Der in die Welt gekommen ist, um die Sünder zu retten.

Dann sagen wir ›Christus‹ und bekennen so Seinen dreifaltigen Dienst zu unserer Rettung als gesalbter König, Hohepriester und Prophet, denn Christus heißt Gesalbter. In alten Zeiten wurden Könige, Hohepriester und Propheten gesalbt. Und unser Retter wurde in Seiner menschlichen Natur in außergewöhnlicher Weise vom Heiligen Geist gesalbt, so dass Er in höchstem Maße die Schau des Propheten, die Heiligkeit des Hohenpriesters und die Macht des Königs besitzt.

Mit dem weiteren Wort ›Sohn Gottes‹ bekennen wir Seine Geburt aus dem Vater vor allen Zeiten, die einzigartige Eigenschaft, die Ihm allein zukommt und Ihn von den anderen Personen der Heiligen Dreifaltigkeit unterscheidet. Wegen des Bekenntnisses zum Herrn als Sohn Gottes pries der Herr den Apostel Petrus glücklich und erklärte, dass ihm das der Himmlische Vater eröffnete.

Dann sagen wir ›Erbarme Dich unser‹. Damit bekennen wir unseren Fall, erkennen den Herrn Jesus als unseren Retter an und bitten Ihn um Erbarmen. Darin aber besteht das Wesentliche der Lehre des Evangeliums: eben dass wir gesündigt haben und der Retter vom Himmel gekommen ist, um uns zu erlösen.

Nun also, wollen wir vom ewigen Tod errettet werden, müssen wir vor allem an den Herrn Jesus Christus glauben: dass Er unser einziger Retter ist und dass es an Ihm vorbei gar kein Mittel zur Rettung gibt. Man muss die unabänderliche Überzeugung festhalten, dass Er wahrer Gott ist und Sohn Gottes, der unseretwegen Mensch wurde und unserer Rettung wegen vom Himmel herabstieg, gekreuzigt und erhoben wurde, wie es im Glaubensbekenntnis gesagt wird; man muss Seine Lehre annehmen, Seine heiligen Gebote erfüllen, Seinen kostbaren Leib und Sein ganz reines Blut im Geheimnis der Eucharistie empfangen, und Seinen Heiligsten Namen, *»der über allen Namen ist«*, beständig im Geist, auf den Lippen und im Herzen tragen; ein taugliches Mittel dazu ist das Jesusgebet, das auch das Gedenken Gottes ist; es hält den Menschen in Verbindung mit dem teuersten Erlöser Jesus Christus; es erfüllt uns mit Göttlicher Kraft und gibt uns die Möglichkeit, die Göttlichen Gebote zu erfüllen.

Man kann noch einwenden: ›Warum behauptet ihr so fest, dass man vor allem das Jesusgebet beten soll, im Namen des Herrn Jesu Christi, aber nicht jene Gebete, die von den heiligen Vätern zusammengestellt wurden und von der heiligen Kirche gelehrt werden, damit ihre treuen Kinder sie zur ewigen Rettung gebrauchen? Ja, außerdem lesen wir in den Viten der Heiligen, dass viele von ihnen dieses Gebet überhaupt nicht gebetet haben. Der heilige Johannes Cassian* teilt mit, dass zu seiner Zeit in Ägypten unter den Mönchen vor allem dieses kurze Gebet in allgemeinem Gebrauch war: »*O Gott, komm mir zu Hilfe, Herr, eile mir zu helfen*« (Ps 70,2).‹

Vom heiligen Joannikios* wird geschrieben, dass sein andauerndes Gebet war: ›Meine Hoffnung ist der Vater, meine Zuflucht der Sohn, mein Schutz der Heilige Geist.‹

Isaak der Syrer teilt mit, dass er einen Asketen kannte, der so betete: ›Wie ein Mensch habe ich gesündigt, wie ein Gott erbarme dich meiner.‹ Und ein anderer Asket sagt, indem er das Haupt wiegt, natürlich in Gebetsverfassung des Geistes: ›Was‹ (wird sein mit mir)?

Die Antwort auf all das lautet so: betet, wie ihr könnt; denn das Wesen des Gebetes besteht nicht in den Worten, sondern darin, dass man das herzliche Fühlen der Seele, in dem unser ganzes Leben vor sich geht und gehalten wird, mit dem Herrn vereint, dem Quell des ewigen Lebens. Man muss nur wissen, dass wir uns vor allem unbedingt mit unserem inneren Wesen oder mit unserer Seele auf jeden Fall mit dem Sohn Gottes vereinigen müssen unserem Retter, denn im Werk unserer Rettung zeigt sich unser Erlöser Jesus Christus näher zu uns: nur über Ihn können wir einen Zugang zum Himmlischen Vater haben und Seiner Verdienste wegen wird uns der Heilige Geist gegeben. Darum muss sich unser Gebet zuerst an Ihn richten, und wir haben die Fürbitte und das Gebet des heiligen Apostels: »*dass Christus durch den Glauben in unseren Herzen wohne*« (Eph 3,16).

Hier kann nun jemand sagen: ›Siehst du, damit Christus im Herzen wohne, dazu braucht man Glauben, aber nicht Gebet, wie ihr immer fest behauptet.‹

Man muss wissen, dass zum Verständnis des Gebetes auch der Glaube gehört; er ist ein wesentlicher Teil, der in ihm eingeschlossen ist und zusammen mit dem Gebet zu ein und demselben Ziel führt, nämlich: ›zu der lebendigen und geheimnisvollen Vereinigung des Menschen mit Gott.‹ Diese Bestimmung kommt gleicherweise dem Glauben wie dem Gebet zu. Im Glauben gibt es die Bewegung nach vorne – zum geglaubten Gegenstand; diese Bewegung drückt sich aber im Gebet aus und ist selbst ein Gebet. Von daher kommt auch der Ausdruck ›Gebet des Glaubens‹.

»Ich habe geglaubt«, sagt der Prophet, *»darum habe ich geredet «* (Ps 116,10; 2 Kor 4,13). Das Gebet ohne Glauben ist gar nichts – ein Säen auf den Stein. Den Glauben an den wahren Gott und meinen Glauben drücke ich durch das Streben zu Ihm aus, und das kann nur durch das Gebet geschehen. Deswegen bitte ich Ihn und hoffe, dass Er mich Seiner Barmherzigkeit würdigt. Das Gebet wird nach der Lehre der heiligen Väter die Mutter aller Tugenden genannt, daher muss sich unter der Zahl ihrer Kinder auch der Glaube befinden – gleichsam als erstgeborener Sohn.

Dass aber augenscheinlich die Heiligen und die Knechte Gottes mit anderen Gebeten beteten, kann uns nicht als gut aussehender Vorwand und Grund dienen, von der Verpflichtung zum immerwährenden Jesusgebet abzuweichen. Es gibt nämlich kein einziges Gebet, dass die Gegenwart des Sohnes Gottes ausschließen könnte, ist Er doch Einer der Heiligen Dreifaltigkeit; und es gibt kein Gebet solcher Art, in dem Er fehlen könnte – einer ist der Mittler zwischen Gott und den Menschen, der Herr Jesus Christus. Es gibt Gebete zum Himmlischen Vater und zum Heiligen Geist, es gibt sie zum Sohne Gottes. Aber in allen Gebeten, die von der Erde zum Himmel emporgetragen werden, ist Er der Mittler, Fürsprecher und

Friedensstifter, und daher muss jedes Gebet, das nicht in Seinem Namen verrichtet wird, leer und fruchtlos sein. Er ist die innere Kraft des Gebetes, mag auch für die Ohren Sein heiligster Name nicht vernehmbar sein.

Ohne Ihn ist jedes unserer Gebete wirkungslos – sei es an den Himmlischen Vater, sei es an den Heiligen Geist.

Allein Er eröffnet unseren Gebeten den Zugang zum Thron der Gnade als Mittler zwischen Gott und uns, als Friedensstifter und Retter.

Von daher muss man auch die Schlussfolgerung ziehen, dass nichts von seinem geistlichen Erwerb verliert, von seiner inneren Annäherung zu Gott, wer mit den üblichen Gebeten der heiligen Kirche betet, mit der nötigen Aufmerksamkeit natürlich, mit Ehrfurcht und der richtigen Beziehung seines Verstandes und Herzens zu Gott und zu allem, was in den Gebeten dargelegt wird; gleicherweise soll auch der, der ausnahmslos seine ganze Gebetsübung im Jesusgebet vollbringt, es unaufhörlich Tag und Nacht verrichtet, nicht auf irgendein Privileg hoffen, da die Kraft des einen wie des anderen Betens darin besteht, den inneren Sinn der Seele mit dem Herrn Jesus Christus zu vereinen. Zuvor muss man sich mit Tränen der Reue gereinigt haben, mit Demut und dem Bewusstsein, dass wir die Vereinigung mit dem Herrn unausweichlich brauchen.

Es ist allerdings so, dass es bei der Lektüre lang andauernder Gebete wegen der dort enthaltenen vielen Inhalte keine kleine Schwierigkeit bedeutet, seinen Verstand vollständig an den Herrn Jesus zu binden, weil die Verschiedenartigkeit der Inhalte ihn bei sich behält und dem Feind zu gegebener Zeit leicht die Möglichkeit gibt, in den Verstand des Beters seine Gedanken einzustreuen. Das Jesusgebet, dem das alles fremd ist, wendet unser ganzes inneres Wesen direkt und unmittelbar dem Herrn Jesus Christus zu und gibt uns so ein ganz leichtes Hilfsmittel, sich mit Ihm zu vereinen; dem Feind aber lässt es keinen Raum, sein Unkraut zu säen.

Zum Beweis dafür kann man die Lehre des heiligen Gregor von Sinai anführen. Er stellt die Frage: ›Woher kommt der Unterschied, dass die einen lehren, viele Psalmen zu singen, die anderen wenig, die dritten gar nicht?‹

Antwort: Man kann die Frage so lösen: Diejenigen, die über ein tätiges Leben, unter vielen Mühen und im Verlauf langer Jahre die Wirkung der Gnade erworben haben, die lehren auch andere so, wie sie es sich selbst beigebracht haben. Sie glauben jenen nicht, die von sich sagen, dass sie das durch die Barmherzigkeit Gottes in kurzer Zeit erreicht haben – durch einen warmen Glauben, wie der heilige Isaak sagt, und sie tadeln diese, dass sie betrogen wurden durch Unwissenheit und eigene Meinung; sie überzeugen andere, dass, wenn es anders wäre als bei ihnen, es eine Verführung wäre, aber nicht die Wirkung der Gnade.

Sie wissen nicht, »*dass es ein Leichtes ist in den Augen des Herrn, den Armen plötzlich und schnell reich zu machen.*« (Sir 11,21)

Es tadelt auch der Apostel die damaligen Jünger und sagt: »*Oder erkennt ihr euch selbst nicht, dass Jesus Christus in euch ist? Sonst hättet ihr ja als Gläubige schon versagt*« (2 Kor, 13,5), das heißt, ihr seid eurer Trägheit wegen nicht vorangeschritten.

Daher nehmen solche die wunderbaren Eigenschaften des Gebetes, die durch die Wirkung des Heiligen Geistes in manchen hervorgerufen werden, nicht an, und halten sie nicht für echt aufgrund ihres Unglaubens und des Hochmutes.

Der Tätigkeiten gibt es viele, aber sie sind alle für sich gesondert: das Gebet des Herzens ist groß und allumfassend als Quelle der Tugenden (Johannes Klimakos, Punkt 1 über das Gebet), weil dadurch jedes Gut erlangt wird. Der heilige Maximos sagt: ›Es gibt nichts Schrecklicheres als den Gedanken an den Tod und nichts Großartigeres als das Gedenken Gottes‹, und er zeigt so die Überlegenheit dieses Werkes. In unserer Zeit wollen aber manche das nicht einmal mehr hören: aber ist es eine Gnade, aus großer Gefühlslosigkeit und Unwissenheit blind und kleingläubig zu sein?

Gut handeln jene, die gar keinen Psalmengesang mehr halten, wenn sie vorangeschritten sind. Solche bedürfen des Psalmengesanges nicht mehr, sie müssen im Schweigen verweilen, im unaufhörlichen Gebet und in der Betrachtung, wenn sie die Erleuchtung erlangt haben.

Denn sie sind mit Gott vereint und dürfen ihren Verstand nicht von ihm wegreißen und ihn in Verwirrung bringen oder in eine Menge von Gedanken.

Der heilige Johannes Klimakos sagt, dass ›für den Novizen (der in der Brüdergemeinde wohnt) die Befolgung des eigenen Willens ein Sturz ist; für den, der das Gelübde des Schweigens abgelegt hat, ist der Sturz das Ablassen vom Gebet oder seine Unterbrechung. Denn der Verstand solcher Beter treibt Ehebruch, wenn er vom Gedenken Gottes abweicht wie von einem Bräutigam und mit Liebe sich mit anderen niedrigsten Dingen befasst.‹

Anlässlich des oben Gesagten kann man mit großer Furcht, Verehrung und Demut sagen, dass das Jesusgebet als Ausdruck höchster Liebe gleichsam die Kurzfassung des ganzen Gebetes ist, die Gesamtheit aller Vollkommenheiten. Wie der Herr Jesus selbst der Eckstein und das Fundament ist, auf dem alles zusammengehalten wird, ist es sozusagen seine innere Kraft und sein Inhalt. Wie predigt die heilige Kirche in der Ordnung der Göttlichen Liturgie: ›Die Erfüllung des Gesetzes und der Propheten bist Du, Christus.‹

Denn wie das Alte Testament, so hat auch das Neue zu seinem Inhalt nur das eine: die Rettung des Menschengeschlechtes in Christus Jesus.

Das erste Wort über den Retter der Welt wurde noch im Paradies gesprochen, gleich nach dem Sündenfall unserer Stammeltern, und es wurde von den heiligen Vätern Protoevangelium genannt; und von dieser Zeit an hörte Er nicht auf, beim Menschengeschlecht zu sein, und zwar nicht nur durch Seine Göttlichen Eigenschaften: Allgegenwart, Allerhaltung, Lenkung, Vorsehung und den übrigen Qualitäten, sondern auch durch die von Ihm auf sich genommene Ökonomie unseres Heils (durch den von Christus auf sich genommenen Heilswillen zur Erlösung).

›Alle alttestamentlichen Gotteserscheinungen waren, nach dem Verständnis der heiligen Väter, auch Erscheinungen des Sohnes Gottes. Er war einer der drei Fremdlinge, die der Patriarch Abraham unter der Eiche von Mamre bewirtete. Kraft Seiner Verdienste als Lamm, geschlachtet seit Grundlegung der Welt (Offb 13,8) wurden den Patriarchen die Offenbarungen geschenkt. Er allein konnte Seinen Himmlischen Vater bitten, dass der Heilige Geist auf die

Propheten herabkomme, wie Er auch dann auf die Apostel herabkam (Joh 14,16).

Als Folge davon wird auch von den Propheten gesagt, dass sie der Geist Christi leitete: »*In Hinsicht auf diese Seligkeit suchten und forschten die Propheten, die von der für euch bestimmten Gnade weissagten. Sie forschten, auf welche oder was für eine Zeit der Geist Christi in ihnen deute, der die auf Christus wartenden Leiden und die darauffolgende Herrlichkeit vorher bezeugte*« (1 Petr 1,10 f). Er war der Mittler zwischen Gott und den Menschen, als unter Blitz und Donner dem hebräischen Volk das Gesetz Gottes am Sinai gegeben wurde. Über Christus schrieb Mose: »*Denn wenn ihr Mose glaubtet, würdet ihr Mir glauben; denn über Mich hat jener geschrieben*« (Joh 5,46); über die Leiden Christi und die Worte, die über sie den Propheten vorherverkündet wurden (1 Petr 1,11), kündeten alle alttestamentlichen Schriften, »*Ihr durchforscht die Schriften, weil ihr meint, in ihnen ewiges Leben zu haben – und diese sind es doch, die von Mir zeugen*« (Joh 5,39). Nach dem Wort des heiligen Apostels war Er und ist Er immer der Grund unserer Rettung: »*Einen anderen Grund kann niemand legen als den, der gelegt ist, und der ist Jesus Christus*« (1 Kor 3,11).‹ (Aus der Theologie des Metropoliten von Moskau Makarij Bulgakov*.

Es kann aber nichts Stärkeres gesagt werden, nichts Überzeugenderes zum Nutzen des Betens im Namen des Herrn Jesus Christus als das, was Er darüber am Vorabend Seines Todes beim Letzten Abendmahl den geliebten Jüngern sagte: »*Ich nenne euch nicht mehr Knechte, denn der Knecht weiß nicht, was sein Herr tut; euch aber habe Ich Freunde genannt, denn alles, was Ich von Meinem Vater gehört habe, das habe Ich euch kundgetan*« (Joh 15,15). »*Bleibt in Mir und Ich bleibe* in *euch! Wie die Rebe aus sich keine Frucht tragen kann, sondern nur, wenn sie am Weinstock bleibt, so könnt auch ihr keine Frucht bringen, wenn Ihr nicht in Mir bleibt. Ich bin der Weinstock, ihr seid die Reben. Wer in Mir bleibt und in wem Ich bleibe, der bringt reiche Frucht; denn ohne Mich könnt ihr nichts tun«* (Joh 15,4 f).

Was kann noch mehr und Höheres gesagt werden nicht nur zum Nutzen, sondern auch zur Notwendigkeit und völligen Unumgänglichkeit des Jesusgebetes …

Das ist Seine himmlische Würde, Göttliche Herrlichkeit, Seine unvergleichliche Erhabenheit und Unersetzlichkeit, die nur Ihm allein zukommt! Alle anderen Tugenden sind im Vergleich mit Ihm wie Kinder zur Mutter, in Ihm ist alles beschlossen und von Ihm geht alles aus, wie Bäche von der Quelle, wie die Zweige am Baum von der Wurzel. *»Ich bin der Weinstock, ihr seid die Rebzweige.«*

Und all das deswegen, weil das Gebet nichts anderes ist als der Umgang und die Einigung unserer Seelen mit dem Herrn Jesus Christus und durch Ihn mit Gott dem Vater und dem Heiligen Geist. Unsere Rettung ist sonst unmöglich, denn das ewige Leben ist nur das, was im Sohne Gottes ist. Und das ist die Liebe Gottes, die Bewahrung des Gedenkens des Herrn Jesus und das Verweilen mit seinem Herzen in Ihm.

Dass aber die Einigung mit Gott Vater durch Jesus Christus unser letztes Ziel ist, für das wir geschaffen wurden und auf der Erde leben – das kann man daraus ersehen, dass der Herr Jesus Christus, auf dem Weg zum Kreuzestod für die Sünden der ganzen Welt, Seinen Himmlischen Vater bat für alle, die an Ihn glauben, *»dass alle eins seien, wie Du, Vater, in Mir bist, und Ich in Dir, damit auch sie in Uns eins seien«* (Joh 17,21).

Und Er eröffnete ihnen das letzte Geheimnis dieser geheimnisvollen Einigung der Menschen mit Gott durch Ihn, als Er bezeugte: »*An jenem Tag werdet ihr erkennen, dass Ich in Meinem Vater bin und ihr in Mir und Ich in euch*« (Joh 14,20). Darum lehrten auch die Apostel, dass Gott, der uns durch das Christentum zum Neuen Bund, mit Sich berufen hat, »*zur Gemeinschaft mit Seinem Sohne Jesus Christus, unserem Herrn, beruft*« (1 Kor 1,9). Man nannte die wahren Christen »*mit Christus Bekleidete*« (Gal 3,27), »*die an Christus Anteil haben*« (Hebr 3,14), die Schwachen und Gefallenen beschwor man, »*den Herrn Jesus Christus anzuziehen* « (Röm 13,14), »*Christus in sich Gestalt annehmen zu lassen*« (Gal 4,19), und fügte hinzu, dass wir »*Erben Gottes und Miterben Christi*« seien (Röm 8,17), und dass »*Gott uns mit Christus auferweckt und uns mit Ihm einen Sitz in der Himmelswelt gegeben*« habe (Eph 2,6).

Darum ist ein Christ, der sich durch das unaufhörliche Gedenken Gottes oder durch das immerwährende Gebet zu Ihm mit dem Herrn Jesus Christus vereinigt hat, »*ein Gefäß der Gnade Gottes*« (2 Kor 4,7), »*Tempel Gottes und Wohnung des Geistes Gottes*« (1 Kor 3,16). »*Wer dem Herrn anhängt, ist ein Geist in Ihm‹ (1* Kor 6,17), »*in seinem Herzen wohnt Christus*« (Eph 3,17), »*er ist gestorben und sein Leben mit Christus verborgen in Gott*« (Kol 3,3), und »*nicht mehr er lebt, sondern Christus lebt in ihm*« (Gal 2,20).

Die heiligen Väter begriffen sehr gut die unbegrenzte Macht des Namens Jesu Christi, als sie wie ein Gesetz anordneten, dass Er von uns so oft und unaufhörlich ausgesprochen werden soll wie unser Atem geht.

Und nur in diesem Namen errangen sie Ruhm und wurden heilig.«

28. Kapitel

Warum wird das innere Leben in Gott von allen weisen und verständigen Leuten so hoch gepriesen und für eine große und lobwürdige Sache gehalten, wenn es doch gerade zu unseren Zeiten überaus selten zu sehen ist und diese Zeiten arm sind an ähnlichen Bestrebungen, so dass nur wenige Menschen es erwerben?

»Das kommt daher, dass in der Tiefe ihres Wesens unsere Seele mit dem Göttlichen Geist Selbst vereint ist, Der sie durch Seine Göttliche Schönheit an sich zieht.

Und wenn die Seele mit ihren Kräften in ihre eigentliche Tiefe hinabsteigt, das heißt nach innen von sich selbst, dann berührt sie gleichsam unweigerlich die Gottheit und empfängt Belebung, Heiligung, Erneuerung; sie steigt auf die höchste Stufe des geistlichen Seins und lebt durch den Geist, der durchdrungen ist von der Einigung mit Gott; dasselbe drückt der heilige Apostel aus, wenn er sagt: *»Wir sind ein Geist mit dem Herrn«* (1 Kor 6,17).

Will man aber diese Sache noch deutlicher aufzeigen, dann muss man sie durch die Eigenschaft unseres Geistes erklären, in dessen Wesen von Gott selbst der Sinn für die Gottheit hineingelegt wurde; es ist das Bewusstsein, dass Gott existiert – der Schöpfer von allem, ein unwillkürliches Gefühl Seines Seins, eine Abhängigkeit von Ihm, eine Vorahnung von Ihm, ein mutmaßendes Vorauswissen von Ihm, eine Vorstellung – eine Idee.

Und das ist irgend etwas Verwandtes mit der Gottheit, wie Sein Einhauchen – das Organ zur Aufnahme Seiner Offenbarungen und

Seiner Einwirkungen auf unseren Geist; es ist der Ort unserer Vereinigung mit Gott, wo Gott unserem Bewusstsein erscheint nach dem Maße unserer Aufnahmefähigkeit, gemäß der Kraft des Glaubens, der Reinheit und Demut. Gäbe es in unserem Geist nicht diesen Sinn für das Göttliche, dann wäre sogar die Gegenwart des unendlichen Seins, wie die Theologen lehren, für uns nicht erkennbar. Und eine Offenbarung über Ihn könnte der Mensch nicht aufnehmen und sich aneignen. Mit einem Wort – es gäbe gar keine Möglichkeit, den gedachten, unkörperlichen Gegenstand zu entdecken – Gott.

Nun ist auch verständlich, dass wir, wenn wir mit unserem Bewusstsein, Gedanken und Aufmerksamkeit dieses heilige Zelt unseres Geistes betreten, wo Gott wohnt, unweigerlich dort vom Licht Seines Angesichts erleuchtet werden; wir werden durchdrungen von Seiner Göttlichen Kraft, wir treten in die engste Einigung mit Ihm ein und, indem wir ein Geist sind, verkosten wir die Anfangsgründe des ewigen Lebens, weil wir in Gott weilen und Gott in uns weilt.

Über diesen unseren lebendigen Umgang mit Gott, oder die Einigung unseres Geistes mit Ihm, lehren alle heiligen Väter in ihren Schriften und bezeugen ihn wie mit übereinstimmenden Trompeten, denn das ist das Ziel unseres Lebens auf der Erde.

Wir führen hier einen Auszug aus den Werken des Bischofs Feofan dem Klausner an.

›Das letzte Ziel des Menschen liegt in Gott, im Umgang oder im lebendigen Bund mit Gott. Geschaffen nach dem Ebenbild Gottes, stellt der Mensch seiner Natur selbst nach ein gewisses Bild von Göttlicher Art dar. Da er von Gottes Art ist, muss er den Umgang mit Gott suchen, nicht nur, weil Er sein Anfang und Urbild ist, sondern weil Er auch sein höchstes Gut ist. Unser Herz ist deswegen nur dann zufrieden, wenn es Gott besitzt und von Gott besessen wird. Nichts außer Gott kann es zur Ruhe bringen. Kohelet wusste viel, besaß viel und erfreute sich an vielem; aber all das, so musste er schließlich bekennen, war Nichtigkeit und Kummer (Koh 1). Die einzige Ruhe für den Menschen ist in Gott: »*Was habe ich im Himmel außer Dir? Neben Dir erfreut mich nichts auf der Erde. Auch wenn mein Leib und mein Herz verschmachten, Gott ist der Fels meines Herzens, und mein Anteil auf ewig*« (Ps 73,25 f). – In Gott ist das Leben –, lehrt Basilius der Große, Entfremdung und Entfernung von Gott sind das unerträglichste Übel sogar der künftigen Höllenqualen – es ist das schwerste Übel, wie für das Auge der Verlust des Lichtes und für ein Tier die Wegnahme des Lebens. – Und noch: – Was war für die Seele das vorzüglichste Gut? Der Aufenthalt bei Gott und die Einigung mit Ihm durch die Liebe. Als sie von Ihm abfiel, begann sie zu leiden.– Daher wird uns eindringlich gesagt: »*Sucht den Herrn, sucht Sein Antlitz allezeit!*« (Ps 105,4).

Der Prophet Mose erbat die Schau des Angesichts Gottes als das Ende all seiner Wünsche und erst, nachdem Gott durch ihn und in ihm so viele außerordentliche Taten Seiner Gnade und Allmacht gezeigt hatte: »*Wenn ich Gnade gefunden habe in Deinen Augen, lass mich Deinen Weg wissen … Lass mich doch Deine Herrlichkeit sehen*« (Ex 33,13.18). Mit derselben Furcht betete und rief zum Herrn der Prophet David: »*Verwirf mich nicht von Deinem Angesicht*« (Ps 51,13), denn er wusste, dass alle, die sich von Ihm entfernen, umkommen (Ps 73,27), und mit diesem Wunsch wandte er sich immer an Gott: »*Meine Seele dürstet nach Dir, mein Gott …*« (Ps 63,2), »*Wie der Hirsch lechzt nach frischem Wasser, so lechzt meine Seele, Gott, nach Dir*« (Ps 42,2). Mit welcher Freude findet er seine Ruhe allein darin: »*Gott nahe zu sein ist mein Glück!*« (Ps 73,28).

Aber nicht allein in dieser Richtung aller Wünsche zu Gott liegt unser Gut. Ein Durst ohne Linderung, ein Hunger ohne Sättigung, ein Bedürfnis ohne Befriedigung sind Leid, Krankheit und Qual. Auf der Suche nach Gott wollen wir Ihn auch finden, wollen Ihn besitzen; von Ihm beherrscht wollen wir aufrichtig mit Ihm Gemeinschaft haben, in Ihm sein und Ihn in uns haben (Anfang des Briefes Makarios' des Großen, Moskau 1852, S. 429). In diesem lebendigen, inneren, unmittelbaren Umgang Gottes mit dem Menschen und des Menschen mit Gott besteht unser letztes Ziel.‹

Diese Gemeinschaft wird so im Wort Gottes dargestellt. Gott Selbst sagt über die einen: *»Mein Geist soll nicht für immer im Menschen bleiben, weil er auch Fleisch ist«* (Gen 6,3), den anderen aber verspricht Er: *»Ich will unter ihnen wohnen und mit ihnen gehen«* (2 Kor. 6,16). ›Merk auf‹, sagt zu dieser Stelle der heilige Chrysostomus, ›wer wohnt in dir? Du trägst Gott in dir.‹ Der Retter verspricht ein innerlichstes Einwohnen Gottes im menschlichen Herzen, wenn Er sagt: *»Wir werden zu ihm kommen und Wohnung bei ihm nehmen«* (Joh 14,23). Der heilige Johannes der Theologe lehrt, dass, wer in der Liebe bleibt, nicht nur in Gott bleibt, sondern auch Gott in ihm (1 Joh 4,16). Bei den heiligen Vätern wird der lebendige Umgang mit Gott bis zur Vergöttlichung des Menschen erhoben. So stellt der heilige Gregor der Theologe den Menschen als ›lebendiges Wesen‹ dar, das durch das Drängen zu Gott die Vergöttlichung erreicht. Theodor*, der Bischof von Edessa, lehrt so über das Ziel des Menschen: ›Das Ziel unseres Lebens ist die Seligkeit oder, was ganz das gleiche ist, das Himmelreich oder Reich Gottes, das nicht nur darin besteht, die herrschende Dreifaltigkeit zu schauen, sondern auch darin, den Göttlichen Einfluss aufzunehmen und gleichsam die Vergöttlichung zu empfangen, und in diesem Einfluss findet es die Erfüllung und Vollendung aller Fehler und Unvollkommenheiten. Darin besteht auch die Nahrung für unsere geistigen Kräfte, das heißt in der Ergänzung unserer Mängel durch diesen Göttlichen Einfluss.‹ Beim heiligen Makarios kann man in fast jedem Gespräch eine Erinnerung an die lebendige Gemeinschaft der Seele mit Gott finden. So lehrt er im 46. Gespräch, dass Gott die Seele des Menschen so geschaffen habe, dass sie zu Seiner Braut und Gefährtin wurde und sie und der Herr zu einem Geist und zu einer Mischung werden sollen (3.6). ›Wenn sich daher die Seele mit dem Herrn verbindet, dann kommt der Herr von Liebe und Erbarmen bewegt zu ihr und verbindet sich mit ihr. Es bleiben ihre Gedanken unablässig in der Gnade des Herrn und so werden die Seele und der Herr zu einem Geiste und zu einer Mischung und zu einem Gedanken‹ (3).

Für den Menschen ist es notwendig, sagt er an einer anderen Stelle, dass er nicht nur selbst in Gott ist, sondern dass auch Gott in ihm ist. ›Es soll freilich niemand denken, dass die lebendige Verbindung mit Gott ein Verschwinden der Seele in Gott mit einer Vergewaltigung ihrer Selbstständigkeit und Freiheit ist. Nein, steht auch tatsächlich die Seele dabei unter Göttlichem Einfluss, berührt in gewisser Weise Gott und wird von Ihm mit Kraft durchdrungen, so hört sie doch nicht auf, Seele zu sein – ein vernünftiges freies Wesen – so ähnlich, wie glühendes Eisen oder Kohle, die vom Feuer durchdrungen sind, nicht aufhören, Eisen oder Kohle zu sein. Sie erlangt durch diese Gemeinschaft die völlige, schnellste Kraft, den Willen Gottes frei zu erfüllen, aber auch ohne Widerrede. Auf der anderen Seite ist auch das unrichtig, wenn jemand zu denken begänne: Wenn die Gemeinschaft mit Gott das letzte Ziel des Menschen darstellt, dann wird sie dem Menschen nach allem geschenkt, am Ende aller seiner Mühen. Nein, sie muss ein andauernder, ununterbrochener Zustand des Menschen sein, so dass der Mensch, sobald er keine Gemeinschaft mit Gott hat, sobald er sie nicht empfindet, er sich eingestehen muss, dass er außerhalb seines Zieles und seiner Bestimmung steht.

Der Zustand, in dem der Mensch erkennt, dass der wahre Gott sein Gott ist und er selbst Gottes ist, das heißt, er sagt im Herzen zu seinem Gott: »*Mein Herr und mein Gott*« (Joh 20,28), wie der Apostel Thomas und zu sich selbst: »*Ich gehöre dem Herrn, ich gehöre dem Herrn*« (Jes 44,5) – dieser Zustand ist der einzig wahre Zustand des Menschen, ist das einzige entscheidende Kennzeichen des Anfangs des wahren sittlichen und geistlichen Lebens in ihm.‹

Aber betrachten wir es von der anderen Seite, wenn wir ein zerstreutes Leben führen, aufgesaugt von der Nichtigkeit dieser Zeit. Unsere Gedanken sind über das Antlitz der Erde ausgegossen und werden von den Dingen und Gegenständen dieser Welt getrieben. Der innere Bereich unseres geistlichen Wesens, in dem Gott anwesend ist, wird vom Verstand nicht bewacht und von der Nüchternheit des Herzens behütet; er ist wie ein Garten mit einer schlechten Umzäunung, den frei und unbehindert Herden von Gedanken wie Haustiere und Bestien niedertreten. Der Ort unserer Vereinigung mit Gott ist daher ganz fern von uns und unser Geist ist von Irdischem niedergedrückt. Und das ist ohne Zweifel dasselbe, was im Gleichnis vom verlorenen Sohn gesagt wird. Das spürt auch unbestreitbar jeder von uns, wenn er sich nicht um seine Rettung sorgt: »*Er zog weg in ein fernes Land*« (Lk 15,13).

Jetzt folgt natürlich die Frage: Wie wird die Wirkung des inneren geistlichen Lebens hervorgebracht?

Darauf antwortete Bischof Feofan der Klausner völlig zufriedenstellend, und wir führen seine Worte aus dem Buch ›Der Weg zur Rettung‹ (Moskau 1908, S. 205–209) an:

Das Innere Verweilen

Wenn eine Henne ein Korn gefunden hat und sie es ihre Küken wissen lässt, dann kommen alle, wo immer sie auch waren, im Flug zu ihr und versammeln sich mit ihren Schnäbeln an dem Punkt, wo auch ihr Schnabel ist. Genauso ist es, wenn die Göttliche Gnade auf den Menschen in seinem Herzen zu wirken beginnt, dann dringt sein Geist mit seinem Bewusstsein dorthin durch, hinter ihm aber auch alle Kräfte der Seele und des Körpers. Von nun an ist das Gesetz für das Innere Verweilen eigentlich das Einschließen des Bewusstseins im Herzen; denn die angespannte Sammlung der Kräfte der Seele und des Leibes dorthin ist das wesentliche Mittel, oder das Tun, der Kampf. Im übrigen gebären sie einander und bestimmen es so, dass eines ohne das andere nicht sein kann. Wer im Herzen eingeschlossen ist, der ist gesammelt, wer aber gesammelt ist, der ist im Herzen.

Um das Bewusstsein im Herzen muss man sich mit allen Kräften versammeln: mit dem Verstand, mit dem Willen, mit dem Gefühl. Die Sammlung des Verstandes im Herzen ist die Aufmerksamkeit, die Sammlung des Willens die Wachsamkeit, die Sammlung des Gefühles die Nüchternheit. Aufmerksamkeit, Wachsamkeit, Nüchternheit sind die drei inneren Tätigkeiten, durch die die Selbstsammlung erfolgt und das Innere Verweilen bewirkt wird. Wer sie hat und wer sie alle hat, der ist im Inneren; wer sie nicht hat und sei es auch nur eine, der ist draußen. Im Gefolge dieser seelischen Tätigkeiten müssen dorthin auch die körperlichen, ihnen entsprechenden Organe gerichtet werden: so folgt hinter der Aufmerksamkeit die Wendung der Augen nach innen, hinter der Wachsamkeit die Anspannung der Muskel im ganzen Körper in Richtung auf die Brust, hinter der Nüchternheit das, wie sich Nikephoros* ausdrückt, Zurückdrängen gewisser schleimiger, schwächender Bewegungen, die zum Herzen aus den tieferen Körperteilen herankommen, ein Unterdrücken des Genusses und der Ruhe des Fleisches. Diese körperlichen Tätigkeiten, die unzertrennlich mit den seelischen wirken, sind die stärksten und helfen jenen seelischen Mitteln, ohne die sie nicht sein können.

Und nun, das ganze Tun des Inneren Verweilens durch die Selbstsammlung besteht in folgendem: In der ersten Minute, beim Aufwachen vom Schlaf, sobald du deiner selbst bewusst wirst, steige hinunter nach innen zum Herz, in die körperliche Brust; danach rufe zusammen, zieh herbei, spanne dorthin an auch alle seelischen und körperlichen Kräfte, durch die Aufmerksamkeit des Verstandes, durch die Wendung der Augen dorthin, durch die Wachsamkeit des Willens, mit Anspannung der Muskeln und Nüchternheit des Gefühls, mit Unterdrückung des Genusses und Ruhe des Fleisches, und tu das so lange, bis das Bewusstsein dort fest steht wie an seinem Platz, seinem Thron, festgebunden ist, kleben bleibt, wie irgend etwas Klebriges an einer. starken Mauer. Dann verweile dort ohne Ende, solange du das Bewusstsein benützt, wiederhole oft dieses Tun der Selbstsammlung sowohl zur Erneuerung als auch zur Stärkung, denn erschlafft sie einen Augenblick, wird sie zerstört.

Man muss wissen, dass dieses Innere Verweilen und die Sammlung nicht dasselbe sind wie das Sich-Vertiefen beim Nachdenken oder ein Gedanke (vom Wort: in Gedanken versunken), obwohl viel dem ähnlich ist. Das letztere liegt nur in der Quelle des Verstandes, lässt die anderen Kräfte unbeschäftigt und hält sich im Kopf; dieses aber steht im Herzen, in der Quelle aller Bewegungen, niedriger und tiefer als alles, was in uns ist und zu sein pflegt, oder es entsteht so, dass all das sich schon über ihm ereignet, vor seinen Augen, und dieses erlaubt es, jenes verbietet es. Daher ist es von sich aus ersichtlich, dass das Innere Verweilen in seiner wahren Form die Bedingung für eine wahre Herrschaft des Menschen über sich selbst ist, folglich auch für die wahre Freiheit und Verständigkeit, daher auch für das wahre geistliche Leben. Es verhält sich so ähnlich wie in der äußeren Welt: der gilt als Herrscher der Stadt, der die Festung besitzt. Daher muss jedes geistliche Tun und überhaupt jeder asketische Kampf von dort her vollzogen werden, ansonsten ist er nicht geistlich, niedriger als Askese und muss verworfen werden. *»Das Reich Gottes ist in euch«*, sagt der Herr und dann befahl Er für dieses geistliche Tun: *»Geh in deine Kammer und schließ die Tür zu …«* Das ist die Kammer des Herzens nach dem Verständnis der heiligen Väter. Aus diesem Grund wird der geistliche Mensch, der gerettete, kämpfende, auch innerlicher Mensch genannt.

Diese innere Sammlung ist das tauglichste Mittel zur Bewahrung des Eifers, das ist sofort sichtbar:

1. Der Gesammelte muss brennen, denn sammelt er alle Kräfte in eins, dann entwickeln sie eine große Hitze und entzünden sich wie verstreute Strahlen, die zu einem Punkt gesammelt werden. Und tatsächlich ist mit der Sammlung immer Wärme verbunden: der Geist trifft sich hier mit sich selbst, wie Nikephoros sagt, und spielt vor Freude.
2. Der Gesammelte ist stark wie ein geordnetes Heer oder wie ein Bündel dünner, aber zusammengebundener Schilfrohre. Wie die Umgürtung der Lenden bedeutet das die Bereitschaft und

Kraft zum Handeln. Der Nicht-Gesammelte ist immer schwach, entweder fällt er oder er tut nichts.

3. Der Gesammelte schaut alles in sich. Wer im Zentrum ist, überblickt alle Radien und sieht alles im Kreis gleichsam wie auf einmal; tritt er aber aus dem Zentrum heraus, sieht er nur mehr in die Richtung von einem Radius; genauso sieht auch der, der im Inneren gesammelt ist, alle Bewegungen seiner Kräfte – er sieht sie und kann sie lenken. Denn das Brennen des Geistes, Kraft und Sehvermögen ergeben den wahren Geist des Eifers, der sich aus ihnen zusammensetzt. Daher muss man sagen: bleib nur im Inneren, und du wirst im Eifer nicht erlahmen.

So bedeutsam ist also das Innere Verweilen! Das heißt, man muss sich Mühe geben, um es zu erreichen, denn es zeigt sich nicht plötzlich, sondern mit der Zeit und durch viel Suchen. Es muss auf den ersten Platz gestellt werden, weil es die Bedingung für das geistliche Leben ist. Seine Vervollkommnung hängt von der Vollkommenheit der drei es hervorbringenden seelischen und der drei körperlichen Tätigkeiten ab, das heißt also – von der Aufmerksamkeit des Verstandes mit der Wendung der Augen nach innen, von der Wachsamkeit des Willens mit der Anspannung des Körpers und von der Nüchternheit des Herzens mit dem Abschlagen des Genusses und der Ruhe des Fleisches. In vollem Lichte zeigt es sich dann, wenn die Reinheit des Verstandes von dem Gedanken erreicht ist, die Reinheit des Willens von den Wünschen, die Reinheit des Herzens von den Vorlieben und Leidenschaften. Aber auch bis zu dieser Zeit ist es trotzdem ein Inneres Verweilen, wenn auch ein unvollkommenes, unreifes, nicht ununterbrochenes.

Von daher ist offenkundig, welche Mittel es gibt zum andauernden Inneren Verweilen, oder besser gesagt, das Mittel ist nur eines: entferne alles, was die aufgezeigten drei Tätigkeiten in ihrer doppelten Zusammensetzung stören kann, oder alles, was die Seelenkräfte im Inneren mit den ihnen entsprechenden Körperfunktionen ablenken kann: Verstand und Gefühle, Wille und Muskel, Herz und Fleisch. Die Gefühle werden durch äußere Eindrücke zerstreut, der Verstand durch Gedanken, die Muskel erschlaffen durch die Lässigkeit der Glieder, der Wille durch Wunschvorstellungen, das Fleisch durch die Ruhe, das Herz durch Gefangenschaft oder Anhänglichkeit an irgend etwas. Folglich halte den Verstand ohne Herumdenken, die Gefühle ohne Zerstreuung, den Willen ohne Wünsche, die Muskel ohne Erschlaffung, das Herz ohne Gefangenschaft, das Fleisch ohne Befriedigung und Ruhe. So ist also die Bedingung und zugleich das Mittel zum Inneren Verweilen: in der Seele – der Kampf mit den Gedanken, Wünschen und Gefangenschaften des Herzens, im Körper – sein Zusammenbinden, nach ihnen aber – die Änderung der äußeren Ordnung. Wenn man das so beurteilt, sind alle folgenden Kämpfe, die auf die Abtötung des Egoismus ausgerichtet sein werden, auch zugleich Mittel zum Inneren Verweilen.

Das ist auch der Grund, warum in den Unterweisungen der heiligen Väter (Die Lehre über die Nüchternheit, die Beobachtung des Verstandes) das innerliche Leben immer in eine unzertrennliche Verbindung mit dem asketischen Kampf gebracht wird. Allerdings, die Sammlung ist nicht dasselbe wie der Kampf. Sie ist eine besondere geistliche Tätigkeit, die ganz am Anfang steht. Sie ist der Ort, wo alles Geistliche geschieht: der Kampf, die Lektüre, das Versenken in die Göttliche Weisheit, das Gebet. Was immer der in der Askese Kämpfende macht, er soll vor allem nach innen eintreten und von dort aus handeln.‹

Es gibt keinen Zweifel, dass es schwierig ist, mit dem Verstand in sich selbst zu verweilen und das Ungestüm seiner Seele in ihr selbst zu halten … Und kommt es vielleicht nicht überhaupt daher, dass es so wenige Menschen gibt, die dieses große Werk verstehen und suchen? Was aber auch immer sei, man kann es durch nichts austauschen, und von jedem wird eine ganz besondere Mühe gefordert, um dieses innere Tun in Gott zu besitzen, das darin besteht, die Kräfte seines Verstandes, Willens und seines Gefühles vor das Antlitz Gottes im Inneren seines Herzens zu halten.

Das ist das wahre Leben, das ganz unserem Geist angemessen ist und seinen unsterblichen Durst löscht. Es ist ein großer Fehler, wenn man diese Übung durch körperliche Arbeiten austauschen will. Natürlich geht es ohne sie nicht. Aber warum kann man sich nicht vorstellen, dass jedes irdische Werk durchdrungen und bedeckt werden kann mit einem Gebetsgeist – dem Element des Himmels. Das aber würde unbedingt geschehen, wenn während der Arbeit, so gut es halt jeder kann, andächtig das Jesusgebet gebetet würde, und wenn es nur mündlich ist, weil das bessere, das innerliche nicht möglich ist; und es würde das Wort weiser Menschen erfüllt: ›Bete und arbeite.‹

Es ist doch nichts Erstaunliches: üben wir uns in einer Sache, haben wir darin Wissen, Erfolg und Erfahrung. Unsere Kräfte entwickeln sich in den Werken, in denen wir sie üben. Es ist doch verständlich: bemühen wir uns nicht im Werk unserer inneren Bildung, das heißt kümmern wir uns nicht um die Bewahrung des Verstandes, Beobachtung des Herzens und um das immerwährende innere Gebet, so können wir auch nicht in uns diese hervorragenden Eigenschaften besitzen, da wir mit diesen Werken gar nicht vertraut sind.

Gehorsam, gepaart mit Gebet, ist der schnellste und kürzeste Weg zur Rettung. Aber höher als das Gebet gibt es nichts. Es ist die vornehmste Tugend. Der heilige Gregor von Sinai fürchtete sich nicht, das Gebet ›Gott‹ zu nennen; ohne Zweifel deshalb, weil es uns mit Gott eins macht, wie alle Schriften der heiligen Väter bezeugen. Ohne Gebet kann keine Tugend echt sein, denn alles, was allein von uns ist, ist nicht rein und ohne Sünde durch unsere seelische Beschaffenheit. Darüber spricht sehr schön Makarios der Große in der 21. Homilie, Kapitel 21.

So erweist auch der Gehorsam insbesondere dann seine rettende Kraft, wenn er durchdrungen ist mit dem Gebet zum Herrn Jesus Christus, *»Der gehorsam wurde bis zum Tode, ja bis zum Tod am Kreuz; daher hat Ihn Gott auch über die Maßen erhöht.«* (Phil 2,8). Durch das Gebet gebiert der Gehorsam unweigerlich Demut, die die Dämonen verbrennt und die Schatzkammer der Tugenden ist, und ohne die niemand gerettet werden kann. Der heilige Johannes Klimakos sagt, dass viele die Rettung bekommen haben ohne Erleuchtungen und Prophezeiungen, niemand aber ohne Demut in den Palast des Himmelsreiches eintritt. Dazu bemerkt die geistliche Weisheit: ›So hoch dort die Gewölbe sind, so eng sind die Tore.‹«

III. Der Abschied

29. Kapitel

Reise des Einsiedlers in das Innere der Kaukasischen Berge

»Einmal hatte ich den Wunsch, die tiefsten Plätze der Berge des Kaukasus zu betreten und dort einen völlig ruhigen Platz zu finden, ganz abgelegen, wo noch nie ein menschlicher Fuß hingekommen war – einen Platz, der ganz den Forderungen eines wahrhaft schweigsamen Lebens entsprechen würde. Es war mir bekannt, dass man einen solchen Platz in unserer hiesigen Gegend nicht finden kann, außer auf dem Bergrücken der Gebirgshöhe von Kartalin*, die ich einmal durchwandern musste, als wir aus dem Gouvernement Tschernomor* in das Gebiet von Kuban fortzogen, aus Gründen, die der Herr weiß und die zu erläutern vielleicht ungebührlich wäre, da man unweigerlich in die Sünde geriete, viele zu verurteilen. Es wird daher am besten sein, wenn wir das Wort der Heiligen Schrift erfüllen: *»Mein Mund verging sich nicht, trotz allem was die Menschen auch treiben«* (Ps 17,4). Nachdem ich alles für den Weg Nötige genommen hatte, ging ich los in dieses furchtbare, unbewohnte Land. Einige Tage ging ich auf dem Weg, der zu dieser Berghöhe hinführt; aber wie ich so auf ihm ging, wandte ich mich nach rechts und eine ungewöhnlich raue Gegend nahm mich in ihr Inneres auf. Sie erstaunte mich vor allem durch ihre völlige Menschenleere, so dass es hier nicht einmal eine Spur einer menschlichen Siedlung gab. Das Land war insgesamt unfreundlich. Die Vegetation war kärglich, der Wald vorwiegend Nadelwald, an manchen Stellen mit außergewöhnlich hohen und dicken Bäumen; Abgründe, Felsenklüfte, Schluchten.

Manchmal musste man mit einer unglaublichen Anstrengung über Felsen und steinerne Risse klettern, dann wieder mit der Gefahr, in einen Abgrund hinabzustürzen. Einige Tage verbrachte ich in diesem Land und bewunderte die Vielfalt der Gegenstände, die wunderbare Anordnung der Felsen, Felswände und Hügel. Die Gegend erstaunte durch ihre Weite und große Ausdehnung, und was man sehen konnte, war voll außerordentlicher Vielfalt.

Vor dem Eingang in eine große, furchterregende Kluft standen wie unermüdliche Wächter zwei hohe Felsspitzen, als ob sie mir mit ihrem drohenden Aussehen verwehren wollten, in dieses Tal der Tränen und des Todes einzutreten. Als ich in die Tiefe der Schlucht blickte, wurde ich von großer Furcht ergriffen: sie erinnerte mich an den Abgrund der Unterwelt, die doch keine Grenze kennt – nicht in der Länge, noch in der Breite; ich schützte mich mit dem Kreuzzeichen, und nachdem ich nach meiner Gewohnheit die allmächtige Fürsprache der Hochgebenedeiten Gottesmutter zu Hilfe gerufen hatte, begann ich hinunterzusteigen … es war steil und abschüssig; der Grund der Schlucht war der Entfernung wegen gar nicht zu sehen, man hörte nicht einmal den Lärm des Flusses, der in der Tiefe floss. Fast den ganzen Tag stieg ich hinunter, stützte mich mit den Händen am Boden ab, streckte die Beine nach vorn und bewegte mich am Rücken.

Ich sah viele Höhlen und Lager von wilden Tieren, hörte ihr Heulen, wenn sie, sobald sie einen Menschen bemerkten, aus Furcht davonliefen und sich kopfüber in die Klüfte und Abgründe der Berge hinunterstürzten.

Als ich das sah, wurde ich in meinem Herzen betrübt und sagte mir: ›Verflucht bin ich Mensch! Geschaffen als König und Herrscher, erscheine ich jetzt wie ein Feind der Schöpfung Gottes und ihr Quäler! Ich trage in mir das Bild Gottes und bin gleichsam ein Stellvertreter Gottes auf Erden, und wurde verwandelt zum Schrecken und Entsetzen der Schöpfung. O weh! Welche Perversion hat doch die Sünde dem Menschen gebracht!‹ Am Nachmittag war ich ganz am Grund der Schlucht angelangt und setzte mich auf einen Stein auf der rechten Seite des Flüsschens. Ich schaute umher und war umfangen vom Gefühl der Mutlosigkeit und Hoffnungslosigkeit, da der Platz völlig unbelebt war: kein kleiner Strauch, kein Gras, keine Blume. Graue Felsen, die finster über dem Fluss hingen, schauten mürrisch drein und umgaben mich mit tödlicher Kälte, die in meinen Gliedern eine Erstarrung hervorrief. Es schien mir, als befände ich mich in den äußersten Tiefen der Unterwelt, direkt im Schoß der Erde. Niemals fällt dorthin auch nur ein Sonnenstrahl, und daher gibt es auch kein Zeichen von irgendwelchem Leben. Keine Mücke, kein Käfer, kein Insekt – es herrscht nur der Tod.

Aber hier, in den Tiefen der Unterwelt, erinnerte ich mich, wie der göttliche David, an Gott und begann mich zu freuen. Es kam mir hier sein heiliges Lied in den Sinn: »*Wohin könnte ich fliehen vor Deinem Geist, wohin mich vor Deinem Angesicht flüchten? Bette ich mich in der Unterwelt, bist Du zugegen*« (Ps 139,7 f). Und ein anderes: »*Muss ich auch wandern in finsterer Schlucht, ich fürchte kein Unheil, denn Du bist bei mir*« (Ps 23,4). Und wie der Prophet Jona aus dem Bauch des Walfisches fing ich aus ganzem Herzen um Barmherzigkeit zu rufen an, dass der Herr mich aus diesem Bauch der Unterwelt wieder ans Licht führen möge, und mein Gebet war nicht vergeblich. Ich begann wieder Hoffnung auf Errettung zu schöpfen. Nachdem ich genug gegessen und mich ausgeruht hatte, schaute ich, nach welcher Seite besser zu gehen wäre. Es zeigte sich, dass man die Flussströmung entlanggehen musste. Ich ging los und sah eine passende Stelle, wo ich wieder auf die Höhe der Berge hinaufklettern konnte. Und als ich eine passende Talsenke sah, begann ich hinaufzusteigen. Gegen Abend gelangte ich an einen ziemlich hochgelegenen Ort und machte mich bereit, auf einer herrlichen kleinen Ebene zu übernachten, die von Grün und Blumen bedeckt war und neben einer Quelle mit rieselndem Wasser lag. Der Ort war ungewöhnlich schön und auch die Nacht war von hinreißender Schönheit: Tiefe Dunkelheit bedeckte das ganze Land und glich alle Unebenheiten – Berge, Hügel, Abgründe – einem gleichförmigen Zustand an; und was tagsüber aussah wie die wogende Oberfläche des Meeres, aufgewühlt von Schluchten, Hügeln, Klüften – all das schien jetzt, bedeckt von Finsternis, ein einziges Aussehen zu haben. Die Todesstille rundherum wurde gestört durch den klagenden Schrei des Trauervogels (der Eule), der, wie es besser nicht sein kann, mit der seelischen Stimmung des Einsiedlers übereinstimmt und zugleich mit ihm über den Verlust des großen Gutes weint. Sie folgt ohne Bewusstsein dem allgemeinen Gesetz der ganzen Schöpfung, die der Nichtigkeit unterworfen wurde und unfreiwillig klagt und weint in der Erwartung, bis sie befreit wird von der Knechtschaft der Verwesung zur Freiheit und Herrlichkeit der Kinder Gottes (Röm 8,20 f), jener aber grämt sich bewusst, weint und klagt über den Verlust der himmlischen Seligkeit, weil er, nachdem er das väterliche Erbe verschleudert hat, vom Erbe der Heiligen vertrieben wurde in ein fernes Land, ja sogar bis ins Tal der Klage. Er nährt sich mit den Schoten der Schweine und vom Staub der Erde und führt sein Leben außerhalb des Vaterhauses schlecht und armselig.

Meine Eindrücke und Empfindungen beim Anblick des Himmels bei dunkler Nacht inmitten der kaukasischen Gebirgsketten.

In meinem ganzen Leben hat mich nie etwas so in Erstaunen versetzt; keine Erscheinung in der Natur und kein sichtbares Ding erregte in mir so zahlreiche und tiefe Gedanken und nichts erhob das Drängen meines Herzens so zum Schöpfer der Natur wie der Blick auf den Himmel bei dunkler Nacht, wenn überall ungetrübte Stille herrscht und unzählige Sterne leuchten. Dieser Anblick ruft ein Gefühl der Grenzenlosigkeit hervor, wie es auch die sichtbaren Himmel vermitteln. Schaut der Mensch in die unzugängliche Ferne der Himmel, dann sieht er in den unermesslichen Höhen des Luftraums die Herrlichkeit Gottes dahinschreiten, still und erhaben, zugleich aber klar vernehmbar und hörbar werden die himmlisch-göttlichen Hymnen zum Ruhm und zur Ehre der Göttlichen und über alles schönen Herrlichkeit des Allmächtigen Gottes; vernehmbar aber nicht mit dem sinnenhaften Gehör, sondern mit dem Ohr des Herzens, dem die geistliche Welt zugänglich ist, wenn es, befreit von den Eindrücken dieser Welt, frei wird zur Aufnahme von Eindrücken der oberen Welt.

Man kann wahrhaftig sagen, dass diesem wunderbaren und übernatürlichen Schauspiel nichts in der ganzen sichtbaren Natur gleichkommt … Es scheint so, als ob hier, in den Himmeln, der Herr besonders deutlich die Herrlichkeit Seines Schaffens gezeigt hat, mehr als irgendwo anders in der ganzen Natur, wie sie sich bis zu den Grenzen der Erde zeigt.

Ja, es ist wahr, auch das Meer, das in seinen Tiefen ruht, beeindruckt durch die Mächtigkeit der in ihm verborgenen Kraft, durch seine unermessliche Ausdehnung und die Menge des Wasserelements. Aufgang und Untergang der Sonne – zur stillen Stunde des Morgens und des Abends – tragen ebenso die Seele in die über den Himmeln thronende Welt zur Sonne der Gerechtigkeit, die keinen

Abend kennt. Der siebenfarbene Regenbogen, vom Schöpfer in den Wolken gesetzt zum Zeichen, dass niemals mehr die Wasser die Erde überfluten sollen, hat trotz seiner Unbeständigkeit doch ein wunderschönes und bezauberndes Aussehen und erinnert an dieses furchtbar große Elend, dem die ursprüngliche Welt von Gott ihrer Sünden wegen unterworfen wurde. Auch der rauschende schattige Laubwald auf dem Berg, das im Wind wogende Korn auf dem Feld, ja die ganze Schöpfung Gottes zeigt uns, mit geistlichem Verstand geschaut, deutlich die Spuren Gottes, Seine unsichtbare Gegenwart, Seinen ewigen Ruhm und Seine unbegreifliche Vollkommenheit.

Aber all das ist nicht so berührend und eindringlich wie *»die Himmel, deren Botschaft hinausgeht in die ganze Welt und ihre Kunde bis zu den Enden der Erde«* (Ps 19,1-5). Der eine Stern hat gleichsam einen Vorrang vor den anderen und brennt mit einem vollen und reichlichen Licht; hell übertrifft er die anderen Himmelslichter mit seinem Leuchten; in einem anderen brennt ein schillerndes Licht gleich einem strömenden Fluss, wieder ein anderer zeigt sich in zitterndem Licht, als ob er sich ängstlich in sich selbst bewege. Viele Sterne sind wegen der Entfernung kaum zu sehen, sie sind nur ganz kleine helle Punkte. Wahrnehmbar ist nur, was sich von den hell leuchtenden Sternen in unermesslicher Höhe befindet. Aber sie alle, angezündet von der Hand des Allherrschers, verrichten freudig, eifrig und unaufhörlich ihren die ganze Nacht währenden Dienst zur Ehre und zum Ruhm der unerforschlichen Vollkommenheit Gottes. Ja, es ist unmöglich, man kann wirklich keine Worte finden, um genau diesen Eindruck und diese Gefühle wiederzugeben, von denen unsere Seele ergriffen wird beim Anblick dieses festlichen, großartigen und unvergleichlichen Schauspiels …

Vor allem bemerken wir, dass unsere ganze geistliche Natur von einem tiefen Gefühl der Ehrfurcht vor unserem Schöpfer erfasst wird, Dessen furchtbare Allmacht, grenzenlose Macht und unvergleichliche Herrlichkeit so deutlich in den himmlischen Höhen sichtbar wird. Dann wird unser Herz von Furcht ergriffen, wenn wir uns Gottes Erhabenheit und Seiner grenzenlosen Macht bewusst werden. Unser ganzer Stolz wird gedemütigt, wenn der Mensch beim Anblick der unbegreiflichen Göttlichen Allmacht, auch wenn er nicht wollte, unfreiwillig seine allseitige Armut, Bedürftigkeit und völlige Nichtigkeit erkennen muss.

Aber durch die Verwandtschaft unseres Geistes mit dem Göttlichen Geist fühlen wir uns dabei dorthin gezogen und spüren innerlich durch den geistlichen Instinkt des Herzens, dass dort unser ewiges Leben ist! Dort sind alle die heiligen Diener Gottes – unsere älteren Brüder in Christus. Dort ist der Thron des Allherrschers, umgeben von unzugänglicher Herrlichkeit, vor dem die Cherubim und Seraphim ihre Augen schließen und die 24 Ältesten ihre Kronen niederlegen und sprechen: *»Würdig bist Du, unser Herr und Gott, zu empfangen den Ruhm und die Ehre und die Macht; denn Du hast alles geschaffen«* (Offb 4,11). Dort legt die hochgebenedeite Herrin und Gottesgebärerin – die Mutter Christi, unseres Gottes – Fürsprache ein für unsere ewige Rettung bei Ihrem Sohn und unserem Gott. Dort singen die Engel mit unaufhörlicher Stimme: *»Heilig, Heilig, Heilig ist der Herr, der Gott Zebaoth, voll sind Himmel und Erde Deiner Herrlichkeit!«*

Dort ist die himmlische Welt und das ewige Leben, wo es keinen Kummer, keine Mühsal und keine Trauer gibt, von denen unser Erdenleben voll ist. Dort erfüllt das Licht des Göttlichen Antlitzes alle Himmelsbewohner mit Strömen himmlischer Freude; dort, an den Wassern der Ruhe, verweilen alle unsere Väter und Brüder, die fromm gelebt haben und im Glauben an Christus heimgegangen sind. Dort ist die Ruhe für alle, die sich in diesem Leben für die Wahrheit abgemüht haben! Und unser Geist wird mit seiner ganzen Kraft dorthin gezogen. *»Denn von Gott ist er ausgegangen und zu Ihm, Der ihn gegeben hat, will er zurückkehren* « (Koh 12,7).

Wir würden wohl gerne wissen: wie sind diese zahllos am Himmel leuchtenden Welten beschaffen? Gibt es dort Leben, oder sind sie in ihrem Wesen tot? Aber das ist vor uns Erdgeborenen verborgen. Wir vermuten nur, auch dort muss volles und natürlich besseres Leben sein als das unsere auf der Erde. Denn es heißt und wir glauben es, dass Gott der Schöpfer unzähliger Welten ist; und es ist bekannt, dass das Wort ›Welt‹ nicht nur eine tote Materie meint, sondern die Gesamtheit von Lebewesen, die mit verschiedenartigen Lebensvollzügen begabt sind – zur Ehre des allerhaltenden Gottes, der mit Weisheit alles erschaffen hat.

Außerdem kann man sich keinen vernünftigen Grund denken, wozu eine solche Menge toter Welten nötig wäre! Wenn alles zur Ehre Gottes geschaffen wurde, so steht doch geschrieben: *»Nicht die Toten loben Dich, den Herrn, sondern die Lebenden.«* Man kann nur nicht wissen, welche Art von Leben dort existiert, denn keinem der auf Erden Lebenden geruhte es Gott zu offenbaren.

Sind das vielleicht jene vielen Wohnungen im Hause des Himmlischen Vaters, von denen unser Retter in Seinem Heiligen Evangelium sprach? (Joh 14,2). Hier kommen uns die Worte des heiligen Apostels Paulus in den Sinn, der auf die Verschiedenheit der künftigen Seligkeit hinweist: *»Anders ist der Glanz der Sonne und anders der Glanz des Mondes und anders der Glanz der Sterne; denn Stern* *unterscheidet sich von Stern durch den Glanz; so ist es auch mit der Auferstehung der Toten«* (1 Kor 15,41).

Ja, der Betrachter auf der Erde wird mit Angst und Schrecken erfüllt, wenn er die Göttliche Erhabenheit sieht, die sich am Himmel zeigt; er wirft sich in den Staub vor den unbegreiflichen Vollkommenheiten Gottes und hält sich für Erde und Staub. Es ist wahr, man möchte irgendwie teilnehmen an den schweigenden Hymnen des Göttlichen Gesanges, mit seinem sündigen Wesen sich in die Mitte der hell strahlenden Sänger zur Ehre Gottes stellen. Aber ach! Wie klein und unfähig bist du doch dazu, ein Wurm vor der allgewaltigen und furchtbaren Allmacht Gottes!

Als ich morgens erwacht war, blieb ich hier noch geraume Zeit, erfüllt von ungewöhnlich heiligen Gefühlen durch dieses prächtige Schauspiel, da ich mit dem Ohr des Herzens die geheimnisvolle Botschaft gehört hatte, *»die eine Nacht der anderen kundtut«* (Ps 19,3). Dann begann ich die Bergeshöhe hinaufzusteigen, die sich hoch über meinem Kopf wie auf gleicher Höhe mit den Wolken zeigte. Lange kämpfte ich und war von der großen Mühe des Aufstiegs ganz erschöpft: jeder Schritt war spürbar und rief im ganzen Körper eine Erschütterung hervor, wie alle wissen, die sich einer solchen Übung unterziehen. Aber schließlich erreichte ich die Höhe der Felsspitze und sah mich von neuem über die ganze Erde erhoben. Als ich das herrliche ebene Plätzchen der Spitze abschritt, fand ich eine Wasserquelle, die unter einem Stein wie eine Wasserfontäne hervorsprudelte, ein kleines Stück weiter floss und dann in den Abgrund hinunterstürzte. Als ich noch etwas weiterging, wurde ich plötzlich mit Furcht und Schrecken erfüllt … und all meine Knochen erzitterten von dem ungewöhnlichen Anblick … Mit Erstaunen erblickte ich das bloßgelegte Skelett eines Toten, das wohlgeordnet im Schatten einer gewaltigen Fichte lag. Als ich das erblickte, fiel ich auf die Knie und richtete ein inbrünstiges Gebet an den Herrn Jesus Christus für die Ruhe des entschlafenen Knechtes Gottes, dessen Namen Er allein kennt; und nicht nur den Namen, auch sein ganzes Werk, sein Ziel und seine Absicht, und warum hier sein zeitliches Leben ein Ende fand. Als ich das Gebet beendet hatte, wandte ich mich dem liegenden Toten zu. Natürlich, dachte ich mir, das ist niemand anderer als einer der Einsiedler, der getrieben von Liebe zu unserem Herrn Jesus Christus diesen einsamsten, völlig weltferner Ort ausgesucht hatte. Und hier war er völlig frei von allen Angelegenheiten der Welt, von allen Sorgen und gewöhnlichen Nichtigkeiten dieser Weltzeit, und in Ruhe übergab er seinen Geist dem Herrn Jesus Christus, um Dessen Liebe willen er in dieses raue Land kam. ›Selig bist du, mein Bruder‹, sagte ich zu ihm in meinem Herzen, ›ehrenvoll ist dein Ende und dein Los ist bei den Heiligen; glücklich bist du aus dieser nichtigen Welt gegangen und hast dir die selige Ruhe erworben und die ungetrübte Stille auf der Bergeshöhe. In Wahrheit selig ist der Weg, den du gegangen bist, mein Bruder, denn du hast dir den Ort der Ruhe bereitet. Möge deine Ruhe in Frieden sein! Schlafe bis zum freudigen Morgen der allgemeinen Auferstehung!‹

Als ich am Morgen das Grab ausgehoben hatte, begrub ich die Knochen des Verstorbenen und sang danach, so gut es mir möglich war, den Grabgesang.

Auf diesem einsamen, erhabenen Hügel lebte ich zwei Wochen, erfreute mich völligen Schweigens, des Gebetes und der Schau der Göttlichen Herrlichkeit, wie sie sich in der Natur zeigt; ist sie doch in Wahrheit der Spiegel der Göttlichen Allmacht und eine gewaltige Stimme, die unaufhörlich die unendlichen Vollkommenheiten Gottes besingt. Natürlich müssen wir uns unsererseits bemühen, das innere Ohr des Herzens zu öffnen, das die erhabene Harmonie der Göttlichen Weltschöpfung vernehmen kann.«

30. Kapitel

Eine Darstellung der Lufterscheinungen. Über das Schweigen. Ein Wort des hl. Gregors des Theologen über den schnellen Lauf des Erdenlebens

»Als ich mich gleichsam direkt im Herzen der kaukasischen Berge befand – in der innersten, tiefsten Einöde, wo jegliche Nichtigkeit dieser Welt fehlt und die Natur in ihrem vollen natürlichen Zustand herrscht und ihre Kraft in den wunderbaren Erscheinungen der Atmosphäre zeigt, soweit sie eben der Erdenpilger sehen kann, der in diesen geheimnisvollen Schoß, völlig verborgen den Menschen dieses Äons, eingetreten ist – da erblickte ich mit den Augen des Körpers das Große und Wunderbare in der Natur, aber mehr noch mit den inneren Augen des Herzens die so künstlerische Weisheit Gottes, und von der Schau der Schöpfung gelangte ich zur Erkenntnis des Schöpfers.

Man kann das nicht genau wiedergeben, denn wer es nicht gesehen hat, kann sich nicht vorstellen, welch wunderbare, nicht darstellbare, herrliche Bilder sich augenblicklich zwischen den Bergeshöhen in der Luft zusammensetzen, in den Schluchten und in der Weite des Himmels. Oft umarmen sich die Wolken gleichsam, sie küssen die Berggipfel und man kann sie schwer voneinander unterscheiden – so eng drängen sie sich aneinander. Da eilen Wolken dahin wie Kampfwagen, und mit ihrem Aussehen erschrecken sie den

Betrachter von der Erde, der schüchtern diesen außergewöhnlichen Anblick anschaut; andere Wolken eilen mit einem schnellen Drängen dahin wie Krieger zu einem grausamen Kampf mit dem Feind; vor ihnen aber eilt eine Wolke einer Feuersäule gleich und weist ihnen den Weg. Andere Wolken schreiten bei weitem langsamer daher, gleichsam in festlicher Prozession; ihr Aussehen aber, ihre Umrisse und Formen sind sonderbar und eigenartig. Sie gleichen majestätischen Tempeln und Kirchen. Diese wieder möchten sich gegen Westen hinter den Höhen der Gebirgsketten verbergen. Doch jetzt wird der Himmel über den Bergen von einem anderen Bild erfüllt: Wolken nehmen den Blick auf die Berge, Schluchten, Felsen und Abgründe und fliegen mit unglaublicher Schnelligkeit dahin, vom Sturm über die Berggipfel getrieben, und mit ihrem dunklen, finsteren Aussehen drohen sie die ganze Erde zu erschüttern und unter Wasser zu setzen; vor ihnen aber geht ernst und wichtig eine hell strahlende Wolke wie ein Cherubim, umgürtet mit einem goldenen Gürtel in Kreuzesform, mit einem goldenen Schwert, und sie alle werden irgendwohin getragen in die Ferne auf dem ihnen vorbestimmten Weg und setzen den Betrachter durch ihre beispiellose Schönheit in Erstaunen.

Ich blickte auf die rechte Seite gegen Osten hin – und war von neuem überrascht von einem schrecklichen, ungewöhnlichen Schauspiel: die Wolken schienen gleichsam den Blick auf den Göttlichen Thron zu verstellen und er war umgeben, so schien mir, von unzähligen Heeren, ich hörte gleichsam den harmonischen Gesang und ein glänzendes Licht ging von dort aus … Doch plötzlich erdröhnte ein Donner, Regen strömte und ein Blitz zuckte auf … in Angst und Schrecken fiel ich auf die Knie und begann den Herrn zu bitten, dass der Göttliche Zorn an mir vorübergehe. In meiner Nähe stand ein großer Felsen und ich versuchte mich unter ihm zu bergen, um mich vor dem schrecklichen Schauspiel zu verstecken, aber es gelang mir nicht, der Felsen ließ mich nicht heran.

Es verging ein wenig Zeit und von neuem blickte ich dorthin, wo vorher der Göttliche Thron sichtbar gewesen war; aber schon war er nicht mehr zu sehen, dafür zeigten sich dunkle Wolken an jenem Ort, gebeugt bis zur Erde – und sie weinten und vergossen ihre Regentropfen über unsere Sünden. Ich erinnerte mich an meine großen Sünden und meine ganze Unwürdigkeit, erschrak bis ins Herz hinein und wollte bis in den Schoß der Erde versinken vor dem schrecklichen Anblick der Göttlichen Allmacht, die sich in der Natur zeigte. Aber es gibt keinen Platz, um sich vor dem Blick des allmächtigen Herrn zu verbergen! Sagt Er doch selbst: »*Kann sich einer so heimlich verbergen, dass Ich ihn nicht sehe? Erfülle Ich nicht den Himmel und die Erde?*« (Jer 23,24).

Und siehe, nach geringer Zeit hörten die Lufterscheinungen auf; der ganze Himmel war von Wolken rein und zwischen den Gebirgsschluchten zeigte sich von Westen her die untergehende Sonne, die mit ihren Strahlen die unter ihr liegenden Waldwiesen beschien. Von der Höhe meiner Felsenspitze bemerkte ich eine Menge von Wölfen – alten und jungen, die mit verschiedenen Stimmen heulten.

Als ich das sah, wurde ich ergriffen und spürte ein großes Mitleid mit ihnen. Natürlich, dachte ich, erbitten sich auch diese wilden Tiere vom Schöpfer Nahrung. Wie steht doch geschrieben in den Psalmen des göttlichen David: »*Sie alle warten auf Dich, dass Du ihnen Speise gibst zur rechten Zeit … Öffnest Du Deine Hand, werden sie satt an Gutem*« (Ps 104,27 f).

Am nächsten Tag, als zur bestimmten Stunde wie gewöhnlich die Bewegung der Luft in den Bergen begann, stand ich wieder an meinem Platz neben dem großen Felsen und schaute umher.

Da verhüllte eine ungeheure Wolke die ganze Sichtweite. Sie machte Berge, Bergspitzen, Abgründe, Ebenen, alles eben – und ihr Aussehen war wie das Aussehen eines uferlosen Meeres. Aber nach kurzer Zeit zeigten sich über ihr viele andere Wolken. Sie ziehen still und sind mit überaus vielen Farben geschmückt, mit Blau, Rot, Dunkel; in ihrer Mitte wird eine Wolke einem Kreuz ähnlich sichtbar und andere Wolken befinden sich um dieses Kreuz, gleich den himmlischen Chören der Engel; sie alle ziehen majestätisch, feierlich und schweigend irgendwohin in die Ferne, auf dem ihnen von oben gewiesenen Weg …

Doch nun ist dieses Bild zu Ende – nun zeigte sich eine Wolke dem Berg Zion ähnlich, *»rings von Bergen umgeben«* (Ps 125,3): und eine andere Wolke, einem Kranz ähnlich, wurde sichtbar, mit dem der Berggipfel geschmückt wurde; haben sie ihren Gottesdienst erfüllt, werden sie geschwind davongetragen und eilen fort, auf einen Wink der Göttlichen Hand hin.

Dann erblickte ich in dem unermesslichen Luftraum eine Unzahl von Wolken, die in kleinen Gruppen über verschiedene Orte verstreut waren. Sie waren wie Herden von Schafen und Ziegen, die sich auf fetten Weideplätzen ausruhten; da blies ein Wind und sie kamen in Bewegung; sie fingen zu gehen an, regten sich, bewegten sich nach vom und hinten und gingen übereinander wie Meereswellen. Danach zeigte sich von Osten eine lichte Wolke von unbeschreiblicher Schönheit; sie zog still dahin und bedeckte allmählich das Gebirge wie ein Meer in seiner Unermesslichkeit. Ober ihr wurde eine Wolke in der Form eines Schiffes sichtbar; und dieses Schiff schwimmt auf dem grenzenlosen Meer dahin, und das Abendlicht erhellt es mit goldenem Leuchten; es schwimmt auf diesem dunkelblauen Ozean und niemand weiß wohin, es wird von unsichtbarer Hand gesteuert und eilt zu seinem Ziel.

Da fliegen plötzlich von den Bergeshöhen mit einer schnellen Bewegung Adler davon ... sie eilen auf ihren mächtigen Schwingen dahin, sie freuen sich und sind fröhlich, sie überschlagen sich und baden in den Wogen der Luft wie Delfine im Meer; in ihrem Ungestüm kennen sie keinen Platz und rufen einander mit freudiger Stimme zu zur Ehre des Allmächtigen Gottes, der alles in Weisheit erschaffen hat.

Andere Wolken hängen zusammen und ziehen in Menge dahin, sie gleichen einem weißen Meer ohne Ende und bedecken alle Berge des Kaukasus. Festlich, still und majestätisch ziehen sie vorüber, voll tiefer und Göttlicher Gedanken, in der Form von Hügeln mit kleinen Tälern in der Farbe von blauem Marmor. Hinter ihnen schritt eine lichte Wolke, einem Hierarchen gleich, angetan mit einem goldenen Ornat, und sie ging ruhig, langsam, bald stieg sie empor, bald kam sie herunter, mit gebeugtem Haupt und ausgebreiteten Gewändern; von Abendlicht beschienen schreitet sie schweigend dem Untergang der Sonne entgegen zu ihrer Ruhestätte, die Gott ihr zugewiesen hat.

Als ich das alles staunend betrachtete, geriet ich in einen Zustand geistlichen Entzückens, in Furcht und Verehrung gegenüber dem Vater der Natur und dem allmächtigen Schöpfer von allem; ich erinnerte mich an mein sündiges Leben und bedauerte außerordentlich, dass ich in meinem Leben nicht zu dem Ziel hingestrebt hatte, das Gott dem Menschen auf der Erde gewiesen hat; als ich in Leidenschaften schlecht lebte, war ich unfähig, in die Geheimnisse der Göttlichen Weltschöpfung einzudringen, die Göttlichen Kräfte in ihr zu erblicken, von dort aber zu einer ganz reinen und flammenden Liebe zu unserem Schöpfer emporzusteigen. Bei diesem Schauspiel, das alle meine seelischen Empfindungen berührte, konnte ich nicht länger meine gewöhnliche Haltung bewahren, ich wurde ganz kraftlos, war an allen Gliedern geschwächt, fiel auf die Erde und lag lange Zeit wie tot da.

Plötzlich begann wieder ein starker Sturm zu heulen, in einem plötzlichen Regenguss dröhnte ein Donner, zuckte ein Blitz – ich erhob mich in Furcht und sah, dass die Wolken wie in einen Aufruhr kamen; sie begannen sich von einer Seite auf die andere zu werfen, sie stritten miteinander in erbittertem Kampf; bald aber blieb jede an ihrem Platz, sie waren in Reihen aufgestellt wie ein Regiment einem anderen gegenüber, um den Kampf zu beginnen, sobald die Trompete des Obersten ertönt. So sind auch diese Wolken bereit, den Kampf gegen die Erde zu beginnen, wenn sie die Stimme Ihres Schöpfers hören, und das sündige Menschengeschlecht unter Wasser zu setzen, denn übervoll ist das Maß der Sünde *»und das Trachten des menschlichen Herzens ist böse von Jugend an«* (Gen 8,21). Der starke Donner erging über alle Berge, Abgründe und Täler: Berge und Höhlen verwandelten sich in ein ungeordnetes Echo, das sich nach allen Seiten ergoss und einem Weinen ähnlich war – das ganze Land stöhnte wie eine Mutter auf, die von tödlichen Pfeilen getroffen wird. Ich beugte mich über den Stein vor Furcht und erwartete das Ende. Als ich mich nach einer Weile erhob, sah ich, dass die Wolken in einer Reihe mit den Bergen und den Felsspitzen standen; andere waren heruntergestiegen und waren auf gleicher Höhe mit dem dunklen Wald, sie zogen sich wie eine Kette von Westen nach Osten in einem traurigen und wehmütigen Anblick, als weinten und klagten sie über die unermesslichen Sünden des Menschengeschlechtes. Ich selbst wurde im Geiste ganz ergriffen und begann zum Herrn für das ganze Menschengeschlecht und für mich zu beten, dass Er Seine Barmherzigkeit über uns walten lassen wolle, wo wir doch von Jugend an durch jegliche Sünden schuldig geworden sind. Das Böse sitzt in uns wie eine angeborene Kraft der Natur und wir können es mit unserer ganzen Anstrengung nicht besiegen, wenn nicht der Herr Selbst mit Seinem allmächtigen Willen und Seiner Kraft uns von unseren Sünden reinigt.

Das Gebet erleichterte mich, es wurde mir froh ums Herz und ich blickte wieder fröhlich um mich nach allen Seiten. Alles war feierlich, still und schweigend. Die Natur achtete in Schweigen, in Stille und völliger Ungestörtheit auf die furchtbare Gegenwart des Allmächtigen Gottes und wagte die Stille auch nicht durch das kleinste Rascheln eines Blättchens zu stören. Ich selbst trat in die Tiefen des Geistes ein, betrachtete im Geheimnis das Sein Gottes, kommunizierte in diesen seligen Minuten mit dem höheren Leben und verkostete die Freude der Rettung, wenn auch freilich nur als Vorgeschmack. Niemand war in der Nähe, allein die Natur umfing mich mit süßen Umarmungen, voll der geistlichen Welt und tiefer Empfindung. Wie ein Kind an der Mutterbrust trank ich aus ihren Tiefen die lebendigen Ströme des wahren Lebens, das mit der lebendigen Empfindung der Gottheit verbunden ist; unsere Seele sucht sie immer als das einzige wahre Gut, in dem allein ihr ewiges Leben und die Seligkeit liegen. Diesen erhabenen Zustand der Seele kann man aber nicht inmitten der Welt finden, die eingetaucht ist in Nichtigkeit und irdische Sorgen. Das gehört zu einem Leben, das von allem Irdischen getrennt ist.

Ich stand so auf einer hohen Felsspitze, höher als alle Berge und sah zwischen Felsen im Westen das in hiesiger Gegend berühmte Tal Eleofan*, von dem drei Flüsse ausgehen: Dumbaj, Amanous und Olebek; dahinter war eine Felsspitze sichtbar, der Berg Bjeloalak. Er erhebt sein Haupt über alle Gebirgsketten und Berge und reicht bis an die Wolken.

Da steht er nun schon viele tausend Jahre und denkt immer nur ein und denselben Gedanken – einen mächtigen und großen Gedanken: »Über die Göttlichen Gerichte.« Wozu leben die Menschen auf dieser Welt und warum ehren sie den Herrn so schlecht; sie haben sich in diese nichtige Welt verliebt und in ihre verführerischen Güter und haben dabei völlig ihr ewiges Leben vergessen, das Gott ihnen versprochen hat.

Ich aber, sagt er, ich bin nicht durch die Herrlichkeit des Göttlichen Bildes geehrt worden und besitze nicht so hohe Gaben Freiheit und Vernunft – aber ich verrichte unaufhörlich meinen Dienst für Gott, Tag und Nacht, und das nicht nur eintausend Jahre; unermüdlich stehe ich auf meiner Wache, für die mich Gott bestimmt hat.

Er hat das Aussehen eines großen und mutigen Obersten; ein Bein setzt er nach vor und steht unbeweglich mit ernster, strenger Miene schon viele Jahrtausende; das Haupt hat er nach Osten geneigt, schweigend bringt er dem Himmlischen Schöpfer sein Lob dar und sendet das neue Lied zur einigen und ungeteilten Dreifaltigkeit empor.

Es soll nicht anstößig sein, wenn ich hier etwas aus meiner eigenen Erfahrung erzähle.

Wenn das Schweigen für unseren Geist ein unumgängliches Element darstellt, indem er sein inneres Leben besitzt, seine Bewegung und Entwicklung, dann kann man es in seiner ganzen Unverletztheit, Fülle und Unerklärlichkeit in den Bergen des Kaukasus treffen, inmitten der jungfräulichen Natur, wo es nichts gibt, was von Gott ablenkt, wo im Gegenteil alles auf Ihn einstimmt und zu Ihm hinzieht. Und so sagen wir aus der Begeisterung unseres flammenden Herzens heraus, was wir selbst erfahren haben: O Berge, Berge des Kaukasus! In welches Erstaunen versetzt ihr den Betrachter mit eurem wunderbaren, festlichen Anblick! Mit der Majestät eurer Lage, eurer Weite, eurer Gemessenheit und Schönheit! Man kann euch nicht schriftlich darstellen, dieses großartige Schauspiel der Hände Gottes; man kann die Schönheit der Berghügel nicht zeichnen, die Gedanken und Gefühle nicht wiedergeben, die ihr hervorruft. Bei eurem Anblick streben unwillkürlich die Gedanken zum Himmel; im Herzen spürt man die starke Bewegung der obersten Gefühle, und der Bewohner der Einöde tritt bequem in das Gebiet des geistlichen Lebens ein. Diese Berge sind wie Throne Gottes, auf denen der allerhöchste Herr ruht. Und es ist bekannt, dass alles Verwandte zu dem ihm Ähnlichen strebt; so wird auch unser Geist, *»der in die Berge geflohen ist wie ein Vogel«* (Ps 11,1), bequem von der Höhe der Berge zum Himmel emporgehoben, zum Thron des Allherrschers.

Gerade hier, so kann man sagen, ist die Schule der Göttlichen Weisheit: alles, was hier zu sehen ist, befindet sich in seinem natürlichen, unverdorbenen Zustand. Irgendwie ist die Gegenwart Gottes deutlicher zu spüren, man empfindet tiefer die ganze Nichtigkeit dieser Welt, die im Bösen liegt; vernehmbar tritt in der Seele die tiefste Forderung unserer geistlichen Natur hervor – die Vereinigung mit dem Schöpfer. Die Seele strebt von sich aus zu Gott, und das Herzensgebet zum Herrn Jesus Christus tritt in seine gesetzmäßigen

Grenzen und ergießt sich wie ein Meer in seiner Grenzenlosigkeit. Erst hier wird klar, warum die heiligen Väter, die großen Weisen und die Menschen mit tiefem Verstand immer die Einsamkeit gesucht haben, erst hier konnten sie den Aufschwung der Seele und die tiefe Betrachtung ihrer großen Gedankengänge finden.

Hier drangen sie auch in die Geheimnisse der Göttlichen Schöpfung ein, spürten mit dem Herzen die unsichtbare Welt, die für sie wie sichtbar vor ihren Augen als Wirklichkeit stand; die Augen des Geistes wurden ihnen aufgetan – und sie traten in die unmittelbare Gemeinschaft mit der geistigen Welt ein. Jede Gott liebende Seele muss daher unbedingt das Schweigen lieben: denn es ist die Mit-Gegenwart der Gottheit. Daher kamen von selbst die erleuchteten Worte des Bischofs Gregor des Theologen (von Nazianz) in den Sinn und wurden verständlich, als er, bedrückt vom Leben im stark bevölkerten Konstantinopel, wo er den Sitz des Patriarchen innehatte, unbedingt wie ein Vogel aus der Stadt wegfliegen wollte an einsame Plätze. Seinen flammenden Wunsch drückt er in den unsterblichen Worten aus:

›Warum bin ich keine Taube und habe keine Flügel, damit ich irgendwohin fortfliegen könnte von den Übeln dieses unbeständigen Lebens? In einer einsamen Höhle würde ich mich alleine ansiedeln und den Rest meiner Tage mit den wilden Tieren verbringen – mit ihnen kann man sich noch eher vertragen als mit den Menschen: dort würde mein Leben in Frieden vorüberfließen, in Ruhe von allen Sorgen und jedem Kummer. Oder ich würde, da ich doch die stumme Kreatur an Verstand übertreffe, der die Gottheit erkennen kann und vom Erdenstaub in den Himmel erhoben wird – ich würde in schweigender Einsamkeit die Strahlen des ewigen Lichtes zu sammeln beginnen und beseelt von der Liebe zum Nächsten einen erhöhten Platz besteigen und diese Worte allen Erdbewohnern zu Gehör bringen:

Sterbliche, geboren aus Fleisch und Blut! Wenn ihr nichts anderes seid als Staub, der vom Wind aufgewirbelt wird, als ein Opfer, das zum Tod bestimmt ist, warum irrt dann euer Geist so sehr auf dieser Erde herum und jagt den Trugbildern des vergänglichen Glücks nach? Schaut auf all das, was euch umgibt, zusammen mit mir, der ich durch Gottes Gnade in diesem Leben schon viel Gutes und Schlechtes erfahren habe, und ihr werdet zustimmen, dass alles in dieser Welt Nichtigkeit und Gram des Geistes ist.

Der eine wird seiner riesenhaften Kraft und Größe wegen gerühmt. Mit seiner Stattlichkeit bringt er alle Nachbarn zum Staunen; ein anderer wird seiner bestechenden Schönheit wegen gepriesen, und auf ihn richten sich wie auf den blühenden Lenz alle Blicke und Herzen.

Der eine stand an Männlichkeit und Tapferkeit dem schrecklichen Ares nicht nach; der andere war weit und breit bekannt auf dem Turnierplatz; der dritte erwarb sich Ruhm, weil er ein geschickter Jäger war und die Tiere mit dem spitzen Erz traf; der vierte saß am mit Speise und Trank überladenen Tisch; zur Befriedigung seines launenhaften Magens brachten Luft, Erde und Meer reiche Gaben. Und was ist jetzt? Mit Eintreten des Alters ist all das wie ein Traum verflogen: die Kräfte des Körpers wurden schwach, das Gesicht wurde von tiefen Falten entstellt; kein Vergnügen schmeichelt mehr den Sinnen; auch der hinfällige Körper, der mit einem Fuß schon im Grab steht, neigt sein Haupt unter die Axt des Todes. In ähnlicher Weise ist einer stolz auf die Kenntnisse in vielen Wissenschaften; ein anderer ist stolz auf die Berühmtheit seines Geschlechtes oder auf die Würde, die er sich durch eigene Verdienste errungen hat. Dieser nimmt den ersten Platz in der Volksversammlung ein – und ein Wort von ihm ist für alle anderen Gesetz; jener ist der Habsucht ausgeliefert, häuft Schätze an und sorgt sich andauernd um ihre Vermehrung. Einer bekleidet mit Vorteil das Amt des Richters und löst Streitfalle nach eigenem Gutdünken; ein anderer, in Purpur gekleidet, schreibt mit erhobener Stirn dem ganzen Erdkreis Gesetze vor und schaut mit Verachtung auf die unerreichbaren Höhen des Himmels. Die Armen! Vergeblich lassen sie soweit ihre Hoffnung reichen und glauben, dass ihr Ruhm unsterblich ist! Er besteht nur in der Zeit, solange wir leben; dann aber, wenn wir zum Staub zurückgekehrt sind, werden wir alle miteinander gleich sein: die Untertanen mit den Herrschern, die Bettler mit den Besitzern unzählbarer Schätze. Uns alle wird das eine Dunkel bedecken, das eine Grab einschließen; und wenn der Tod der Mächtigen der Erde irgendeinen Vorzug hat vor dem für alle anderen üblichen Tod, dann vielleicht den, dass ihr Begräbnis unter hiesigen Riten vollzogen wird, dass über ihrem Staub ein großartiges Denkmal errichtet wird und dass ihre Namen in Marmor geschlagen bleiben …

Ach, ob früh oder spät, alle haben das gleiche Los; jeder hinterlässt nach der unausweichlichen Bestimmung der Natur im Sarg seine vermodernden Knochen und den gestaltlosen, von Würmern zerfressenen Schädel. In dieser dunklen Wohnstatt gibt es keinen Stolz mehr, und unglückliche Armut stöhnt nicht mehr unter der Last von Mühe und Not; dort gibt es keine widerliche Verleumdung mehr, keine blutgierige Rache, keinen gemeinen Betrug, keine unersättliche Habgier.

All das begräbt der Tod mit uns in der Erde und bewahrt es in ihr bis zu jenem großen Tag, an dem wir, erstanden aus den Gräbern, vor dem Gericht Gottes mit unseren Werken stehen werden. Ich habe einen weiten Lebensweg zurückgelegt und stehe nun im Vorraum des Grabes.

Liebt nicht diese Welt, nicht das, was in der Welt ist; entflieht den Netzen, die euch vom uralten Feind und Verderber unseres Geschlechts gelegt wurden. Richtet alle eure Wünsche zum Himmel – zum ewigen Reich – dorthin, wo die reinsten Geister den unaussprechlich lichten Thron des Dreieinigen Gottes umgeben. Mögen jene, die Gott nicht kennen, sich wenden wie eine rollende Kugel und sich einmal diesen, dann jenen Gegenständen zuwenden und hinter verderblichen Vergnügungen herlaufen. Aber mögen sie auch, da sie die Augen mit Dunkel bedeckt haben, mit schüchternem Fuß die Wege suchen und durch Herumtappen die Wände berühren und die Türen, die unser Feind geöffnet hat, um die Unglücklichen an seine Ketten zu legen.‹

Ich wäre von dem Felsenhügel bis zu meinem Tod nicht fortgegangen; da ich aber keine Nahrung hatte, war ich gezwungen, wenn auch unwillig, diesen geistlichen Lehrstuhl der himmlischen Weisheit zu verlassen. So wanderte ich hier zwischen den Bergen und Abgründen, den Felsspalten, durch das Gehölz und über die Bergesstufen, durch kaum begehbare Felsrisse und verbrachte so nicht wenig Zeit; manchmal musste ich auf einer Bergeshöhe übernachten; rundherum waren ebene Plätze und nachts hörte man die Anwesenheit vieler wilder Tiere, die wie Herden weideten – jede an ihrem Platz und gesondert von den anderen. Sie erstaunten durch ihre große Anzahl. Und ist es nicht erstaunlich, welch ungeheure Menge an Tieren sich in den Bergen verbirgt, ernährt wird, sich vermehrt und lebt. Niemand weiß von ihr, vielleicht gerät einmal ein Jäger hierher, aber was er auch gesehen hat, er kann es doch nicht davontragen.«

31. Kapitel

Der Anblick der Berge im Herbst in den einsamen Schluchten des Kaukasus nach den Worten des Einsiedlers

»Als ich in den fernen und menschenleeren Bergen lebte und nach Möglichkeit auf meinen inneren Zustand zum Heil der Seele achtgab, überfiel mich manchmal eine Trostlosigkeit, die nach der Erkenntnis der heiligen Väter und der Erfahrung jedes Einsiedlers der Tod der Seele ist; es ist ein Zustand unerträglicher Mattigkeit, Langeweile und Verzweiflung. Der Mensch versinkt dann bis auf den Grund des Hades und kann durch nichts auch nur ein wenig Ruhe finden, so dass nach den Worten der heiligen Väter die Menschen daran sterben würden, wenn nicht der Herr diesen unerträglichen Zustand bald beenden würde.

Während dieser trostlosen Zeit stieg ich einmal zu einer stillen Abendstunde von dem hohen Felsen hinab, auf dem sich die Zelle von mir und dem Novizen befand: etwas tiefer, auf einem abschüssigen Hang zum Fluss Kunatschkir, setzte ich mich an einem schönen kleinen Plätzchen nieder. Eine angenehme Kühle vom Gras und vom Wald umgab mich und von allen Seiten wehte es Freude und Ruhe.

Ich schaute den Fluss entlang, hinauf und hinunter: ein unbeschreibliches Bild der künstlerischen Weisheit Gottes!

Der strenge und unfreundliche Herbst hat schon seine todbringende Hand auf die Natur gelegt. Die Blätter auf den Bäumen haben schon ihre natürliche Farbe verloren und sind mit Farben aller möglichen Schattierungen gefärbt worden, die in ihrer Vielfalt ein so herrliches und berührendes Bild ergeben, dass man den Gedankenbewegungen Schweigen gebietet. Das Herz ist erfüllt von lebendigsten Gefühlen der Liebe und Ehrfurcht zu dem großen Künstler und Lenker der Welt, der so offenkundig und anschaulich überall wunderbare Spuren Seiner Schöpferkraft hinterlässt, Seiner Weisheit, Güte und unerschöpflichen Vorsehung, dass der Mensch wirklich bei deren Schau zur Erkenntnis seines Schöpfers und des Vaters der Natur gelangt.

Da stehen am nächsten bewaldeten Abhang über die ganze Weite hinweg Laubbäume in herrlicher Vielfalt; nach dem Frost haben sie den Berg in ein bezauberndes Bild der Malkunst verwandelt, die dem Pinsel eines irdischen Künstlers unzugänglich ist, denn es ist das Werk der Hände Gottes.

Daneben liegt ein Bergkessel, der durch die strahlenden Farben aller möglichen Blumen noch mehr in Erstaunen versetzt. Etwas weiter gibt es einen gewaltigen Bergabhang, der von der Bergspitze bis zum Fluss in regelmäßigen Stufen hinunterführt, und seine ganze Ausdehnung entlang, auf allen Seiten, kann man eine außerordentliche Mischung von leuchtenden Farben sehen. Jeder Baum hat, getroffen vom Frost, sein gewöhnlich grünes Laub in die Farbe verändert, die seiner Natur eigen ist ... Und wohin man auch schaut, nach oben, nach unten, nach allen Seiten: alle Hänge glänzen in luxuriösem Blumenschmuck von unbeschreiblicher Schönheit. Der strenge und todbringende Herbst ist augenscheinlich mit dem rotwangigen Frühling, der in seiner Vegetationskraft unerschöpflich ist, zum Wettkampf angetreten.

Wie der herrliche Frühling, reich an blühender Schönheit, das Antlitz der Erde ästhetisch mit elegantem Schmuck beschenkt und sie wie eine Braut vorstellt, die zur Hochzeit geschmückt ist, so erweist auch der Herbst seine Macht, indem er die Berge noch einmal mit einem Blumenkleid schmückt.

Man spürt aber doch einen großen Unterschied der Herzensgefühle beim Anblick der Natur im Herbst und im Winter durch die Schönheit der Blumen, mit der sie ausgestattet ist. Sind die Farben der Blätter von den Bäumen, die schon vom Frost getroffen worden sind, auch leuchtend und auffallend schön, so sind sie doch kurzlebig. Ein Regen zieht vorüber, der Wind bläst und mit einem Mal vergeht die ganze Herrlichkeit; es bleiben nur die nackten Baumstämme übrig – schwarz, wie das Skelett eines Toten, andere wiederum bleich wie seine Wangen. Dieser Anblick der herbstlichen Schönheit erinnert an eine verwitwete Königin, die vor ihrem Tod noch einmal den Hochzeitsschmuck angelegt hat. Aber ach! Er bringt keine Freude, nur Kummer über die unwiederbringlich verflossenen Tage eines glücklichen Lebens!

So ist es auch jetzt – ein Gefühl von Kummer bedrückt die Seele wegen der Schnelllebigkeit irdischer Schönheit. Alles geht vorüber – allein unsere Seele bleibt mit ihren Taten – den guten und bösen, und mit ihnen geht sie dem kommenden Äon entgegen, dem Göttlichen Gericht.

So endete diesmal meine Betrachtung der herbstlichen Natur. Haben auch die Laubbäume ihr Aussehen in eine schöne Vielfalt verändert, so verharrten doch die Nadelbäume in unerschütterlicher Strenge und in ihrem gewohnten Aussehen. Durch seine Dunkelheit ruft es einen bedrückenden Eindruck hervor, der der herbstlichen Zeit entspricht – vielleicht aber auch der anhaltenden Seelenstimmung eines Bewohners der Einsamkeit.«

32. Kapitel

Der Anblick dieser Berge zur Winterszeit

»Einen ganz anderen Anblick bieten die Berge und das ganze Bergland zur Winterszeit. Während sie ihr gewöhnliches, majestätisches Aussehen und den Gedanken an Gottes Allmacht bewahrten, haben sie sich nun in einen weißen Ornat gekleidet und stehen wie unermüdliche Wächter vor dem Hause Gottes. Sie erfüllen unverändert alles, was ihnen vom Herrn als Dienst aufgetragen wurde. Sie schlafen und träumen nicht; wachsam stehen sie auf ihrem immerwährenden Posten; sie kennen keine Ablöse und werden nicht müde. Mit ihren hohen Gipfeln weisen sie uns zu unserem himmlischen Vaterland; durch ihre unveränderte Lage lehren sie uns treu, eifrig und ungebeugt Gott dem Herrn zu dienen während unseres ganzen Lebens – Tag und Nacht. Auf ihnen ist jetzt auch nicht das kleinste Zeichen von Leben zu sehen und doch regen sie zum Nachdenken über die Göttlichen Eigenschaften an; schon durch ihr Dasein legen sie Zeugnis von Gott als Schöpfer ab; sie zeigen Seine Allmacht, die alles erhaltende Kraft und Macht, Seine unerschöpfliche Vorsehung für alles Existierende, für Seine Güte. Wahr sagt der heilige Apostel, *»dass wir Sein unsichtbares Wesen, Seine ewige Kraft und Gottheit in den Werken Seiner Schöpfung betrachten können«* (Röm 1,20). In den Werken aber zeigt Er sich als Künstler. Wenn schon die Werke Gottes so wunderbar, majestätisch, nicht darstellbar sind, wie muss dann erst ihr Schöpfer sein? – Grenzenlos, unbegrenzt, allmächtig und allgegenwärtig – der König der Könige und der Herr der Herren!

Je näher die Winterzeit zum Frühling herankommt, umso freudiger und tröstlicher wird unser Aufenthalt in den Bergen. Warme

Winde beginnen zu wehen, rein und gesund; die Sonne erwärmt mit helleren und belebenderen Strahlen die Luft und der Tag wird immer länger. Morgen, Mittag und Abend sind auf den Bergen ganz unterschiedlich. Zu jeder dieser Zeiten zeigt sich ein besonderes Bild der Berge, immer festlich, erhaben, beeindruckend; mit einem Wort – es flößt dem Herzen unabwendbar ein Gefühl der Göttlichen Gegenwart ein, Furcht und Ehrfurcht und ein grenzenloses Gefühl der Nichtigkeit vor den so offenkundigen Werken Gottes, die von Seinem Sein und Seinen Vollkommenheiten so sehr Zeugnis ablegen. In ihrer Ungeheuerlichkeit, durch die Größe ihrer Ausdehnung, mit ihren hohen Gipfeln, die bis über die Wolken reichen, zeigen sich die Berge wie Throne Gottes, auf denen der Allherrscher ruht. Ihr wunderbarer Anblick erhebt Verstand und Herz über die Niederungen des Alltags.

Morgens, solange die Sonne, die erst spät hinter den Bergen aufgeht, noch nicht da ist, zeigen sich die Berge wie mit einem Totenkleid bedeckt; zu dieser Zeit bläst fast immer ein kalter und scharfer Wind, und dieser raue Zustand der Luft, der unangenehm auf den Körper wirkt, stimmt die geistlichen Kräfte nicht auf die ihnen eigene Bewegung ein – Gott zu schauen – und daher verbergen wir uns eilends zu dieser Zeit in der Hütte – in Wärme und Ruhe.

Zu Mittag aber ging ich an den Rand des Felsens, wo unsere Hütte sich hoch über dem Fluss befindet. Blendende Sonnenstrahlen ergossen sich über den weißen Schnee und erlaubten es nicht, die Berge anzuschauen. Sie verwandelten sich gleichsam in ein Meer von Licht, Glanz und unerträglichem Leuchten. Ein wunderbares und großartiges Schauspiel! Wenn schon so ein durchdringendes Leuchten von geschaffenem Licht ausgeht, wie viel mehr muss dann das ungeschaffene Licht sein? Das ewige Licht, das Licht der Gottheit von allem Anfang an? Und wieder wird vom Geschöpf der Mensch zum Schöpfer erhoben und erkennt die Macht Gottes und Seine Vollkommenheit.

33. Kapitel

Andere Reisen des Einsiedlers durch die Berge des Kaukasus, verschiedene Begebenheiten und Abenteuer, die er zu dieser Zeit dort erlebte

»Es gab nicht wenig Leidvolles und Freudiges, worin man die unerschöpfliche Vorsehung Gottes deutlich erblicken konnte, die den Einsiedler auf allen Pfaden seines mühevollen Lebens vor allem Schädlichen bewahrt. Das bezeugen in ihren Schriften die heiligen Väter, die nach Gottes Willen dieses Leben in den Bergen, in Höhlen und Abgründen verbracht haben. Es gab auch viele Todesfälle, aber der allbarmherzige Herr hat mich immer in Seiner gewöhnlichen Güte mit starker Hand und erhobenem Arm gerettet.

Ganz am Anfang meines Einsiedlerlebens kamen wir zu zweit, mein Gefährte und ich, im Frühling nach Nagib. Das ist eine entfernte und menschenleere Einöde, in der zu jener Zeit niemand lebte außer wilden Tieren aller möglichen Art, die von niemand gestört, zahlreich furchtlos und ruhig in großen Herden durch die fetten Täler der Einöde Nagib zogen.

Wir bauten uns eine Bretterhütte beim Grab des Vaters Titus. Das war zu unserer Zeit der erste Einsiedler der kaukasischen Berge. Er war das Jahr zuvor vom Kloster Neu-Athos* hierher gezogen und hatte hier in völligem Schweigen und in der Abgeschiedenheit von den Leuten sein mühevolles Leben beendet. Er lebte hier nur ein halbes Jahr.

Mein Gefährte verließ mich sofort – und so blieb ich völlig allein; im Umkreis von hundert Werst (106 km) gibt es keinen einzigen Menschen.

Einmal sitze ich abends in der Bretterhütte in der Gebetsverfassung des Geistes; überall herrscht Todesstille. Die Sonne hatte ihren täglichen Lauf zurückgelegt und stand schon tief, als plötzlich von der Höhe der Berge zu meiner Rechten ein furchtbares Heulen eines wilden Tieres ertönte. Es klang wie das Gebrüll eines Löwen und rollte die Täler des Nagib hinunter. Mein Körper erstarrte zu Eis, dann begann ich vor Furcht zu zittern. Plötzlich begriff ich, dass das ein blutrünstiger Panther war, der den Menschen in seinem Gebiet gespürt hatte und ihn vertreiben wollte. Nach einiger Zeit kam das Gebrüll näher, dann noch näher, immer näher … . Das Tier kam augenscheinlich in Sprüngen den Berg herab und näherte sich mir immer mehr. Unsägliche Furcht bemächtigte sich meiner, ich lag unbeweglich wie ein Toter da und erwartete das augenblickliche Ende. Zur Verteidigung gab es nichts und der Bretterverschlag war so klein, dass meine Füße im Freien waren.

Ich wandte mich um Hilfe zum himmlischen allmächtigen Gott – und mein Gebet war nicht vergeblich. Ich erinnerte mich fest an das Wort weiser Männer, dass der Herr den Menschen in seiner Not niemals verlässt. Tatsächlich – das Tier, das schon in der Talsohle angelangt war, ließ noch geraume Zeit seine Wut aus und lief zornig und wütend um meine Hütte herum … ich konnte es in den Waldlichtungen sehen, die sich unweit von meiner Hütte befinden. Augenscheinlich aber erlaubte es ihm die Göttliche Kraft nicht, sich auf mich zu stürzen und mich zu zerfleischen; ich aber fuhr in meinem Herzen fort, zu Gott dem Herrn um Barmherzigkeit zu beten. Als sie ihre Kräfte erschöpft hatte, wandte sich die Bestie ab und lief wie von Peitschenhieben gejagt in die Tiefe der Wälder mit unglaublicher Geschwindigkeit und erfüllte das Land noch einmal mit ihrem Gebrüll, das aber wegen der Entfernung kaum noch hörbar war. So ging durch Gottes Barmherzigkeit diese tödliche Gefahr vorüber.

Dann gab es noch einen anderen Vorfall: ich war gerade am Heimweg von der Siedlung ›Veselaja‹, nachdem ich die heiligen Sakramente Christi empfangen hatte, zurück in meine Einsiedelei nach Nagib; einen Weg dorthin gab es nicht; ich kämpfte mich durch einen schlummernden Wald mit unglaublicher Mühe einen Berghang hinauf, überwand Abgründe und Schluchten, kletterte über Felsen und Gestein. Als ich auf der Hälfte des Weges war, änderte sich plötzlich das Wetter: Schnee fiel, es strömte der Regen, Wind blies; der Wald schwankte und erfüllte die Luft mit großem Rauschen; die ganze Natur geriet in Bewegung wie zur Vergeltung der Schöpfung am Menschen für seine Sünden. Ich setzte mich nieder, nass bis auf die Knochen, und konnte nicht mehr weitergehen. Inzwischen war der Abend angebrochen und furchterregende Dunkelheit legte sich über den Wald; der Wind trieb Schneeklumpen durch die Felsspalten, um mit diesem Anblick meinen Geist gleichsam noch mehr zu erschrecken. Todesangst umfing mich, es gab keine Hoffnung auf Hilfe, der Tod war unausweichlich: ich war am Erfrieren. Aber ich wollte noch nicht sterben: erstens bei vollem Bewusstsein und so völlig unerwartet, dann aber hatte ich auch den starken Wunsch, noch etwas zu leben und mich um die ewige Rettung abzumühen durch die Kämpfe und Entbehrungen des Einsiedlerlebens. Ich stehe auf und beginne zu gehen, mache zehn Schritte … da falle ich aus Schwäche auf die Erde, die Tasche auf der Schulter war mir zu schwer geworden, sie wog, wie es bei unserem Leben üblich ist, mehr als ein Pud (16,38 kg). So kämpfte ich mich durch; ich fiel und stand wieder auf, bis völlige Dunkelheit angebrochen war. Ganz ohne Kräfte legte ich mich auf die Erde, völlig durchnässt, und hatte keine Hoffnung mehr, unter den Lebenden zu bleiben. So lag ich, mit Schnee bedeckt, in großem Leid bis zum Morgen. Durch den Willen des allmächtigen Gottes, der die Toten auferweckt und jedem Geschöpf Atem gibt, blieb ich unter den Lebenden. Nur die Hände und Füße waren erfroren und ich konnte nicht mehr auf den Beinen stehen. Ich kroch daher geraume Zeit auf dem Bauch, bis die erfrorenen Glieder sich wieder langsam belebten. So bewegte ich mich mit großer Mühe fort und erreichte kaum noch meine Zelle, wo ich noch etwas herrichtete und der allgütigen Vorsehung des Himmlischen Vaters aus ganzem Herzen dankte, der uns in unseren Nöten nicht verlässt.

Einmal musste ich die Isebaische Berghöhe durchwandern. Meinen Kräften gemäß benötigte ich dazu nicht weniger als drei Tage. Am Abend des nächsten Tages überschritt ich das ›Schwarze Flüsschen‹ und näherte mich dem Gipfel. Plötzlich kam ein Regenguss, es pfiff der Wind und tiefe Dunkelheit fiel über das ganze Land. Es war unmöglich weiterzugehen; so setzte ich mich unter einen Baum, völlig durchnässt, gleichsam bis zum Hals im Wasser. Um Mitternacht höre ich, da kommt ein Bär; er roch mich mit der Nase, kam freundlich zu mir und beschnupperte mich gleichsam mitleidig am ganzen Körper – und ging dann ruhig weiter auf seinem vorherbestimmten Weg, ohne jegliche Missstimmung über das schlechte Wetter. Ich Sünder beneidete diesen Waldbewohner, der durch nichts in Missstimmung zu bringen war, an der nicht selten ein Mensch stirbt.

Am Morgen kam ich zum Fluss und bemerkte mit Schrecken, dass er nicht zu überschreiten war; er führte viel Wasser und war furchtbar anzusehen: er schoss wie ein Pfeil dahin und führte große Steine mit sich. Was sollte man da tun? Warten konnte ich nicht, da von den Menschen hier doch niemand vorbeikommt oder vorbeifährt, außerdem hatte ich nur noch ein Stück Brot zu essen. So befand ich mich in einer verzwickten Situation vor dem unüberwindlichen Hindernis und musste mich unweigerlich, auch wenn ich es nicht wollte, zum Allmächtigen Gott um himmlische Hilfe wenden. Das ist ein spürbarer Beweis dafür, dass das Einsiedlerleben in diesen und ähnlichen Fällen einen unvergleichlichen Vorzug vor den anderen Formen des geistlichen Lebens genießt, weil es unwillkürlich den Menschen zwingt, sich an den Herrn im Gebet um Hilfe zu wenden. Hat er sie unverzüglich empfangen, kann er sich mit seinen eigenen Augen von der grenzenlosen Barmherzigkeit Gottes überzeugen und von der unerschöpflichen Göttlichen Vorsehung, die sich unaufhörlich um jeden von uns sorgt.

Es kamen mir gleichsam von selbst die belebenden Worte des Großen unter den Vätern in den Sinn, des Lehrmeisters der Einsiedler, des heiligen Isaaks des Syrers: der Glaube an Gott macht den Menschen zum Sohn Gottes, Gott leitet unumschränkt jedes Geschöpf. Der Glaube hat die Möglichkeit, ein neues Geschöpf zu schaffen, und er hat wirklich der Welt die Wunder Gottes gezeigt: er ließ auf dem Meere gehen wie auf trockenem Land und ins Feuer schreiten ohne Schaden zu erleiden; ja, und außerdem sagt der Herr Selbst: »*Alles ist dem möglich, der glaubt.*« Ich betete zu Gott, dem Herrn, und zu Seiner Hochgebenedeiten Mutter, der beständigen Fürsprecherin für die ganze Welt und glaubte ohne Zweifel in meinem Herzen, dass Er nie uns Sünder verlässt.

Ich rief auch den schnellen Helfer in allen Nöten an, den Bischof Christi, Nikolaus, bezeichnete mich und die schrecklich aussehende Wasserströmung mit dem Kreuzzeichen; dann nahm ich einen langen Stock in die Hand und ging furchtlos ins tiefe Wasser. Es ging mir bis zur Brust und natürlich konnte ich mich nicht auf den Beinen halten, sondern wurde vom Wasser davongetragen und schlug mich heftig an den Steinen, wie es vielen Einsiedlern zu verschiedenen Zeiten ergangen war.

Aber die Kraft Gottes hielt mich wunderbar in dem stürmischen Element, ich stand wie ein Fels inmitten des großen Wasserdrucks, durchschritt ohne Mühe die tödliche Gefahr und dankte nach meiner Gewohnheit aus ganzem Herzen dem Lebensspender Gott, der so große und herrliche Werke erschafft.

Viele Male verirrte ich mich in den Wäldern und kam aus Wassermangel in Todesgefahr. Einmal ging ich eine Brüdergemeinschaft besuchen, die am Oberlauf des Flusses Msymta* wohnte. Durch einen heraufziehenden Nebel kam ich vom Weg ab und gelangte in undurchdringliches Dickicht, wo ich bis zum Abend herumkroch ohne einen Ausgang zu finden, dafür aber immer mehr in steile Abhänge und Schluchten geriet. Ich war zum Sterben erschöpft. Ich legte mich auf die Erde, glaubte kaum mehr zu leben, mein ganzes Inneres brannte wie eine Flamme von unerschöpflichem Durst und ich litt große Qualen. Da ich mich in so großer Not sah, vom Tod bedroht, wandte ich mich zum Himmel um Hilfe. Ich begann zum Herrn und Lebensspender zu beten, wie ich noch nie gebetet hatte: inbrünstig, feurig, unablässig; der Durst hörte auf, ich spürte in mir eine Belebung der Kräfte und die Todesgefahr ging vorüber.

Diese Nacht, ich erinnere mich, verbrachte ich auf einem ganz hohen Berg in einem geistlichen Zustand und in begeistertem Gebet des Geistes zum Herrn. Die Nacht war vom Mond erhellt, still, wunderschön. Die Natur brachte ihren gewöhnlichen Dienst, ihre Liturgie, Ihrem Schöpfer dar und pries schweigend Seine unendliche Vollkommenheit.

Die benachbarten Berggipfel standen gleichsam düster und schweigend da; einige von ihnen waren mit Wald bedeckt und ihr finsteres Aussehen berührte wie ein geheimnisvoller Bereich der unsichtbaren Welt die Seele durch den Eindruck von etwas Verborgenem, Undurchdringlichem, aber voll Leben und Tätigkeit, die niemand kennt: genauso, wie im Menschen auch das geistliche Leben verborgen ist vor den Blicken der Menschen, aber sich doch im Herzen bewegt und nur von Gott allein gesehen wird.

Unten, auf den Lichtungen, ertönte das fröhliche Lied der Grillen. Diese unermüdlichen Sänger der Göttlichen Herrlichkeit sind so eifrig bei der Erfüllung ihrer Pflicht, dass sie die ganze Nacht nicht auch nur eine Minute von ihrem Werk ablassen und die Luft mit unnachahmlichem Wohlklang erfüllen.

Hier kann man in Wahrheit die Göttliche Weisheit sehen. Die Grille – sie ist so klein und bringt doch so schönen Gesang hervor, den keine menschliche Kunst erzeugen kann, kein Gelehrter oder Künstler; die Frösche in den Sümpfen begleiten sie, zahllose Stimmen, von denen jede ihre Eigenart hat, ein freundschaftlicher und festlicher Chor zwischen den Berggipfeln. Die Seele wurde mit Begeisterung und reinster Befriedigung erfüllt, die sie immer empfindet, wenn etwas Schönes auf sie wirkt. In der Ferne sah man das Schwarze Meer. Es ruhte erhaben in seinen Tiefen, wie ein mächtiger Recke nach seinen Kämpfen ausruht. Der Mond erhellte seine Oberfläche mit bleichem Licht. Gelegentlich waren schwarze Punkte zu sehen. Das waren vorbeiziehende Dampfschiffe.

Der Anblick des Meeres versetzte meine Seele in den Zustand des Friedens, der Stille und Ruhe und hinterließ einen freudigen Eindruck. Im Verstand aber rief er tiefe und verschiedenartige Gedanken hervor. Wenn man es so betrachtet, dann kommt einem jenes Meer des Lebens in den Sinn, das vom Sturm des Unheils aufgewühlt wird. Und wie nach einem furchtbaren Sturm, wenn die Wellen bis zum Himmel hochsteigen und in die Tiefe reichen, es nun friedlich und ungetrübt ruht, so ist es auch mit dem Menschen: nach dem Aufruhr der Gefühle tritt geistliche Stille ein und himmlische Ruhe; natürlich nur, wenn er sich seinen eigenen Kräften gemäß um seine Rettung bemüht. Der Mond am Himmel, der hinter den Bergen hervorgekommen war, übergoss die Landschaft mit silbernem Licht.

Als ich so in der Höhe der Berge saß, erhaben über die Welt der Täler, die zweifellos zu dieser Zeit in Schlaf gesunken war, betrachtete ich von neuem mit den geistlichen Augen des Herzens die allseitige künstlerische Weisheit Gottes, die sich so freigebig in der sichtbaren Welt zeigt.

Die schönen Worte eines großen Geistes kamen mir in den Sinn, die ich kürzlich gelesen hatte, und was in ihnen durch Worte ausgedrückt war, sah ich nun in der Tat: ›Ein tiefer Kummer über den Verlust einer gewissen Seligkeit zieht sich durch die ganze Herrschaft des Seins, und ist er auch in tieferen Gebieten der Schöpfung noch undeutlich, so wird er mit jeder höheren Stufe vernehmbarer und findet schließlich in der heiligen Überlieferung seine wirkliche Erklärung. Wehmütig heulen die Winde, schäumen die Wasser der

Meere, die Vegetation drückt mit ihrem ganzen Leben Hunger nach Leben und Licht aus, und in diesem Hunger vergeht sie und stirbt; die Tiere erfüllen die Luft mit ihren Klagegesängen, oder mit Schreien der Wut; die Völker überliefern einander die Kunde vom goldenen Zeitalter, von irgendeiner Übertretung, von einem Eindringen des Bösen und schließlich sagt die Heilige Geschichtsschreibung deutlich, dass der Mensch selig und unsterblich war, aber beides durch eine Übertretung eines Göttlichen Gebotes verloren hat.

Gott ist die einzige Quelle für jedes Geschöpf, besonders aber für den Menschen. Der Mensch konnte kein Leben ohne Tod führen, wenn er es nicht aus der ewig fließenden Quelle schöpfte; aber er konnte nicht schöpfen, wenn er sich nicht wie ein Gefäß in demütigem Gehorsam und mit Liebe in den Willen Gottes versenkte. Daher ist der Gehorsam gegenüber dem Göttlichen Willen zugleich mit dem Empfang des Göttlichen Lebens, das Leben selbst; auf der anderen Seite ist der Ungehorsam gegen Gottes Willen zugleich eine Entfernung von der Quelle des Lebens: das ist der Tod. Solange der erste Mensch die Gebote Gottes nicht übertrat, kostete er von den Früchten des Baumes des Lebens und war unsterblich. Der stolze Geist legte in sein Herz den Funken der Selbstüberheblichkeit und des Ungehorsams, und er warf von sich aus das Joch der Vernunft und des Göttlichen Willens ab. Damals entfernte sich die Quelle des Lebens von ihm, und in ihm entstand ein unstillbarer und mit jedem Lebensalter wachsender Hunger nach dem verlorenen Gut, der eine Stillung in der sinnenhaften oder der geistlichen Welt sucht – in dem einen wie in dem anderen Fall zieht es die Seele aus dem Bereich des körperlichen Lebens zur Ewigkeit.‹ (Aus dem Sammelband der Kiewer Akademie).

Einmal fiel ich mit der Tasche in einen Abgrund, und wenn ich nicht an einem Baum hängen geblieben wäre, hätte ich mich erschlagen. Ich konnte kaum von dort hinauskriechen und war ganz blutverschmiert. Noch lange Zeit danach war ich krank.

Es gab auch noch vieles andere; um aber durch die Länge der Erzählung nicht die Aufmerksamkeit zu ermüden, muss man die anderen Vorfälle mit Schweigen bedecken, die ich so erlebte. Der Schluss dieser Worte aber soll sein, dass in allen Abenteuern und Todesgefahren die allmächtige Rechte des Höchsten mich immer wunderbar und übernatürlich bewahrt hat. So konnte ich die Worte der Heiligen Schrift auf mich beziehen: *»Siehe, spricht Gott der Herr, der Heilige Israels, Ich Selbst gehe vor dir her, Ich zerbreche die ehernen Tore und zerschlage die eisernen Riegel, Ich ebne die Berge ein«* (Jes 45,2). Oder, wie ein anderer Ausspruch der Heiligen Schrift sagt: *»Mein Jakob, Mein Knecht Israel, fürchte dich nicht! Denn Ich erlöse dich, Ich rufe dich bei deinem Namen, Mein bist du. Wenn du durch Wasser gehst – Ich bin mit Dir; wenn durch Ströme – sie werden dich nicht überfluten. Wenn du durch Feuer schreitest, wirst du dich nicht brennen, und die Flamme wird dich nicht versengen. Denn Ich, der Herr, bin dein Gott, Ich, der Heilige Israels, bin dein Retter.«* (Jes 43,2 f).

Tatsächlich, nach dem Wort des heiligen Isaaks des Syrers kann nirgendwo ein Mensch so klar und deutlich über sich die wunderbare Göttliche Vorsehung sehen wie in der Einöde, in dem Land, das jedes menschlichen Trostes beraubt ist, in den schwierigen Lebensumständen, wo keine Macht der Erde helfen kann; hier zeigt der Herr immer königlich und mächtig Seine Hilfe und streckt Seine rettende Rechte aus. Diese Göttliche Vorsehung erkannte schön und wunderbar der heilige Isaak der Syrer mit den geistlichen Augen seines Herzens, da er sie stündlich in seinem einsamen Schweigen schaute.«

34. Kapitel

Lob der Kaukasischen Einöde. Was jemand benötigt, der in der Einöde leben möchte. Der innere Gehalt dieses Lebens

»Reden wir über die Einöde und das Leben darin, dann reden wir nicht für alle, sondern nur für einige von uns, die in ihrem Herzen einen Samen dieses Lebens hatten, das heißt eine angeborene Neigung zur Einsamkeit, zum Schweigen, zur Entfernung von den Menschen – überhaupt die Fähigkeit zur Konzentration, zum innerlichen Leben. Das aber ist, wie bekannt, eine besondere Art von Menschen, die nicht ganz den anderen ähnlich ist. Der Großteil der Menschen lebt außerhalb von sich, der verständige Einsiedler aber lebt in seinem Inneren, bewahrt reine Gedanken seines Verstandes und heilige Gefühle des Herzens; er steht vor dem Angesicht Gottes, Der mitten in sein Herz sieht, wie der heilige Prophet Elia sagt: *»So wahr der Herr der Heere lebt: heute noch werde ich ihm vor Augen treten.«* (1 Kön 18,15).

Um mit Nutzen in der Einsamkeit zu leben, muss man sich vorher unbedingt mit dem ganzen Weg des monastischen Lebens vertraut machen: man muss seine Regeln und alle Bestimmungen kennen, die Verrichtung der liturgischen Dienste, man muss in allen Dingen des monastischen Lebens erfahren sein, in seiner ganzen Führung. Aber all das ist zunächst nur etwas Äußeres, wie der Zaun um die Kirche; noch mehr muss man im Kampf der Gedanken erprobt sein, man muss die Fähigkeit haben, feindliche Gedanken zu bekämpfen. Als

Waffe zu ihrer Besiegung dient das Jesusgebet, dessen Erlernung unbedingt noch lange vor dem Eintritt in die Einöde begonnen und wenigstens bis zur Hälfte des Fortschritts durchgeführt werden muss.

Man muss seine ganz entschiedene Unfähigkeit in allem erkennen, was das geistliche Werk betrifft, und überhaupt alles, was sich auf die Erbauung unserer Rettung bezieht und im Maße dieser Erkenntnis die ganze Notwendigkeit und völlige Unumgänglichkeit der Göttlichen Hilfe spüren und Ihn aus ganzem Herzen und mit aller Kraft darum bitten, in der zweifelsfreien Hoffnung, *»dass Er nicht den Tod des Sünders will«* (Jer 33,11). Der Herr verachtet niemals das Gebet eines Beters, wie Er Selbst in Seinem Heiligen Evangelium sagt: *»Jeder, der bittet, empfängt, wer sucht, der findet, und dem, der anklopft, wird aufgetan«* (Mt 7,8 f). Man kann mit großer Betrübnis und Bedauern sehen, dass fast ohne Frucht oder nur mit geringem Nutzen jene von uns in der Einöde leben, die hierher gekommen sind und selbst nicht wissen wozu. Ihretwegen wird diese erhabene geistliche Stufe des monastischen Lebens viel geschmäht, die in der Ordnung des geistlichen Fortschritts die höchste Stufe einnimmt, wenn es nur rechtmäßig zugeht, dem Gesetz nach und wie es der Berufung eigen ist.

Diese wissen nicht, was das Ziel einer Einsiedelei ist und was man hier erreichen soll, und erschöpfen sich in verschiedenen Arbeiten, die sie für ihr wichtigstes Werk halten, und sagen, dass unsere Rettung in der Arbeit liegt und verdecken damit den wahren Weg des Einsiedlerlebens und werden so zum Ärgernis und Anstoß für die schwächeren Mitbrüder.

Sie wissen nicht, was der heilige Isaak der Syrer darüber sagt: ›Wenn wir unserer Berufung gemäß leben, dann wird die Erde uns wie ein

Knecht dienen und wird alles für das Leben des Körpers Nötige herbeibringen.‹

Der Inhalt des Einsiedlerlebens ist die unaufhörliche Übung des Jesusgebetes gemäß der Lehre des heiligen Johannes Klimakos, dass ›das Schweigen der unaufhörliche Gottesdienst ist‹. Die monastische Regel selbst muss sich seiner Tätigkeit unterordnen, das heißt, wenn es königlich in der Seele weilt und in Strömen einer unaufhörlichen Bewegung hinfließt, und hinter sich alle Seelenkräfte nachzieht oder genauer unseren ganzen inneren Menschen, dann braucht man nach der Lehre der heiligen Väter nicht mehr auf seine Gebetsregel achtgeben. Man soll in diesem Gebet verweilen, gleichsam wie im Abgrund der Göttlichen Überfülle. Dieser Zustand ist höher als alle unsere asketischen Kämpfe und Beschäftigungen. Er ist das Ziel, auf dessen Erringung das ganze monastische Leben gerichtet ist. Besitzt einer von uns diese Gebetsgnade in überreichem Maß, dann braucht er überhaupt nicht mehr seine Gebetsregel zu erfüllen, die nur Mittel zum Ziel ist.

Und hier ist unser Rat für den Einsiedler: Verweile in diesem Gebet, und es wird dir den ganzen Weg zur Rettung zeigen, wie du zu Gott gehen sollst.

Es zeigt dir durch die Verwirrung des Herzens an, durch seinen Schmerz und seine Schwerfälligkeit, was für das Gebet schädlich und zur Rettung nicht nützlich ist; ebenso zeigt es hell durch den freudigen Zustand der Seele, wenn du richtig auf deinem Weg gehst. Es ist das geistliche Licht, das bei der kleinsten Zulassung von etwas Gott nicht Wohlgefälligem dunkel wird; aber hell leuchtet es mit dem Glanz unauslöschlicher Strahlen, wenn du recht vor Gott stehst; du bewahrst deine Gedanken rein und du hältst die Gefühle im Heiligtum deines Herzens und schaust Gott, deinen Schöpfer, im Tempel deiner Seele. Jeder von uns, der in der Einöde lebt, muss daher unbedingt mit allem Eifer und mit allen seinen Kräften auf das innere Jesusgebet achten, und wie ein wegweisender Stern wird es untrüglich uns zur Herberge der ewigen Rettung führen.

Wenn ein Einsiedler dem geistigen Tun fremd bleibt, das heißt der Beschäftigung mit dem Jesusgebet, dann ist er nach dem Wort des heiligen Seraphim von Sarov ›nur ein glimmendes Holzscheit‹ und wird mehr als alle Menschen verurteilt, da er die hohe Berufung des Einsiedlers auf sich genommen hat und sich als untauglich erwies. Alle Einsiedler müssen daher das Jesusgebet verrichten; sind sie darin erfahren, können sie jedem Antwort geben über alles, was diese Tätigkeit betrifft.

Freilich, die Einöde ist nicht für alle, sondern nur für die Auserwählten, die sich schon in der vorangehenden Lebenszeit genügend auf das innere Leben mit Gott vorbereitet haben.

Da wir jene im Blick haben, aber noch viel mehr uns selbst, haben wird das Lob dem Gebete überlassen, da wir es in den Minuten und Stunden der Schwachheit und des seelischen Aufruhrs beteten und Mut in unserer Seele schöpfen konnten; großherzig, freudig und tapfer wollen wir seinen Verlust erleiden, die Mühseligkeit und die gelegentlich quälende Mutlosigkeit, diesen Tod der Seele und abgrundtiefe Qual. Und nun, nachdem wir den Allmächtigen Gott und Seine Allreine Mutter um Hilfe angerufen haben, beginnen wir unser Lied zum Ruhm der kaukasischen Einöde und beschreiben die Gefühle, die wir erlitten, als wir sie verließen und für kurze Zeit die russischen Grenzen überschritten.«

35. Kapitel

Die Gefühle des Einsiedlers beim Verlassen der Einöde während seiner Ausreise nach Russland

»Erst als ich anlässlich einer Reise nach Russland der Einöde beraubt wurde, erkannte ich ihren himmlischen Wert, ihre unvergleichliche Schönheit und die in ihr verborgene Fülle des wahren Lebens, das in ihr wie in wasserreichen Flüssen reinsten Entzückens fließt – in den erhabenen Gefühlen des Herzens und in den heiligen Gedanken des Verstandes.

Damals, beim Verlassen, erschien mir die Einöde als Wohnort Gottes und paradiesisches Eden, aus dem Adam vertrieben wurde wegen seiner Übertretung, und wie er sich damals direkt neben dem Paradies in Herzenskummer hinsetzte, seine Nacktheit beweinte und schluchzte ›O Paradies, mein Paradies, du schönes Paradies‹, so saß auch ich im Bahnhof oder in den Eisenbahnzügen oder schwamm auf den Dampfern über das Meer, umgeben von Geschwätz und den Stürmen des Meeres des Lebens, das von den Überfällen der Leidenschaften aufgewühlt wird, und gedachte jener Zeit meines Lebens, die ich in der Einöde verbrachte – und sie schien mir bedeckt von Strahlen himmlischer Seligkeit. Und in meinem großen Herzensleid sprach ich die Worte des viel leidenden Hiob: »*O dass ich noch wäre wie in früheren Monden, wie in den Tagen, da Gott mich bewahrte, da Seine Leuchte strahlte über meinem Haupte, in Seinem Licht ich wandelte durchs Dunkel*« (Ijob 29,2 f). Damals durchströmten mein Herz die Flüsse himmlischer Freude und paradiesischer Seligkeit, als ich in der Einöde himmlisches Manna aß und Wasser des Lebens aus der immer sprudelnden Quelle – Christus, dem Sohn Gottes – trank; als ich im Verstand und im Herzen

Seinen Göttlichen und großartigen Namen bewahrte und zu dieser Zeit teilhatte am höheren Leben und klar die Morgenröte der ewigen Rettung erblickte, wovon es in all dem mich jetzt Umgebenden nicht auch nur ein Zeichen gab. Ich fiel freiwillig vom Himmel auf die Erde, von einem seligen Zustand in einen qualvollen, von dem geistlichen Leben in ein fleischlich zerstreutes.

Schritt ich über die Plätze einer Stadt oder fuhr in der Equipage, dann umgab mich ein Meer an Nichtigkeiten und jedes Gefühl der Seele war getroffen und betäubt von schweren Eindrücken wie von den Schlägen eines furchtbaren Hammers. Alles geriet in Bewegung und eilte mit schnellem und unaufhaltsamem Drängen vorwärts. Über der ganzen Volksbewegung lag etwas wie ein todbringendes Tuch, es durchdrang die Seele und alle ihre Kräfte mit eisiger Kälte und brachte mich zum Absterben. Das war natürlich das Fehlen jeglichen Verständnisses, viel mehr aber noch jeglicher Geistigkeit. Es war die Herrschaft der Eitelkeit und des Lebens dieser Zeit. In dieser erdrückenden Atmosphäre fühlte sich mein Geist wie von Eisenketten gefesselt, und ich erlebte Höllenqualen, denn meine ganze Bewegung zu Gott hin war unterdrückt von allen möglichen Stimmen einer triumphierenden Eitelkeit, wie Feuer von Wasser erstickt wird.

Gerade aus diesem Erleben heraus sah ich deutlich, was eigentlich das Leben in der Einsamkeit bedeutet, wenn auch natürlich nicht für alle; wohl aber für den, der in ihr lebt und in seiner Seele den inneren Sinn der Seele entwickelt hat, mit der er die Stimme der Natur vernimmt, die die Herrlichkeit Gottes rühmt, und für den, der in seinem Herzen die Fähigkeit entdeckt hat, mit den Ohren des Herzens auf die Gegenwart Gottes zu achten, die uns doch so nahe ist, wie uns unser eigener Atem nahesteht. In dieser Wahrnehmung der Gottheit bekommt unser Geist Anteil am ewigen Leben und verspürt seine Unsterblichkeit, die ihn jene erhabenen Momente des inneren Lebens erfahren lässt, die uns die Einöde so lieb macht, dass alle körperlichen Mühen fast unspürbar werden.

Man kann keine Worte finden, um es genau auszudrücken – ist doch das eine vom anderen so weit entfernt.

Es wird nicht sündhaft sein, wenn man sagt, dass das Schweigen in der Einsamkeit so weit über der Eitelkeit dieser Welt steht und sie überragt, wie der Osten vom Westen entfernt ist. Hier ist der Tod des Geistes, dort aber seine Auferstehung; hier ist die völlige Herrschaft des Fürsten dieser Welt; in der Wüste aber ist der Wohnort Gottes, himmlische Süßigkeit und heiliger Umgang mit Gott; in der Welt schäumt unaufhaltsam das Aufkochen der Leidenschaften und man sieht nur eine breite Entwicklung von allem, was man für dieses zeitliche Leben braucht, als ob es gar nicht mehr den Gedanken an das ewige Leben gäbe – die Wüste aber zieht durch die Abwesenheit von all dem den Menschen unwillkürlich von der Erde zum Himmel. Sie beraubt alle Sinne der Seele der ihnen nötigen Nahrung, wodurch das Leben des Geistes wieder zu Kräften kommt.

Für welch unsägliches Glück hielte ich es, könnte ich wieder dorthin übersiedeln und von neuem in seinen Tiefen leben! Seine Grenzen erreichen und auf der Grenze sterben; es wäre mein flammender Wunsch. Aber das ist mir jetzt unmöglich.

Daraus mag man schließen, dass, was immer für ein Übel man in der Einöde erleiden mag, es nicht mehr ist als ein Funken gegenüber einer Flamme oder ein einziger Tropfen Wasser gegenüber einem großen Meer. Hier muss man aber auch unbedingt sagen, dass dieser Vergleich bei weitem nicht für alle gilt. Er ist nicht mehr als

Ausdruck meines persönlichen Zustandes und meiner Beziehung zu der Sache, die anderen vielleicht nicht liegt wegen ihrer seelischen Disposition und den Neigungen des Herzens.

Das Wort des Abba Dortheos* ist gerechtfertigt, dass es gut ist, im Kellion zu sitzen, aber auch gut ist, aus ihm herauszugehen und die Brüder zu besuchen, denn durch den Vergleich der Gegensätzlichkeiten erkennt man den Wert des verständigen Schweigens, das als wahres Leben der Seele sichtbar wird, voll geistlichen Inhaltes; es stillt gänzlich den ewigen Hunger der Seele in ihrem Drang zum obersten Gut – Gott.

Es schaut der Prophet Elija Gott mit den Augen des Herzens, als er vor Ahab steht, dem gottlosen König Israels, wenn er sagt: »*So wahr der Herr lebt: heute werde ich Ihm vor Augen treten*« im Geiste und mit dem Herzen.

Aber noch mehr, lebendiger und klarer schaut er Gott auf dem einsamen Berg Horeb und er sieht Ihn nicht nur, er spricht auch mit Ihm, wenn der Herr zu Ihm sagt: »*Was willst du hier, Elija?*« Und jener antwortet: »*Mit leidenschaftlichem Eifer bin ich für den Herrn, den Gott der Heere, eingetreten …*« (1 Kön 19,9 f).

Das Schweigen in der Einsamkeit ist eine vorausgehende Darstellung des Lebens der kommenden Welt, wie ein heiliger Vater sagt: ›Das Schweigen ist das Mysterium der kommenden Welt.‹ Und es wäre hier passend, das neue Lied anzustimmen, die Lobpreisung des Herrn zum Ruhme des Lebens in der Wüste zur Stärkung für alle, die in ihr leben.

Aber ach! Von verdunkeltem Verstand und von sündengetroffenem Herzen kann dieses Wort nicht ausgehen. Denn es heißt in der Schrift: »*Nicht schön ist der Ruhm von den Lippen der Gottlosen.*« Aber es wird nicht anstößig sein, den eigenen Kräften gemäß wenigstens mit den Worten der Heiligen Schrift davon zu sprechen:

»*Die Wüste und das trockene Land sollen sich freuen, die Steppe soll jubeln und blühen wie eine Lilie. Die Herrlichkeit des Libanon wird ihr geschenkt, die Pracht des Karmel und der Ebene Scharon. Man wird die Herrlichkeit des Herrn sehen, die Pracht unseres Gottes. Macht die erschlafften Hände wieder stark und die wankenden Knie wieder fest. Sagt den Verzagten: Habt Mut, fürchtet euch nicht! Seht, hier ist euer Gott! Die Rache Gottes wird kommen; Er Selbst wird kommen und euch retten. Dann werden die Augen der Blinden geöffnet und die Ohren der Tauben aufgetan. Dann springt der Lahme wie ein Hirsch, die Zunge des Stummen jauchzt auf. In der Wüste brechen die Quellen hervor und Bäche fließen in die Steppe. Der glühende Sand wird zum Teich und das durstige Land zur sprudelnden Quelle.*

An dem Ort, wo jetzt die Schakale sich lagern, gibt es dann Gras, Schilfrohr und Binsen. Eine Straße wird es dort geben, man nennt sie den Heiligen Weg. Kein Unreiner darf ihn betreten. Er gehört dem, der auf ihm geht. Unerfahrene gehen nicht mehr in die Irre. Es wird keinen Löwen dort geben, kein Raubtier betritt diesen Weg, keines von ihnen ist hier zu finden. Dort gehen nur die Erlösten. Die vom Herrn Befreiten kehren zurück und kommen voll Jubel nach Zion. Ewige Freude ruht auf ihren Häuptern, Wonne und Freude stellen sich ein, Kummer und Seufzen entfliehen« (Jes 35).

36. Kapitel

Gedanken und Empfindungen des Einsiedlers bei seinem Abschied von dem Kloster, in dem er viele Jahre verbrachte; von seinem geistlichen Vater, dem Igumen* des Klosters, und von der ganzen, ihm lieb gewordenen Brüderschaft des Klosters; zugleich eine Fortsetzung des Lobes der Wüste

»Ich erkenne und fühle es ganz, gesegnetes Väterchen, welch einen feuersengenden Pfeil ich in euer Herz hineinstoße durch meinen Fortgang in die Wüste – zum Gottesdienst, denn ihr habt mich unter den Brüdern besonders geschätzt. Aber ertragt mit Hilfe der unerschöpflichen Gnade des Allmächtigen Gottes und Retters Jesus Christus großherzig auch diesen Schlag, wie ihr auch alle übrigen Leiden, Nöte und Erbitterungen des Herzens von der geistlichen Herde Christi ertragt, die eurer Leitung durch die Göttliche Vorsehung anvertraut wurde. Unser teuerster Retter, der Herr Jesus Christus, der mich vom Mutterschoß an in Seinen Dienst berufen hat und in die Natur meiner Seele den Samen zu diesem Leben in der Einsamkeit gelegt hat, sieht und kennt diesen Grund, aus dem ich euch verlasse – meinen teueren Vater, der meinem Herzen am nächsten steht, weil er mich geistlich geboren hat, wie meine Eltern mich fleischlich geboren haben. Ich verlasse auch dieses heilige Kloster, wo ich still und ungetrübt die Tage meiner Jugend verbrachte, bewahrt im Frieden Gottes und Seiner Gnade, fern der Welt in ihrer Verführung. Ich verlasse auch die mir teuren Brüder, mit denen ich freundschaftlich viele Jahre lebte; gemeinsam arbeitete ich meinen Kräften gemäß, zum allgemeinen Nutzen des Klosters. Und der Grund, den auch unser kostbarster Retter Jesus Christus sieht, ist meine Liebe zu Ihm, dem teuersten Besucher unserer Seelen, die ich in Seinem Namen erfahren habe. Ich begann Ihn im Inneren meines Herzens anzurufen und betete das Jesusgebet gemäß der Lehre aller heiligen Väter.

Dieser Name eröffnete mir ein neues, grenzenloses, bis dahin mir unbekanntes Gebiet des geistlichen Lebens und Seins, in dem jedes geistliche Wesen lebt – die ganze Engelwelt und alle heiligen Menschen Gottes. Nun kann dieses heilige Kloster – meine geistliche liebe Mutter, mich nicht mehr in ihrem Schoß halten, weil es das geistliche Drängen meines Herzens nicht mehr sättigen kann, wie Der sieht, Der in die Herzen blickt – der Herr.

Allein die Wüste, und nur sie allein, ist fähig und ausreichend, meine Seele mit himmlischem Manna zu nähren, das ich von Jugend auf suchte und gerade erst verkostete, wenn auch nur wenig. Aber als ich es gekostet hatte, war ich schon nicht mehr fähig, so zu leben, wie ich bisher gelebt habe,weil ich im Namen Jesu Christi das ewige Leben gespürt hatte und das Himmelreich. Wie ich am Anfang, am Beginn meiner Tage auf Göttlichen Wink hin meine Eltern verlassen habe und alle Schönheit dieser Welt, und ins Kloster gegangen bin, so bewegt mich auch jetzt der Göttliche Wille unaufhaltsam durch einen inneren Antrieb und ruft mich in die Wüste – um das Pascha Christi zu feiern, das heißt das geistige Leben mit Christus im Herzen zu durchschreiten, das ich im Kloster so nicht führen kann, wenn ich mit materieller Tätigkeit beschäftigt bin, die mich vom Gebet entfernt. Haben nicht meine Eltern um mich wie um einen Toten geweint, als ich ihre Hoffnungen auf ein irdisches Glück zerstörte und unaufhaltsam zum heiligen Kloster strebte? Aber wer kann dem Willen Gottes widerstehen. So geschieht es auch jetzt, und niemand kann dem Willen Gottes widerstehen. So verzeiht mir, mein teurer Vater, dass ich diesen feurigen Pfeil in euer Herz stoße.

Verzeiht mir, meine lieben Brüder! Ich gehe von euch mit einem bitteren, schweren und freudlosen Abschied.

Aber über diese Trennung sagt der Herr in Seinem Heiligen Evangelium: »*Meint ihr, dass Ich gekommen bin, Frieden auf der Erde zu schaffen? Nein, sondern Spaltung. Von nun an werden fünf in einem Haus entzweit sein: drei mit Zweien und zwei mit Dreien, der Vater mit dem Sohn und die Tochter mit der Mutter*« (Lk 12,52). Jeder kennt diese Worte und nun geschieht das mit mir. Verzeiht, dass ich mich von eurer Gemeinschaft entferne, davonfliege in die Berge, Wälder und Höhlen wie ein Adler von seiner Schar; habe ich doch in meinem Herzen die Verwundung und das unaufhaltbare Streben zum Gottesdienst des geistigen Gebets im Herzen im Namen unseres Herrn Jesus Christus.

Ein himmlischer Tropfen geistlichen Taus fiel von den unsterblichen Ozeanen der göttlichen Gnade auf meine abgestorbene Seele und sie sprang auf und wurde von Hoffnung auf ewige Rettung belebt; freudig blickt sie auf und zuversichtlich erweitert sie ihre Anstrengungen, in jenen unermesslichen und grenzenlosen Abgrund geistlichen Lebens einzutreten, der in der Wüste verborgen ist, niemand von den Menschen bekannt, nur jenen, die daran Anteil haben. Dieses Feuer geistlicher Liebe, im Herzen eines Menschen angezündet von der allmächtigen Hand des Lebensspenders, erlischt nicht, sondern greift um sich nach allen Richtungen – in die Höhe und in die Tiefe. Es findet keinen Platz mehr in den engen Grenzen des Klosters, sondern fordert die grenzenlose Weite einer Wirklichkeit, für die allein die Wüste reicht.

Nun, betrübt euch nicht über mich! Ich verlasse dieses heilige Kloster und bringe damit keine Schande über euch, sondern erfülle die

Vorherbestimmung Gottes, wie der heilige Apostel Paulus sagt: »*Gott hat uns in Ihm erwählt vor Grundlegung der Welt … zum Lobe der Herrlichkeit Seiner Gnade*« (Eph 1,4).

Glaubt nicht, mein teurer Vater, dass jemand in der Wüste leben kann, wenn er nicht diesen Göttlichen Samen, geschenkt von der Rechten des Höchsten, hat. Besitzt er ihn nicht, kommt er unweigerlich wieder zurück, mag er auch zu diesem erhabenen Kampf des geistlichen Lebens ausgezogen sein; wer ihn aber hat, den kann man nicht zurückhalten.

Da ich diesem Göttlichen Funken folge, der mir ins Wesen meiner Seele gelegt wurde, verlasse ich nun dieses heilige Kloster und dränge mich mutig in die Umarmung, oder genauer, in den Schoß der Wüste selbst, wo unauslöschlich das abendlose Licht des herrlichen Göttlichen Namens Jesus Christus brennt, wo sich die Quellen der Wohltat ergießen, wo ganze Ozeane reiner geistlicher Freude in Gott, unserem Retter, fließen, wo die Eitelkeit dieser Welt fehlt, wo jede irdische Sorge entflieht und Schweigen und Ruhe herrschen, die Vertiefung des Verstandes und Herzens in Gott, die Freude des Geistes in der Vereinigung mit Ihm.

Ja, es ist wahr, hier gibt es keine körperliche Ruhe und genug Nahrung; aber dafür gibt es höheren Genuss und himmlischen Trost für den Geist, den niemand kennt, der nicht in der Wüste gelebt hat; hier blüht, wächst und gedeiht die Blüte der christlichen Liebe, die immer lebt, wohlriechend und lebendig; breitet sie sich aus, so erfüllt sie die ganze Weite der Wüste und die um Gottes Willen in ihr Lebenden mit Strömen himmlischer Freude.

Hier wird der junge Mastochse geschlachtet für den verlorenen Sohn, und die klugen Jungfrauen, leuchtend durch Schweigen und Ordnung der Gedanken und jungfräulicher Reinheit ihrer Herzen, entzünden die Lampen mit dem Öl ihrer geistlichen Tugenden – durch die wahre Liebe zu Gott und dem Nächsten; froh und freudig gehen sie um Mitternacht ihrem himmlischen Bräutigam entgegen, treten in das Brautgemach ein und jubeln mit allen Himmelsmächten in Freuden über ihre ewige Rettung.

Fassen wir das alles zusammen, können wir nur kurz sagen: hier brennt unaufhörlich – Tag und Nacht – der Weihrauch des geistlichen Gottesdienstes zum Herrn Jesus in den Herzen. Hier steht der Mensch auf der Wache für seine ewige Rettung, frei von den Trugbildern der Welt und all ihren Sorgen; mit reinem Verstand und erleuchtetem Herzen schaut er andauernd und unverwandt zur ewigen, nie untergehenden Sonne der Gerechtigkeit empor, die jeden Menschen erleuchtet. Was soll man noch mehr sagen?

Hier wird die Freude der ewigen Rettung vorverkostet; der Mensch tritt in die Tiefen seiner geistlichen Natur ein, in das Heiligtum des Geistes, hinter den zweiten Vorhang der Stiftshütte, wo einmal im Jahr der Hohepriester eintreten durfte.

Und hier schaut er die Göttlichen Geheimnisse – groß, nicht zu sagen – unmittelbar steht er in der Schau seines Geistes vor dem Antlitz Gottes in der Kirche im Herzen des inneren Menschen.

Man muss übrigens bemerken, dass diese erhabenen Gefühle und der übernatürliche, heilige Zustand ganz nur den geistlichen Frauen und Männern zukommt, die ihr Herz von den Leidenschaften gereinigt haben und sich vorher schon in ihrem Leben auf ein geistlich-beschauliches Leben vorbereitet haben. Allein sie können sich wahre Kinder der Wüste nennen; ihnen allein öffnet sie ihre himmlischen Schätze und geistlichen Geheimnisse und lässt sie in ihrem Schoß Ruhe finden; sie ernährt sie mit der Milch der geistlichen Wiedergeburt, und nichts kann diese Auserwählten der Wüste von ihren rettenden Tiefen trennen!

Da wir nun dieses Lob der kaukasischen Wüste gesungen haben, möchten wir doch einmal die Vorwarnung aussprechen, damit niemand, der davon gelesen hat, vor der Zeit sich von der Wüste angesprochen fühlt und seinen ruhigen Aufenthalt im Kloster verlässt.

Wir bezeugen das aus den Schriften der heiligen Väter:
Der Große unter den Vätern, der heilige Johannes Klimakos, schreibt genau darüber, wer in die Wüste gehen kann. Er zeigt acht Gründe auf, warum Menschen in die Wüste gehen, erkennt aber nur einen einzigen von ihnen als richtig an: das ist die Liebe zum Herrn Jesus Christus. Wer aber noch Hinterlist, Falschheit, Zorn und Verschlagenheit besitzt, der soll nicht einmal die Luft der Wüste riechen.

Am meisten hüteten sich selbst die heiligen Väter und warnten auch davor, vor der Zeit die Wüste zu betreten, weil daraus nur eine feindliche Verführung entsteht, oder man verbringt das Leben ganz ohne Nutzen.

Wenn überall und in allem ein stufenweises Vorgehen nötig ist, so ist das für das Werk des geistlichen Wachstums noch viel nötiger.

Den Schluss dieses Wortes schmücken wir mit den Worten des ökumenischen Lehrers, unseres Vaters unter den Heiligen – des heiligen Basilius des Großen.

Er sagt: ›O einsames Leben, Haus der himmlischen Lehre und des göttlichen Verstehens! Schule, in der Gott alles ist, was wir lernen! Wüste – Paradies der Köstlichkeit, wo wohlduftende Blumen der Liebe in Feuerfarben entflammen oder in schneefarbener Reinheit glänzen, mit ihnen aber Friede und Stille; sie leben in den Niederungen und werden vom Wind nicht bewegt: dort ist der Weihrauch der völligen Abtötung nicht nur des Fleisches, sondern auch, was noch, herrlicher ist, des eigenen Willens, und das Rauchfass des andauernden Gebetes lodert dort unaufhörlich durch die Göttliche Liebe.‹ «

37. Kapitel

Eine Warnung vor der vorzeitigen Wüste. Was man für den richtigen Eintritt in sie benötigt

»Aus großer Besorgnis und Furcht ist doch noch eine Warnung angebracht, dass niemand, angezogen von der Schönheit des Bildes der Wüste, seinen überaus nützlichen Aufenthalt im Kloster abbricht, in dem er sich im Gehorsam befindet und nach Kräften zum allgemeinen Nutzen des Klosters abmüht. Dazu sind besonders junge Mönche und Novizen geneigt, die aus großem Unverständnis glauben, dass sie sofort an der größten Vollkommenheit Anteil hätten, würde man sie nur schnellstmöglich in die Wüste entlassen.

Das aber ist unmöglich. Wie auch im körperlichen Leben das Wachstum nur allmählich voranschreitet, so ist es noch viel mehr im geistlichen Leben. Sprünge sind unmöglich. Es ist ein allmählicher Aufstieg vom Niedrigeren zum Höheren erforderlich, nicht aber umgekehrt.

Alle diese wunderbaren und noch viele andere, größere und als Beispiel bessere Güter der Wüste, die im vorangehenden Kapitel beschrieben worden sind, sind nicht für alle Bewohner der Wüste; nur jene Auserwählten von ihnen erreichen und verkosten sie, die ihre Herzen durch ein vorhergehendes, frommes Leben gereinigt haben; die schon in der Welt in ihrem Leben die Gebote des Herrn erfüllt haben, oder im Kloster unter der erfahrenen Leitung eines geistlichen Vaters gelebt haben, in aufrichtigem Gehorsam und in Abtötung des Egoismus und Besserwissens, wodurch man die wahre Demut erlangt, ohne die niemand gerettet werden kann; ferner in der Erlernung des inneren Tuns des Jesusgebetes, in der Fähigkeit, böse Gedanken zu besiegen und sein Herz in Reinheit zu bewahren. Er muss zu einer lebendigen Erkenntnis seines gefallenen und von der Sünde verdorbenen Zustandes gelangen, in dem alle Kräfte seines Wesens unaufhaltsam zum Bösen hindrängen. Dagegen aber gibt es nur ein einziges Mittel: sich mit dem Herrn Jesus Christus zu vereinigen, *»da Seine Göttliche Macht uns alles, was zum Leben und zur Frömmigkeit dient, geschenkt hat«* (1 Petr 1,3). Man muss die unausweichliche Abhängigkeit von Gottes Hilfe erkennen.

Wenn jemand ohne solche Lehre in die Wüste eintritt – aus Anmaßung, Leichtfertigkeit und zu hoher Meinung von sich selbst, und sich fälschlich für fähig hält, in Wirklichkeit aber alle diese nötigen Qualitäten entbehrt – dann ereilt ihn ein großes Unglück, da er sich anstatt der Rettung den Untergang erwirbt.

Schaut, was der heilige Isaak der Syrer darüber schreibt.
Zweifach ist das Werk des Kreuzes, gemäß der Zusammensetzung der Natur, die in zwei Teile geteilt ist. Das eine besteht in der Geduld gegenüber den körperlichen Leiden: es wird durch die Tätigkeit einer Seelenkraft vollbracht – des Eifers, und wird im eigentlichen

Sinn Werk genannt. Das andere erlangt man durch die feine Tätigkeit des Verstandes, durch das unaufhörliche Denken an Gott und das Verbleiben im Gebet; das wird durch die Kraft des Wunsches vollbracht und heißt ›Schau‹. Das erste – das Werk – reinigt den leidenschaftlichen Teil der Seele durch die Kraft des Eifers; das zweite reinigt den gedanklichen Teil der Seele durch die Wirkung der seelischen Liebe und durch das Verlangen der Seele. Jeder, der vor der vollkommenen Unterweisung im ersten Teil zum zweiten übergeht, angezogen von seiner Süßigkeit, um nicht zu sagen Faulheit, zieht sich den Zorn zu, denn er hat seine Glieder auf der Erde nicht abgetötet, das heißt, er hat die Krankheit seiner Gedanken durch das geduldige Bleiben unter der Schmach des Kreuzes nicht geheilt, sondern gewagt, in seinem Verstand vom Ruhm des Kreuzes zu träumen. Das bedeutet der Ausspruch der alten Heiligen: ›Wenn der Verstand das Kreuz besteigen will, bevor die Gefühle von Krankheit geheilt wurden, dann ereilt ihn der Zorn Gottes.‹ Das Besteigen des Kreuzes zieht dann den Zorn auf sich, wenn es nicht im ersten Teil durch die Geduld gegenüber den Leiden und die Kreuzigung des Fleisches vollzogen wird, sondern durch das Hindrängen zur Schau – dem zweiten Teil, der seinen Ort in der geheilten Seele hat. Der Verstand von so einem Menschen ist besudelt mit schändlichen Leidenschaften und drängt sich zu Träumereien und Gedanken der Überheblichkeit. Ihm muss man den Weg durch ein Verbot versperren, weil er nicht zuerst den Verstand durch Leiden gereinigt hat, seine fleischlichen Gelüste nicht unterworfen hat, sondern nach dem Hörensagen oder dem Buchstaben direkt nach vorne strebt auf einen Weg, der voll Finsternis ist und er selbst ist auch blind. Denn auch jene, deren Schau heil ist, die von Licht erfüllt sind und Lehrer gefunden haben, voll der Gnade – auch jene leiden Tag und Nacht; ihre Augen sind voller Tränen; im Gebet und unter Weinen mühen sie sich Tag und Nacht wegen der Gefahren des Weges, wegen der heftigeren Strömungen, die sie antreffen, wegen des Bildes der Wahrheit, das sich mit trügerischen Merkmalen vermischen kann. ›Das Göttliche‹, so sagen die Väter, ›kommt von selbst, wenn du es nicht erwartest. Ja, so ist es, aber nur, wenn der Ort rein ist, nicht besudelt.‹

Wir haben es auch wirklich während unseres ganzen Lebens in der Wüste gesehen und bezeugen es, dass solche Menschen unsägliche Bedrängnis leiden gemäß ihrem geistlichen Zustand; es ist nur nutzloses Bemühen und Verlust. Man könnte sie am ehesten wie Nestvögel ohne Federkleid darstellen, die vorzeitig aus dem Nest gefallen sind.

Anstatt seiner Bestimmung als Vogel gemäß in die Höhe zu fliegen, schleppt er sich mühsam am Boden dahin, bis er ein Fraß der Raubtiere wird. Dasselbe geschieht unweigerlich mit den jungen Mönchen und Novizen, die vorzeitig das Kloster verlassen, ohne im geistlichen Werk unterwiesen zu sein. Sie verbringen nicht nur ihr ganzes Leben fruchtlos, sondern sind, was am schlimmsten ist, zu irgendeinem anderen Leben unfähig geworden. Sie kommen dann wieder in das Kloster zurück, um wie vorher zu leben, können es aber nicht mehr. Von neuem gehen sie in die Wüste, dann wieder ins Kloster; wie ein Schilfrohr, vom Wind bewegt, neigen und wenden sie sich nach allen Seiten und finden doch nirgends für sich Beruhigung und kommen nicht zu sich, bis sie am Schluss in Verzweiflung geraten, nichts mehr ernst nehmen, nachlässig werden und ein sündhaftes, fleischliches Leben führen.

Diese traurigen Beispiele haben wir auch in Fülle vor Augen. Zwar haben wir die Wüste in ihrem wahren, ihrer Bestimmung entsprechenden Zustand gezeigt, aber zu gleicher Zeit zeigen wir auch deutlich ihren entgegengesetzten Zustand, damit niemand, angezogen von ihrer Schönheit; sich vorzeitig in ihre heilige Umarmung wirft. Wir können auch nicht als Studienanfänger im ersten Semester gleich in die höheren Jahrgänge eintreten, in die Theologie und die Akademie, da wir dort doch nichts verstehen würden.

Am schlechtesten ist es jedoch, wenn einer gleich allein das Leben in der Wüste auf sich nimmt. *»Wehe dem Einzelnen«*, sagt die Schrift (Koh 4,10). Auch der heilige Johannes Klimakos sagt: ›Wie einer, der keinen Führer hat, sich leicht auf seinem Weg verirrt, auch wenn er überaus klug ist, so kommt auch der leicht um, der eigenmächtig den Weg des Mönchtums beschreitet, mag er auch die ganze Weisheit dieser Welt kennen!‹

Es gibt untrügliche Zeichen für den Einsiedler: eine natürliche Neigung zur Einsamkeit, zum Schweigen, zur Entfernung von den Menschen, die Liebe zum Gebet, die seine ganze Seele so umfängt, dass er es für die erste Sache in seinem Leben hält und allen übrigen Dingen vorzieht, allen anderen asketischen Kämpfen und Übungen. Das Verweilen im Gebet stellt für ihn eine Ruhe dar, Freude und das Wesen seines Lebens. Es ist für sein Leben der Grund, der Hafen, das Lebenselement, wie das Wasser für den Fisch und die Luft für die Geschöpfe auf der Erde; ferner die tiefe Erkenntnis seiner gefallenen Natur, die von der Sünde verdorben ist, seine völlige Unfähigkeit zum Guten und die andauernde Neigung zum Bösen; dann das lebhafte Empfinden der Notwendigkeit von Gottes Hilfe und die unbedingte Einigung der Seele mit dem Herrn Jesus Christus, Der allein diese Hilfe gewähren kann.

Man braucht einen starken Glauben an die unermüdliche Verehrung Gottes, so stark wie der Tod. Ohne ihn kann niemand in der

Wüste leben; dazu kommt das grenzenlose Misstrauen gegen sich, da man seine eigene Schwäche kennt, und ein grenzenloses Vertrauen auf Gott; das geduldige Ertragen aller Entbehrungen und schließlich – die volle Ergebenheit in den Göttlichen Willen.«

38. Kapitel

Ein Vergleich über die Bedeutung des Lebens in der Gemeinschaft des Klosters und in der Wüste. Über den hl. Arsenios, den Schweigenden; noch eine Warnung vor dem vorzeitigen Eintritt in die Wüste

Frage: »Welchen Vorzug hat das Leben in der Wüste vor dem Leben in Gemeinschaft und welcher Unterschied besteht zwischen ihnen?«

»Er ist groß und unvergleichlich. Das Gemeinschaftsleben kann man den Anfang und die Unterweisung des monastischen Lebens nennen, das Leben in der Wüste das Ende und die Vollendung. Dem ersten gebührt in der vollen Bedeutung des Wortes die Bezeichnung »geistliches Krankenhaus« oder »Heilstätte«, wo jeder, der sich um die Rettung bemüht, aus der Welt kommt und seine Leidenschaften, Seelenmängel und Schwächen ausheilt, und so gereinigt, seinen Geist zur Aufnahme und Ansiedlung des Göttlichen Jesusgebetes bereitet, das im monastischen Leben die Spitze und die Vollendung darstellt; die Wüste aber hat als Hauptziel eben diese Übung oder Tätigkeit des Jesusgebetes selbst: es in seinem Geist fortzusetzen, zu bestärken und zu kräftigen und es bis zur Vollkommenheit zu führen; es unaufhörlich hervorzubringen und über das Gebet sein Herz mit dem kostbarsten Erlöser, unserem Herrn Jesus Christus, zu ver einen, in Dem das ewige Leben und unendliche Seligkeit sind, das ist die unverzügliche Aufgabe eines vernünftigen Einsiedlerlebens.

Im Gemeinschaftsleben wird eigentlich ein tätiges Leben geführt, das heißt, man übt sich in körperlichen Beschäftigungen, Tätigkeiten, Mühen und Arbeiten, die das Absterben der Seelen verderbenden Leidenschaften bewirken sollen, insbesondere von Eigenliebe und Stolz, und dadurch zum Gehorsam gegenüber dem Kloster führen sollen. Das Gebet wird hier gemeinschaftlich erfüllt: durch die Teilnahme an den kirchlichen Gottesdiensten, soweit die Aufgaben das erlauben, die jedem im Gehorsam auferlegt wurden, und durch die Erfüllung der persönlichen Gebetsregel in der Zelle. Als Haupttugend zählen hier Gehorsam, Verleugnung des Eigenwillens gegenüber seinen Vorstehern, Abkehr vom Besserwissen und überhaupt jeder Eigenmächtigkeit. Und das ist tatsächlich eine hohe Tugend, gleichsam ein Opfer seiner Seele, und führt zur Demut, ohne die niemand gerettet werden kann.

Die heiligen Väter, unter ihnen der heilige Johannes Klimakos und der heilige Theodor* von Studion, nennen das mit Vernunft durchgeführte monastische Leben, mit vollem Glauben an seine Vorsteher und Absage an den Eigenwillen, den Kampf eines Märtyrers. Und es gibt natürlich für jeden, der einen geistlichen Fortschritt und die ewige Rettung erreichen möchte, nichts besseres, als viele Jahre im Kloster unter der Leitung geistlicher Starzen zu leben, sich an das innere Jesusgebet zu gewöhnen und dann erst, wenn es Gottes Wille ist, in die Wüste zu gehen.

In der Wüste hat man das Fehlen körperlicher Tätigkeiten, irdischer Sorgen und irgendwelcher irdischer Zerstreuungen im Sinn, ausgenommen das Nötigste, ohne das man das körperliche Leben nicht weiterführen kann. Die Hauptsache dieses Lebens besteht, wie schon oben gesagt, im unaufhörlichen inneren Tun des Jesusgebetes oder einfacher gesagt: im beschaulichen Leben – im lebendigen und heiligen Umgang mit Gott, mit reinem Verstand und erleuchtetem Herzen. Es ist nach dem Wort des heiligen Johannes Klimakos ein unaufhörlicher Gottesdienst. Den Unterschied zwischen beiden Formen sieht man auch darin, dass wir, wenn wir im Kloster das gewöhnliche monastische Leben führen, nicht so leicht, spürbar und anschaulich die unermüdliche göttliche Vorsehung sehen können, die wachsam für jeden Menschen sorgt, weil hier jeder bekommt, was er braucht, fertig und ohne Mühe. Kommt die Zeit zum Essen, geht er in die gemeinsame Trapeza (Speisesaal) und isst mit Dank gegen Gott den Herrn die ihm vorgesetzte Speise. Wenn er Kleidung braucht, geht er in die Schneiderei oder in das Lager für Klosterkleidung und nimmt frei und ohne Mühe, was er gerade braucht. Daher kommt es auch bei unserer Unaufmerksamkeit, dass wir fast gar nicht mehr die unaufhörliche Tätigkeit der allmächtigen Vorsehung Gottes bemerken oder für nötig halten, die sich doch unermüdlich für jedes Geschöpf sorgt, besonders für die geistlichen Bedürfnisse der vernünftigen Wesen, die durch die Verwandtschaft ihres Geistes mit der Gottheit einen unvergleichlichen Vorzug vor allen anderen Göttlichen Geschöpfen haben. Wer aber in der Wüste lebt, sieht sie auf jeden Fall, und mag er noch so unaufmerksam sein, da er mit diesem oder jenem in unmittelbarem Kontakt steht. Diese Erfahrung ist wirklich sehr wertvoll, unwiderruflich überzeugend und deutlich sichtbar.

Zur Ehre der unaussprechlichen Barmherzigkeit Gottes bezeugen wir kühn sowohl auf der Basis der Schriften der Heiligen Väter wie teilweise auch aus unserer eigenen Erfahrung, dass der Herr ganz entschieden niemals die im Stich lässt, die auf Ihn hoffen, wie überhaupt alle Menschen. So lässt Er auch die nicht im Stich und hilft sogar in besonderer Weise, die ihr Leben um der Liebe Christi willen und für die Rettung ihrer Seelen in dem kaum zugänglichen Waldesdickicht führen, in Höhlen und Schluchten. Bin ich auch der allerschlechteste unter allen Einsiedlern des Kaukasus und lebe ich auch noch nicht viele Jahre hier, so sah ich immer die wunderbare Hand Gottes über mir, die ganze Zeit meines Einsiedlerlebens.

Einmal musste ich öde, völlig unbesiedelte Orte durchwandern. Das Brot war schon aufgebraucht und es gab keine Möglichkeit, den Hunger auf natürliche Weise zu stillen. Es blieb nur mehr übrig, auf übernatürliche Hilfe zu hoffen – und die Hoffnung wurde nicht zu Schanden. Der Abend brach an. Ich schaute umher, um einen passenden Platz für das Nachtlager zu entdecken, da erblickte ich einen schönen Baum und um ihn herum eine kleine Ebene, bedeckt mit dichtem, grünen Gras. Es war Sommer. Als ich mich dem Baum näherte, spürte ich, dass ich mit dem Fuß an einen Stein gestoßen war. Ich wollte ihn auf die Seite werfen und packte ihn mit beiden Händen, da sah ich zu meinem großen Erstaunen, dass es ein großes rundes Stück Brot war – weich, warm, als hätte man es gerade aus dem Ofen gezogen.

Das war einer von vielen Vorfällen, denn alles kann man nicht wiedererzählen.

Der Starez Paisij Velitschkovskij zieht sehr schön und unnachahmlich einen Vergleich zwischen dem inneren und geistlichen Leben, das im Inneren der Seele durch die Tätigkeit des Jesusgebetes erzeugt wird, und dem äußeren Leben, das in der äußerlichen Erfüllung der Gebetsregel schläft, das heißt im Lesen des Psalters, der Kanones, Troparien und Akathiostshymnen.

Das äußerliche Leben vergleicht er mit einem Schiff, das am Ufer vor Anker liegt und mit Tauen festgebunden ist und der Stadt die von ihm aus der Ferne hertransportierte Ladung übergibt. Jeder, der will, betritt es frei und ohne jedes Hindernis und verlässt es wieder; er nimmt, was er braucht; eine Menge oberflächlichen Volkes drängt sich laut und ziellos am Ufer; Bewegung, Lärm, Unordnung – völlige Abwesenheit jeder vernünftigen Tätigkeit; mit einem Wort – die übliche Nichtigkeit der Zeit.

Nun aber hat dasselbe Schiff die herantransportierte Ladung gelöscht und ist mit neuen Waren beladen worden, es hat vom Ufer abgelegt und fährt hinaus auf das offene Meer.

Die ganze Oberflächlichkeit und die Volksscharen blieben am Ufer, man sieht nur mehr das Schiff allein auf der Oberfläche des unüberschaubaren Meeres. Allein der Steuermann lenkt es geschickt in die richtige Richtung. Es fährt und entfernt sich schnell immer weiter. Und schon ist es dem Blick der Volksmenge verborgen. Nichts ist mehr zu sehen, nur Luft und Himmel, ja, und die Weite des Wassers – ohne Maß in die Breite, ohne Ende in die Länge. Die Welt und die Menschen sind in der Ferne zurückgeblieben, das Schiff aber zieht majestätisch in der grenzenlosen Weite dahin. Wellen, Winde und Stürme schlagen es von allen Seiten, aber ihm macht das nichts. In tiefem Schweigen fährt es durch die Weite des Wassers dahin, in grenzenloser Freiheit, und rundherum ist nichts zu sehen, wo der versunkene Blick stehen bleiben könnte, denn es sind nur mehr Wasser sichtbar und der Himmel, und die grenzenlose Ferne des blauen Meeres …

In einem ähnlichen Bild wurde von Gott in einer geistlichen Schau den Einsiedlervätern in Ägypten die heilige Stille des Verstandes aus dem Leben des im Schweigen großen heiligen Arsenios gezeigt, der das Schweigen mehr liebte als vielleicht irgendein anderer der heiligen Väter. Dem Herrn gefiel es auch, uns zu zeigen, dass dieser Zustand unseres Verstandes Ihm wohlgefälliger ist als die übrigen Tugenden.

Er sah sich allein auf einem Schiff, das auf der Oberfläche eines großen Meeres schwimmt. Unstörbare Stille umgab das Schiff und erfüllte die ganze Gegend, die sich über die unüberschaubare Weite des grenzenlosen Meeres erstreckte – nirgends war etwas zu sehen, als sei alles erstorben – alles ruhte unbeweglich: die Luft, das Meer und die Himmelsfeste. Der heilige Arsenios aber vollzog in den Tiefen des Schweigens und in Unbeweglichkeit einen Gottesdienst: mit reinem Geist und erleuchtetem Herzen achtete er auf die Gegenwart des Heiligen Geistes, Der die ganze Zeit durch einen besonderen Herabstieg bei ihm war. Das sahen die Asketen der Sketis, die Gott um Erkenntnis baten, wessen Leben höher stünde: des Mose*, der jeden von den Räubern aufnahm und ihm um der Liebe Christi willen zu Diensten war, oder des Arsenios, der jeden fortjagte und sogar die fortschickte, die zu ihm um des geistlichen Nutzens willen gekommen waren. Man muss aber wissen, dass zu solchem Schweigen nur wenige fähig sind. Das ist eine angeborene Gabe, durch die sich der Mensch natürlich und ungezwungen in sich zurückzieht, er meidet den Umgang mit Menschen und die Zerstreuung und wird unaufhaltsam in die Tiefe des Schweigens gezogen, in Abgeschiedenheit und Einsamkeit. Und was für andere unerträglich und mit vielen Mühen verbunden ist, ist ihm ersehnt, süß und unvergleichlich. Das Verweilen unter den Menschen fällt ihm schwer, Gespräche und Gesellschaft sind ihm unerträglich, weil hier unbedingt das Leben des Geistes von der Eitelkeit und dem lauten Geschwätz niedergedrückt wird, und das quält ihn mit unerträglicher Last; er sucht das Schweigen wie der Fisch das Wasser oder wie ein Verdurstender einen Tropfen Wasser. Im Schweigen weitet sich unser Geist frei aus und geht zu Gott; ungehindert richtet er seine ganze Kraft auf Ihn und vereinigt sich mit Ihm – in einer unaussprechlichen und geheimnisvollen Einigung.

Die heiligen Väter fanden nicht genügend Worte, um diese große Tugend würdig zu preisen; und es ist auch ein segenswerter und allen ersehnter Zustand der Seele, wenn sie, in ihm verweilend, ihre inneren Kräfte zu Gott richtet.

Der heilige Isaak der Syrer schreibt: ›Wenn du auf eine Waagschale alle Werke deines Lebens legst, auf die andere aber das Schweigen (natürlich das vernünftige, wo die Gedanken von Gott erfüllt sind), dann wisse, dass es durch die geistliche Fülle und Gewichtigkeit alle deine asketischen Kämpfe überwiegt.‹

Nicht minder lobt es der heilige Johannes Klimakos und überhaupt alle heiligen Väter: ›Den Weisen erkennt man am Schweigen.‹

›Der Liebhaber des Schweigens nähert sich Gott, er spricht heimlich mit Ihm und wird von Ihm erleuchtet.‹

Auch die Heilige Schrift zollt dem Schweigen großes Lob: »*Gelassene Zunge ist ein Baum des Lebens, der Mund der Narren lässt Torheit sprudeln*« (Spr 15,2).

Der heilige Apostel Petrus weist auf das Schweigen als den auszeichnenden Zug des innerlichen Lebens und des verborgenen Menschen hin (1 Petr 3,4)

Tatsächlich teilt das Schweigen, das den Menschen in sich selbst einschließt und seine innere Tätigkeit in ihm konzentriert, ihm die Fülle des innerlichen Lebens mit, eine besondere Kraft und Festigkeit des Geistes, und ist das beste Mittel zum Fortschritt in der Vollkommenheit und zum Wachstum des inneren Menschen.

Es ist ein segensreicher und überaus ersehnter Zustand. Aber wenige der Menschen erlangen ihn, und sie sind Auserwählte, geweiht dem Geheimnis des heiligen Schweigens, in dessen Tiefen sie Gott erreichen.

Dieser große Mann, der heilige Arsenios, betete zuerst im Königspalast zu Gott und betete ebenso, als er in die ägyptische Sketis kam: ›Herr! Lehre mich, wie ich gerettet werden kann!‹ Da sagte ihm Der, Der alles sieht und seine angeborene Neigung zum Schweigen kannte: ›Schweige, fliehe die Menschen, ruhe! Das sind die Wurzeln der Sündenfreiheit!‹

Und tatsächlich, nicht einer der Gott wohlgefälligen Wüstenväter entfernte sich so von den Menschen, wie dieser große Mann, der so unnachahmlich in dieser Tugend war.

Die heiligen Väter führen ihn in ihren Schriften über das geistliche Leben oft als Beispiel an, nennen ihn den ›Engelgleichen‹ und berichten aus seinem Leben erstaunliche Beispiele.

Einmal besuchte der Patriarch von Alexandrien mit einem Beamten den Altvater Arsenios. Der Heilige saß da und sagte nicht ein Wort. Der Patriarch unterbrach das Schweigen und sagte: ›Vater! Sage uns ein nützliches Wort!‹ Arsenios antwortete: ›Und wenn ich euch etwas sage, befolgt ihr es?‹ Sie versprachen es. Der heilige Mann sagte: ›Wenn ihr hört, wo Arsenios ist, dann nähert euch diesem Ort nicht.‹ Er sagte nichts mehr und die hohen Besucher verließen ihn.

Ein anderes Mal geschah es, dass einer der Väter an dem Kellion des großen Altvaters anklopfte, um von ihm ein Wort der Rettung zu hören. Arsenios öffnete, weil er glaubte, es sei sein Diener. Als er merkte, dass es ein anderer war, fiel er auf sein Antlitz nieder. Der aber sprach zu ihm: ›Vater, steh auf!‹ Der Greis antwortete: ›Ich stehe nicht auf, wenn du nicht weggehst.‹

Womit kann man diese Taten erklären, die nach unserer Meinung der Bruderliebe doch so fremd sind? Durch seine unaussprechliche Liebe zu Christus, von Dem er sich nicht auch nur einen Augenblick trennen konnte.

›Ich liebe euch‹, sagte er seinen Mitbrüdern als Rechtfertigung seiner Handlungen, ›aber ich kann nicht zugleich mit euch und mit Gott sein. Im Himmel haben alle einen einzigen Willen, obwohl es dort Milliarden Himmelsbewohner gibt; bei den Menschen aber sieht jeder seinen eigenen Willen.‹

Einmal fragte der Altvater Arsenios einen ägyptischen Alten über seine eigenen Gedanken. Ein anderer, der das sah, sagte zu Ihm: ›Wie kannst du, wo du doch so große griechische und römische Bildung besitzt, diesen Bauern da über seine Gedanken befragen?‹ ›Es stimmt‹, sagte er, ›dass ich die ganze Weisheit dieser Zeit studiert habe, aber das Alphabet der hohen Wissenschaft dieses Bauern habe ich noch nicht gelernt.‹

Schön wird bei den heiligen Vätern das Einsiedlerleben mit dem Leben der Hirten verglichen, die auf den höchsten Bergen und kaum zugänglichen Felsen ihre Herden weiden. Wie auch der Hirt, der sich auf eine Höhe in den Wolken begeben hat, niemand mehr im Tal sichtbar ist, in den Niederungen, so ist auch der Einsiedler, der sich an menschenleere Orte begeben hat und seinen Wohnort im unzugänglichen Dickicht aufgeschlagen hat, für sich allein und dieser Welt fremd geworden. Niemand kennt und sieht ihn, wie seine Lebenstage vergehen, nur Der, Der alles weiß, sieht, wie der Blick seines Verstandes auf die kommende Welt gerichtet ist und wie sein ganzes Inneres den köstlichen und alles erhaltenden Namen seines Retters, des Herrn Jesus Christus, preist. Darin besteht seine immerwährende und unbenehmbare Freude. Der Hirt atmet auf den Bergeshöhen reinste Luft, trinkt das Wasser aus frischen Quellen, erfreut sich am Aroma paradiesischer Blumen; er freut sich seiner Einsamkeit, umgeben von der Herde wortloser Tiere. Genauso sitzt der Einsiedler, der sich das einsame Leben erwählt hat, in der Tiefe der Wälder, von allen Seiten auf hunderte Werst hin von einem menschenleeren Raum umgeben. Oder er wohnt auf einem Felsen und achtet wie ein Adler auf seine Jungen. Und wie der Hirt von der Höhe der Wolken von Ferne die Umgebung, die unten liegenden Lichtungen und alles, was sich auf der Erde bewegt, sieht, so sieht auch der schweigende Einsiedler schon von der Ferne die herannahenden Gedanken und schlägt sie mit dem flammenden Schwert des Wortes Gottes nieder – mit dem Jesusgebet.

Ein anderer Einsiedler wiederum haust in einer Spalte des Berges wie ein Uhu; er trinkt Wasser aus der in der Nähe fließenden Quelle; zur Zeit der Abendkühle aber, wenn die Sonne mit ihren letzten Strahlen die Höhen der Berge und die ganze Umgebung vergoldet, steigt er gewöhnlich auf eine der höchsten Felsspitzen. Zu seinen Füßen liegt nun die ganze Gegend. Wie ein König über ausgedehnte Ländereien, erhaben in Macht und Majestät, ruht er in luftiger

Höhe inmitten der Wolken, wie auf einem weichen Lager, umhüllt von schneeweißen Tüchern. Der innere Blick seines Verstandes aber ist zum Himmel gerichtet, zum Thron des Allherrschers, der von den himmlischen Mächten umgeben ist, und sein Herz drängt unaufhaltsam zu Dem hin, Der von Ewigkeit zu Ewigkeit lebt – zum Allseligen Wesen, vor Dessen Herrlichkeit die feurigen Cherubim ihre Augen schließen, während sie einander zurufen: *»Heilig, heilig, heilig ist der Herr, der Gott der Heerscharen, Himmel und Erde sind Seiner Herrlichkeit voll.«*

Während dieses seligen Zustandes vergisst der glückliche Wüstenbewohner alles Irdische, die ganze Welt mit ihrer Vergänglichkeit, mit ihren Sorgen und Reizen, die zur Sünde verführen. Er erlebt die Seligkeit eines tiefen Friedens, das ist das Erbe der kommenden Welt; er kostet den vollen Kelch des wahren Glücks, das niemand kennt außer jenen, die ihm ähnlich sind. Es tun sich ihm die inneren Augen des Herzens auf, und er tritt in Gemeinschaft mit der geistigen Welt; was vor denen, die nach dem Geist dieser Welt leben, verborgen ist, besitzt er frei und leicht. Aber wer kann schon seinen inneren Zustand erkennen?

Es scheint hier nötig anzumerken, dass die Leute über das Leben in der Wüste falsch urteilen – leider auch die im Mönchsstand – die dieses Leben fruchtlos und nutzlos nennen, da es nicht mit ihren Zielen übereinstimmt. Es wird nun freilich niemand bestreiten, dass es in jeder Gesellschaft, vielleicht sogar in jeder Familie, Menschen gibt, die mehr oder weniger ihre Situation rechtfertigen, und andere, die dagegen sind. Warum schaut man aber immer auf die Letzteren und verallgemeinert ihr Leben? Das ist auch nicht gerecht! Wenn es auf einem Baum auch nur drei Früchte gibt, dann kann man ihn nicht mehr fruchtlos nennen. Man kann auch sagen, dass über das Leben in der Wüste nur die urteilen sollen, die mit Gottes Hilfe dieses Leben mit eigener Erfahrung und tatsächlich auch führen. Jemand, der in der Stadt ist, in den Mauern seines Hauses, kann auch nicht Handlungen beeinflussen, die in der Ferne auf dem Schlachtfeld stattfinden.

Hier muss man freilich wieder die Einschränkung machen, dass nur ein verständiges Leben in der Wüste den Segen Gottes auf sich zieht und jene erhabenen Güter, die ihm unbenehmbar eignen. Es ist nur für jemand geeignet, der sich in der Lebenszeit vorher genügend vorbereitet hat, sei es im Kloster oder in der Welt: durch eine Verminderung der Leidenschaften, eine Herzensbildung im Gebet, hauptsächlich aber durch Demut und völlige Erkenntnis seiner sündigen Verderbtheit und seiner Kraftlosigkeit im Werk der Rettung, durch das Gefühl der Notwendigkeit von Gottes Hilfe.

Wenn wir auch das Leben in der Wüste loben, wenn es in seiner richtigen Art, seinem Wesen und seiner inneren Tätigkeit nach geführt wird, so müssen wir doch zugeben, dass es die Berufung von gar nicht sehr vielen ist, nur von Gott Auserwählten, wie es sie von Geschlecht zu Geschlecht gibt; eben von jenen, die nach ihren Herzensneigungen, ihrer Seelenverfassung und ihren natürlichen Eigenschaften einen unhaltbaren Zug zu dieser Art von Leben verspüren; aber auch für sie ist unbedingt, wir wiederholen das oben Gesagte, eine reichhaltige geistliche Unterweisung nötig, die vorangeht und am besten und am passendsten im klösterlichen Leben geschieht, das in seiner ganzen Art und Richtung auch zu einem Leben in der Wüste bereitet.

Wer diese Bedingung kennenlernen möchte, soll das Kapitel über das Schweigen im Buch des heiligen Johannes Klimakos lesen, seinen inneren Zustand mit dem dort Gesagten vergleichen und dann schauen, ob er in die Wüste gehen kann oder nicht.

Wir sehen in den Schriften der heiligen Väter, dass sie mit besonderer Sorgfalt warnten und auf alle Arten jeden zurückhalten wollten, besonders von den jungen Mönchen und Novizen, der vorzeitig in die Wüste eintreten wollte, in der ein ganzes Meer ungeahnter Geheimnisse verborgen ist, jeder Unerfahrene aber sich unweigerlich verirrt.

Wo immer aber auch ein Mensch leben mag – ob in der Wüste, im Kloster oder in der Welt – er muss zu seiner Rettung unbedingt einige Haupttugenden besitzen, die als Grundlage für alle übrigen dienen. Das ist vor allem die Erkenntnis seiner eigenen Schwäche und des Unvermögens, gute Werke von sich aus zu verrichten, weil sein Wesen von der Sünde verdorben ist im gegenwärtigen Zustand, wenn es noch nicht von der Gnade Christi erneuert worden ist. Es ist offenkundig, dass unser ganzer Misserfolg im geistlichen Leben eben davon abhängt, dass wir unser allgemeines Erbteil nicht erkennen. Der Grund dafür ist die hohe Meinung, die wir von uns haben und der Stolz, die Gott am meisten verhasst sind. Daraus entsteht alles Böse in unserem Leben. Diese Tugend, das heißt die Sicht seiner eigenen Sünden, kann man nach dem Zeugnis der heiligen Väter die Grundtugend nennen. Der heilige Maximos der Bekenner sagt: ›Die Grundlage jeder Tugend ist die Erkenntnis der menschlichen Schwäche.‹ Der heilige Johannes von Damaskus lehrt: ›Es gibt nichts Besseres, als seine eigene Schwäche und Unwissenheit zu erkennen; und es gibt nichts Schlechteres, als sich dessen nicht bewusst zu sein …‹ Johannes Chrysostomus: ›Nur der kennt sich selbst am besten, der von sich glaubt, dass er nichts ist.‹

Aus diesem Bewusstsein entsteht natürlicherweise das Gefühl der Notwendigkeit einer höheren Hilfe, es treibt dazu an, ein Gebet an den allmächtigen Schöpfer zu richten, Der niemals Seine vernünftige Schöpfung verlässt, wenn sie zu ihm hineilt, getroffen vom Schmerz der Sünde. Das Gebet aber muss beharrlich mit dem Glauben an Gott zusammengespannt sein – wozu soll man denn auch beten, wenn man nicht glaubt, dass wir erhört werden; empfangen wir im Glauben das Erbetene, beginnen wir den Herrn zu lieben als liebevollen Vater, der nur Güte und grenzenloses Erbarmen kennt. Wie aber ein Haus ein Fundament, dann Türen, einen Ofen, Boden und Decke, Fenster und Dach braucht, so braucht man zum Werk der Rettung vor allem unbedingt das Gebet, das uns unmittelbar mit dem Herrn Jesus Christus, und durch Ihn mit Gott dem Vater und dem Heiligen Geist vereinigt; dann sind auch die übrigen Tugenden nötig: Demut und damit untrennbar verbunden ein zerknirschtes, über die eigenen Sünden betrübtes Herz. Dass das unumgänglich ist, sagt der heilige Johannes Klimakos: ›Was immer wir auch für große asketische Kämpfe vollziehen, haben wir dabei nicht ein betrübtes Herz, sind sie alle nichtig und fruchtlos.‹ Nötig ist eine Liebe zu allem – wahr und nicht lügnerisch; ebenso Keuschheit – Reinheit der Seele und des Leibes, »*Heiligung, ohne die*«, nach dem Wort des Apostels, »*niemand den Herrn schauen wird*« (Hebr 12,14). Nötig ist Bedürfnislosigkeit, das heißt eine leidenschaftsfreie Beziehung zu den Dingen. Das wird uns die Freiheit geben, auf dem Weg des Guten voranzuschreiten und wird unsere Seele von der Last des Materiellen erleichtern. Aber höher als alles steht das Gebet. Es ruht über allen diesen Tugenden wie eine Kuppel und kann ohne sie nicht zustande kommen; das Gebet aber verbindet uns mit Gott, in dem alle unsere geistlichen Mühen zur Ruhe kommen.«

39. Kapitel

Über den Glauben an Gott, den ein Einsiedler durch die Erfahrungen seines Lebens gewinnt. Worin besteht dieser Glaube und was ist sein Wesen?

Frage: »Natürlich soll ein Einsiedler alle Tugenden besitzen, und das in noch größerem Maß als ein Mönch im Kloster oder Menschen in der Welt; aber was ist jene Tugend, die ihm gemäß seiner Art auf Erden zu leben ganz besonders eigen sein muss?«

Antwort: »Der Glaube an Gott, oder genauer an Gottes Vorsehung, die wachsam für alle Geschöpfe sorgt, so eben auch für alle Bedürfnisse des Einsiedlers, für die geistlichen und die leiblichen. In seiner Tätigkeit und in seinem ganzen Lebensverlauf erkennt er das deutlich, und ohne ihn könnte er in der Wüste nicht einen einzigen Tag leben. Dieses Überzeugtsein von Gottes Vorsehung muss so stark und unzerstörbar sein wie tausend Berge, von denen einer den anderen an Höhe bis zum Himmel überragt. Es wird durch die wirkliche, eigene Lebenserfahrung gewonnen, wenn er stündlich die Hand Gottes über sich sieht, die ihn mitten durch zahlreiche Gefahren trägt, in denen sich sein Leben befindet. Er sah mit eigenen Augen, wie zahlreiche Todesgefahren auf seinem Weg vorübergingen. Wie er beim Überqueren von reißenden und tiefen Flüssen von Gottes Macht gehalten wurde und unverletzt blieb. Wie er sich öfters im Dickicht, in Wäldern und Bergen verirrte, keine Nahrung und kein Wasser mehr hatte, und doch wohlbehalten am Leben blieb. Wie wilde Tiere seine Hütte 36 Stunden lang umkreisten und ihn nicht ins Freie ließen, und er gleichsam in Gefangenschaft war, sie ihm aber doch nicht den kleinsten Schaden zufügen konnten, weil es nicht Gottes Wille war.

Wie ein Bär auf dem Pfad lag, auf dem gerade der Einsiedler ging, und ihn nicht vorbeilassen wollte, er sich auf die Füße stellte und den Rachen aufriss, um ihn zu erschrecken und zurückzujagen; sobald der Einsiedler aber ein Kreuzzeichen über ihn machte, sich das Tier pfeilschnell zur Seite warf und floh, wie von Feuer verjagt.

Wie eines Tages ein Einsiedler über einen Bergabhang ging, durch die Abschüssigkeit des Ortes plötzlich nach unten rollte und unversehens in das Nest einer riesigen Schlange fiel und sie mit beiden Annen umarmte, als er auf sie fiel. Die schoss zutiefst erschrocken wie ein Pfeil davon und erfüllte mit fürchterlichem Pfeifen und Zischen die Luft.

Ein anderer Einsiedler geriet in ein ähnliches Abenteuer, als er von einem Felsen in die Höhle einer Bärin fiel, die gerade ihre Jungen säugte. Die aber war gar nicht erschrocken, sondern wollte den Einsiedler in Stücke reißen. Der wiederum hatte den unausweichlichen Tod vor Augen und wandte sich eiligst zur Flucht; das Tier setzte ihm nach, er sprang von einem hohen Felsen und fiel in einen Fluss; das Wasser beschützte ihn, er blieb unverletzt und hatte sich nicht an einem Stein zerschlagen, nur war er völlig entsetzt von dem unerwarteten Abenteuer. Die Flüsschen im Kaukasus sind im allgemeinen nicht sehr tief, aber durch Gottes Vorsehung fiel der vom Tier verfolgte Einsiedler gerade in eine tiefe mit Wasser gefüllte Grube; ansonsten hätte er sich an einem Stein zerschlagen.

Ein anderes Mal kehrte ein junger Novize aus dem Dorf zu seinem Starzen zurück in die Wüste. Am Weg verirrte er sich, was uns allen oft passiert, geriet in eine schmale Schlucht und undurchdringliches Gestrüpp und sah sich plötzlich einem Panther gegenüber; aus Unerfahrenheit glaubte er jedoch, es sei ein Hund. Er wunderte sich noch über die Schönheit des Tieres, über die Zeichnung und seinen dichten Schwanz; der eine steht da und schaut, der andere macht es ebenso. Beide stehen lange da und schauen einander an; schließlich ging das Tier, als ob es ein Verbot Gottes vernommen hätte, still und friedlich seines Weges.

Derselbe Novize stieß zu anderer Zeit einmal mit seinem Gesicht direkt auf einen laufenden Eber von außergewöhnlicher Größe und war so erschrocken, dass ihm, wie er sagte, der Verstand stillstand.

Dieses und vieles andere sieht der Einsiedler, bemerkt und beurteilt es, und kann sich mit eigenen Augen überzeugen, dass der Herr jeden seiner Schritte behütet, wie ein Vogel seine Flügel über seine Jungen ausgebreitet hat. Hat er sich aber zweifelsfrei von dieser Wirklichkeit überzeugt, dann setzt er gleichsam schon natürlich all seine Hoffnung auf den Herrn und macht es sich zur Pflicht, alle Dinge, ob groß oder klein, von Seiner Güte zu erbitten.

Hat er diese Hoffnung in sich bestärkt, wird er einem Löwen gleich und fürchtet keine Gefahr, ›denn sein Herz wurde festgemacht in Gott und das Horn seines Heiles erhoben‹.

Der heilige Isaak der Syrer sagt: ›Der Mensch erkennt nie so sehr die Macht Gottes, wie wenn er sich in Ruhe und Freiheit befindet, und nirgendwo zeigt Gott so spürbar seine Wirksamkeit wie gerade im Land des Schweigens und der Wüste, an menschenleeren Orten, die frei sind von Geschwätz und menschlichen Zusammenkünften.‹

Tatsächlich, diesen wertvollen Zustand, das heißt diesen unzerstörbaren Glauben an Gott und die Hoffnung auf Seine väterliche, unermüdliche Vorsehung, kann man kaum anderswo so erwerben wie gerade in der Wüste, in der der Mensch allen Gefahren von Angesicht zu Angesicht gegenübertritt, allen Entbehrungen und Mühen – und in allen sieht er unverhüllt die wirksame Macht Gottes.

Den Zustand und die Tätigkeit dieses Glaubens kann man mit folgendem Bild vergleichen: wenn ein Stein von ungeheuren Ausmaßen vom Gipfel eines hohen Berges hinunterrollt, dann kann man sich die furchtbare Kraft dieser Bewegung vorstellen ... Wie er nun alles zerbricht, was sich ihm in den Weg stellt, es zerstört und vernichtet, und es vielleicht keine Kraft gibt, die ihn in seinem Ungestüm aufhalten kann – so, in dieser Art muss auch der Glaube des Einsiedlers beschaffen sein – er überwindet und zerstört alles, was sich diesem Leben entgegenstellt.

Wenn man sich auf die Worte des Allmächtigen stützt, dann kann der Glaube durch seine Macht alles aus dem Nichts erschaffen. Das ist wirklich dem Glauben unbenehmbar eigen nach dem Wort des Herrn Selbst: »*Alles ist möglich dem, der glaubt*« (Mk 9,23). Wenn aber alles möglich ist, dann ist davon nichts ausgeschlossen, natürlich nur, was Gottes und der geistlich-sittlichen Natur des Menschen würdig ist. Hier hüllt er sich gewissermaßen in die Göttliche Allmacht und schafft große und übernatürliche Dinge. In diesem Sinn sagt der heilige Ambrosius: ›Den Glauben erhält man in dem Maße, in dem man glaubt.‹ Und er zeigte tatsächlich der Welt seine wundertätige Macht, wie der heilige Isaak der Syrer sagt; der Glaube schritt über den Rücken des Meeres wie auf dem Festland, er ging durchs Feuer, ohne Schaden zu erleiden.

Und was für übernatürliche Dinge zeigte der Glaube nicht, seitdem Christus auf der Erde lebte? Er sagte, und Sein Wort ist wahr: »*Wer an mich glaubt, der wird die Werke, die Ich tue, auch tun und wird größere als diese tun«* (Joh 14,12).

Wenn man sich auf die Worte des wahren, untrüglichen Gottes stützt, dann ist der Glaube so stark und fest in seiner inneren Kraft, dass nichts mit ihm an Festigkeit und Überzeugung verglichen werden kann. Wie stark die Fundamente von Himmel und Erde auch sein mögen, er ist noch stärker …

Nach der Lehre der heiligen Väter ist der Glaube zweigeteilt: zunächst gibt es den dogmatischen Glauben, auf den wir alle getauft werden, in dem wir bleiben und in dem wir, so Gott gibt, ins ewige Leben eingehen.

Er besteht im Glaubensbekenntnis, in den Bestimmungen der ökumenischen Konzilien, in der Lehre des Evangeliums des Retters Christus und der heiligen Apostel und in den Sakramenten der Kirche: die Erklärung dafür kann man im rechtgläubigen Glaubensbekenntnis finden, im Katechismus und in der Theologie. Die Definition für ihn muss so sein, dass er unsere zweifelsfreie und unbeugsame Überzeugung des Herzens von der untrüglichen Wahrheit von allem darstellt, was in der Göttlichen Offenbarung enthalten ist, dass alles, was der Herr gesagt hat – sei es Er Selbst, sei durch Seine heiligen Jünger und Apostel – fester als Himmel und Erde steht und ohne Falsch ist, denn Gott ist beständig in Seinem Wesen, Seinen Vollkommenheiten und in allen Seinen Ratschlüssen.

Der zweite Glaube ist und wird auch so genannt – der tätige Glaube oder Herzensglaube, den der Mensch durch viele Erfahrungen und Mühen seines geistlichen Lebens erwirbt. Ihm gibt der heilige Isaak der Syrer folgende Definition: er leuchtet in der Seele durch das

Licht der Gnade auf, bestärkt als Zeugnis des Verstandes das Herz, damit es in der Zweifellosigkeit der Hoffnung, fern jedem Zweifel, nicht ins Wanken gerät.

Um es einfacher zu sagen: es ist die zweifelsfreie Hoffnung, von Gott zu erhalten, worum wir gebeten haben; wenn der Mensch nicht den kleinsten Zweifel hat, unverzüglich das zu erhalten, was er von Gott erbeten hat.

Eigentlich muss man sagen, dass es nur einen Glauben gibt geeint und untrennbar. Und der letztere steht fest auf dem ersteren, er ist sein Fundament und kann ohne ihn gar nicht zustande kommen.

Der Glaube bekommt in seinem richtigen Verlauf, den Stufen des Aufstiegs gemäß, Kraft und wird gleichsam spürbar. Hier wird er betrachtender Glaube genannt, während er vorher ein Glaube vom Hören war (Röm 10,17).

Hier, auf dieser Stufe, vermischen sich Herz und Empfindung der Seele, er wird von Wahrheit durchdrungen und empfängt in ihr völlig zweifelsfreie Überzeugtheit, denn er schaut sie mit seinem geistlichen Auge, wie wir mit den körperlichen Augen auf materielle Gegenstände schauen; oder wie wir mit der Hand etwas berühren und die Beschaffenheit eines Dinges spüren, seine Weichheit oder Härte; so schaut auch der Glaube die geistlichen Gegenstände in ihrer innerlichen Wesenheit nicht mit den Augen des Fleisches, sondern mit den inneren Augen des Herzens, die für die geistliche Welt offen sind.

Unser Geist besitzt eine Empfänglichkeit für Übernatürliches. Sie nimmt unmittelbar Eindrücke aus der geistigen Welt auf ähnlich wie unsere leiblichen Sinnesorgane Eindrücke von gefühlten oder gesehenen Gegenständen aufnehmen. Wenn diese innere Fähigkeit sich in einem gesunden Zustand befindet und nicht von der Sünde verdunkelt ist, dann haben wir ebenso leicht die Möglichkeit, uns von der Existenz von Gegenständen der geistigen Welt zu überzeugen, wie wir uns von der Existenz spürbarer irdischer Gegenstände durch unsere leiblichen Sinnesorgane überzeugen.

Wie unsere leiblichen Sinnesorgane durch unmittelbare Berührung von Gegenständen dieser Welt dementsprechende Eindrücke aufnehmen, so empfängt auch diese Fähigkeit, wenn sie auf die übernatürliche Welt gerichtet ist, unmittelbar Empfindungen von dort, die ihrer geistigen Natur entsprechen. Und Gott, der auf diese unsere Fähigkeit einwirkt, zeigt sich unserem Geist, wir aber nehmen diese Wirkung auf und können diese Wirkung auf uns durch das Gebet festhalten; und das Gebet ist das Mittel zur Gemeinschaft und Einigung unseres Geistes mit Gott.

Der Glaube an Gott ist daher nicht irgendeine Gedankenkonstruktion von Begriffen oder eine logische Schlussfolgerung von Beweisen oder irgendein gedachtes Überzeugtsein. Diese ganze Arbeit wird nur im Kopf hervorgebracht. Nein! Es ist die Wahrnehmung des Herzens oder das lebendige Empfinden unseres Geistes von Gottes Sein. Oder noch mehr: es ist das Wesen unserer Seele selbst, das in ihrer Natur verwurzelt ist und *»das innere Gesetz, das den Völkern ins Herz geschrieben ist«* (Röm 2,15) – so dass ohne den Gedanken an Gott unsere Seele gar nicht mehr menschlich sein kann, sondern viehisch wird. Der Mensch ist deswegen ein Mensch, weil der Glaube an Gott in seiner Natur liegt, und ohne ihn würde er sich nicht mehr vom Tier unterscheiden.«

40. Kapitel

Über die Anwendung des Glaubens auf die Tätigkeit des Einsiedlers und überhaupt auf alle unsere guten Werke zur Bekräftigung der Gottesfurcht in unserem ganzen Leben

»Ohne einen lebendigen Glauben an die Göttliche Vorsehung ist es ganz entschieden unmöglich, in der Wüste zu leben, weil sich der Widersacher, der Teufel, vor allem und am meisten bemüht, die dort Lebenden durch Gedanken des Kleinglaubens und des Zweifels an den Göttlichen Vorhaben für uns zu verwirren. Bringt er dadurch unser Herz ins Wanken, dann werden wir in allem schwach wie ein Rohr, das im Winde schwankt. Einen Anfänger oder auch nur jemand, der die Absicht hat, in der Wüste zu leben, fängt der Feind mit den Gedanken: Nun, woher willst du das Geld nehmen, um dir Nahrung zu kaufen, woher wirst du Kleidung nehmen? Wenn du vielleicht krank wirst, was machst du da in der unzugänglichen Wüste? Er erschreckt die Bewohner der Wüste mit Räubern, unter denen auch tatsächlich viele Einsiedler zu leiden hatten, natürlich durch sein bösartiges Aufhetzen; oder er erschreckt durch Tiere, oder selbst nachts durch verschiedene Erscheinungen.

Wenn ein Mensch sich aber im Glauben an Gott festgemacht hat, dann bedeutet ihm das alles nichts. Er richtet seine Aufmerksamkeit überhaupt nicht darauf, ob nun, wie ein Gottesknecht sagt, Himmel und Erde zusammenstoßen – er fürchtet auch dann nichts. Um aber einen solchen Glauben zu erlangen, muss man vor allem darum zum Herrn Jesus Christus beten, wie die heiligen Apostel zeigten. Sie baten darum und sagten: *»Herr, mehre uns den Glauben «* (Lk 17,5), und der Herr schlug ihnen die Bitte nicht ab, wie Er sie auch jetzt niemand verweigert, der Ihn darum bittet. Durch den Glauben besiegten sie die Welt. *»Das ist der Sieg, der die Welt überwunden hat: unser Glaube«* (1 Joh 5,4). *»Ohne Glaube aber ist es unmöglich, Gott wohlzugefallen«* (Hebr 11,6). Um ihn aber zu erlangen, muss man sich auch selbst darum bemühen: man muss sich die Dogmen des Glaubens klarmachen und in den Sinn der Göttlichen Schrift eindringen.

Nach den Worten des heiligen Gregor des Theologen (von Nazianz) besteht jede Tugend aus drei Teilen: zwei Teile davon kommen Gott zu, dem Menschen aber ein Teil, den er unverzüglich erfüllen muss, da sonst die Tugend nicht zustande kommt.

Man muss insbesondere mit allem Fleiß die Lehre des Evangeliums unseres Herrn Jesus Christus mit dem Verstand erfassen. Es ist hier nicht überflüssig, die Aufmerksamkeit auf Folgendes zu richten:

Als der Herr Jesus Christus die Wunder an den Kranken vollbrachte, forderte Er immer den Glauben an Ihn als den Sohn Gottes: *»Glaubt ihr, dass Ich dies tun kann?«* fragte Er zwei Blinde, die Ihm nach der Totenerweckung der Tochter des Jairus nachfolgten (Mt 9,28). Den Blinden von Jericho fragt Er ebenso: *»Was willst du, dass Ich dir tun soll?«* Er antwortete: *»Herr, dass ich wieder sehen kann!«* Und Jesus sprach zu ihm: *»Werde wieder sehend! Dein Glaube hat dich gerettet«* (Lk 18,41 f).

Die blutflüssige Frau lobt Er: *»Meine Tochter, dein Glaube hat dich gerettet!«* (Lk 8,48). Er wundert sich über die kanaanäische Frau: *»O Frau, dein Glaube ist groß; dir geschehe, wie du willst«* (Mt 15,28).

In gleicher Weise zeigen uns auch die anderen Heilungen – von Tauben, Stummen, Blinden, Schwachen, ob sie sich nun mit eigener

Bitte oder über Bitte anderer an Ihn wandten – ganz anschaulich die rettende Macht des Glaubens an den Herrn Jesus Christus; und darin besteht auch das Gebet des Glaubens, das niemals unerhört bleibt, sondern immer zu den Ohren des Herrn gelangt, der die Menschen liebt und die Bitten annimmt. ›Im Glauben‹, sagt der Metropolit von Moskau Filaret, ›hat man Ihn gesucht, mit Glauben hat man sich Ihm genähert, durch den geistlichen Glauben hat man an Seine Kraft gerührt, hat man körperlich Seinen ganz reinen Körper berührt oder Sein Gewand, und man hat sicher geschöpft aus der Quelle des Heils, auch wenn man mit Gewalt die ganz heilende Kraft des Retters raubte.‹

Aber betrachten wir, wie dieser Glaube entsteht: nehmt irgendeine beliebige Heilung und schaut: da denkt zunächst einmal die blutflüssige Frau *»bei sich und sagt: wenn ich nur Sein Gewand berühre, werde ich gesund werden«* (Mt 9,21). Aus diesem Nachdenken wird. in ihrem Herzen eine zweifelsfreie Hoffnung geboren, diese aber gebiert den Glauben an die allmächtige Kraft des Retters Christus, die zu der Quelle der Heilungen hinzieht. ›Und so nennt der Herr in geistlicher Betrachtung das »Glaube«, was den Augen des Leibes nur Annäherung und Berührung schien‹ (Metropolit von Moskau Filaret).

Hier wie in allen anderen Heilungen, die Totenerweckungen nicht ausgeschlossen, wird auf ganz offensichtliche und anschauliche Weise der Weg des Glaubens zum Herrn gezeigt. Man kann daraus ersehen, dass jeder, der vom Herrn Jesus Heilung erlangte, zu Ihm eben mit dem Glauben und der Hoffnung kam, geheilt zu werden.

Warum aber wird gerade der Glaube bei der Vollbringung eines Wunders gefordert, das doch immer eine Wirkung der Göttlichen

Kraft ist? Der Grund ist folgender: Wie unser Fall aus dem Unglauben gegen Gott entstand, so ist jetzt unbedingt das Gegengewicht, der Gegensatz dazu erforderlich; man muss einen neuen Anfang in seiner Seele setzen und ihr die Richtung zum entgegengesetzten ehemaligen Zustand geben: man muss in sich wieder den zweifelsfreien Glauben an Gott, den Wahren und Untrüglichen, festigen. Und dieser Glaube, der von guten Werken bezeugt wird, erhebt uns wieder in den uranfänglichen Zustand, in dem wir mit Gott vereint sind. Der Glaube öffnet unsere Herzen zur Aufnahme der Göttlichen Kraft, wie ein offenes Gefäß Flüssigkeit in sich aufnehmen kann; der Unglaube aber, der Zweifel, der Kleinglaube verschließt es und erlaubt der Gnade Gottes nicht, in das Herz einzutreten; wie Regen, der auf gepflügte Erde fällt, ganz von ihr aufgesogen wird, wenn er jedoch auf ein Eisendach fällt, abfließt, so ist es auch mit dem Herzen: ist es für den Glauben offen, nimmt es alle Worte Gottes in sich auf, ist es aber verschlossen – dann lässt es sie an seiner Oberfläche.

Es wird nicht überflüssig, sondern sehr nützlich sein, die Anwendung des Glaubens bezüglich aller unseren guten Werke und der Stärkung der Frömmigkeit unseres ganzen Lebens zu betrachten.

Wenn der Glaube in unserem Herzen durch seine heilige Gegenwart seine Wohnung festigt und mit seiner Überzeugung alle unsere Seelenkräfte: Verstand, Wille, Herz durchdringt, dann gibt es für den Herrn kein Hindernis, unsere Bitten zu erfüllen.

»Alles, um was ihr betet und bittet, glaubt nur, dass ihr es empfangen habt und es wird euch zuteil werden« (Mk 11,24). Das allein eröffnet uns den freien Zugang zu den himmlischen Schätzen; daher möchte uns der Herr Jesus Christus im Evangelium durch viele Gleich-

nisse, Beispiele aus unserem Erdenleben und direkte Gebote inständig zum hartnäckigen Gebet zu Ihm bewegen – zum lebendigen Gott, zum Wahren, Der nicht nachtragend sein kann und uns bei weitem mehr gibt als wir erbitten und der gerne unsere Gebete erhört, wenn wir nur beten.

Dieses heilige Überzeugtsein und diese zweifelsfreie Überzeugung von der Wahrheit alles Göttlichen müssen direkt das Fundament und die Wurzel unserer Tätigkeit sein; sie müssen die ganze Seele und ihre Kräfte durchdringen, alle unsere Werke, Mühen, Kämpfe, Wünsche, Hoffnungen, Maßnahmen, Bewegungen – mit einem Wort – es muss die Lebenskraft der Seele sein. *»Alles, was nicht aus dem Glauben geschieht, ist Sünde«* (Röm 14,23). *»Ohne Glaube ist es unmöglich, Gott zu gefallen«* (Hebr 11,6). Je stärker in uns dieser Glaube an Gott ist und je fester wir von der Wahrheit der Göttlichen Worte überzeugt sind, umso fester und unbeweglicher ist das Fundament, auf dem unsere Rettung errichtet wird, umso näher ist uns auch Gott. Der Mensch wird fester in der Tugend und in seinem ganzen Leben, weil er sein Herz im Herrn festgemacht hat und seine Füße auf einen Granitfelsen gesetzt hat, der unzerstörbar mitten in einem stürmischen Meer steht, inmitten der unbändigen Bedrohungen im Leben. Er steht und schwankt nicht, er fürchtet keinen Aufruhr der stürmischen Wogen. Der Glaube ist wie das Gebet jenes heilige Seil, das unseren Geist an Gott bindet und in Einigung mit Ihm hält. Seine innere Kraft ist das Streben zu Gott zum unmittelbaren Bund und zur Gemeinschaft mit Ihm.

Aber schaut nun, wie er zur Anregung und zur Grundlage jedes guten Werkes wird.

Ein Beispiel: Warum haben wir keine Barmherzigkeit und helfen so ungern unserem Nächsten mit unserem Eigentum? Wir fürchten, dass wir selbst in Armut geraten, und schreiben das, was wir dem Bruder gegeben haben, als Verlust ab ... Wir glauben nicht den Worten des Herrn, wenn Er im heiligen Evangelium sagt: *»Gebt, so wird euch gegeben werden! Ein gutes, vollgedrücktes, gerütteltes, überfließendes Maß wird man in euren Schoß geben«* (Lk 6,38).

»Wer sich der Armen erbarmt, leiht dem Herrn; Der wird ihm seine Wohltat vergelten« (Spr 19,17). Eine Fülle solcher Versprechungen findet sich überall in der Heiligen Schrift des Alten und des Neuen Bundes; *»Wer Gott nicht glaubt«*, sagt der heilige Johannes der Evangelist, *»hat Gott zum Lügner gemacht«* (1 Joh 5,10) und darum wird er den Göttlichen Verheißungen fremd. Gleicherweise können wir niemals eine leidenschaftslose Beziehung zu den Dingen und Uneigennützigkeit besitzen, wenn wir nicht zuvor in unserem Herzen den zweifelsfreien Glauben an den wahren Gott und Sein untrügliches Wort haben, dass Er in allen möglichen schwierigen Lebenssituationen *»nie zulassen wird,dass wir über unsere Kraft versucht werden, sondern mit der Versuchung einen Ausweg schaffen wird, so dass wir sie bestehen können«* (1 Kor 10,13).

Und man kann sich die Höhe der Seligkeit und die Standfestigkeit eines Menschen vorstellen, der in seinem Herzen dieses rettende und frohe Überzeugtsein stark gemacht hat, wie mühelos er durch die Hoffnung auf Gott einen unerforschlichen Reichtum von allen möglichen Gütern erwarb, von zeitlichen und ewigen, geistlichen und körperlichen. Er wurde durch seine volle Freiheit von den Leidenschaften gegenüber allem Zeitlichen und Vergänglichen nach einem Wort des Johannes Klimakos zum Herrscher dieser Welt, erhaben über alle vergänglichen Dinge und jedes geschaffene Sein;

oder wie ein Granitfelsen inmitten der wogenden Veränderungen des irdischen Lebens.

Denn im gegengesetzten Fall, wenn wir keinen Glauben haben, setzen wir alle unsere Hoffnungen unausweichlich auf die dahinfließenden und verweslichen Dinge dieser Zeit. Sie bewegen sich wie Meereswellen, rollen dahin, heben sich. So ist auch ein Mensch, aufgewühlt von Zweifel, Hoffnungslosigkeit und Unglauben, nicht standhaft, der nicht den Glauben an den wahren, gerechten, allmächtigen Gott besitzt. *»Denn Er, Er sprach, und es geschah, Er gebot, und es stand da«* (Ps 33,9). *»Und Sein Wort ist Wahrheit!«* (Joh 17,17).

So hinken wir in allen Dingen unseres Lebens, die sich auf die Rettung der Seele beziehen, wir sind unfähig, schwach und kraftlos, weil wir durch unseren Unglauben von Gott fortgerissen sind, der Quelle der Kraft und der geistlichen Güter; in uns aber besitzen wir keine Kraft, das Gute zu tun, und schwanken daher wie ein Rohr im Wind.

In der Theologie des Metropoliten von Moskau Makarij* heißt es: ›Von allen Gütern, deren uns der allgütige Menschenfreund würdigte, ist das erste und höchste der Glaube, denn nur durch ihn und in ihm können wir für uns die wahre Rettung und Seligkeit finden. Genauso ein Gut ist der Glaube für alle geistigen Wesen, die Gott durch ihr gutes Leben preisen und in Ihm ihre wahre Seligkeit finden. Vor allem muss man dem wahren und untrüglichen Gott glauben, Der, nach dem Wort des Apostels, *»nicht gelogen haben kann«* (Hebr 6,18) und *»Der sich selbst nicht verleugnen kann«* (2 Tim 2,13). Und dieser Glaube wird uns als Verdienst vor dem Herrn angerechnet und stellt in sich selbst eine hohe Tugend dar, weil er auf ein größeres Vertrauen des Menschen auf das Wort Gottes als auf seinen Verstand hinweist.

Dadurch erweisen wir Gott Gehorsam, nehmen gerne Seine ganze Göttliche Offenbarung an und glauben an die Wahrheit von allem, was Er uns in der Heiligen Schrift zu offenbaren geruhte.

Bei alldem misst aber der Gotterleuchtete Prediger der christlichen Wahrheit, der heilige Apostel Paulus, jenem wundertätigen Glauben überhaupt keine Bedeutung zu, »*der Berge versetzen kann. Haben wir die Liebe nicht, so sind wir nichts*« (1 Kor 13,2). Hier wird der unvergleichliche Vorzug der Liebe geoffenbart, die das Bindeglied der Vollkommenheiten und die Vereinigung alles Guten ist. Daher muss sich unbedingt der Glaube nach dem Wort des Apostels, »*durch die Liebe wirksam erweisen*« (Gal 5,6). Ohne Liebe kann der Glaube allein uns nicht die ewige Rettung verschaffen. Denn es heißt: »*auch die Dämonen glauben und zittern*« (Jak 2,19) und Abraham, sagt der heilige Apostel, »*wurde aufgrund seiner Werke gerecht gesprochen, als er seinen Sohn Isaak auf den Altar legte*« (Jak 2,21).

Glauben und das nicht tun, was der Glaube lehrt, ist ein Widerspruch in sich selbst, ein Zerschlagen der Einheit der Seele und ein völliges Verfehlen seines Lebenszieles. Durchdrungen von Werken, die dem Glauben entsprechen, zeigen wir die Fülle geistlichen Lebens. ›Der Glaube allein verschafft uns nicht die ewige Rettung, wenn das Leben ihm nicht gleich gestaltet ist.‹

Der heilige Apostel Johannes sagt: »*Wer sagt: Ich habe Ihn erkannt und hält doch Seine Gebote nicht, der ist ein Lügner und in dem ist die Wahrheit nicht. Wer sagt, er bleibt in Ihm, ist verpflichtet, auch selbst so zu wandeln, wie jener gewandelt ist*« (1 Joh 2,4 f).

Der heilige Apostel Paulus sagt, dass wir von Jesus Christus erlöst worden sind, um gute Werke zu tun. »*Denn Seine Geschöpfe sind wir, in Christus Jesus dazu geschaffen, in unserem Leben die guten Werke zu tun, die Gott für uns im voraus bereitet hat.*« (Eph 2,10). Die Gnade Gottes wurde uns gegeben, »*damit sie uns erzieht, dass wir die Gottlosigkeit und die weltlichen Begierden verleugnen und besonnen und gerecht und fromm leben in der jetzigen Welt*« (Tit 2,11). Beim Jüngsten Gericht wird von den Christen nicht nur der Glaube, sondern auch die guten Werke gefordert werden, und von ihnen wird unser ewiges Schicksal abhängen. »*Denn wir alle müssen vor dem Richterstuhl Christi offenbar werden, damit jeder seinen Lohn empfängt für das Gute oder Böse, das er im irdischen Leben getan hat*« (2 Kor 5,10). Dass ein Leben, das mit dem Glauben übereinstimmt, unumgänglich ist, bekräftigt der heilige Apostel Jakobus besonders eindringlich: »*Meine Brüder, was nützt es, wenn einer sagt, er habe Glauben, aber es fehlen die Werke? Kann etwa der Glaube ihn retten? … Denn wie der Körper ohne Geist tot ist, so ist auch der Glaube tot ohne Werke*« (Jak 2,14.26).

Über die Liebe

»*Nun aber*«, sagt der Apostel, »*bleiben diese drei: Glaube, Hoffnung und Liebe; am größten aber unter ihnen ist die Liebe*« (1 Kor 13,13).

Der heilige Johannes Klimakos erklärt: ›Der Glaube ist ähnlich dem Strahl, die Hoffnung dem Licht, die Liebe der Sonne. Sie zusammen ergeben ein Leuchten und eine Helligkeit.‹ Die Liebe ist Gott (1 Joh 4,8), der von uns am meisten erkannt wird durch den Erweis seiner grenzenlosen Barmherzigkeit jedem Geschöpf gegenüber und insbesondere gegenüber dem sündigen Menschengeschlecht; die Liebe ist daher ihrer inneren Eigenschaft gemäß ein Ähnlichwerden mit Gott, und nichts anderes bringt uns Ihm so nahe, wie die Werke der Barmherzigkeit und die aufrichtige Liebe zum Nächsten.

Sie ist jene heilige Kraft und das Wesentliche von allem Wahren, Guten, Hohen und Ersehnten, die den Menschen auf allen Pfaden seines Lebens mit Gerechtigkeit umhüllt. Sie teilt seinem ganzen Benehmen, seinen Werken, Bewegungen und seinem ganzen Umgang mit den Menschen jene Liebenswürdigkeit und Anziehungskraft mit, durch die der Besitzer dieses kostbaren Schatzes unwillkürlich die Blicke aller auf sich zieht. Jeder möchte mit ihm in geistlicher Gemeinschaft stehen, und wo immer er sich befindet, verbreitet er um sich Freude, Friede und Ruhe. Alle eilen zu ihm wie zu einer Quelle geistlichen Trostes. Und wie ein König in seinem Reich geht er im Reichtum seiner Liebe umher, bewegt sich und handelt und spendet überall reichlich Wohltaten, Frieden und jegliche Tugend.

Wie wertvoll sind doch diese Menschen auf der Erde! Sie sind wie Leuchter im Dunkel des irdischen Umherirrens, sie strahlen durch das Licht der Gottähnlichkeit und erinnern von sich aus an das unschätzbare Gut – an die heilige Liebe, die der Empfindung unseres Herzens so liebenswert ist und sich doch seit unseren ersten Erdentagen unserer sündigen Verblendung wegen von uns bis in den Himmel entfernt hat.

Und dennoch, treffen wir auch nur ein geringes Anzeichen der Offenbarung wahrer Liebe, dann fühlen wir ihre himmlische Würde, auch wenn wir verwirrt sind; wir erkennen sie als Bewohnerin der oberen Welt und würden sie gerne im Herzen haben; aber auch wenn wir sie gegen unseren Willen nicht besitzen, schätzen wir den Menschen, der ihre heilige Anwesenheit in seinen Handlungen kundtut. Und das kommt daher, weil über dem ganzen Äußeren eines solchen Menschen die Schönheit dieser Tugend liegt, die alle Menschen zu ihm zieht. Sogar schon das Gerücht von einem solchen Menschen, wo immer er sich befindet, macht ihn sympathisch und zeugt den Wunsch, ihn zu sehen und mit ihm in brüderliche Gemeinschaft einzutreten.

Nichts aber ist gewaltiger als jene Beschreibung, mit der der heilige Apostel Paulus in seinem Brief an die Korinther die wahre Liebe charakterisiert. »*Wenn ich in den Sprachen der Menschen und Engel redete, hätte aber die Liebe nicht, wäre ich dröhnendes Erz oder eine lärmende Pauke. Und wenn ich prophetisch reden könnte und alle Geheimnisse wüsste und alle Erkenntnis hätte; wenn ich alle Glaubenskraft besäße und Berge damit versetzen könnte, hätte aber die Liebe nicht, wäre ich nichts. Und wenn ich meine ganze Habe verschenkte, und wenn ich meinen Leib dem Feuer übergäbe, hätte aber die Liebe nicht, nützte es mir nichts. Die Liebe ist langmütig, die Liebe ist gütig. Sie ereifert sich nicht, sie prahlt nicht, sie bläht sich nicht auf Sie handelt nicht ungehörig, sucht nicht ihren Vorteil, lässt sich nicht zum Zorn reizen, trägt das Böse nicht nach. Sie freut sich nicht über das Unrecht, sondern freut sich an der Wahrheit. Sie erträgt alles, glaubt alles, hofft alles, hält allem stand. Die Liebe hört niemals auf. Prophetisches Reden hat ein Ende, Zungenrede verstummt, Erkenntnis vergeht …*« (1 Kor 13,1–8).

In einer unermesslichen Dimension, mit Macht und in einer ungeheuren Weite wird hier ihr herrschaftlicher Vorzug vor jeder anderen Tugend gezeigt, ihre unvergleichliche Bedeutung, königliche Herrschaft, himmlische Schönheit und paradiesische Würde.

Verwurzelt in der Tiefe des Geistes als Eigenschaft Gottes Selbst, der sich von uns Erdgeborenen am meisten von dieser Seite erkennen lässt, zieht sie durch ihre Ähnlichkeit die Blicke des allgütigen, allmächtigen Gottes auf sich. Hier, gleichsam gekleidet in die Kraft des Höchsten, wird sie mächtig und befähigt, jede Tugend zu erfüllen, und sie verbreitet und übergibt ihre wohltätige Kraft allen übrigen Fähigkeiten unserer Seele.

Die heiligen Väter sagen, dass Gott den Untergang eines solchen Menschen nicht zulässt; durch Ihm bekannte Fügungen führt Er ihn auf die Pfade der Rettung. Das geschieht seiner Gottähnlichkeit wegen, die er durch sein barmherziges Herz zeigt, durch Liebe und Mitleid zu jedem Geschöpf.

Der Patriarch von Konstantinopel, der heilige Jeremias, bezeugt: ›Nehmen wir an, jemand von uns hätte zu seinem Freund Gott den Herrn Selbst. Es ist selbstverständlich, dass er dadurch auch alle Himmelsbewohner zu seinen Freunden hätte – die Engel und die heiligen Menschen Gottes. Genauso ist es auch hier: wer in seinem Herzen die Liebe hat, der hat auch alle anderen Tugenden.‹ Sie ist die innere Kraft und Wurzel zu jeder Erfüllung des Gesetzes, das Zusammentreffen aller guten Werke, ihre Grundlage, Mutter und Haupt.

Die Eigenschaft der Liebe stellt sehr schön aus eigener seliger Erfahrung der heilige Isaak der Syrer dar: ›Im Herzen des Menschen entbrennt eine unversehrte Liebe zu Gott, die sich grenzenlos ausweitet und beginnt, alle und alles zu lieben, sich nicht in Teile teilt und sich nicht ausschließlich an etwas bindet. Diese grenzenlose und vollständige Liebe gebiert die wahre Schau der Wahrheit oder die geistliche Betrachtung‹ (Wort 18), und daher nennt sie der heilige Isaak an einem anderen Ort die uranfängliche Betrachtung der Heiligen Dreifaltigkeit (Wort 55). In der Beschreibung dieses Herzenszustandes sagt der heilige Vater: ›Die Liebe zu Gott ist natürlich glühend, und wenn sie jemand ohne Maß überfällt, versetzt sie die Seele in Entzücken. Daher kann das Herz, das diese Liebe empfindet, sie nicht in sich fassen und ertragen; in dem Maß aber, wie die Liebe auf es herabkommt, kann man in ihm eine ungewöhnliche Veränderung wahrnehmen. Und das sind die Kennzeichen dieser Liebe: das Antlitz des Menschen wird feurig und freudig und sein Körper erwärmt sich. Furcht und Scham verlassen ihn und er gerät gleichsam in Ekstase. Die Kraft, die den Verstand in eins gesammelt hat, entflieht ihm und er ist gleichsam benommen. Einen schrecklichen Tod hält er für Freude. Die Betrachtung seines Verstandes erlaubt überhaupt keine Unterbrechung des Nachsinnens über das Himmlische. In der Einsamkeit, von niemand gesehen, unterhält er sich, als ob jemand bei ihm sei. Wissen und natürliche Schau vergehen und er spürt mit seinen Sinnen nicht die Bewegungen, die von den Gegenständen in ihm hervorgerufen werden. Wenn er auch etwas macht, so spürt er doch überhaupt nichts, da sein Verstand in der Betrachtung schwebt und sein Gedanke gleichsam immer mit jemand anderem spricht. An dieser geistlichen Trunkenheit berauschten sich einst die Apostel, Märtyrer und Asketen und vollbrachten göttliche Taten‹ (Wort 73).

Berauscht von der Liebe zu Gott erwärmt sich das Herz des Menschen für die Vögel, die Tiere, für die Dämonen und jedes Geschöpf, für das Vernünftige und Unvernünftige, für das Böse und Gute. Bei der Erinnerung an sie oder bei ihrer Betrachtung entspringen den Augen des Menschen Tränen. Er wird von einem großen und starken Mitleid, das sein Herz umfasst, ergriffen und der Mensch kann nicht den geringsten Schaden oder Kummer, den ein Geschöpf erleiden muss, aushalten, hören oder sehen. Daher betet er unter Tränen für die Stummen und die Feinde der Wahrheit, für jene, die ihm

Böses getan haben, damit sie bewahrt würden und Verzeihung erlangten; er betet sogar für die Reptilien mit großem Erbarmen, das in seinem Herzen ohne Maß entfacht wird, bis er darin Gott ähnlich wird. Wenn dieser Mensch zehnmal am Tag aus Liebe zu den Menschen dem Feuer übergeben würde, wäre er damit nicht zufrieden, wie Mose dem Herrn sagte: »*Doch jetzt nimm ihre Sünden von ihnen, nimm sie! Wenn nicht, dann streiche mich aus dem Buch, das Du angelegt hast*« (Ex 32,32), und wie der selige Paulus sagt: »*Ja, ich möchte selbst verflucht und von Christus getrennt sein um meiner Brüder willen*« (Röm 9,3), und noch: »*Jetzt freue ich mich in den Leiden, die ich für euch ertrage*« (Kol 1,24).

Vom Altvater Agathon* wird dieser Spruch berichtet: ›Wenn ich einen Aussätzigen fände und ihm meinen Leib geben könnte, um dafür den seinen zu erhalten, ich täte es gern. Das nämlich ist vollendete Liebe.‹ Von solcher Liebe wird sowohl der fleischliche Mensch verzehrt, der das Opfer fürchtet, wie auch der seelische Mensch, der das Gericht Gottes fürchtet. Es bleibt sozusagen nur der geistliche Mensch übrig, der, erfüllt von unsäglicher Seligkeit der Liebe und Betrachtung, keinen Zweifel an seiner letzten Zuversicht mehr hat, das heißt durch Erfahrung von der Existenz unaussprechlicher Güter überzeugt ist, die Gott ihm bereitet hat und allen, die ihren Schöpfer lieben (Wort 38). Als Folge dieser festen Zuversicht bleibt er immer in tiefer Ruhe, so dass er sich nicht fürchten würde, wenn der Himmel auf die Erde stürzte (Wort 48). Es ist selbstverständlich, dass in diesem Zustand eines Menschen keine Leidenschaft seinen seelischen Frieden zerstören kann und die Ruhe seines Herzens trüben kann.

Andere Schriftsteller beschreiben die Liebe in ähnlich eindringlichen Bildern: ›Es gibt im Himmel und auf der Erde nichts Köstlicheres, Erhabeneres, Allumfassenderes, Anziehenderes, Mächtigeres und Besseres als die Liebe, denn die Liebe ist aus Gott geboren und kann wieder nur in Gott Ruhe finden, Der hoch über allem Geschaffenen steht. Wer liebt, der eilt dahin, fliegt, freut sich, ist von allem frei, wird durch nichts zurückgehalten; für alles gibt er alles, in allem besitzt er alles, denn hoch über allem kommt sie zur Ruhe – im alleinigen obersten Gut, von dem jedes Gut ausgeht. Die Liebe kennt kein Maß und lodert über jedes Maß auf. Sie spürt keine Zeit, was immer man ihr für Mühen auferlegt, sie nimmt mehr auf sich als sie tragen kann und achtet nicht auf die Möglichkeit, weil sie alles für sich möglich hält. Die Liebe ist immer wachsam und schläft selbst im Schlaf nicht; ermattet – wird sie nicht schwach, bedrängt – lässt sie sich nicht verdrängen, sondern wie eine lebendige Flamme oder eine heiß lodernde Kerze strebt sie in die Höhe und durchdringt alles ohne Hindernis. Wer liebt, versteht die Macht der singenden Stimme der Liebe. Beherrscht mich die Liebe, dann wachse ich in grenzenlosem Feuer in Begeisterung über mich hinaus. Ich singe das Lied der Liebe und folge Dir in die Höhen nach. Soll meine Seele in Deinem Ruhm vergehen und Dich in Liebe feiern. Ein großes Werk und ein großes Gut ist die Liebe. Sie allein lässt jede Bürde leicht und gleichmütig ertragen, alle Unannehmlichkeiten des Lebens.‹

›Wenn du wirklich selig sein willst, dann darf allein Gott – die grenzenlose Liebe – dein letztes und oberstes Gut sein. Wie aus einer lebendigen Quelle schöpfen alle – der Kleine und der Große, der Reiche und der Arme – das lebendige Wasser, und wer freiwillig und gern Ihm dient, der empfängt Gnade über Gnade. Durch kein zeitliches Gut kann man die Seele sättigen, denn sie ist nicht für zeitliches Vergnügen erschaffen; würde sie auch alle geschaffenen Güter besitzen, wäre sie doch nicht glücklich und selig; der andächtige Mensch trägt überall seinen Tröster Jesus mit sich und ruft Ihm zu: Sei mit mir, Herr Jesus, an jedem Ort und zu jeder Zeit – auf dass mir als Trost jeder menschliche Trost genommen werde.‹

Abraham, der Vorfahre Christi dem Fleische nach, sitzt zur Mittagshitze am Zelteingang und schaut den Weg entlang nach allen Seiten – ob er nicht einen vorbeiziehenden Fremden erblickt, den er zu sich ins Zelt holen, bewirten und ausruhen lassen könnte. Denn sein Herz brennt in Liebe zum Nächsten. Und nun sieht er zu seiner unaussprechlichen Freude: in der Ferne zeigen sich drei Fremde. Der Greis eilt den teuren Gästen am Weg entgegen, fällt ihnen zu Füßen und bittet sie mit ausgebreiteten Armen: »*Mein Herr! Wenn ich Gnade gefunden habe vor Deinen Augen, geh doch an Deinem Knecht nicht vorbei, sondern kommt und ruht bei mir aus.*« Er selbst aber achtet gar nicht auf die Hinfälligkeit seiner hundert Jahre, sondern eilt schnell zu seiner Frau Sara: »*Schnell*«, sagt er, »*rühre Mehl an und backe Brot*«, und er läuft schnell weiter zu seiner Herde, um ein zartes, schönes Kalb zu holen und ein schmackhaftes Essen für die teuren Gäste zu bereiten, die er überhaupt nicht kennt (Gen 18).

Da sieht man ein vollkommenes und seltenes Beispiel von einer Liebe zum Nächsten! Der heilige Apostel weist darauf hin und sagt: »*Vergesst die Gastfreundschaft nicht! Denn durch sie haben einige, ohne es zu ahnen, Engel beherbergt*« (Hebr 13,2).

Um dieser Liebe zum Nächsten willen wurde der Freund Gottes erwählt, empfing die großen Verheißungen Gottes und sah den Tag des Herrn im voraus – als er nach dem Gebot des Herrn seinen geliebten Sohn Isaak zum Opfer trug. Davon spricht der Herr Jesus Christus Selbst: »*Euer Vater Abraham jubelte, weil er meinen Tag sehen sollte*« (Joh 8,56).

»Und Mose sprach zum Herrn: Dieses Volk hat eine große Sünde begangen. Doch jetzt vergib ihnen ihre Sünde, vergib sie ihnen; wenn nicht, dann streich mich aus dem Buch, das du angelegt hast.« (Ex 32,32). Groß ist auch dieses Beispiel der Liebe zu den Brüdern und unnachahmlich. Und das geschah schon im Alten Bund, als das Licht der Gnade sogar im auserwählten Volk Israel noch wenig leuchtete. *»Ein junger Mann lief zu Mose und berichtete ihm: Eldad und Medad sind im Lager in prophetische Verzückung geraten. Da sagte Josua, der Sohn Nuns: Mose, mein Herr, hindere sie daran! Doch Mose sagte zu ihm: Willst du dich für mich ereifern? Wenn nur das ganze Volk des Herrn zu Propheten würde, wenn nur der Herr Seinen Geist auf sie alle legte!«* (Num 11,27 ff).

So wollte auch Mose, der vollkommene Liebe zum Nächsten hegte, dass alle Menschen Gottes – das israelitische Volk – zu Propheten würden. Eine solch aufrichtige Liebe macht das Herz weit und möchte alle und alles in sich Platz finden lassen.

»Ich schreite auf freier Bahn«, sagt der Ahnherr Gottes, der Prophet David, *»denn ich frage nach Deinen Befehlen«* (Ps 119,45). Der heilige Apostel Paulus nahm in sein Herz Juden, Heiden und alle Menschen auf. *»Unser Herz ist weit geworden, Korinther«*, schreibt er, *»in uns ist es nicht zu eng für euch; eng ist es in eurem Herzen. Lasst doch auch euer Herz weit aufgehen!«* (2 Kor 6,12)

Der Sünder hat dieses weite Herz nicht. Es ist so eng und schmal, dass sich in ihm gerade noch Platz für die Eigenliebe befindet. Es wird nicht weit durch eine beiderseitige Gemeinschaft mit dem Nächsten und durch Liebe, es hat nur für sich selbst Raum. Aber was ist das für ein Leben?

Unser Herz ist dabei aber nicht nur vorbestimmt, in sich nur Menschen, Freunde, Feinde und jede Tugend aufzunehmen, sondern den grenzenlosen und allmächtigen Herrn und Gott Selbst. Und allein hier empfängt es seine volle Genugtuung, die Sättigung seines Hungers und Durstes, die es vergebens in den Dingen dieser Welt sucht – die vergänglich und verführerisch ist.

Unser heiliger Vater, der unter den Heiligen große Barsanuphios, sagt über sich selbst, wie in seinem Buche steht: ›Mein Geist sagt mit großem Eifer dem Herrn: Entweder führe in Dein Reich auch meine geistlichen Kinder zusammen mit mir, oder schließe auch mich davon aus.‹

Unser Herz freut sich über solche herrlichen Erzählungen und wir hören sie mit Sehnsucht; sie sind großartig, machen froh, begeistern und bereiten Vergnügen. Die Erde sah also den heiligen Samen auch vor der Ankunft Christi, umso mehr aber vor Seiner Wiederkunft zu uns. Aber alle diese Beispiel sind nicht mehr als Funken gegenüber dem ewigen Licht ohne Abend, Tropfen gegenüber jenen grenzenlosen Ozeanen der Liebe, die unerschöpflich im Herzen des Menschensohnes strömten.

»Liebet eure Feinde!« hat Er uns gelehrt, als Er Seine Göttliche, himmlische Lehre verkündete: *»Tut Gutes denen, die euch hassen; betet für die, die euch verfolgen«* (Mt 5,44). Was Er lehrte, hat Er am Beispiel Seines eigenen Lebens gezeigt.

O Wunder! Die Kirche gerät in Staunen und jubelt bei der Erinnerung Seiner erlösenden Kreuzesleiden auf, betete Er doch zu Seinem himmlischen Vater: *»Vater, vergib ihnen, denn sie wissen nicht, was sie tun«* (Lk 23,34).

Wir werden vom unvergleichlichen Vorzug der Liebe nicht weniger überzeugt, wenn wir auf ihre entgegengesetzte, negative Seite schauen. Der heilige Apostel Johannes der Theologe sagt: »*Wer nicht liebt, hat Gott nicht erkannt; denn Gott ist die Liebe*« (1 Joh 4,8). »*Wenn jemand sagt: Ich liebe Gott, aber seinen Bruder hasst, ist er ein Lügner. Denn wer seinen Bruder nicht liebt, den er sieht, kann Gott nicht lieben, Den er nicht sieht …*« (1 Joh *4,20).* »*Wer sagt, er sei im Licht, aber seinen Bruder hasst, ist noch in der Finsternis. Wer seinen Bruder liebt, bleibt im Licht und nichts Anstößiges ist in ihm. Wer aber seinen Bruder hasst, ist in der Finsternis. Er geht in der Finsternis und weiß nicht, wohin er geht; denn die Finsternis hat seine Augen blind gemacht.*« (1 Joh 2,9 ff). »*Wir wissen, dass wir aus dem Tod ins Leben hinübergegangen sind, weil wir die Brüder lieben. Jeder, der seinen Bruder hasst, ist ein Mörder, und ihr wisst: kein Mörder hat ewiges Leben, das in ihm bleibt.*« (1 Joh 3,14 f).

Beurteilen wir die Stufen des geistlichen Fortschritts und betrachten wir die Macht der Tugenden, so sagt dazu der heilige Makarios, dass der Mensch so lange dem Fall zugänglich bleibt, bis er die Liebe erworben hat. Er führt Beispiele an, wie Menschen fielen, die die Wundergaben besaßen, Kranke heilten, sogar Märtyrer, die für den Namen Jesu Christi gelitten hatten. Wer aber die Liebe erworben hat, fallt nicht so leicht in die Sünde; von ihren Ketten gefesselt wird er wie ein Gefangener in die kommende Welt geführt.

Die heilige Kirche bekennt im Gebet des Manasse: ›Denn Du, Herr, Gott der Heerscharen, Du hast den Gerechten keine Buße auferlegt – Abraham, Isaak und Jakob, die gegen Dich nicht gesündigt haben …« (Gebet der Großen Vesper). Wie sollen sie nicht gesündigt haben, wenn nach dem Wort des heiligen Apostels »*alle gesündigt und die Herrlichkeit Gottes verloren haben*« (Röm 3,23). Es gibt keinen Menschen, der ohne zu sündigen lebt. Die heilige Kirche bekennt auch: *»Einer ist heilig, einer der Herr Jesus Christus zur Ehre Gottes des Vaters.«* Auch die Schrift sagt: *»Der Gerechte fällt siebenmal und steht wieder auf«* (Spr 24,16). Nach dem Verständnis der heiligen Väter muss man das so erklären, dass sie gerade nicht gegen die Tugend der Liebe gesündigt haben. In aufrichtiger Liebe zu Gott und zum Nächsten suchten sie alle Möglichkeiten, um jedem Menschen Gutes zu tun – wie eben vom Patriarchen Abraham geschrieben wird, der im Zelteingang saß und auf Fremde wartete. Es wird auch bei den heiligen Vätern gesagt, dass die Liebe die Ursache der Wundertaten ist. Das kommt daher, dass durch die Kraft der Liebe, die Gutes tun will, aber kein Mittel dazu hat, wir von Gott die Gewalt und die Macht bekommen, das Wunder zu wirken, eben in der Kraft der in uns lebenden Liebe.

›Die Liebe‹ ist nach dem heiligen Johannes Klimakos ›die Geberin der Prophetie, ein leuchtender Abgrund, eine Feuerquelle im Herzen, die, je mehr sie entströmt, den Dürstenden umso mehr entflammt; sie ist ein ewiges Fortschreiten …‹

In Staunen versetzt von der göttlichen Pracht, dem Entzücken und der übernatürlichen Schönheit der Liebe besang der heilige Klimakos, ganz durchdrungen von ihren himmlischen Eigenschaften, mit flammendem Herzen ihre unnachahmliche Güte in unsterblichen Worten:

›Sage uns, O du schönste der Tugenden, wo weidest du die Herde? Wo ruhst du am Mittag? (Hld 1,6). Erleuchte uns, tränke uns, lehre uns, leite uns, denn wir dürsten danach, zu dir zu kommen. Du herrschest über allem. Du hast meine Seele verwundet und mein Herz kann deine Flamme nicht ertragen. Ich habe dich besungen und komme jetzt. Du beherrschest die Empörung des Meeres, wenn seine Wogen toben – du glättest sie. Du hast den stolzen Gedanken gedemütigt, und, niedergetreten mit starkem Arm, hast du deine Feinde zerstreut; mache deine Freunde unbesiegbar in jedem Kampf‹ (Ps 88,10 f).

Über die christliche Hoffnung

Die christliche Hoffnung ist die Beruhigung unseres Herzens in Gott mit der Überzeugung, dass Er sich um unsere Rettung sorgt und alles dazu Nötige gewährt.

In der Hoffnung machen wir uns die Geheimnisse der Göttlichen Offenbarung zu eigen, die uns in den Verheißungen verkündet werden. So zum Beispiel: *»Liebe Brüder, jetzt sind wir Kinder Gottes. Aber was wir sein werden, ist noch nicht offenbar geworden. Wir wissen, dass wir Ihm ähnlich sein werden, wenn Er offenbar wird; denn wir werden Ihn sehen, wie Er ist. Und jeder, der diese Hoffnung auf Ihn hat, reinigt sich, wie Er rein ist«* (1 Joh 3,2 f)

Darum ist die Hoffnung nach Klimakos eine Bereicherung mit einem unsichtbaren Reichtum; die Hoffnung ist der zweifellose Besitz eines Schatzes, noch bevor man den Schatz bekommen hat. Sie ist ein tröstender Begleiter während unseres ganzen kummerreichen Lebens; sie ist die Kraft, die uns bewegt, in den irdischen, besonders aber in den geistlichen Werken etwas zu tun. In der Hoffnung auf Vermehrung der Früchte der Erde sät der Bauer den Samen in die Erde – um sich und seine Kinder zu ernähren. In der Hoffnung auf Bereicherung vertraut der Händler sein Leben einem kleinen Boot an, überquert das stürmische Meer und achtet nicht auf die tobenden Wogen, die ihn jede Minute mit Untergang bedrohen. In der

Hoffnung auf den John des kommenden seligen Lebens richtet sich der Kämpfer um Frömmigkeit auf ein Leben ein, das dem Leib viel Mühe bringt und voll ist mit allen möglichen Entbehrungen.

Gäbe es keine Hoffnung, würde auf der Erde jede Tätigkeit aufhören – alle unsere Arbeiten, Beschäftigungen und Unternehmungen. In Leiden, Krankheiten, irdischen Entbehrungen und in allen Widerwärtigkeiten des Lebens tröstet sie uns, wie die Morgendämmerung im Frühling, durch die angenehme Erwartung, dass wir bald daraus errettet werden. So sagte sich der gerechte, viel duldende Ijob zum Trost, als er an schweren, unerträglichen Krankheiten litt: »*Ich weiß, dass mein Erlöser lebt, als letzter erhebt Er sich über dem Staub. Ohne meine Haut, die so zerfetzte, und ohne mein Fleisch werde ich Gott schauen*« (Ijob 19,25).

Besonders aber zeigt sich die Kraft der Hoffnung und ihre Notwendigkeit in unseren Gebeten zu Gott dem Herrn. Hier ist sie nicht nur der ihr unbedingt nötige Antrieb, sondern auch die Hauptbedingung ihrer Erfüllung, wie der Herr Selbst sagt: »*Alles, worum ihr betet und bittet – glaubt nur, dass ihr es schon erhalten habt, dann wird es euch zuteil*« (Mk 11,24). Zwar ist hier vom Glauben die Rede, man muss jedoch wissen, dass in ihrer inneren Wirkung Glaube, Hoffnung und Liebe zu einer Einheit gelangen; wo eines von ihnen ist, sind unweigerlich auch die beiden anderen.

Was das kommende Leben betrifft, ist die Hoffnung der mächtigste Antrieb und eine Ermunterung, weil sie uns durch die untrügliche Zuversicht auf das Erbe der himmlischen Güter zu dem dazu nötigen Handeln zwingt. In ihrer höchsten Entwicklung gelangt die Hoffnung zu einer solchen Stufe, dass sie das Erwartete besitzt, als ob sie es schon empfangen hätte; der heilige Apostel nennt sie einen

»sicheren und festen Anker der Seele, der hineinreicht in das Innere hinter den Vorhang, wohin Jesus für uns als unser Vorläufer hineingegangen ist« (Hebr 6,19). Damit möchte er sagen: Wie ein Anker während eines Sturmes auf dem Meer das Schiff am Ort hält und es nicht durch die Wut der Wogen untergehen lässt, so lässt uns auch die Hoffnung in all unseren irdischen Widerwärtigkeiten, Entbehrungen und Misserfolgen nicht in Verzweiflung versinken und in Mutlosigkeit und Erschlaffung des Geistes fallen, sondern belebt unsere Seele durch die Erwartung der Göttlichen Hilfe.«

41. Kapitel

Über die Gedanken und wie man sie zurückhalten kann

Frage: »Wie kann man die Gedanken zurückhalten?«

Antwort: »Das ist kein Werk der menschlichen Kraft; obwohl wir nach dem Wort des Retters *»ohne Ihn überhaupt nichts tun können«* (Joh 15,6), ist diese Angelegenheit doch besonders schwierig, weil unser Verstand schnell beweglich und von einem unhaltbaren Ungestüm ist. In seinem natürlichen Zustand ist er nämlich über die ganze Welt ausgegossen, und wie ein tausendköpfiger Drache, ganz gleich, wohin er sein Haupt neigt, entwickelt er seine verderbliche Tätigkeit. Es gibt auf der Erde keine Kraft, keine Wissenschaft, kein Mittel, wodurch man in dieser unglücklichen Sache helfen könnte. Wer von den auf der Erde Lebenden kann sich rühmen, einen von nichtigen Gedanken reinen Verstand zu besitzen! ... Und wie oft leiden wir während des Gebets, von schändlichen Gedanken überwunden, ohne es zu wollen! Der in der Wüste Schweigende führt mit ihnen, man kann es sagen, einen unaufhörlichen Kampf, bis sein Verstand durch die Gnade Christi gereinigt wird und in das Gebiet der Reinheit und des Göttlichen Lichtes eintritt.

Der Verstand ist seiner Natur nach in andauernder Bewegung, und er kann wie die anderen Gegenstände dieser Welt, die auch fließen, durch nichts aufgehalten werden, als allein durch Gott. Gott aber geruht, Sich uns in unserem Herzen zu zeigen. Daher muss man den Verstand im Herzen einschließen und ihn vor dem Antlitz Gottes halten – ohne jedes Bild, jeden Anblick und jede Träumerei, völlig nackt; mit einem Wort gesagt: dieses Werk kommt völlig und unbenehmbar unserem Herrn Jesus Christus zu, dem Sohn Gottes – unserem allmächtigen Retter und Gott, Der jedes sichtbare und unsichtbare Geschöpf hält und trägt *»durch Sein machtvolles Wort«*, wie der heilige Apostel sagt (Hebr 1,3). Daher muss jeder, der die Herzensreinheit erlangen möchte, in der Gott sichtbar wird, nach dem Wort des Herrn *»Selig, die ein reines Herz haben, denn sie werden Gott schauen«* (Mt 5,8), unbedingt sein Herz zum Hypostatischen Wort Gottes hinführen – durch dieses unaufhörliche heilige Gebet: ›Herr Jesus Christus, Sohn Gottes, sei mir Sünder gnädig.‹

Er muss sagen: ›Du bist mein Gott, halte meinen Verstand, damit unreine Gedanken ihn nicht überwinden, sondern damit er in Dir, meinem Schöpfer, sich freut, denn groß ist Dein Name für alle, die Dich lieben.‹

Der heilige Isaak der Syrer lobt gar sehr jenen Asketen, der durch das Gebet jedes Gespräch mit den Gedanken abbrach: ›Unerfahren ist der‹, sagt er, ›der mit ihnen einen Kampf führt; mag er auch siegen, ist doch der Gestank von dem üblen Geruch dieser Gedanken noch lange in seinen Nasenlöchern.‹

Am besten ist es, beim Herannahen dieser Gedanken eifrig das Jesusgebet zu beten, und den Verstand in die Worte des Gebets einzuschließen, wenn das Herz dafür noch nicht offen ist.

Übereinstimmend sagt dazu der Presbyter Hesychios: ›Wie die Sonne nicht ohne Licht leuchten kann, kann auch das Herz nicht von hässlichen und verderblichen Gedanken gereinigt werden, außer durch das Namen-Jesu-Gebet.‹

Und weiter sagt er: ›Wie das Schwarze Meer unmöglich zwischen den Sternen liegen kann und wie ein Mensch unmöglich auf der Erde leben kann ohne zu atmen, so kann man auch unmöglich von hässlichen Gedanken erlöst werden – außer durch den Namen Jesu Christi. Und wenn das wahr ist, wie ich durch Erfahrung sehe, dann werden wir diesen Namen so oft laut ausrufen, wie wir atmen. Denn er ist das Licht, jene aber (die hässlichen Gedanken) sind Finsternis; und Er, Jesus, der herbeigerufen wird, ist Gott und Herrscher, jene aber sind nur dämonische Knechte. Wenn du wirklich diese Gedanken mit Schande beflecken willst, ziemt es sich zu schweigen und ohne Mühe das Herz zu ernüchtern, und es wird sich das Jesusgebet deinem Atem anschmiegen – und du wirst das in der Tat nach einigen Tagen sehen.‹

Ist der Verstand in den Namen Gottes versenkt, hat er in sich keinen Platz, um beiläufige Gedanken aufzunehmen – ob sie nun schlecht oder gut sind. Der Verstand, der sich im Gebet oder im Namen Gottes mit dem Herrn vereint, verliert seine natürliche Grobheit und wird rein wie himmlisches Licht; er sieht von Ferne einen herannahenden Gedanken und, gestärkt im Herrn, achtet er überhaupt nicht auf ihn, da er mit einer wichtigen Angelegenheit beschäftigt ist – mit dem Gespräch mit dem König der Könige und dem Herrn der Herren.

Nun seht: wohin der Mensch sich auch wenden mag, über jede feindliche Sache ist der Sieg – der Göttliche Name. Darum wird auch gesagt, dass das Gebet die Mutter, Haupt und Königin aller Tugenden ist. Der Herr Jesus Christus wird Erlöser genannt und Er ist es; und niemand außer Ihm kann uns von den vielen Gedanken erlösen, an denen jeder Mensch leidet, der nicht durch die Gnade Christi erneuert wurde.«

42. Kapitel

Über die dämonischen Erscheinungen, Ränke und Schrecken, denen die Einsiedler unterworfen sind, und wie man sich von ihnen erretten kann

Beim Abschied vom Starez sagten wir: »Können wir, heiliger Vater, von Euch nicht etwas über die dämonischen Trugbilder, Schrecken und Tücken hören, mit denen der Teufel jene erschreckt, die um ihres Heiles willen in der Wüste wohnen?«

Der Starez antwortete: »Wozu wollt ihr von etwas hören, was völlig nutzlos und für das Empfinden des Herzens unangenehm ist: von dieser feindlichen Tätigkeit – verderblich, bösartig, ausnahmslos auf den Untergang des Menschengeschlechtes gerichtet, die nie aufhört. Manchmal sind ihre Spiele vernehmbar, Getrampel, Tänze, Pfeifen, Zither, Harfen, Lauten und alle Arten von Musik (Dan 3,10). Manchmal aber Schreckbilder, Visionen und verschiedene Ränke, die alle beim ersten Zeichen des Kreuzzeichens verschwinden, wie davon genau in der Vita des heiligen Antonius des Großen berichtet wird. Lest dort nach, wenn ihr wissen wollt, was der Seele überhaupt keinen Nutzen bringt.«

Wir baten weiter, sagten, dass wir trotzdem, aus Neugierde, etwas über die Ränke und feindlichen Trugbilder aus seiner eigenen Erfahrung hören wollten. Der Starez antwortete: »Der Satan hat seine Bosheit gegen das ganze Menschengeschlecht nicht geändert, aber wie früher seine ganze Wut und sein verderbliches Ungestüm, nach dem Zeugnis des großen Antonius, besonders gegen jene gerichtet war, die ein Geistliches Leben führen, besonders gegen die Kämpfer um die christliche Frömmigkeit, die Asketen, Mönche, Einsiedler, genauso ist es auch jetzt. Es muss nur jeder wissen, dass der Satan ohne Zulassung Gottes uns überhaupt nichts Böses tun kann. Der Herr erlaubt ihm nur nach dem Maß unserer geistlichen Kraft, auf uns zu wirken. Wäre es nicht so, würde er in seiner außerordentlichen Bosheit und Feindseligkeit das ganze Menschengeschlecht in einem Augenblick vernichten; aber er ist durch die Macht Gottes gebunden wie ein Vieh an die Kandare, und kraftlos wütet er und quält sich.

›Wie könnten wir es wagen, diesem furchtbaren Feind unseres Geschlechtes zu widerstehen, wenn uns nicht die machtvolle Rechte des Wortes Gottes halten würde, uns umgeben und bedecken würde … Wie würde die menschliche Natur seine Verleumdungen ertragen? Denn wie sagt Ijob: »*Wer hat je aufgedeckt sein Kleid? Wer dringt ihm in das doppelte Gebiss? Aus seinem Rachen fahren Fackeln und Feuerfunken sprühen hervor. Aus seinen Nüstern kommt ein Rauch wie aus einem erhitzten, siedenden Topf Sein Atem sengt wie glühende Kohlen, aus seinem Rachen fährt eine Flamme. Auf seinem Nacken wohnt die Kraft, vor ihm her springt das Verzagen. Sein Herz ist wie ein Stein so hart und fest wie der untere Mühlstein. Die Tiefe macht es sieden wie einen Kessel, das Meer rührt es auf wie einen Salbentopf Alles Hohe blickt er an, er ist ein König über alle stolzen Tiere*« (Ijob 41,5–25).

Seht, Brüder, gegen wen wir kämpfen! Seht, wie das Wort diesen Tyrannen beschrieben hat. Bei all dem gehört der Sieg über ihn aber jenen, die das Leben in der Wüste in der richtigen Art auf sich genommen haben, weil sie in sich nichts haben, was ihm gehört‹ (Aus der Vita des heiligen Philemon, Dobrotoljubije Bd. 3, S. 266)

Sein Anblick ist überaus unappetitlich, unerträglich widerlich, unschön und macht auf die Seele einen bedrückenden, quälenden Eindruck. Er verwandelt sich in verschiedene Anblicke und Bilder. Aber mag er auch als Engel des Lichtes erscheinen oder sogar in der Gestalt Christi Selbst, was auch vorkommt, wie wir in den Heiligenviten lesen oder sogar selbst im zeitgenössischen Mönchtum gesehen haben, so kann er doch nicht in uns das Gefühl der Freude hervorrufen, sondern nur das Gefühl der Beunruhigung und der Bedrückung. Das unterscheiden diese Erscheinungen von den wahren Visionen, die die Knechte Gottes hatten.

Der Erzpriester Ioann Sergiev (von Kronstadt) beschreibt die Anwesenheit des Bösen in uns so:

›Wenn der Satan in unserem Herzen ist, dann empfinden wir eine ungewöhnliche mörderische Last und ein Feuer in der Brust und im Herzen; die Seele wird überaus eingeengt und verdunkelt; sie fühlt einen Widerwillen gegen jedes gute Werk; Worte, Handlungen in Bezug auf sich selbst legt sie falsch aus und sieht in ihnen eine böswillige Absicht gegen ihre Ehre und fühlt daher einen tiefen Hass gegen die anderen; sie wütet und lässt sich zur Rache hinreißen. An den Früchten werdet ihr ihn erkennen.‹

Nicht umsonst hat die Allreine Gottesmutter Ihren Sohn, den Herrn Jesus Christus gebeten, dass Sie bei ihrem Hinscheiden nicht den dunklen Anblick der hässlichen Äthiopier* sehen müsse, denn es gibt für die Seele nichts Quälenderes und Bedrückenderes als den Anblick der Dämonen. Daher ist ihnen auch nicht gestattet, sich deutlich in ihrer Gestalt den Menschen zu zeigen, da sie davon sterben könnten.«

Wir bedrängten den Starez weiter, uns wenigstens ein Trugbild dämonischer Verführung zu erzählen.

Der Starez begann: »Manchmal bin ich in einer tiefen Wüste, in den Wäldern am Schwarzen Meer, an einem Ort mit dem Namen ›Medovitskije Poljany‹. Ich wache um Mitternacht auf, höre im Freien irgendeine ungewöhnliche Bewegung und Lärm, wie von einer großen Menge Volkes. Ich gehe hinaus und tatsächlich sehe ich ein eigenartiges Schauspiel: da bewegt sich etwas wie ein Trauerzug und viel Volk in allen möglichen Kostümen mit Kerzen in den Händen und mit vielen Lämpchen, deren Licht aber nicht echt war, sondern irgendwie verdunkelt. Inmitten der Menge tragen vier Leute einen Sarg, vor ihnen wird etwas wie eine Türkenfahne getragen in Gestalt eines Leuchters mit einem Halbmond, sie singen: ›Deinem Knecht schenke Friede …‹

Als ich begriff, dass das eine dämonische Hinterlist war, schlug ich das Kreuzzeichen zuerst über mich, dann umgab ich damit die ganze dämonische Bande … der Tote hüpfte aus dem Sarg und lief davon; die den Sarg trugen, stürzten ihm nach, der ganze Volkshaufen lief eiligst in jene Richtung, so dass nach einer Minute wieder völlige Stille und Schweigen herrschte.

Erst als ich nach einer Stunde wieder hinausging, war in der Ferne eine weinende Frau mit klagender Stimme zu hören, als ob sie über ihren Sohn weinte. Bald verstummte es und wieder wohnte wie üblich Stille und Frieden in der Wüste.

Diesen einen Vorfall«, sagte der Starez, »habe ich euch erzählt und ich habe mich sehr dazu zwingen müssen, weil es unmöglich ist und auch gar keinen Nutzen bringt, die zahllosen dämonischen Versuchungen, Ränke, Fallstricke zu hören und zu wissen, durch die sie, mit Gottes Zulassung, den Einsiedler in Verwirrung bringen, aber nicht so, wie sie es gerne wollen, sondern nur, soweit Gott es ihnen erlaubt; denn Er kennt die Kraft eines jeden von uns und nach dem Maß dieser Kraft lässt Er sie uns versuchen. Es ist aber besser«, sagte der Starez, »wir wenden unseren Verstand von dieser für ihn verderblichen Tätigkeit ab und richten ihn auf heilige und Göttliche Gegenstände und zeigen keine ungesunde Neugier.«

Wir stellten dem Starez noch eine Frage: »Habt Ihr nicht unter der Furcht gelitten, die manchmal grausam die Bewohner der Wüste quält, besonders wenn jemand allein lebt – in der Einsamkeit?«

»Ich wurde von ihr gequält, besonders in der ersten Zeit, bei meinem Eintritt in die Wüste, so dass man es gar nicht sagen kann. Zwar wohnten unweit von mir auch andere Brüder, aber das half mir nichts.

Es kam vor, da brach der Abend an und mein ganzer Körper bebte und die Knochen zitterten, irgendeine grenzenlose Angst und Furcht durchdrang mich bis in mein Innerstes. Ich erinnere mich, ich begann mich dann kritisch mit der Ursache dieser Furcht auseinanderzusetzen. Etwas Bestimmtes war ja nicht zu sehen, und doch lähmte die Furcht alle meine seelischen Empfindungen.

Ich begann mich eifrig in die Schriften der heiligen Väter zu vertiefen. Da fand ich bei Klimakos: ›Die Furcht ist kindlich und ein des Lachens würdiger Charakterzug; sie entsteht aus dem Unglauben an Gott.‹

Der heilige Antonius sagt: ›Wisst, dass alles von der Hand Gottes gehalten wird, und der Dämon hat überhaupt keine Macht über die Seele des Christen.‹

Der heilige Isaak der Syrer versichert: ›Seid fest überzeugt davon, dass weder ein Feind noch ein Dämon, noch ein böser Mensch, kein Tier – überhaupt niemand euch Schaden zufügen kann, wenn es die allmächtige Herrschaft Gottes nicht genehmigt. Wäre es nicht so und könnte jeder tun, wie er wollte, dann wäre das ganze Menschengeschlecht schon ausgerottet, denn das böse Sinnen eignet, nach den Worten der Schrift, uns allen schon von unserer Jugend an (Gen 8,21). Obwohl wir auch manchmal das Gegenteil sehen und das Böse triumphiert und das Schlimmste erreicht, so wird es doch nach den Bestimmungen der Göttlichen Vorsehung zugelassen, die für uns unbegreiflich ist. Und das geschieht nicht immer und nicht in jedem Fall, sondern nach Ermessen und Zulassung der allmächtigen Herrschaft zu unserem Nutzen.‹

Den wohltätigsten Einfluss hatten auf mich aber die Stichiren (Lobgesänge) auf das herrliche Kreuz des Herrn, die am Ende der Vesper gesungen werden, und das Gebet zum Leben spendenden Kreuz des Herrn.

Im ersten heißt es: ›Herr! Als Waffe gegen den Satan hast Du uns Dein Kreuz gegeben, er zittert und bebt und wagt nicht, auf seine Kraft zu schauen …‹

Im zweiten aber lesen wir die Worte voll Göttlicher Kraft, vor denen tatsächlich die heimtückische feindliche Macht verschwindet wie der Schatten vor der Mittagssonne: ›Gott erhebt sich, Seine Feinde zerstieben und die Ihn hassen fliehen vor Ihm. Wie Rauch vor dem Wind verweht, wie Wachs vor dem Feuer zerschmilzt, so vergehen die Dämonen vor denen, die Gott lieben und sich mit dem Kreuzzeichen bezeichnen, und in Freude rufen: Freue dich, hoch gerühmtes und Leben spendendes Kreuz des Herrn! Du hast die Dämonen durch die Kraft unseres auf dir gekreuzigten Herrn Jesus Christus vertrieben, der in die Unterwelt hinabgestiegen ist und die Macht des Teufels vernichtet hat, und uns dich geschenkt hat, Kreuz, das du jeden Feind und Widersacher vertreibst …‹

Als ich das alles erwogen und genau überdacht hatte, war ich von der Wahrheit, unzerstörbaren Macht und Kraft dieser Worte überzeugt und nahm sie in mein Herz auf.

Und ich begann laut dieses herrliche Lied zu Ehren des Heiligen Kreuzes zu singen: ›Freue dich, hoch gerühmtes und Leben spendendes Kreuz des Herrn, du hast die Dämonen durch die Kraft unseres auf dir gekreuzigten Herrn Jesus Christus vertrieben!‹, ich begann sogar zu suchen, wo diese abtrünnige Macht sein könnte, um sie zu erschlagen und zu vertreiben durch die Macht des gerühmten und Leben spendenden Kreuzes des Herrn. Aber es gab sie einfach nicht mehr, weder in meiner Nähe noch auf der Lichtung, wo ich gewesen war. Es war für das Herz deutlich spürbar, wie die heilige Kraft des Glaubens und die Hoffnung auf Gott in meine Seele kamen und sie mit unbesiegbarer Kühnheit gegen die feindliche Macht erfüllten. Und seit dieser Zeit sehe ich, dass durch die Gnade Gottes diese Angst, die übrigens für die Bewohner der Wüste nicht unbedeutend ist, mich völlig verlassen hat. An fernen Orten und schrecklichen Abgründen, durch die ich meiner Lebensbedürfnisse wegen manchmal gehen muss, fühle ich mich wie in meiner Klosterzelle, inmitten vieler Brüder.

Es ist einsichtig: wie in allen unseren Dingen das geistliche Wissen erforderlich ist, so zeigt sich hier seine sieghafte Wirkung auf die Feinde eben ganz offensichtlich.

Natürlich, aus Unkenntnis der Göttlichen Dinge fürchtet der Mensch den Feind Gottes, und schiebt noch dazu seinem Schöpfer die Schuld an allem Möglichen zu. Was soll er denn schon fürchten? ... Er steht in der Göttlichen Liturgie und hat aus Unverstand Angst vor der abtrünnigen Macht, währenddessen sie ihn zu dieser Zeit wie das Feuer fürchtet. Was für eine Verkehrung der geistlichen Begriffe! Es ist eine Unwissenheit und Erniedrigung seines geistlichen Dienstes.

Da wird die entschiedene Abwesenheit gesunder Begriffe von den geistlichen Dingen und besonders eine falsche Vorstellung von der Göttlichen Vorsehung sichtbar. Richtig sagt der heilige Klimakos, dass solche manchmal von Gott mit Geisteskrankheit gestraft werden; und das geschieht deswegen, damit sie wissen – Wen man fürchten soll! Allein Gott, seinen Schöpfer, aber nicht ein verderbliches Geschöpf, einen hinterlistigen Dämon, der wegen seines ekelhaften Aussehens niemals wagt, einem Menschen zu erscheinen, der Gott fürchtet.

Aber weil ich selbst diesen qualvollen Zustand – die Furcht vor dem Feind – erlebt habe, gebe ich allen meinen Brüdern, die um der Liebe Christi willen in der Wüste leben, aber auch allen Christen aus eigener Erfahrung den Rat: nie, niemals, unter gar keinen Umständen fürchtet die Drohungen der diabolischen Macht! Der Herr lässt sie nur starken und im geistlichen Leben großen Männern sichtbar werden; dem Dämon erlaubt Er aber in Ewigkeit nicht, sich dem Schwachen zu zeigen, denn der Herr Selbst ist überall, an jedem Ort und sieht unmittelbar unseren Zustand, und nur nach dem Maß unserer geistlichen Kraft erlaubt Er dem Feind, auf uns zu wirken. Wie auch der Apostel sagt: »*Gott ist getreu; Er wird nicht zulassen, dass Ihr über eure Kraft hinaus versucht werdet* « (1 Kor 10,13).«

43. Kapitel

Der Abschied des Starez von den Bergen aufgrund seines hohen Alters und großer Erschöpfung seiner Körperkräfte

»Lebt wohl, ihr Berge, meine teuren Berge, ihr seid mir lieb geworden! Schon kann ich nicht mehr über eure Höhen schreiten, kann nicht mehr auf eure Gipfel steigen und meinen sündigen Fuß auf eure Felskanten setzen!

Ich bin alt geworden, und gebeugt sitze ich in großem Herzenskummer in friedlichen Tälern.

Meine Seele klebt am Boden! Ich schaue nur mehr auf die Bergeshöhen, aber hinaufsteigen wie früher kann ich nie mehr.

Die Sonne meines Lebens hat sich zum Abend geneigt, nächtliches Dunkel legt sich hartnäckig und unabwendbar auf den Rest meiner Tage; das erschöpfte Fleisch möchte in die Tiefen der Erde eingelassen werden zur ewigen Ruhe – in die kalten Umarmungen unser aller Mutter!

Viele Jahre habt ihr mich mit geistlichem Manna genährt, und die Köstlichkeit eines Lebens in Gott war dem Fühlen meines Herzens nicht verborgen.

Selig war ich in jenen Zeiten, als ich in der Fülle meiner Kräfte über eure Höhen und Felsspitzen eilte wie ein schnellfüßiger Hirsch. Im Körper stieg ich die Erdenhöhen empor, im Geiste wurde ich zum Thron des Allherrschers erhoben.

Früher kletterte ich mit meiner schweren Tasche auf Berggipfel, wo über den Wolken das Irdische fehlt und eine geheimnisvolle Stille voll geistlicher Vernunft herrscht, die den Erdbewohnern und den Niederungen unbekannt ist, und wir vernahmen damals die wunderbaren Stimmen der tief schweigenden Natur. Sie sind nicht von dieser Zeit. Die Bergwelt war umhüllt von Ruhe und Stille wie in Königspurpur, von unzerstörbarem Schweigen, und andächtig achteten wir auf die Gegenwart der Gottheit – und verneigten uns vor unserem Schöpfer, Herrscher und Herrn!

Es war so still überall, dass nicht einmal ein Blatt auf einem Baum durch ein Rascheln die feierliche Stille zu stören wagte. Tiere, Vögel, jede Schlange am Boden, jedes Lebewesen verharrte unbeweglich an seinem Ort. Die Luft stand gleichsam versteinert; Mond und Sterne, der ganze Luftraum achtete gemeinsam mit uns auf die Stimme der Berge, der Felsen und Klüfte. Mit einem Wort – alles Sichtbare war angehalten, stand still, umfangen von Furcht und durchdrungen von Aufmerksamkeit, weil der Allmächtige und Allherrscher mit Seiner furchtbaren Gegenwart alle Wesen erfüllte.

Und da, mitten im allgemeinen Verstummen, vernahmen wir in unseren Herzen ein Wort Gottes, das deutlich sprach: ›Menschensöhne! Warum verbringt ihr eure Tage umsonst und sucht nicht die himmlischen Güter, die Ich denen bereitet habe, die Mich lieben? Sucht Gott und eure Seele wird leben, denn Er ist gütig, freigebig und barmherzig, Er liebt das Recht und die Wahrheit und Er erbarmt sich von Geschlecht zu Geschlecht. Und wenn Er kommt in Herrlichkeit, werdet ihr das Leben mit allen Heiligen erblicken.‹

Wir wandten uns auf die andere Seite, und wieder kündete diese Göttliche Stimme in unserem Herzen: *»So wahr Ich lebe, spricht der Herr, Ich will nicht den Tod des Sünders, sondern dass er umkehrt und am Leben bleibt«* (Ez 33,11).

Als wir diese Stimme hörten, fielen wir auf unser Gesicht und verneigten uns vor Dem, Der in Ewigkeit lebt, Der Himmel und Erde geschaffen hat, das Meer und alles, was in ihnen ist, und sagten: »Herr, vergib uns um Deines heiligen Namens willen, und lass Deine Schöpfung nicht untergehen, denn Du bist Gott von Anfang an, Du bist es auch jetzt, und in Ewigkeit bist Du unser Gott.«

Die Nacht verbrachten wir im Gebet und in Reuegefühlen und *»schütteten«*, wie David sagt, *»vor dem Herrn unser Herz aus«* (Ps 62,9).

Als die Morgendämmerung – die Vorbotin der Sonne – wie immer die Berge mit ihren zärtlichen Strahlen bedeckte und jedes Geschöpf nach der Nachtruhe zum Leben erweckte und ihm eine Stimme nach seiner Art und Weise gab, lebten auch wir wieder in den Empfindungen unseres Herzens auf und brachten unserem Schöpfer ein verständiges Lied mit Lob und Preis dar, da wir mit den hohen Gaben des Verstandes und der Freiheit geehrt wurden.

Und da, plötzlich bot sich unserem Blick ein wunderbares Bild: hoch über unseren Köpfen schwebten herrlich gefiederte Adler; sie freuen sich über ihre Freiheit in der Weite der Luft; fröhlich baden sie in den weiß marmorierten Wellen wie Delfine im Meer; mit Blick und Schrei rufen sie einander zu, als wollten sie sagen: ›Liebe Freunde! Lasst uns von hier fortfliegen! Dorthin, wo die Felder der Meere dunkelblau schimmern, die stürmischen Winde ziehen, dort, wo unsere Brüder, die Adler, sind‹, und immer höher und höher erhoben sie sich auf ihren mächtigen Flügeln und versanken im Strahlen eines blauen Tages, bis sie allmählich unseren Blicken entschwanden.

Wir sahen in jenen glücklichen Zeiten noch vieles andere Erhabenes und Schönes, das unsere Seele andächtig stimmte, mit Furcht und Liebe zu unserem Schöpfer erfüllte, Der alles in Weisheit erschaffen hat, und tranken den vollen Kelch der belebenden Frische und verborgenen Kraft eines Lebens in den Bergen.

Alles kann man hier der Vielzahl der Dinge und der reichhaltigen Eindrücke wegen nicht wiedergeben, denn die freigebige Natur zeigte uns hier den ganzen, vor anderen verborgenen inneren Reichtum ihrer unbeschreiblichen Schönheit, uns, ihren rechtmäßigen und aufrichtigen Kindern. Wir ruhten gleichsam in ihrem Schoß, in mütterlicher Umarmung, und waren glücklich und selig, wie vielleicht niemand sonst auf der Erde, da wir teilhatten an der inneren Kraft des Lebens und teilnahmen an den geheimnisvollen Reden der Natur, die sie uns als ihren lieben Kindern mitteilte und nicht verbarg.

Und damals habt ihr majestätischen Berge – Schmuck der kaukasischen Weite – uns liebenswürdig mit eurem freundlichen Blick und einem zärtlichen Lächeln begrüßt, als wir bis zum Äußersten erschöpft auf die hohen Bergrücken hinaufstiegen. Mit eurem diamantenen Glanz und eurem wunderbar wellenförmigen Aussehen habt ihr uns gefangen und unwillkürlich die Herzen zu euch gezogen. Unser Geist hat alles Irdische vergessen und strebte in Liebe unaufhaltsam zum Himmel, um dem allweisen Schöpfer des Alls Ruhm, Ehre und Lob darzubringen. Ihr wart uns immer eine friedliche Zuflucht und köstliche Erholung. Auf diesen hohen, felsigen Bergrücken ruhten wir in unsäglicher Freude des Geistes, bedeckt von der weichen Decke eines kühlen Windhauchs. Dort war ich wirklich selig, in jenen glücklichen Stunden und Minuten meines unwiderruflich verflossenen Lebens.

Und nun ist es Zeit, dass ich mich von euch trennen muss. Noch einmal werfe ich einen traurigen Blick auf euch, meine Lieben! In meinem Herzenskummer möchte ich ein Klagelied auf den bitteren und schweren Abschied von euch anstimmen. Weh mir! Schon ist die letzte Zeit für mich angebrochen, ich werde nicht mehr eure wunderbare Schönheit sehen; meine sündigen Füße haben eure Höhen, die großen Waldtäler und die steilen Felsen durchschritten; sie haben auch die Tiefe der unter euch lärmenden Wasser durchmessen. Nun ist die traurige Zeit für mich angebrochen, und meine Seele kränkt sich bitter, dass ich euch nicht mehr sehen werde, meine Lieben: wie eure hohen Gipfel in die Wolken eintauchen, welch herrliche Bilder sich auf euch zeigen werden, wie ihr von der Ferne herüberschaut …

Viele unbekannte Geheimnisse habt ihr mir eröffnet und habt tief in meine Erinnerung alle Reisen und Ereignisse eingeprägt, die mir auf euren hohen Rücken zustießen. Doch jetzt werde ich euch nicht mehr weiter zeichnen, und ein neues Lied über eure wunderbaren Schönheiten zu dichten vermag ich nicht mehr: es erstirbt mir auf meinen Lippen. Leb wohl auch du – Zierde des Kaukasus, seine Größe und sein Ruhm, grauhaariger Elbrus! Du warst immer unser treuer Freund und liebenswürdiger Wohltäter … Viele Male hast du uns an deiner Brust geborgen – halb tot von Stürmen, vom Winter und vom Unwetter!

Auch dich werde ich nicht mehr wiedersehen und mich an deinen wunderbaren Bildern in der Dämmerung eines herrlichen Frühlingsmorgens erfreuen, wenn du, bedeckt von den Strahlen der aufgehenden Sonne, in einem golddurchwirkten Purpurmantel strahltest und den blendenden Glanz deines Gewandes über das ganze Land ausgossest – nicht ein irdischer Herrscher konnte sich zu dieser Zeit mit dir im Leuchten deines Ornates vergleichen. Besonders erstrahlte im Ruhm himmlischer Schönheit dein ewig erleuchtetes Haupt, hoch erhoben über alle anderen Berge; es zeigte seine königliche Macht und Stärke im unglaublichen Schimmer seines beispiellosen Gewandes; ähnlich Schönes und Majestätisches findet man nicht mehr auf Erden.

Aber dann, wenn die Nacht mit tiefer Dunkelheit das Land bedeckte und du dich in den Chiton (dunkles Untergewand) hülltest, dann war dein Aussehen furchterregend, drohend standest du da; gewaltig an Umfang und hoch an Wuchs glichst du einem mächtigen Recken, der sich zu bösen Taten rüstet. Dann verbargen wir uns in deinen felsigen Seiten und verbrachten die dunkle Nacht in großer Angst. Grabesstille herrschte überall – nur gelegentlich ertönte ein verzagter Schrei unserer Wegbegleiterin, der andauernden Nachbarin, der Nachteule.

Nun wird mich, meine unschätzbaren Berge, nicht mehr wie früher die Morgenröte wecken, wenn ich auf euren frischen Höhen ruhte, ermüdet von einer schweren Reise, und der wohltätige Tau wird nicht mehr meine alten Glieder erfrischen; und der helle Sonnenstrahl wird mich nicht mehr wärmen, wenn ich durchfroren war von grausamer Kälte und Wind; die dunkle Nacht wird mich nicht mehr auf euren felsigen Rücken einschlummern und mein schwach gewordenes Ohr wird nicht mehr eure wunderbaren Hymnen hören, mein Herz wird sich nicht mehr an euren angenehmen Liedern erfreuen, die ihr unaufhörlich mit eurer geheimnisvollen Stimme gesungen habt und die niemals ein Bewohner der Niederungen vernahm.

O Berge der Wunder! Eines habe ich sicher erkannt: ihr seid voll Geheimnis, Wunder und dem Himmel nicht fern. Ich Sünder habe erkannt, wer über euch herrscht und wem ihr als Anteil zugefallen seid: euch bewahrt und verwöhnt die Königin der Schönheit der Berge, die wunderbare Heilige Königin aller Völker und Stämme. Und Sie zeigt Ihre Gnade; Sie spricht zu ihren Knechten, lenkt selbst ihr Schicksal und wacht über ihren Erdenwandel.

Nun hat auch die letzte Stunde meines vom Schicksal gewollten Abschieds von euch geschlagen, lebt wohl, meine teuren Berge, lebt wohl für immer! Schon ist der Bote des Todes gekommen, in seiner Hand hält er ein scharfes Beil und mein Herz gerät vor Furcht ins Zittern; das Blut erstarrt mir in den Gliedern und das Licht flimmert mir vor den Augen; auf die Lippen legt sich das Siegel des ewigen Schweigens und mein Nacken unterwirft sich dem unerbittlichen Herrscher. Ich sehe mein unausweichliches Los und beuge mein Greisenhaupt gehorsam unter die scharfe Axt.

Noch eine Stunde oder nur eine Minute – und ich werde euch niemals wiedersehen, meine teuren Berge, eure diamantenen Gipfel, dazwischen eure friedlichen Täler, euren prächtigen Anblick! Lebt wohl und lebt wohl für immer. Amen.«

44. Kapitel

Unser letzter Besuch beim Starez und sein seliges Ende

Als wir ruhig unser Leben an unserem Ort auf den Bergrücken in der Nähe der Haupthöhe der kaukasischen Berge auf einem hohen Felsen führten, gelangte die Nachricht zu uns, dass der Starez auf dem Sterbelager liege und sich schon für den Fortgang aus diesem Leben vorbereite. Da ich seines Segens nicht verlustig gehen wollte, aber noch mehr, weil ich ihn noch sprechen wollte, nahm ich ohne Verzug meinen Starzenstab und ging eilends mit meinem Novizen auf dem gewohnten Weg zu ihm – über die Höhen der Bergrücken. Als wir bei der Behausung des ehrwürdigen Vaters angekommen waren, klopften wir an die Tür und sprachen ein Gebet, wie es im Mönchtum nach dem Gebot der Göttlichen Väter üblich ist. Mit kaum vernehmbarer Stimme antwortete der Starez: »Amen« und befahl einzutreten. Wir verneigten uns vor den heiligen Ikonen, begrüßten den Starez und setzten uns.

Der Starez lag schon ganz kraftlos auf seinem Lager. Sein Anblick aber war wie der Anblick eines Engels Gottes, das Gesicht licht und der Blick freudig; er war wie vom Himmel gezeichnet – in Entzückung versetzt und er jubelte gleichsam im Geiste; so lag er da in weißem Gewand, selbst ganz weiß vom hohen Alter. Obwohl er vom Fasten, den Mühen und asketischen Kämpfen ganz erschöpft war, dazu noch mit schwerer Krankheit behaftet und Spuren dieser Erschöpfung und körperlicher Schwäche zeigte, schien er das einer überreichen Göttlichen Heimsuchung wegen in seinem Geist jetzt nicht zu bemerken – er erfuhr die Herabkunft der Gnade des Herrn. Durch das verfallende und einstürzende Kirchlein seines Leibes – dieses sterbliche Zelt, in dem für eine kurze, festgesetzte Zeit unser gottähnlicher und unsterblicher Geist wohnen muss – strahlte unwillkürlich die ganze Schönheit seiner Seele, geschmückt mit dem immerwährenden Gebet, mit Demut, mit der Ordnung seiner Gedanken und der Harmonie der Seelenkräfte. Selbst sein Atem, der aus einem müde gewordenen Herzen kam, war voll der Gnade und stimmte uns geistlich; sein Blick aber gehörte schon nicht mehr dieser Zeit an; in ihm leuchtete die Hoffnung auf Rettung, die Liebe zu Gott und den Nächsten. Er war wie ein Wanderer, der glücklich das Ende seines langen und mühseligen Weges erreicht hatte und voll Hoffnung voranschritt, das Land der Ruhe zu erben, das er während des ganzen Lebens als Ziel seiner Bemühungen vor Augen hatte.

Wir sahen, wie der Abend seines Lebens mild und schön von den stillen Strahlen der untergehenden Sonne beschienen wurde, und etwas wie ein unsichtbares Tuch, einer heiligen Kraft gleich, die von der Höhe herabkommt, bedeckte ihn mit Wogen geistlicher Freude. Der Friede Gottes, der nach dem Apostel jeden Verstand übersteigt, durchdrang ihn bis in sein Innerstes, so dass, wie uns schien, sein unzweifelbares Los die ewige Ruhe in Gott war.

Wir waren von einem heiligen Gefühl und von Furcht erlasst und wagten nicht, das geheimnisvolle Schweigen zu zerstören, in dem man die Gegenwart heiliger und geistlicher Kräfte spürte.

Der Starez richtete sich auf, setzte sich und begann zu reden: »Ihr habt gut getan, meine Brüder, dass ihr die letzten Minuten meines Lebens zu mir gekommen seid. Ich gehe schon nach der Bestimmung Gottes den Weg der ganzen Erde, wohin alle Erdbewohner gehen und woher niemand zurückkommt. Leidvoll und voll Sünden waren die Tage meines Lebens.« Wir sagten: »Sagt uns doch die Erfahrung eures langen Lebens: Was habt Ihr in ihm Gutes und Nützliches getroffen und was sind die kürzesten und zuverlässigsten Wege, auf denen wir uns Gott nähern können?«

Nachdem der Starez eine Weile geschwiegen hatte, begann er leise, andächtig und mit Gottesfurcht zu sprechen:

»Wir müssen« sagte er, »unbedingt, sooft und unablässig unserem Schöpfer und Retter, dem Herrn Jesus Christus, danken, wie wir auch unablässig atmen. Wir sehen diese rettende Notwendigkeit aber erst dann, wenn wir, und sei es nur wenig, unsere Aufmerksamkeit wirklich auf Seine unermüdliche Fürsorge richten, die sich wachsam um unsere ewige Rettung kümmert und um alle Bedürfnisse, die wir in unserem Erdenleben haben. Seine Liebe zu uns und zu allen Geschöpfen ist in Wahrheit grenzenlos, unermesslich und unvorstellbar.

Dieses Wort findet irgendwie keinen Platz in unseren Begriffen. Und das kommt daher, weil wir mit unserem Verstand diese grenzenlose Wirklichkeit nicht umfassen können, dafür aber findet sie Raum in unseren Herzen.

Wenn man die Herzen aller Eltern, beginnend von Adam bis zu unserer Zeit, zu einem einzigen Gefühl der Liebe zu ihren Kindern zusammenfassen würde, dann wäre auch diese große Vereinigung nicht mehr als ein einziger Tropfen gegenüber allen Ozeanen auf der Erde und selbst das würde nicht die Liebe Gottes zu uns ausdrücken.

Aber es wird nicht anstößig sein, wenn wir unser kindliches Stammeln darüber in der uns möglichen Rede versuchen. *»Wohl dem Mann, der sein Vertrauen auf Gott seinen Herrn setzt, Der Himmel und Erde und das Meer geschaffen hat und alles, was in ihnen ist, denn der Gott Jakobs ist sein Helfer.«*

Wir haben gesehen, Herr, wir haben gesehen Deine Barmherzigkeit von alters her und sind ergriffen; wir wagen nicht, unsere Augen zum Himmel zu erheben, denn wir haben Deine große Güte gegen uns erzürnt und jetzt beugen wir im Herzen die Knie und bitten um Deine Gnade; wir haben gesündigt, Herr, wir haben gesündigt und unsere Gesetzlosigkeiten sind immer vor uns; aber wir bitten und beten: lass uns nicht untergehen in unseren Sünden. Deine allmächtige Hand strecke aus und entreiße uns der dämonischen Bedrängnis und der Gewalt der Sünde; lass uns mit reinem Verstand und erleuchtetem Herzen Dir – unserem wahren Gott die Frucht der Lippen darbringen, da wir Deinen Namen bekennen, und den unaufhörlichen Gottesdienst im Tempel des inneren Menschen durch das Werk des Gebetes vollziehen – in Deinem allheiligen, allmächtigen Namen: ›Herr Jesus Christus, Sohn Gottes, erbarme Dich unser.‹ So befehlen uns die Göttlichen Väter.

Dieses Gebet ist nach ihrer Lehre ein feuriges Schwert gegen die Dämonen und ihre ganze feindliche Macht. Wo es in der gebührenden Art und Schönheit weilt, in den Gefühlen der Demut und Reue der Seele, da kann die dunkle dämonische Macht nicht sein, sie flieht, verjagt vom Licht des Namens Christi und erträgt nicht das ewige Leuchten und die versengende geistliche Flamme.

Selig ist der Mensch, dem der Herr geruht, die rettende Macht Seines herrlichen Namens zu eröffnen und den in ihm verborgenen

Reichtum geistlichen Lebens und das ewige Leben. Aber es ist nur wenig zu sehen in unserem Jahrhundert, das so zu einem materialistischen Leben abgewichen ist. Und wenn sich irgendwo auch nur kleine Funken dieser himmlischen Tätigkeit zeigen, dann haben die Menschen kein Vertrauen dazu, weil es so selten und ungewöhnlich ist; sie schauen zweifelnd und glauben, dass irgendein Betrug dabei ist. Darum ist diese Göttliche Sache, die uns zur Ehre der Engel erhebt, heute überaus herabgewürdigt und verachtet, ganz gegen die übereinstimmende Lehre der heiligen und Göttlichen Väter.«

Als er diese erhebenden Worte gesprochen hatte, fiel der Starez wieder entkräftet auf sein Lager und konnte nicht mehr sprechen. Wir kümmerten uns um seine körperlichen Bedürfnisse, als wären es unsere eigenen.

Zwei Wochen lebten wir beim Starez, dienten ihm eifrig, verschafften ihm Ruhe und bemühten uns, dass er es gut hätte; sobald der Starez sich etwas aus seiner Schwäche erhob, baten wir ihn, uns etwas zum Nutzen der Seele zu sagen, und erfüllt von aufrichtiger Liebe, schlug uns der Starez manchmal diese Bitte nicht ab.

Da wir nicht alles genau wiedergeben können, was wir vom Starez hörten, beschränken wir uns auf das, was wir als das Hauptsächliche und Wesentliche seiner Unterredungen in Erinnerung haben und legen es allen, wenn auch gekürzt, vor, die daraus Nutzen ziehen wollen.

Der Weg des inneren, geistlichen Lebens, auf dem man Gott erreichen kann, besteht in der richtigen Bewegung nach zwei Richtungen: erstens zu sich, dann zweitens – von sich zu Gott.

Die Bewegung zu sich besteht darin, dass der Mensch seinen gefallenen sündhaften Zustand und das Verwesen aller seiner Kräfte erkennt, die völlige Unfähigkeit zum Guten und die andauernde Geneigtheit zum Bösen, seine völlige Kraftlosigkeit im Werk der Rettung, und dass er die unausweichliche Notwendigkeit von Gottes Hilfe erkennt.

Diese Erkenntnis ist höher und wertvoller als jede andere Erkenntnis, denn sie öffnet in uns die Tür zur Annahme der Hilfe von oben. Gibt es diese Erkenntnis nicht, kommt auch die Hilfe von oben nicht, ohne sie aber kommt unsere Rettung nicht zustande.

Der Erlöser kam bis zu jener Zeit nicht auf die Erde, bis in der Menschheit das Bedürfnis nach Hilfe von oben deutlich spürbar wurde.

Die andere Bewegung im geistlichen Leben muss von sich zu Gott gehen. Sie besteht darin, dass man aus dem tiefen Bewusstsein seiner Sündhaftigkeit, seines gefallenen Zustandes und seiner völligen Unfähigkeit zum Guten mit seinem Verstand und Herzen nach der Vereinigung mit Gott strebt, der Quelle der Kraft und des Guten. Sie wird durch das unablässige Gebet bewirkt, das wie ein goldenes Seil uns mit Ihm verbindet. Von dort schöpfen wir die Kraft der Gnade, um den Willen Gottes zu erfüllen und alles Gute zu tun – zur Rettung unserer Seelen. Wie sagte der Herr Selbst: »*Ohne Mich könnt ihr nichts tun*« (Joh 15,5).

Die wahre Würde des Menschen besteht gerade in der Demut, das heißt, wenn er auch bei großen Werken von sich eine niedrige Meinung hat, jeden höher als sich selbst schätzt (Röm 12,10) und nach dem Apostel »*jedermann Ehre erweist*« (1 Petr 2,17). Es gibt nichts

Schlimmeres als den Stolz, der eine völlige Armut der Seele, eine grenzenlose und entschiedene Unkenntnis seiner selbst und eine Entfernung von Gott ist.

Diejenigen, die sich im Gebet des Schweigens, oder jene, die sich im Dienst des Wortes befinden, bekleiden die Ämter der obersten Apostel. Sie müssen ausgezeichnet sein, wie Edelsteine vor einem Haufen gewöhnlicher Steine. Wer nicht auf die Bewahrung seines Herzens achtet und nicht seinen Verstand beobachtet, kann nicht reinen Herzens sein und ist unfähig, den Herrn zu schauen. Man kann unmöglich eine Tugend erlangen außer durch die Bewahrung des Verstandes.

Das Gebet ist ein großes Tun, es ist ein unumgängliches Mittel für den Fortschritt im geistlichen Leben. Es besteht im unaufhörlich angerufenen Namen: »Herr Jesus Christus, Sohn Gottes, sei mir Sünder gnädig.« Spricht man es in Worten aus, mit Verstand und Herz, so nannten die heiligen Väter, die alle Bezeichnungen aus der Heiligen Schrift nahmen, dieses volle Aussprechen »Säule des Gebetes«. Für sie genügte ein einziger Ausspruch: »Jesus« oder »Jesus Christus« und sie wurden von unaussprechlicher Freude erfüllt. Anders kann man nicht in der Gemeinschaft mit Gott bleiben – das ist die Bedingung für ein christliches Leben wie für das Gebet. Es ist die wesentlichste Eigenschaft unserer Seele, die von Gott geschaffen wurde und nach der Vereinigung mit Ihm strebt. Es ist für den Menschen in seinem geistlichen Leben so unentbehrlich wie der Atem für das Leben des Körpers. Das Gebet ist ein Ablegen der Sorgen. »Denn wie ein Schwert, auf beiden Seiten geschliffen, mit seiner Schärfe alles durchschlägt, wohin immer der Kämpfer sich wendet, so ist es auch mit dem Gebet; ohne Gebet gibt es kein Leben im Menschen.«

Es muss aber ohne Ausnahme jeder, der an die Beschäftigung mit dem Jesusgebet herantritt, wissen, dass man es nur aus der Tiefe leidvoller Gefühle eines über die Sünden zerknirschten Herzens dem Herrn darbringen kann, in voller Kenntnis der Verderbtheit seiner Seele und des Körpers, mit der furchtbaren Verletzung seiner Natur, und dann muss ganz natürlich das Gefühl entstehen, Gottes Hilfe zu benötigen, wenn wir uns zu jedem guten Werk, aber noch viel mehr zum Gebet unfähig fühlen. Man muss voller Hoffnung auf die Barmherzigkeit Gottes beten, dass der Herr Seine Knechte, die zu Ihm Tag und Nacht rufen, nicht verlässt, wie Er Selbst gnädig in dem Gleichnis vom ungerechten Richter uns sagen wollte.

Das über seine Sünden bekümmerte Gefühl des Herzens ist so unabdinglich in der Gebetsübung, dass es mit Fug und Recht den Boden darstellt, auf dem das Gebet emporwachsen kann, zugleich ist es auch sein Lebenselement. Haben wir dieses Kummergefühl beim Gebet nicht, so sind wir leicht zu einer hohen Meinung von uns und zu einer stolzen Vorstellung über uns geneigt; haben wir aber dieses Gefühl in uns, dann zieht es uns wie ein Gewicht nach unten, in die Tiefe der Demut, und dann bleibt das Gebet leicht im Herzen, gehalten von diesem Gefühl.

Dieses Gefühl des Kummers bezeugt vor allem der Göttliche David: *»Das Opfer, das Gott gefällt, ist ein zerknirschter Geist, ein zerbrochenes und zerschlagenes Herz wirst Du, Gott, nicht verschmähen.«* (Ps 51,19). Bischof Ignatij (Brjantschaninov) erklärt das so, dass von unserer gefallenen menschlichen Natur nur ein Opfer von Gott angenommen wird – nämlich: ein zerbrochenes und demütiges Herz und tiefes Weinen über seine Sünden. Das haben auch die ehrwürdigen und Göttlichen Väter gezeigt, die frommen Asketen, die ihr ganzes Leben geweint haben, ungeachtet dessen, dass sie Lieblinge

Gottes waren und heilig lebten, gerecht und ehrwürdig. Der heilige Isaak der Syrer erklärt, dass gleichsam ein großes Heiligtum in seinem Herzen trägt, wer die Trauer des Verstandes über seine Sünden und ihretwegen den Kummer im Herzen fühlt, wer sich grämt, weint und zerknirscht ist, dass sein Leben schlecht ist und er Gott dem Herrn nicht in Gerechtigkeit dienen kann, ehrwürdig und wahr; dass er immer wieder von der Sünde besiegt wird, und dass sein Denken von Jugend an böse ist.

Der heilige Klimakos lehrt, dass wir zwar große asketische Kämpfe durchgestanden haben mögen, haben wir aber kein zerbrochenes und über unser Leben betrübtes Herz, dann bleiben sie alle leer und fruchtlos. »Die Dämonen«, sagt er, »fürchten unser Wehklagen über die Sünden wie die Diebe die Hunde.« Der heilige Simeon, der Neue Theologe, sagt darüber noch stärker: »Vor dem Weinen und den Tränen soll uns niemand mit leeren Worten verführen, noch soll man sich mit Gedanken selbst verführen. Gibt es in uns keine Reue, keine wahre Buße, gibt es keine Gottesfurcht in unseren Herzen – so haben wir noch nicht unsere Fehler wahrgenommen: unsere Seele ist nicht zur Empfindung des kommenden Gerichtes und der ewigen Qualen gelangt. Hätten wir unsere Fehler gesehen, hätten wir das schon erreicht, dann würden wir unverzüglich Tränen hervorbringen. Ohne sie aber kann niemals unsere Herzenshärte erweicht werden, noch kann unsere Seele geistliche Demut erlangen; wir können nicht demütig sein. Sind wir das aber nicht geworden, können wir nicht mit dem Heiligen Geist vereint werden; wer mit ihm nicht vereint ist, kann nicht zur Schau und zur Göttlichen Vernunft kommen, er ist nicht wert, geheimnisvoll die Tugend der Demut zu lernen.«

Man kann auch nicht in der Göttlichen Schrift finden, dass einer der Menschen ohne Tränen und andauernde Ergriffenheit gereinigt und heilig wurde, den Geist empfing und Gott schaute oder spürte, wie Er innerlich Wohnung nahm. Nichts von all dem konnte geschehen, wenn nicht Reue und Ergriffenheit vorangegangen waren, wenn sich nicht Tränen wie aus einer Quelle ergossen und die Augen überschwemmten und so die Kirche der Seele wuschen, wenn sie nicht die Seele befeuchteten und kühlten, da sie von einem unzugänglichen Feuer umgeben ist. Die sagen, dass man unmöglich Tränen vergießen und jede Nacht, jeden Tag weinen kann, bezeugen von sich, dass sie der Tugend fremd sind. Unsere Väter haben folgende Erklärung gegeben: Wer die Leidenschaften abbauen will, baut sie durch Weinen ab, wer die Tugenden erlangen will, erlangt sie durch Weinen. Das zeigt klar, dass der, der nicht täglich weint, weder die Leidenschaften abbaut noch die Tugenden übt, wenn er auch von Einbildung getäuscht glaubt, er übe sie.

Wenn es auf der Erde ein Leben gibt, das seiner Bestimmung entspricht und das seinen unstillbaren Durst mit nichts Irdischem stillen kann, wie es auch seine hohen und edlen Bemühungen ebenso wenig damit zufriedenstellen kann, dann ist es das innere Leben, dessen erstes Gut eine beständige Gebetswärme des Herzens und ein Maßhalten der Gedanken ist. Alles wird licht durch das unaufhörliche Gebet und die Betrachtung des Herrn, Der das Licht ist. Wo aber das Licht ist, da kann natürlich die Finsternis nicht sein und für den Satan gibt es keinen Raum. Hat er selbst keine Möglichkeit, diesem Menschen Fallen zu stellen, dann wiegelt er aus Hass Menschen gegen ihn auf, die im Geiste dieser Zeit wandeln, die selbst böse und ausschweifend ist.

Die Bewahrung des Verstandes, die Reinheit des Herzens, damit der Verstand nicht in verschiedenen Gedanken untergeht und von den Wogen der Zerstreutheit bestürmt wird, sondern in sich selbst vertieft bleibt für die Tätigkeit des Jesusgebetes – das ist die bei weitem beste aller körperlichen Tugenden. Und das deshalb, weil wir die sündhaften Bewegungen schon im Keim ersticken.

Der heilige Chrysostomus sagt, dass eine geistige Schau Gottes genügt, um die böse Macht zu vernichten.

Und noch ein anderer der Gott tragenden Väter sagt: »Es gibt für die abtrünnige Macht unter allen geistlichen Werken nichts Schlimmeres als den ›Blick auf Gott‹; darunter versteht man das Tun des Herzens, das Jesusgebet, das mit Furcht und Zittern die feindliche Macht erfüllt, weil es die Gegenwart Gottes in sich besitzt. Wie Wachs vor dem Feuer schmilzt, so entschwindet die Gott feindliche Schar der bösen Geister vor dem furchtbaren Namen Jesu Christi, der ein feuerflammendes Schwert gegen Satan genannt wird und es auch ist; für uns aber ist Er Gottes Kraft und Gottes Weisheit.«

Wir fragten den Starez: »Welcher Sünde wegen ist das menschliche Gebet unangenehm?« Der Starez antwortete: »Wegen der bösen Meinung, denn so spricht der Herr: »*Ich sage euch, wenn du deine Opfergabe zum Altar bringst und dir dabei einfällt, dass dein Bruder etwas gegen dich hat, so lass deine Gabe dort vor dem Altar liegen; geh und versöhne dich zuerst mit deinem Bruder, dann komm und opfere deine Gabe*« (Mt 5,34 f). Denn hast du etwas Böses im Gedächtnis gegen ihn behalten, dann versteh, dass dein Gebet nicht nur für Gott unangenehm ist, sondern ihn auch erzürnt.«

Und wieder fragten wir den Starez: »Was ist die schwerste aller Sünden?« Er antwortete: »Der heilige Apostel Paulus hat gesagt, dass am größten unter allen Tugenden die Liebe ist (1 Kor 13,13). Verstehe daraus, dass das Größte aller Übel der Hass gegen den Bruder und die Unbarmherzigkeit ist.«

Und wieder wurde er gefragt: »Welches Gebot vergibt dem Menschen alle Sünden?« Er antwortete: »Der Herr sagte: *»Richtet nicht, so werdet auch ihr nicht gerichtet werden; sprecht frei, so werdet ihr freigesprochen werden«* (Lk 6,37). Verstehe doch: seinen Bruder nicht verleumden noch ihn verurteilen, vergibt jede Sünde. Sprecht frei, sagt der Herr, und ihr werdet freigesprochen; mit dem Maß, mit dem ihr messt, wird euch wieder gemessen werden.«

Wir fragten ihn noch: »Wenn jemand alle schweren Sünden begeht, doch dann, von Mitleid gerührt, zu bereuen beginnt – er aber drei Tage später stirbt, was soll man dann darüber denken?« Er antwortete: »Wer immer wahrhaft bereuen will und auch anfängt, seine Seele von bösen Gedanken abzuwenden und dem Herrn seinen Willen bekundet, darin nicht mehr zu sündigen und diese Sünden nicht wiederholen will: der mag auch am nächsten Morgen sterben, Gott wird seine Reue annehmen, so wie Er auch den Räuber angenommen hat. Denn der Anfang der Reue liegt im menschlichen Willen, Leben oder Sterben unterliegen dem Willen Gottes. Viele haben angefangen zu bereuen und Gott hat sie entrissen: und doch hat Er ihnen etwas Besseres bereitet: Hätten sie noch viele Jahre gelebt, wären sie in Sünde gefallen und umgekommen.«

Und noch einmal wurde dieser große Starez gefragt: »Wenn jemand in Sünden alt wird, aber weder fasten noch beten noch sich abmühen kann; oder wenn jemand ein schreckliches Leben geführt hat und keinen Besitz hat, um ihn seiner Sünden wegen zu verteilen noch er dem Treiben dieser Welt absagen kann: wie kann dann so einer gerettet werden?« Er sagte: »Genauso wie der Zöllner gerettet wurde; denn auch der Prophet sagt: *»Ich bin gar tief gebeugt, Herr, rette mich nach Deinem Wort!«* (Ps 119, 107). Denn wie ein unblutiges Opfer und Almosen zur Vergebung der Sünden Gott dargebracht werden, so verachtet Gott auch einen zerbrochenen Geist und ein zerschlagenes und demütiges Herz nicht. *»Nahe ist der Herr den zerbrochenen Herzen, Er hilft denen auf, die zerknirscht sind«* (Ps 34,19). Wie die Barmherzigen und die, die reinen Herzens sind, selig gepriesen werden, so werden auch die Demütigen selig gepriesen, *»denn ihrer ist das Himmelreich«* (Mt 5,3). Auf diesem Weg kann jeder gerettet werden, der Arme, der Kranke, der Alte, der Grobe, der Einfältige.«

Aber schon näherte sich der Engel des Todes dem Starez, und die untergehende Sonne seines Erdenlebens beleuchtete ein letztes Mal mit ihren Strahlen seine Tugenden, die er in seinem Leben mit solcher Mühe erworben hatte. Noch einmal sahen wir ihre ganze himmlische Schönheit.

Da war zunächst der Glaube an Gott und die ganze Göttliche Offenbarung, der in seinem Herzen verwurzelt war und sich in einer zweifelsfreien und festen Hoffnung auf die grenzenlose Barmherzigkeit Gottes zeigte, von der er so fest überzeugt war, dass nichts sie auch nur einen Augenblick hätte erschüttern können, und wenn alle Engel und Menschen zusammen ihn hätten versuchen wollen.

Mehr als alle übrigen Tugenden zeigte sich bei ihm eine aufrichtige Liebe zu Gott und den Nächsten, ist doch sie das Band der Geistlichen Vollkommenheiten und die Erfüllung des ganzen christlichen

Gesetzes. Da gerade sie im Werk unserer ewigen Rettung unerlässlich ist, bemühte er sich besonders um sie. Dann besaß er die Herzensreinheit, die Keuschheit der Seele und des Leibes, die durch die Harmonie der Gedanken und durch das unbewegliche Verweilen des Verstandes in Gott bezeugt wird. Er erwarb sie durch die Nüchternheit oder Beobachtung seines Verstandes, durch den Kampf mit den Gedanken, vor allem aber durch das unablässige innere Gebet zu unserem Herrn Jesus Christus.

Die Demut, die er durch andauernde Selbstkritik erworben hatte, war in ihm so lebendig, dass er jeden Menschen für besser als sich hielt, sich selbst aber für noch schlechter als ein Tier, da dieses wenigstens nach den Gesetzen der Natur lebt, »ich aber«, sagte er, »habe in meiner Jugend so gelebt, wie kein vernünftiges Lebewesen lebt, ja nicht einmal ein unvernünftiges Tier«.

Und der ganze gotteswürdige und heilige Chor der Tugenden bedeckte wie eine Licht verbreitende Wolke sein verlöschendes Leben, und die innere Schönheit seiner Seele spiegelte sich in seinem Körper wider: in Klarheit, Freude und in der Wonne des Herzens in Gott dem Herrn. Die letzten Minuten brachen an und der Starez bat, wir möchten jetzt gehen. Nur ungern und mit Bedauern mussten wir ihm seinen letzten Wunsch erfüllen. Am Morgen kamen wir mit großer Furcht zur Zelle des Starez und sahen seinen leblosen Körper in Schönheit auf dem Lager ruhen. Die Freude des Himmels leuchtete auf seinem Gesicht.

Im Zimmer herrschte tiefes Schweigen, majestätisch und über jedes Wort erhaben. Obwohl sich dem Blick des Leibes nichts anderes bot als ein liegender Leichnam, eröffnete sich dem inneren Blick ein unbegreifliches Schauspiel. Das eben erst vollzogene Mysterium des

Todes, das noch in seiner ganzen Fülle auf dem Antlitz lag, ließ uns nicht nur auf das lebhafteste die Welt jenseits des Grabes spüren, in die die Seele des Starez fortgegangen war, es war, als ob wir selbst mit unserem ganzen geistlichen Wesen dort wären, als ob vor uns die Mauer der Materie, die die sichtbare von der unsichtbaren Welt abgrenzt, verschwunden wäre. Mit unserem inneren Sinn spürten wir im Zimmer die Anwesenheit himmlischer Kräfte und der nahe Umgang mit ihnen versetzte uns in Freude und führte uns zur Betrachtung.

Dieser Zustand berührte und erhob uns so, wie wir es kaum bisher erlebt hatten.

Hier erkannten wir deutlich das Geheimnis unserer irdischen Existenz; es zeigte sich uns die ganze Größe der menschlichen Seele, wenn sie nach Kräften ihre irdische Bestimmung erfüllt hat, wenn sie den Glauben an Gott bewahrt, in Frömmigkeit gelebt und Sein heiliges Gesetz geachtet hat. Darum wurde ihr jetzt der Weg ohne Mühen in die Grenzenlosigkeit der Himmel eröffnet: freudig strebt ihr Gedanke nach oben, die Hoffnung auf ewig seliges Leben umfängt ihr ganzes Wesen und niemand kann je diese Freude von ihr nehmen.

Wenn aber die irdische Leidenschaft in der Seele die Gewalt über die höheren Bestrebungen und Kräfte gewonnen hat, O weh, verschlossen ist ihr dann der Weg in die ersehnte Welt – Hoffnungslosigkeit verdunkelt ihre Zukunft.

Nichts kann für uns so nützlich und Seelen rettend sein wie die Nähe eines Verstorbenen; hier schauen wir die Welt jenseits des Grabes von Angesicht zu Angesicht; wir sehen so nahe wie sonst nie die ganze Nichtigkeit des irdischen Seins, wenn es ohne einen Gedanken an Gott und das kommende Leben geführt wird. Mit strenger Majestät zeigt sich gerade hier unserem Bewusstsein die furchtbare, unabwendbare Ewigkeit, in die unaufhaltsam wie ein Fluss ins Meer unser Erdenleben eilt. Furcht und Schrecken befallen unsere Seele und wir ergreifen unverzüglich Maßnahmen, um unser sündiges Leben zu bessern.

Daher nannten auch alle heiligen Väter das Gedenken des Todes das mächtigste Mittel, um den Menschen von der Leere des Lebens abzuwenden und auf den Weg des Guten zu lenken. »Wie der Mensch vor allem Brot zum Leben benötigt«, sagt der heilige Klimakos, »so ist auch der Gedanke an den Tod vor allen anderen Werken notwendig.«

So sagt auch der heilige Isaak der Syrer, dass der Gedanke an den Tod wegen seines außerordentlichen Nutzens für uns dem Satan so verhasst ist, dass er, wenn er könnte, dem Menschen die ganze Welt mit all ihren Schätzen und Gütern übergeben würde, nur um in ihm dieses für ihn so heilsame Gedenken auszulöschen; denn durch dieses Nachdenken, so erklärt der hl. Vater, beginnt in uns jede Bewegung zum Guten. Die Fesseln der irdischen Anhänglichkeiten werden gesprengt, wir beginnen uns als Pilger und Fremdlinge in dieser Welt zu sehen, der Blick unseres Verstandes richtet sich auf die kommende Welt. Als Folge entsteht in uns die Sorge um unser ewiges Los jenseits des Grabes und wir denken daran, unser sündhaftes Leben aufzugeben und uns mit verschiedenen Tugenden zu schmücken, damit wir einst ohne Schuldspruch im Tod vor dem furchtbaren Thron des Herrn der Herrlichkeit stehen.

»Wie ein Abgrund« sagt Klimakos, »ein Ort ganz ohne Boden ist, so ist auch das Gedenken des Todes in seinem Inhalt grenzenlos«. Es erfüllt unsere Seele mit Empfindungen und Gedanken an die kommende Welt, deren drohende Unendlichkeit unserem Geist angeboren ist und ihn gebieterisch von dieser zeitlichen Welt wegreißt, indem sie ihm deren ganze Nichtigkeit, Leere und ihr vergängliches Sein zeigt.

Da wir diesen unvergleichlichen Gewinn empfangen hatten, bestatteten wir den von vielen Mühen erschöpften Leib unseres geistlichen Vaters und kehrten im Frieden Gottes zu unserer bescheidenen Hütte zurück.

Personenverzeichnis

Abba **Agathon** lebte als Gefährte des Abba Amun, dem Begründer der Mönchskolonien in der nitrischen Wüste in der ersten Hälfte des 4. Jahrhunderts. Das Wort vom Hingeben des eigenen Leibes für einen Aussätzigen als Zeichen der Liebe findet sich in Apophthegmata patrum, n. 108 (Bonifaz Miller, Weisung der Väter, Sophia 6, S. 46).

Andreas **Jurodivyj** (Narr um Christi willen), geborener Skythe oder Slawe aus dem 5.–7. Jahrhundert, Sklave in Konstantinopel, wurde nach der Lektüre von Märtyrerviten ein »Narr in Christo«, der, tagsüber von den Leuten verlacht und verspottet, nachts für seine Beleidiger und die ganze Welt betete. Er erlangte eine solche Herzensreinheit, dass er die Gabe der Hellsichtigkeit bekam und »alles Körperlose wie Körperliches sah«. In der Blachernenkirche sah er die Gottesmutter, wie sie für die ganze Welt betete und die Christenheit mit ihrem Mantel bedeckte. Fest am 2. Oktober.

Antonios der Große, 251–356, der Vater der Mönche, ältester bekannter Eremit, ging als Zwanzigjähriger in die Wüste, die er als den Ort asketischen Ringens erschloss. Sein Leben war beispielgebend für viele Generationen von Eremiten und wurde von Athanasios beschrieben.

Abba **Arsenios der Große** (354–445), stammte aus einem römischen Senatorengeschlecht. Papst Damasus I. weihte ihn zum Diakon. 383 von Kaiser Theodosius als Erzieher seiner Söhne Arkadius und Honorius nach Konstantinopel gerufen, führte er ab 395 ein

Einsiedlerleben in der Libyschen Wüste, ab 410 in der Sketis und an anderen Orten. Er starb in Troe bei Memphis. Berühmt ist sein Lebensprogramm: »Fliehe, schweige, ruhe! Das sind die Wurzeln der Sündenlosigkeit!« (Apophthegmata patrum n. 40).

Athanasios der Große (295–373), in Alexandrien geboren, nahm als Diakon Stellung gegen die Lehre des Presbyters Arius, dass Jesus nur ein Geschöpf Gottes, ein besonders begnadeter Mensch, Gott wesensähnlich (homoi-usios) gewesen sei. Athanasios vertritt die Tradition der Urkirche, dass Jesus Gott wesensgleich ist (homo-usios), wahrer Gott vom wahren Gott und »Mensch geworden, damit der Mensch zu Gott werde«. »Er wurde nämlich Mensch, damit wir vergottet würden. Und Er offenbarte sich selbst durch den Leib, damit wir die Erkenntnis des unsichtbaren Gottes erhielten. Und Er trug die Schmähung der Menschen, damit wir Erben der Unsterblichkeit würden.« (Rede über die Menschwerdung des Wortes, cap. 54). Er begleitete seinen Bischof Alexandros zum Konzil von Nikaia (325) und wurde 328 dessen Nachfolger und Patriarch von Alexandrien. Als Verteidiger der Orthodoxie wurde er siebenmal für den Zeitraum von insgesamt 17 Jahren im Kampf gegen den Arianismus je nach politischer Lage aus seiner Diözese verbannt. Großen Einfluss auf das Mönchtum übte auch seine Lebensbeschreibung Antonios des Großen (251–356), des ältesten bekannten Eremiten, aus.

Augustinus (354–430), als Sohn des Heiden Patricius und der frommen Christin Monika in Tagaste (Numidien) geboren, wurde er 384 Professor der Rethorik in Mailand, wo ihm die Predigt des hl. Ambrosius und das dortige christlich-neuplatonische Milieu über die Jugendkrise der Religion gegenüber hinweghalfen. Sein religiöses Bekehrungserlebnis 386 lässt ihn durch die Freundschaft mit Ambrosius auch die klösterliche Lebensform entdecken, 387 durch Ambrosius getauft, wurde er 391 in Hippo zum Priester geweiht, war ab 396 Bischof von Hippo, wo er an seinem Bischofssitz in einer Klostergemeinschaft mit seinen Priestern lebte. Die religiöse Glut Augustinus' hat die christliche Mystik immer wieder befruchtet. »Du hast uns im Hinblick auf Dich geschaffen, und unruhig ist unser Herz, bis es ruht in Dir« (Confessiones I, 1).

Barsanuphios der Große (gest. um 540), koptischer Ägypter, Mönch im Kloster des Abtes Seridus zwischen Askalon und Gaza in Palästina, der zusammen mit seinem Schüler Johannes, dem »Propheten«, eine Sammlung von 850 geistlichen Briefen und Antworten verfasste, die ein wichtiges Zeugnis des Klosterlebens und der geistlichen Führung durch den Gerontas, den geistlichen Vater, darstellen. Sie fanden Aufnahme in die Dobrotoljubije Paisijs Velitschkovskijs 1795, wurden 1816 von Nikodemus Hagiorita in Venedig ediert, 1963 von Dietz thematisch geordnet zum ersten Mal aus der kirchenslawischen Dobrotoljubije Paisijs ins Deutsche übersetzt, »Vom Reichtum des Schweigens« (Schöningh-Verlag 1963). Sie finden sich auch in Dobrotoljubije, Band 2, Moskau 1884.

Basilius der Große (329/31–379), geboren in Kaisareia in Kappadokien. Mit seinem Bruder Gregorius von Nyssa und seinem Freund Gregorius von Nazianz (dem Theologen) bildet er das »kappadokische Dreigestirn«. Er empfing nach dem Studium in Konstantinopel und Athen 336 die Taufe, bekehrte sich zum asketischen Leben und wird durch sein Asketikon, seine Mönchsregeln, faktisch zum Vater des ostkirchlichen Koinobitentums, des Mönchlebens in Gemeinschaft. Er entfaltete ab 364 als Priester in Kaisareia eine intensive seelsorgliche, soziale und kirchenpolitische Tätigkeit, wurde 380 Bischof von Kaisareia und Metropolit von Kappadokien.

Sein Leben ist gekennzeichnet durch die Wahrung der Orthodoxie nach dem Tod des Athanasios (»Jesus Christus ist Gott gleich«) im Kampf gegen den Arianismus, durch die Gestaltung der Liturgie, vor allem aber auch durch eine großartige soziale Tätigkeit durch Pilgerhospize, Armenheime, Krankenhäuser.

Dimitrij (Tuptalo) von Rostov (1651–1709), wurde in Makarov bei Kiew geboren, in der Kiewer-Bratskij-Klosterschule erzogen, wurde Mönch und bald als glänzender Prediger bekannt. Zuerst Klosterabt in Südrussland, wurde er zum Metropoliten von Tobolsk in Sibirien berufen (1701/02), dann Metropolit von Rostov. Persönlich ausgezeichnet durch Fasten, Gebet und Barmherzigkeit, bemühte er sich in seinen Diözesen um die Bildung der Pfarrgeistlichkeit und die Organisation von Schulen. Zugleich entfaltete er eine ausgedehnte literarische Tätigkeit, von der besonders die »Tschetii Minei«, eine Sammlung von Heiligenviten für jeden Tag in 12 Monatsbüchern, zu erwähnen sind, die größte Popularität beim russischen Volk genossen.

Dionysios der Areopagit, Pseudonym eines Ende 5./Anfang 6. Jahrhunderts lebenden Verfassers mystischer Schriften, die im orthodoxen Mönchtum hoch geschätzt wurden: »Über die göttlichen Namen«, »Über die mystische Theologie«, »Über die himmlische Hierarchie«, »Über die kirchliche Hierarchie« und Briefe. Seine Lehre bewegt sich um die schon von Gregor von Nyssa betonte Unerkennbarkeit Gottes (Negative Theologie) und die hierarchische Ordnung alles Seins, die stufenweise vom absolut transzendenten Gott über das rein geistige Sein der Engel und das geistig-körperliche Sein der Menschen bis zur Materie hinabführt. Der geistige Aufstieg des einzelnen, die »Vergottung«, erfolgt in drei Stufen: durch Reinigung, Erleuchtung und Vereinigung. In dem letzten Stadium ergreift der Mensch den unerkennbaren Gott im Dunkel der Beschauung. Durch die Übersetzung des Johannes Scotus Eriugena (gest. um 870) haben die pseudodionysischen Schriften auch einen ungeheuren Einfluss auf die abendländische Mystik gehabt.

Abba **Dorotheos von Gaza**, Schüler von Barsanuphios und Johannes im Kloster des Seridon bei Gaza in der 1. Hälfte des 6. Jahrhunderts. Seine als Abt von ihm gehaltenen »Unterweisungen« gelangten im östlichen Mönchtum zu hohem Ansehen: Entsagung, Demut, Gewissenhaftigkeit, Gottesfurcht, Misstrauen gegen sich selbst und brüderliche Liebe, Fasten, Schweigen sind ihre ganz in der cönobitischen Tradition stehenden Themen. Seine Schriften wurden in die Dobrotoljubije aufgenommen.

Ephräm der Syrer (306–373), »die Zither des Heiligen Geistes«, Diakon und Asket in Nisibis (heute Nusaybin in Südostanatolien), dann nach Eroberung von Nisibis durch die Perser ab 365 Lehrtätigkeit in Edessa (heute türk. Urfa). Er gilt als Klassiker der syrischen Kirche und einer der größten Dichter der morgenländischen Christenheit. Seine zahlreichen Kommentare zu bibl. Büchern, seine Lieder und Hymnen in kraftvoller Sprache übten einen weit über Syrien hinausreichenden Einfluss aus und sind von der zeitgenössischen griechischen theologischen Literatur unbeeinflusst.

Feofan (Govorov) der Klausner (1815–1894), nach Serafim von Sarov und den Starzen von Optina Pustyn einer der bedeutendsten Vertreter des russischen Hesychasmus. Absolvierte die Geistliche Akademie in Kiew, wurde Professor und später Rektor der Petersburger Geistlichen Akademie. Nach seiner Tätigkeit an der Russischen Geistlichen Mission in Jerusalem wurde er 1859 Bischof von Tambov, 1863 von Vladimir. Lebte ab 1866 in immer strengerer

Klausur in der Vyschen-Einsiedelei bei Tambov. Durch seine ausgedehnte seelsorgerliche Korrespondenz, eine ganz ihm eigene Form des Starzentums und der geistlichen Führung, seine große Kenntnis der Patristik wie auch der westlichen Philosophie und geistlichen Literatur erreichte er weite Kreise der Intelligenz. Seine Hauptwerke sind »Briefe vom geistlichen Leben« (1860), »Der Weg zur Rettung« (1869), »Übersicht über die Asketik« (1868 u.ö.) und vor allem die zu 5 Bänden vervollständigte Ausgabe der Dobrotoljubije (1877, 1913 in 5. Auflage erschienen). Seine Bibliografie umfasst 466 Titel.

Filaret (Drozdov), Metropolit von Moskau (1782–1867), ab 1821 Moskauer Metropolit, Vertreter des synodalen Staatskirchentums, den Mönchen und Starzen gegenüber misstrauisch. Sein Hauptwerk ist neben einem umfangreichen literarischen Schaffen der erste für ganz Russland gültige Katechismus (1822, später überarbeitet).

Golubinskij, Jewgenij J. (1834–1912), Kirchenhistoriker an der Moskauer Geistlichen Akademie, schuf mit seiner bis ins 16. Jahrhundert führenden »Geschichte der russischen Kirche« ein noch heute grundlegendes Werk.

Gorskij, Aleksandr W. (1812–1875), Rektor der Moskauer Geistlichen Akademie, Kirchenhistoriker, verfaßte die gewichtige fünfbändige, von seinen Schülern vollendete »Beschreibung der Handschriften der Moskauer Synodalenbibliothek«.

Gregor von Nazianz, der Theologe (330–390), Freund des Basilius und dessen Bruders Gregor von Nyssa. Obwohl Bischof von Sasima, lebte er in Nazianz mit Ausnahme der Jahre 379–381, in denen er die Gemeinde von Konstantinopel leitete. Er ist ein bedeutender Theologe, der zwar kein eigenes System schuf, aber seinerzeit als

Norm der Rechtgläubigkeit galt. Schwankte zwischen kontemplativem und aktivem Leben.

Gregor von Nyssa (um 334–394), großer spekulativer und mystischer Theologe im Anschluss an Origenes. In dem Werk »Über das Leben des Mose« vergleicht er das innere Leben mit dem Aufstieg Mose auf den Sinai. Der Mensch ist in einem nie endenden Aufstieg zu Gott begriffen, die Vollkommenheit des Menschen und des geschaffenen Geistes besteht in einem endlosen Fortschritt und Wachstum der Teilhabe an Gott. Die Seele ist das Abbild der göttlichen Schönheit, jedoch ist dieser Spiegel Gottes durch den Sündenfall zerbrochen und getrübt, der Mensch mit »Kleidern aus Fellen« (= Leid und Leidenschaften) bedeckt. Durch Askese und Gebet kann er wiederhergestellt werden, sie geben dem Menschen das Vertrauen, sich Gott zu nähern und von den Leidenschaften befreit zu werden. In der Beschauung tritt der Mensch in das göttliche Dunkel ein, wo die von Liebe verwundete Seele als Gottes Braut von den »Kleidern aus Fellen« befreit wird und die verlorenen »geistlichen Sinne« wieder erhält. Der Mensch wächst in das einzig erstrebenswerte Ziel, die Freundschaft mit Gott, hinein und »streckt sich nach dem aus, was vor ihm liegt« (Phil 3,13).

Gregor der Sinait (1255–1346), er stammte aus Kleinasien, trat zuerst in Zypern in ein Kloster ein und lebte dann auf dem Sinai in strenger Askese. Auf Kreta begegnete er dem Mönch Arsenios, der ihm den Weg zum Herzensgebet zeigt, das er später zum Athos bringt. Vorübergehend ist er in Bulgarien. Er geht von der Wiederentdeckung der Tauf-»Energie« aus zur Gewahrung des Lichtes und leitet die athonitische Phase der Geschichte des Jesusgebetes ein.

Hesychios vom Bathos-Kloster (Ende 7. Jahrhundert), Abt im Dornstrauch-Kloster auf dem Sinai. Er verfasste 2 Centurien (Hundertkapitel) geistlicher Sprüche über die Nüchternheit, die die Gedanken, die Quelle aller Unruhe, ausschließen soll. Ständige Anrufung des Namens Jesu, das monologische Gebet, das immerwährende Gedenken an den Tod und die Bewahrung des Herzens sollen zur Herzensreinheit und zur »stillen Ruhe« führen. In der Dobrotoljubije, Band 2, fälschlich unter Hesychios von Jerusalem.

Hirt des Hermas, eine Bußapokalypse des Hermas, des Bruders Papst Pius' I. aus der Mitte des 2. Jahrhunderts. Ihr Inhalt ist die Verkündigung einer letztmaligen, einmaligen, ohne Einschränkung gewährten Möglichkeit der Buße für die Sünden nach der Taufe. Von den Verehrern des Namens wird das 9. Gleichnis, 14. Kapitel Nr. 5 zitiert, jedoch ist die Christologie des »Hirt des Hermas« etwas unklar.

Igantij (Brjantschaninov) (1807–1867), Bischof von Stavropol, genoss durch sein persönliches Leben, das ganz auf dem asketisch-mystischen Geist der alten Ostkirche gründete, seine Verbindung mit dem Starzentum und seine Schriften in den Kreisen des Mönchtums große Anerkennung. Seine Hauptschriften »Asketische Versuche«, »Asketische Predigt«, »Gabe für das zeitgenössische Mönchtum: Regel des äußeren Verhaltens für Novizen und Weisungen betreffend die geistige Betätigung der Mönche«, »Über das Jesusgebet. Unterhaltung zwischen einem Starez und seinem Schüler«, »Über die Ausdauer in der Trübsal« etc. haben für die folgenden Generationen des russischen Mönchtums großen erzieherischen Wert bekommen.

Ignatios der Theophore (der Gottesträger, gest. 107), Schüler des Apostels Johannes, Bischof von Antiochien in Syrien, schrieb auf der Reise zum Martyrium in Rom zur Stärkung des Glaubens sieben Briefe an die Städte, durch die er kam. In seinem Brief an die Römer nennt er sich »Theophoros«, um damit anzudeuten, dass er Gott im Herzen trage. Im Amphitheater von Rom wurde er am 20. 12. 107 von wilden Tieren zerrissen.

Irenäus von Lyon (gest. um 202), aus Kleinasien, war Schüler des hl. Polykarp, der selbst Schüler des Evangelisten Johannes war. Er wurde 177 Bischof von Lyon und betonte in dem Hauptwerk »Adversus haereses« – »Entlarvung und Widerlegung der angeblichen Gnosis« gegenüber den verschiedenen gnostischen Systemen die Menschwerdung Gottes. Er ist in der Lehre der Vergottung der Menschheit durch den menschgewordenen Gott der Vorläufer Athanasios des Großen.

Isaak von Ninive (Ende 7. Jahrhundert), nestorianischer, syrischer Bischof von Ninive, der nach 5 Monaten auf sein Amt verzichtete und als Einsiedler in Susiana, später im Kloster Rabban Shabor, lebte. Er ist einer der frühen Theoretiker der christlichen Mystik. Seine syrisch verfassten Werke wurden schon bald ins Griechische übersetzt, und als der »hl. Isaak der Syrer« sieht noch heute der orthodoxe Orient in Isaak einen großen geistlichen Meister.

Isidor von Pelusium, der Pelusiote (um 360 bis nach 431), lebte als Presbyter und Mönchsvater bei Pelusium östlich vom Nildelta in der Einsamkeit. Erhalten sind ca. 2000 griechische Briefe mit Weisungen in moralisch-asketischen Fragen sowie exegetischen Inhaltes. Er verteidigt orthodox im Sinne des Nicänischen Glaubensbekenntnisses die Gottheit Christi gegen die Arianer.

Joannikios der Große (754–846), Soldat, der, durch den Tod seiner Kameraden erschüttert, Einsiedler auf dem Olymp wurde. Gedächtnis am 4. November.

Johannes Cassianus (um 360–430/435), lebte mehr als zehn Jahre bei den Mönchen der sketischen und nitrischen Wüste, wurde von Johannes Chrysostomos zum Diakon geweiht, gründete in Marseille ein Männer- und ein Frauenkloster. Durch seine 12 Bücher »Von den Einrichtungen der Klöster und den acht Hauptsünden«, besonders aber durch die 24 Bücher »Unterredungen mit den Vätern« machte er die Lebensweise und Lehre des orientalischen Mönchtums im Westen bekannt. Das »aktive Leben«, die Übung der Tugenden, die Reinigung des Herzens ist die Sache der Anfänger in den Klöstern, das »kontemplative Leben«, das nach einer ununterbrochenen Vergegenwärtigung Gottes, dem »reinen Gebet«, strebt, ist den erfahrenen Anachoreten (Einsiedlern) vorbehalten. Er setzt die Freiheit von den Leidenschaften, die Herzensreinheit mit der Liebe gleich.

Johannes Chrysostomos (344/54–407), der begnadete Prediger der Laienvollkommenheit, entstammte einer reichen Patrizierfamilie in Antiochien. Nach seiner Taufe (369) Lektor in seiner Vaterstadt. 386 wurde er nach mehrjähriger asketischer Zurückgezogenheit zum Presbyter geweiht und erzielte durch seine feurigen Predigten an der Patriarchatskirche eine einzigartige seelsorgerische Wirkung. 398–404 war er Patriarch von Konstantinopel, wo er eine breite soziale Tätigkeit entfaltete. Er ließ für die Kranken und Armen Hospize und Spitäler errichten und förderte die Mission auf dem Balkan und unter den Goten (Predigt in der Volkssprache). Als er die luxuriös lebende Oberschicht bei Hof an ihre sozialen Pflichten erinnerte, wurde er durch eine Hetze und Intrigen 403 abgesetzt und verbrachte die letzten Lebensjahre in der Verbannung, die ihn bis nach Armenien, schließlich an das ferne Ostufer des Schwarzen Meeres führte. Viele seiner ausgezeichneten Predigten sind überliefert. Seit dem 6. Jahrhundert trägt er den Ehrennamen »Chrysostomos«, Goldmund. Die Hauptliturgie der byzantinischen Kirche trägt seinen Namen.

Johannes von Damaskus (um 650 bis um 750), entstammte einer vornehmen arabischen christlichen Familie in Damaskus, wo sein Vater Generalverwalter des Kalifen war. Zunächst selbst Beamter, zog er sich vor dem antichristlichen Druck bei Hof mit seinem Adoptivbruder Kosmas von Majuma um 700 in das Sabaskloster bei Jerusalem zurück, wo er unter dem Namen Al Mansur Presbyter wurde. Sein Hauptwerk »Quelle der Erkenntnis« ist noch heute ein dogmatisches Lehrbuch der Ostkirche. Groß war sein Einfluss besonders auf den slawischen Osten sowohl als Theologe wie auch als Dichter und Prediger.

Johannes Klimakos (vor 579 bis um 649), Johannes von der Leiter, war 50 Jahre Mönch im Sinai-Kloster, zuerst Einsiedler, dann Abt. Er führt seinen Beinamen nach seinem Hauptwerk, der nach der Jakobsleiter benannten »Paradiesesleiter«, in der er in 30 Stufen (den 30 verborgenen Jahren Jesu bis zur Taufe entsprechend) persönliche Erfahrungen und Anweisungen für den geistlichen Kampf darlegt, durch den der Mensch allmählich geläutert und zur Gott nachahmenden Apatheia (Freiheit von den Leidenschaften) und zur Hesychia (Stille) gelangt. Die Schrift ist viel gelesen, kommentiert und übersetzt worden.

Johannes (Ioann Iljitsch Sergiev) von Kronstadt (1829–1909), wuchs in ärmlichen Verhältnissen im Dorf Sora (Gouv. Archangelsk) auf, besuchte nach dem Priesterseminar die Geistliche Akademie in Petersburg. Versah ab 1855 mit beispielhafter Hingabe ein Pfarramt in der Hafenstadt Kronstadt bei Petersburg und gründete 1882 das erste »Haus der Arbeitsamkeit«, das Werkstätten, Asyl und Poliklinik vereinigte. In ganz Russland war er durch die Gabe der Krankenheilung und Herzensschau bekannt.

Justin der Märtyrer (gest. um 165), einer der bedeutendsten Vertreter der frühchristlichen Apologetik. Seine Werke sind für die Geschichte der Liturgie (Beschreibung der eucharistischen Opferfeier der Neugetauften und des sonntäglichen Gottesdienstes. wo Justin die reale Gegenwart Christi in der Eucharistie bezeugt), wie auch für die Geschichte des ntl. Textes und Kanons im 2. Jahrhundert eine unentbehrliche Quelle.

Kallistos und Ignatios (beide Xanthopoulos) (Ende des 14. Jahrhunderts), Mönche vom Berg Athos. Kallistos (II), ab 1397 Patriarch von Konstantinopel, fasste mit Ignatios die Lehre des Hesychasmus in einer Centurie »Unterweisung für die Schweigenden in 100 Kapitel« zusammen. Sie wurde in den 5. Band der Dobrotoljubije aufgenommen.

Kyrillos von Jerusalem (313–387), seit 348 Bischof. Seine 348 oder 350 von ihm in Jerusalem gehaltenen 24 Katechesen sind für die Dogmen- und Liturgiegeschichte wichtig. Die ersten neunzehn wollen die Taufbewerber während der Fastenzeit in die christlichen Grundwahrheiten einführen, die letzten fünf sog. Mystagogischen Katechesen wollen die Neugetauften in der Osterwoche in die an der Ostervigil empfangenen Mysterien einweihen.

Makarios der Große (300–390), wurde mit 30 Jahren Mönch und machte die Sketis neben den nitrischen Bergen zu einer Hauptquelle des unterägyptischen Eremitentums. Die ihm zugeschriebenen 50 »Geistlichen Homilien« wurden vermutlich von **Symeon von Mesopotamien,** einem Schüler der Kappadokier und Haupt einer Mönchsgemeinschaft, verfasst. Symeon fordert den Kampf um die innere Reinheit, erfährt dabei die allgegenwärtige Macht des Bösen und erwartet alles vom Gebet um den Geist. Das Feuer der Gottheit, durch das. Gebet immer neu entfacht, verzehrt das Sündhafte in der Seele, das Reich des Lichtes erstrahlt in ihr, das Gottesbild leuchtet in ungetrübtem Glanz. Der Heilige Geist verbindet sich unmittelbar mit der feuergeläuterten, lichtverklärten Seele. Sie wird mit Ihm »zu einem Geiste und zu einer Mischung«, sie wird »ganz Licht, ganz Auge, ganz Geist, ganz Freude und Wonne und Jubel, ganz Liebe und Erbarmen, ganz Güte und Milde« (Homilie 18, 10) und die durch die Sünde abgestumpften »geistlichen Sinne« werden fähig, immer mehr Gott zu erkennen. Die »Geistlichen Homilien« waren im Mönchtum hoch geschätzt und fanden durch die Aufnahme in die Dobrotoljubije in allen Volksschichten weite Verbreitung.

Makarij (Bulgakov) (1816–1882), Professor in Kiew und Petersburg, ab 1851 Bischof, später Metropolit von Moskau. Verfasser der »Geschichte der Kiewer Akademie«, »Geschichte des Raskol«, einer zwölfbändigen »Geschichte der russischen Kirche«, »Einführung in die orthodoxe Theologie«, einer fünfbändigen »Orthodoxe dogmatische Theologie«. Seine Werke bieten zum ersten Mal in russischer Sprache eine reichhaltige Materialfülle, jedoch recht unkritisch kompiliert.

Maximos vom Athos (Kausokalybos), (14. Jahrhundert), Hesychast, der die Anrufung des Namens Jesu mit derjenigen der Gottesmutter verbindet und von ihr das immerwährende Gebet als Gabe erhält. Das Gespräch darüber mit Gregor dem Sinaiten findet sich in der Dobrotoljubije, Band V.

Maximos Confessor (der Bekenner) (580–662), einer der bedeutendsten byzantinischen Theologen, wurde 614 Mönch, wirkte für die Orthodoxie in Afrika und Rom, starb nach schweren Misshandlungen im Exil. Er verteidigt die vollständige menschliche Natur Christi gegenüber allen häretischen Verkürzungen (Monophysitismus, Monotheletismus).

Abba **Moses** (nach 410), ein Äthiopier, war zuerst Sklave, der von seinem Herrn nach einem Diebstahl fortgejagt, sich einer Räuberbande anschloss und deren Hauptmann wurde. Nach seiner Bekehrung wurde er ein sehr geachteter Mönch, der zeitlebens mit starken Versuchungen zu kämpfen hatte. Er leuchtete besonders durch seine Demut hervor und wurde, 75jährig, bei der Verwüstung der Sketis ermordet.

Nikephoros der Einsiedler (Anfang 14. Jahrhundert), Mönch auf dem Berg Athos, gilt als geistlicher Lehrer des Gregor Palamas. Er sammelte aus den Väterschriften die wichtigsten Stellen über die geistige Nüchternheit, die Achtsamkeit und fügt persönliche Erfahrungen hinzu. Gegen Endes seines Lebens schrieb er »Über die Nüchternheit und die Bewahrung des Herzens«. Er empfiehlt die hesychastische Gebetsweise, die später die »physische Methode« genannt und Symeon dem Neuen Theologen zugeschrieben wurde. Seine Schriften stehen in hohem Ansehen in der Klostertradition des Ostens.

Nil Sorskij (Majkov) (1433–1508), hl. Starez, wurde in den Mönchskolonien des Transwolgagebietes (Zavolschje) beim Kirillov-Beloserskij-Kloster zum eigentlichen Vater des russischen Starzentums. Die Erneuerung des Mönchtums erfolgt nach ihm nicht allein durch äußere Disziplin, sondern vor allem durch die innere Wiedergeburt. Er knüpfte an die Vorstellung von der Freiheit von den Leidenschaften (Apatheia) und das immerwährende innere Gebet des orientalischen Mönchtums an, wie er es bei seiner Pilgerschaft zum Athos von den hesychastischen Mönchen kennenlernte. Der demütige Nil gilt als »Gründer des Skitenlebens«, einer für das altrussische Mönchtum neuen Lebensform der kleinen Einsiedeleien. Sein vom Neuen Testament als Norm ausgehendes nüchternes Prüfen der Väterschriften zeugt von gründlicher theologischer und philologisch-kritischer Arbeit. Schriften: Die »Überlieferung« (Predanie), »Elf Kapitel aus den Schriften der heiligen Väter« (Ustav), Nils Testament, Nils Gebet, 6 Sendschreiben.

Paisij (Velitschkovskij) (1722–1794), Erneuerer des russischen Starzentums. Verließ 1739 die Kiewer Akademie, wanderte ruhelos durch die Klöster der Moldau, 1746 Besuch auf dem Athos und Leben in Einsamkeit. Sein intensives Studium der griechischen Väter ließ ihn 1793 im Sekul-Kloster in der Moldaugegend in 2 Bänden eine verkürzte Übersetzung der Philokalie des Mönches Nikodemus nach der venezianischen Ausgabe von 1782 schreiben, die die Grundlage für eine Reihe späterer Dobrotoljubije-Ausgaben wurde. Seine Schüler brachten im 19. Jahrhundert das Starzentum in Russland zu einer hohen Blüte, wie sie sich besonders im Kloster Optina Pustyn zeigte.

Parfenij von Kiew (1790–1855), Schi-Hieromonach und Starez der Kievo-Petscherskaja Lavra, war bei seinen Zeitgenossen besonders bekannt und geschätzt. Forderte von seinen Besuchern, die zu seiner Führung kam, nur eine »christliche Tugend« – sie sollten ihre freie Zeit ganz dem Gebet widmen. Er war ein besonderer Verehrer der Gottesmutter, die ihm während einer langen Vision auf seine Frage nach den Pflichten eines Schimonachs antwortete, er habe nur eine Pflicht: »Für die ganze Welt ununterbrochen zu beten«.

Pelusiot, siehe Isidor von Pelusium.

Abba **Philemon**, Mönch in der Sketis, Zeitgenosse von Abba Arsenios (354–445) und des Abba Moses, betete Tag und Nacht in seiner Höhle und bekam die Gabe der Tränen und der Herzensreinheit. Seine Lehre über die heilige »Wachsamkeit des Geistes« ist mit seinen persönlichen Erfahrungen in die Dobrotoljubije, Band III, aufgenommen worden.

Serafim von Sarov (Prochor Moschnin) (1759–1833), der größte Vertreter des russischen asketischen Hesychasmus, der Weltentsagung und Seelsorge in einzigartiger Weise miteinander verband. Kaufmannssohn aus Kursk, wurde er 20jährig Mönch der Sarov-Einsiedelei (ca. 40 km von der Stadt Temnikov entfernt), 1793 Hieromonach, lebte von 1794–1825 als Eremit, drei Jahre davon als Stylit im Wald, 1810–1825 Klausner im Kloster. Vom 25. 11. 1825 bis zu seinem Tod am 2. 1. 1833 wirkte er als Starez für das Volk mit Krankenheilungen, Prophezeiungen, Wegweisungen. Das Ziel des christlichen Lebens besteht nach seiner Lehre in der Erlangung des Hl. Geistes. Dazu empfahl er das regelmäßige Gebet und das immerwährende Gedenken Gottes. »Im Anrufen des Namens Gottes findest du Ruhe, Reinigung von Seele und Leib, und der Hl. Geist, die Quelle allen Heils, wird auf dir ruhen und dich in Gottesfurcht und Reinheit erhalten!« Kanonisiert 1903. Einer der beliebtesten Heiligen des russischen Volkes.

Silvester (Malewanski) (1828–1908), Bischof, Dogmatiker der Kiewer Geistlichen Akademie. Sein »Versuch einer orthodoxen dogmatischen Theologie mit historischer Darlegung der Dogmen« (5 Bände) zeigt einen historisch-kritischen Ansatz.

Symeon der Neue Theologe (949–1022), byzantinischer Mystiker und geistlicher Schriftsteller. Am bekanntesten sind die 57 enthusiastischen Hymnen der Gott- und Geistinnigkeit. Er spricht wiederholt von Visionen des göttlichen Lichtes, ist aber streng christozentrisch und betont die Wichtigkeit der Eucharistie. Seine Lehre ist stark beeinflusst von den Homilien Makarios des Ägypters (Pseudomakarios).

Symeon von Thessalonike (gest. 1429), Metropolit, hinterließ eine große Sammlung dogmatischer und liturgischer Traktate, eine Art theologischer Enzyklopädie in Form eines Dialogs zwischen Bischof und Diakon, eine der wichtigen Quellen für die Kenntnis der spätbyzantinischen Liturgie.

Theodoret von Kyros (395–460), Bischof von Kyros, einer der bedeutendsten Theologen der griechischen Kirche des 5. Jahrhunderts, Verfasser dogmatisch-apologetischer Werke, Homilien, von exegetisch und kirchengeschichtlichen Werken; darunter eine 30 Biografien umfassende Mönchsgeschichte.

Theodor von Edessa (1. Hälfte 9. Jahrhundert), Abt des Klosters Mar Saba, später Bischof von Edessa. Die ihm zugeschriebene Centurie »Hundert der Seele nützliche Kapitel« fand Aufnahme in die Philokalia (Dobrotoljubije, Band III).

Theodor von Studion (759–826), byzantinischer Theologe. Das von ihm 798 übernommene Studionklosters wurde unter ihm Schwerpunkt einer klösterlichen Reform. Er wurde dreimal in die Verbannung geschickt, wo er auch starb. Seine Wiederbelebung des ursprünglichen asketisch-koinobitischen Ideals erfasste als studitische Reform die Mehrzahl der byzantinischen Klöster und beeinflusste maßgeblich das slawische Mönchtum. Er hinterließ eine Mönchsregel, Katechesen und zahlreiche hymnographische Dichtungen, deren Hauptgedanke die Zerknirschung ist.

Begriffserklärungen

Ätherische Zollhäuser: Übergänge oder Zustände der Seele nach dem Tod des Menschen, Folter der Seele beim Verlassen des Körpers durch die Geister des Bösen auf dem Weg von der Erde zum Himmelreich (siehe Vita des neuen Basilius, 26. März).

Äthiopier: dem Antonius wie auch anderen Wüstenvätern erscheint ein Dämon in dieser Gestalt. Er kommt unter dieser Bezeichnung in der asketischen Literatur sehr häufig vor.

Akathistos, Kanones, Troparien

- Akathistos: Hymnus zu Ehren der Gottesmutter, der »nicht sitzend«, nur stehend gesungen wird.
- Kanon: »Richtschnur«, nach der die Hymnen des Abend- und Morgengottesdienstes aufgebaut sind.
- Troparion: a) Vers, Strophe, kleinste Texteinheit
b) Siegeslied zur Verherrlichung des betreffenden Festes.

Archistrategos Michael: Ausdruck für den Erzengel Michael als Heerführer der himmlischen Heerscharen im Kampf gegen die gottfeindlichen Mächte.

Igumen: Abt, Vorstand eines Klosters.

Kellion, Zelle: Höhle oder Hütte in einfachster Form. Es war nicht nur Wohnung, sondern auch wichtigstes Hilfsmittel der Askese: das Aushalten im Kellion zur Zeit der Versuchung verleiht dem schwankend gewordenen Mönch Beständigkeit.

Nitrische Wüste, Sketische Wüste: 80 km lange und 30 km breite Talsenke im Westen des Nildeltas, heute Wadi Natrun. Das Tal ist eine der ältesten Mönchskolonien. Hier gründeten im 4. Jahrhundert Amun, Makarios der Ägypter u. a. das Anachoretentum und sammelten Jünger um sich, so dass allmählich das Koinobitentum (klösterl. Gemeinschaftsleben) entstand. Das Kloster war teilweise eine Vorschule für das getrennte Einsiedlerleben in den Kellia (Zellen). Heute bestehen noch vier Klöster.

Pharao nähren: Symbol für die Herzensverhärtung, die Verblendung, den falschen Lebensweg (vgl. Ex 14,8 ff).

Schimonach (sprich S-chimonach), Mönch, der außer der Mönchsweihe (kleines Schima) ein zweites Gelübde abgelegt, das ihn zu einer besonders strengen Form asketischen Lebens verpflichtet. Das »Große Schima« ist auch ein den ganzen Körper bedeckendes und mit Kreuzen besticktes Mönchsgewand.

Geographische Hinweise

Elbrus, höchster Berg des Kaukasus (5642 m), im Südwesten der Autonomen Republik der Russischen Föderation Karbadino-Balkarien im europäischen Russland an der Grenze zu Georgien. Er ist sehr stark vergletschert.

Eleofan-Tal, Schluchten Dombaj, Amanaus, Alibek: Gebiet im westlichen Großen Kaukasus im Bereich des Berges Dombaj-Ulgen (4046 m) nordöstlich von Suchumi.

Autonome Republik der **Karatschaer und Tscherkessen** innerhalb der Region Stavropol, am Nordabhang des Großen Kaukasus beiderseits des oberen Kubanflusses. Es war das Hauptsiedlungsgebiet der Einsiedler und Namensverehrer.

Kartalin, Bergrücken von Kartalin, Ausläufer des Gebirgszuges im östlichen Teil des Südabhanges des Großen Kaukasus.

Kaukasus, Großer, über 1100 km langes, im Gebiet des Elbrus 180 km breites Gebirgssystem im Süden der Russischen Föderation, erstreckt sich von nordwestlich in südöstliche Richtung vom Schwarzen Meer zum Kaspischen See. Wenig besiedelt, heute stellenweise für den Tourismus erschlossen.

Kuban, Fluss im Nordkaukasus, Länge 870 km, beginnt bei den Südwest-Abhängen des Elbrus und mündet in das Asovsche Meer, Nebenflüsse Teberda, Urup, Laba, Belaja.
Gebiet Kuban: ehemalige Verwaltungseinheit in Nordkaukasien im Bereich des Tales des Flusses Kuban und seiner Nebenflüsse. Wurde seit dem 18. Jh. mit Schwarzmeerkosaken besiedelt und bildete seit 1860 eine administrativ-territoriale Einheit mit dem Russischen Imperium. Heute der Bereich des Verwaltungsbezirkes von Krasnodar.

Msymta, Fluss in Westkaukasien, mündet bei dem Kurort Adler im Gebiet von Sotschi in das Schwarze Meer, Länge 89 km.

Novyj Afon, Novo-Afonskij Simono-Kananitskij Kloster (Neu-Athos Simon der Kananäer Kloster) am Fuße des (Neu-)Athosberges in Abchasien an der linken, östlichen Seite des Flusses Psyrtcha, wurde 1875 von Mönchen des Russischen Pantaleimonklosters auf dem Berg Athos (Griechenland) gegründet. Am 17.10.1876 eingeweiht, wurde es vom 8.4.1877 bis zum 1.10.1878 auf Anordnung der russischen Behörden während des russisch-türkischen Krieges jedoch von den Mönchen verlassen und zerstört. Vielleicht spielt Hilarion auf dieses Ereignis im 29. Kapitel an. Wieder eingeweiht am 3.2.1879, wuchs das Kloster schnell und umfasste bis 1900 sechs große steinerne Kirchen, mehrere Wirtschaftsbetriebe, eine Schule, Krankenhaus, einen botanischen Garten etc. und hatte 576 ha Grundbesitz. 1908 wurde es unter der Leitung eines Igumens von 313 Mönchen und 248 Novizen bewohnt. 1917 lebten im Kloster an die 700 Mönche. 1924 wurde das Kloster geschlossen, in der Sowjetzeit befanden sich darin touristische Einrichtungen. Nach 70 Jahren, 1994 wurde es der orthodoxen Kirche zurückgegeben.

Gouvernement **Tschernomor** (Schwarzmeer), umfasste den Nordwestteil des Großen Kaukasus und den Ostteil der Schwarzmeerküste um Tuapse und Sotschi, heute Region Krasnodar.

Urup, linker Nebenfluss des Kuban, Länge 231 km.

Zelentschukskaja, Städtchen mit Holzsägewerken am Fluss Großer Zelentschuk.

Bibliographie

1. Quellentexte und Übersetzungen

Bibliothek der Kirchenväter, hg. von Reithmayr und Thalhofer, 80 Bde., Kempten 1869/88.

Bibliothek der Kirchenväter, hg. von Bardenhewer, Schermann, Weymann, Zellinger und Martin, 61 Bde., 2 Registerbände, Kempten/München 1911/31.

Byzantinische Mystik, Ein Textbuch aus der »Philokalia«, Bd. 1, Das Erbe der Mönchsväter, hrsg. und übers. von Klaus Dahme, Salzburg 1989.

Christianskaja žisn' po Dobrotoljubiju, Izbrannyja mesta iz tvorenij svjatych otcov i ucitelej, Charbin 1930.

Diadochus von Photike, Gespür für Gott, Einsiedeln 1982.

Dietz, Matthias, Vom Reichtum des Schweigens, Geistliche Antwortbriefe der Schweigemönche Barsanuph und seines Schülers Johannes, Schöningh 1963.

Dobrotoljubije, 5 Bde., Moskva 1883/89.

Feofan Zatvomik, Put' ko spaseniju, Moskva 1908.

Gregor von Nyssa, Der Aufstieg des Moses, übers. und eingel. von Manfred Blum, Freiburg/Br. 1963.

Ilarion, Na gorach Kavkaza, Beseda dvuch starcev pustynnikov o vnutrennem jedinenij s Gospodom našich serdec, črez molitvu lisus Christovu, ili duchovnaja dejatel'nosl' sovremennych pustynnikov, 2. Aufl., Batalpašinsk 1910.

Johannes Klimakus, Die Leiter zum Paradiese, übers. von F. Handwercher, Landshut 1834.

Johannes Klimacus, Die Leiter zum Paradiese, Regensburg 1874.

Kleine Philokalia, übers. und ausg. von Matthias Dietz, Benziger 1976.

Writings from the Philokalia on Prayer of the Heart, transl. by E. Kadloubovsky and G. E. H. Palmer, London, 8. Auflage, 1975.

Early Fathers from the Philokalia, transl. by E. Kadloubovsky and G. E. H. Palmer, London, 6. Auflage, 1976.

Petite Philocalia de la priere du coeur, Trad. et prés. par Jean Gouillard, Paris, 2. Auflage, 1979.

Paisij Velitschkovskij, Lilien des Feldes, Wien 1977.

Pamjatniki literatury drevnej Rusi, XI – načalo XII veka, Moskva 1978.

Rosenberg, Alfons (Hg.), Das Herzensgebet, Mystik und Yoga der Ostkirche, Die Centurie der Mönche Kallistus und Ignatius, München, 2. Auflage, 1957.

Schule des Herzensgebetes, Die Weisheit des Starez Theophan, Salzburg 1985.

Seraphim von Sarov, Über das Ziel des christlichen Lebens, Wien 1981.

Symeon der Neue Theologe, Licht vom Licht, Hymnen, deutsch von Kilian Kirchhoff, München, 2. Auflage, 1951.

Weisung der Väter, hrg. und übers. von Bonifaz Miller, Freiburg/Br. 1965.

2. Nachschlagwerke und Lexika

Altaner, Berthold, und Stuiber, Alfred, Patrologie, Leben, Schriften und Lehre der Kirchenväter, Freiburg/Basel/Wien, 9. Auflage 1980.

Denisov L. I., Pravoslavnye monastyri rossijskoj imperii, Moskva 1908.

Djačenko Grigorij, Polnyj cerkovno-slavjanskij slovar', Moskva 1899.

Handbuch der Ostkirchenkunde, hg. von Endre von Ivanka, Julius Tyciak, Paul Wiertz, Düsseldorf 1971.

Lexikon für Theologie und Kirche, Freiburg/Br. 2. Auflage, 1957/68.

Malaja sovjetskaja enciklopedija, Moskva 1936.

Onasch, Konrad, Kunst und Liturgie der Ostkirche in Stichworten unter Berücksichtigung der Alten Kirche, Wien/Köln/Graz 1981.

Die Religion in Geschichte und Gegenwart, Handwörterbuch für Theologie und Religionswissenschaft, UTB/Mohr, Tübingen, 3. Auflage, 1986.

Theologische Realenzyklopädie, de Gruyter, Berlin – New York 1977/2004.

3. Literatur

Amman, Albert Maria, Die Gottesschau im palamitischen Hesychasmus. Ein Handbuch der spätbyzantinischen Mystik, Würzburg, 4. Auflage, 1988.

Arseniev, Nicholas, Russian Piety, New York, 2. Auflage, 1975.

Bacht, Heinrich, Das »Jesusgebet« – seine Geschichte und seine Problematik, in: Geist und Leben 24 (1951), S. 326–338.

Bacht, Heinrich, »Meditatio« in den ältesten Mönchsquellen, in: Geist und Leben 28 (1955), S. 360–373.

Behr-Sigel, Elizabeth, Prière et sainteté dans l'Eglise Russe, Bégrolles-en-Mauges 1982.

Benz, Ernst, Russische Heiligenlegenden, Zürich, 2. Auflage, 1983.

Biedermann, Hermenegild, Das Menschenbild bei Symeon dem Jüngeren dem Theologen, Würzburg 1949.

Briantchaninov, Évêque Ignace, Approches de la prière de Jésus, Bégrolles-en-Mauges 1983.

Chariton de Valamo, Higoumene, L'art de la prière, Bégrolles-en-Mauges 1976.

Döpmann, Hans-Dieter, Die Russische Orthodoxe Kirche in Geschichte und Gegenwart, Wien/Köln/Graz 1977.

Evdokimov, Michel, Pèlerins russes et vagabonds mystiques, Paris 1987.

Florovskij, Georgij, Puti russkago bogoslovija, Paris 1937.

Gorainoff, Irina, Seraphim de Sarov, Desclée De Brower 1979.

Hausherr, Irénée, Direction spirituelle en Orient autrefois, Rom 1955.

Hausherr, Irénée, Hésychasme et prière, Rom 1966.

Hausherr, Irénée, La méthode d'oraison hesychaste, Rom 1927.

Hausherr, Irénée, Noms du Christ et voies d'oraison, Rom 1960.

Ilarion (Alfeev), Episkop, Svjaščennaja tajna cerkvi, Vvedenije v istoriju i problematiku imjaslavskich sporov, Sankt-Petersburg 2002

Il'in, V. I.,Prepodobnyj Serafim Sarovskij, New York, 3. Auflage, 1971.

Im Namen Jesu ist Heil, Von einem Mönch der Ostkirche, übers. und eingel. von Dr. Oswald Loretz, Innsbruck/Wien/München 1966.

Joantă, Père Romul, Roumanie, Tradition et culture hésychastes, Bégrolles-en-Mauges 1987.

Kologrivov, Ioann, Očerki po Istorii Russkoj Svjatosti, Brüssel 1961.

Lilienfeld, Fairy von, Nil Sorskij und seine Schriften, Die Krise der Tradition im Russland Ivans III., Berlin 1963.

Lilienfeld, Fairy von, Spiritualität des frühen Wüstenmönchtums, Gesammelte Aufsätze 1962 bis 1971, hg. von Ruth Albrecht und Franziska Müller, in: Oikonomia, Quellen und Studien zur orthodoxen Theologie, Bd. 18, Erlangen 1983.

Lossky, Vladimir et Arseniev, Nicolas, La paternite spirituelle en Russie aux XVIIIème et XIXème siecles, Bégrolles-en-Mauges 1977.

Meyendorff, John, St. Gregory Palamas and orthodox spirituality, London 1974.

Onasch, Konrad, Einführung in die Konfessionskunde der orthodoxen Kirchen, Berlin 1962.

Rahner, Karl, Die geistlichen Sinne nach Origenes, in: Schriften zur Theologie XII, S. 111 – 136.

Rahner, Karl, Die geistliche Lehre des Evagrius Ponticus, ZAM 8, S. 21 – 38.

Rochcau, Vsévolod, Saint Séraphim, Sarov et Divéyevo, Bégrolles-en-Mauges 1987.

Scherschel, Rainer, Der Rosenkranz – das Jesusgebet des Westens, Freiburg/Basel/Wien 1982.

Schultze, Bernhard, Der Streit um die Göttlichkeit des Namens Jesu in der russischen Theologie, in: OCP 17 (1951), S. 321–394.

Schultze, Bernhard, Untersuchungen über das Jesusgebet, in: OCP 18 (1952), S. 319–343.

Selawry, Alla, Das immerwährende Herzensgebet, Bern-München-Wien, 3. Auflage, 1976.

Sirch, Bernhard, O Gott, komm mir zu Hilfe, Das immerwährende Gebet bei Johannes Cassianus, S1. Ottilien, 2. Auflage, 1985.

Smolitsch, Igor, Leben und Lehre der Starzen, Köln u. Olten 1952.

Smolitsch, Igor, Russisches Mönchtum, Entstehung, Entwicklung und Wesen, 988 – 1917, Amsterdam, 2. Auflage, 1978.

Sophronius, Archim., Starez Siluan, Mönch vom Heiligen Berg Athos, Leben – Lehre – Schriften, Düsseldorf 1959.

Špidlik, Thomas, Theophan der Rekluse, in: Ruhbach/Sudbrack, Große Mystiker, Leben und Wirken, München 1984, S. 282 - 297.
Viller-Rahner, Askese und Mystik in der Väterzeit, Freiburg/Br. 1939.

Vlachos, Hiérothée, Entretiens avec un ermite de la sainte Montagne sur la prière du creur, Paris 1988.

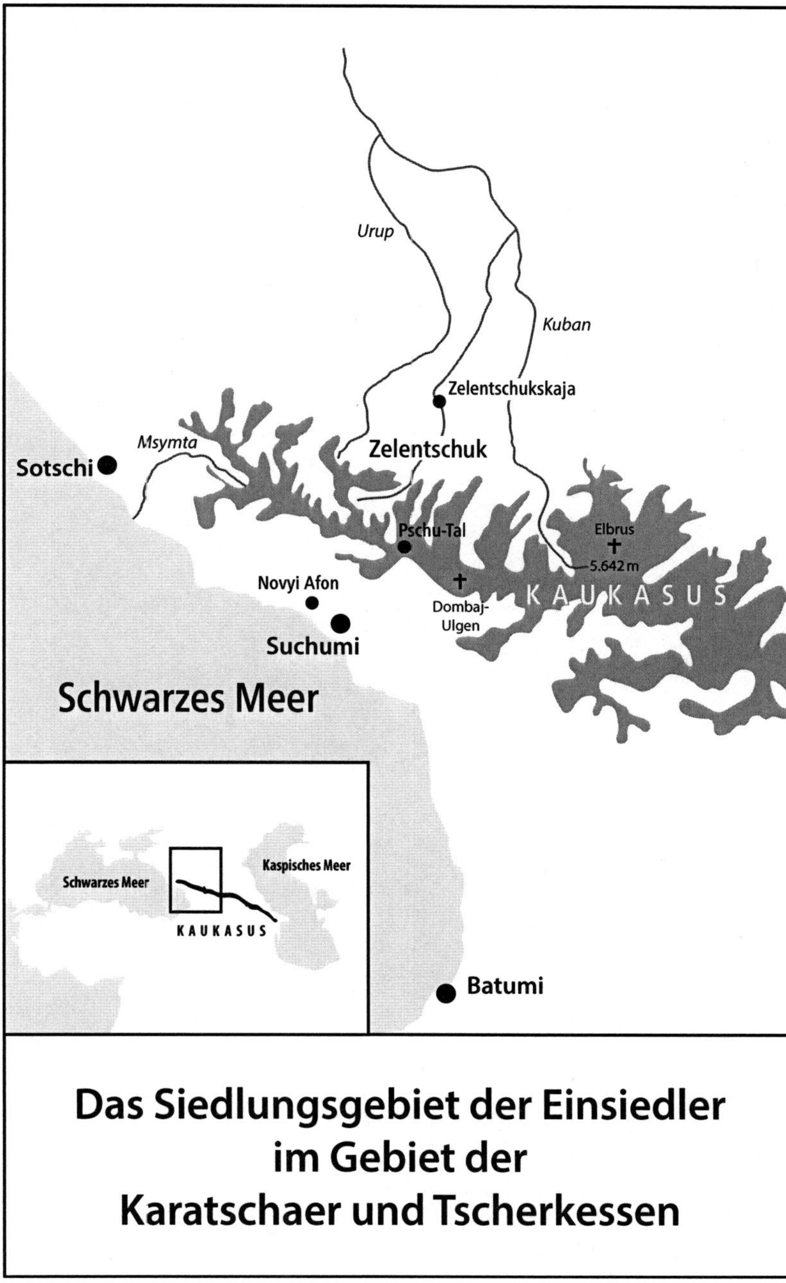

Das Siedlungsgebiet der Einsiedler im Gebiet der Karatschaer und Tscherkessen